Porträts der deutschen Presse

Politik und Profit

Verlag Volker Spiess · Berlin 1980

© 1980 Verlag Volker Spiess, Berlin
Satz: Volker Spiess, Berlin
Umschlag: Hauke Sturm, Berlin
Druck: Color-Druck G. Baucke, Berlin
ISBN 3-88435-021-8

3 0116 00458 11,51

This book is due for return not later than the
last date stamped below, unless recalled sooner.

Inhalt

Michael Wolf Thomas

Die bundesdeutsche Presse am Beginn der 80er Jahre

1976 gab es in der Bundesrepublik 2.111 Unternehmen; die 374 Zeitungen und 4.704 Zeitschriften verlegten. Von diesen Unternehmen zählten nach dem Schwerpunkt ihrer wirtschaftlichen Tätigkeit 1.703 zum Verlagsgewerbe, 408 sind anderen Wirtschaftszweigen zuzurechnen. Die 1.703 Verlagsunternehmen gliedern sich in

      309 Zeitungsverlage
      1.074 Zeitschriftenverlage und
      320 Verlage außerhalb der periodischen Presse, also Buchverlage.

Am Stichtag 31. Dezember 1976 wurden in der Bundesrepublik Deutschland 1.187 Zeitungen verlegt, davon 374 Hauptausgaben und 813 abhängige Neben-, Bezirks-, Lokal- und Stadtteilausgaben. Die durchschnittliche Gesamtauflage je Erscheinungstag im IV. Quartal dieses Jahres betrug 23,5 Millionen Exemplare. Davon wurden 13,3 Millionen im Abonnement abgesetzt, 10,2 Millionen im Einzelverkauf.

Am Stichtag 31.12.1976 gab es 4.704 Zeitschriften mit einer Auflage von insgesamt 206 Millionen Exemplaren. Den größten Anteil an der Auflage hatten die Publikumszeitschriften: 807 Titel mit 77 Millionen Exemplaren je Erscheinungstag. Die größte Titelvielfalt boten die 2.161 Fachzeitschriften mit einer Auflage von 20 Millionen Exemplaren. Außerdem sind zu nennen die Kundenzeitschriften mit 40 Millionen Exemplaren, gefolgt von Verbandszeitschriften und Anzeigenblättern mit je 27 Millionen Exemplaren.

Diese Zahlen des Statistischen Bundesamtes vermitteln Pressevielfalt, und doch zeigt sich bei näherer Betrachtung, daß hinter dieser Vielfalt eine ganz erhebliche Pressekonzentration steht, die diese Vielfalt vielfach zur Einfalt schrumpfen läßt. Das vorliegende Buch mit Porträts der deutschen Presse soll jedoch nicht versuchen, eine Bestandsaufnahme der gesamten Presse der Bundesrepublik Deutschland zu liefern, sondern diese Sammlung von Rundfunksendungen der Medienredaktion des NDR, die für den Druck geringfügig bearbeitet wurden, ist der Versuch, anhand von Stichproben auf die Situation der deutschen Presse aufmerksam zu machen. Aus der urprünglichen Bestimmung dieser Manuskripte für Rundfunksendungen ergibt sich, daß es keine Anmerkungen gibt, die der zeitungswissenschaftliche Leser sicherlich vermissen wird. Aus dem Text geht jedoch vielfach der Ursprung eines Zitates oder einer Zahl hervor. Das abschließende Literaturverzeichnis ist sicherlich auch geeignet, weiterführende Informationen zu vermitteln.

Eine generelle Aufarbeitung der pressepolitischen und presserechtlichen Entwicklung in der Bundesrepublik seit 1945 können die Porträts der Deutschen

Presse sicherlich nicht leisten. Daher sei hier in der Einleitung kurz auf einige wichtige Entwicklungen stichwortartig hingewiesen:

- Eine der einschneidendsten Maßnahmen war sicherlich im Jahreswechsel 1977/78 die Einführung der Pressefusionskontrolle mit speziellen Regelungen für den deutschen Zeitungs- und Zeitschriftenmarkt. Die Folge war, daß es für bundesdeutsche Presseunternehmen zunehmend schwieriger wurde, vor allem für die großen Unternehmen, im Inland zusätzliche Verlage aufzukaufen. Selbst bei Minderheitsbeteiligungen hatte das Bundeskartellamt ein wachsames Auge, so zum Beispiel beim Kauf des 24,99 % Anteils am Münchner Merkur durch Axel Springer – Springer mußte seinen Mann aus dem Münchner Verlag abziehen. Außerdem wurde Springer untersagt, die Mehrheit am Münchner Zeitungsverlag zu erwerben. Verboten wurde ferner, eine Beteiligung des Axel Springer Verlages an dem Anzeigenblattverlag „Elbewochenblatt". Dem größten Medienkonzern der Bundesrepublik, der Bertelsmann AG, wurde der Erwerb der Deutschen Verkehrsverlag GmbH durch das Bundeskartellamt in Berlin untersagt. In etwa 30 Fällen unterblieb der Verkauf von Unternehmungen, nachdem die kaufwilligen Unternehmen beim Bundeskartellamt inoffiziell vorgefühlt hatten.

- Unberücksichtigt bleiben muß in einem solchen Buch auch das immense Ansteigen der Anzeigenblätter. Durch die zunehmende Pressekonzentration, die immer mehr kommunale, lokale oder regionale Zeitungen eingehen ließ, entstanden Defizite, sowohl für die bisherigen Zeitungsleser, die von ihrer unmittelbaren Umgebung nichts mehr erfuhren, als auch für die bisherigen Anzeigenkunden, denen die Anzeigen im großen Blatt zu teuer waren und auch nicht effektiv genug, weil sie einen viel zu großen Personenkreis erreichten und nicht den, den sie erreichen sollten. Im umgekehrt proportionalen Vorgang zur Pressekonzentration nahmen die Anzeigenblätter zu – sie drucken die Anzeige vom Kaufmann nebenan, sie informieren über den ärztlichen Notdienst; und hatten sie früher nur kaschierte Werbetexte für Unternehmen und Produkte, so riskieren sie auch heute schon eigene redaktionelle Kritik und Information. Sch~ \ im April 1976 hat der Bundesverband der Zeitungsverleger auf einer De' ⌐rtenversammlung die Einsetzung einer Arbeitsgemeinschaft Anzeigenblätter beschlossen, da die Anzeigenblätter den großen Zeitungen natürlich gefährlich werden können – man fürchtet um Anzeigen und Leser. Der 1. Punkt des damaligen Aufgabenkataloges: „Abwehrmaßnahmen zeitungsschädlicher Aktivitäten von Anzeigenblättern." Als diese Arbeitsgemeinschaft gegründet wurde, hatten einzelne Verlage schon selbst versucht, sich die Konkurrenz vom Halse zu schaffen: Man gründete eigene Anzeigenblätter, um den Markt selbst abzuschöpfen, man kaufte auf und, um Konkurrenz zu verhindern, ließ man die Blätter weiter existieren. Was dies im Extremfall bedeutet, läßt sich am Beispiel Hamburgs zeigen. Der Verlag Axel Springer, der in Hamburg „Die Welt" und „Welt am Sonntag", „Bild" und „Bild am Sonntag" sowie das „Hamburger Abendblatt" herausgibt und an der „Bergedorfer Zeitung" zu 91 % beteiligt ist, besitzt unterhalb dieser Tageszeitungsebene den Hamburger Wochenblattverlag, der etwa 800.000 Anzeigenblattexemplare in

Hamburgs Stadtteilen vertreibt. Den zusätzlichen Anteil am „Elbewochenblatt-verlag" mußte Springer auf Beschluß des Bundeskartellamtes zurückgeben. Die Begründung: Die Elbewochenblatt GmbH sei der zweitgrößte Anzeigen-blattverlag der Hansestadt. Springer aber besitze bei Tageszeitungen im Raum Hamburg eine marktbeherrschende Stellung und sei der bei weitem größte Anzeigenblattverlag Hamburgs. Dies stelle eine ernste Gefahr für das Anzeigen-geschäft der übrigen Hamburger Tageszeitungen dar (eigentlich nur noch die SPD-eigene „Hamburger Morgenpost"), durch den Zusammenschluß werde die marktbeherrschende Stellung Springers auf dem Anzeigenmarkt für Zei-tungen insgesamt verstärkt und abgesichert.

- Ebenso unberücksichtigt blieb die Entwicklung der Lokal- und Stadtteilzei-tungen der Parteien, die es im derzeit bestehendem Umfang erst seit dem Re-voltejahr 1968 gibt. Damals wurde vor allem den Studenten und in ihrer Folge auch breiteren Bevölkerungsschichten klar, daß die etablierten Medien in Krisenzeiten nur sehr bedingt als zuverlässige Informanten fungieren, und daß der unmittelbare Lebensbereich — die Nachbarschaft, die Gemeinde, der Stadtteil — immer weniger berücksichtigt wird. Funk und Fernsehen sind in ihren Sendebereichen nicht so weit aufgeschlüsselt, als daß sie Informationen aus diesem Bereich übermitteln könnten. Die Tageszeitungen und Zeitschrif-ten sind in aller Regel an größeren Räumen orientiert. Zu diesem Vakuum im Medienbereich kommt eine weitere Ursache: die Anonymität der Apparate, der bürokratische Hochmut der Behörden, die hochgestochene, kaum ver-ständliche Sprache der Bundespolitik und damit auch vieler Zeitungen, vieler Funk- und Fernsehsendungen, das häufige Ausweichen der politisch Verant-wortlichen in diesem Lande, ihre unkonkreten Antworten auf konkrete Fra-gen — alles das wird man wohl auch berücksichtigen müssen, wenn man ver-sucht, den Erfolg der Lokal- und Stadtteilzeitungen der Parteien zu erklären. Die Parteiblätter erscheinen eher unregelmäßig, stellen häufig ihr Erscheinen nach wenigen Nummern wieder ein, um oft in anderer Form wieder zu er-scheinen. Die bei Zeitungen eigentlich gewohnte Aufmachung findet man bei den Parteiblättern nur selten. Die meisten Lokal- und Stadtteilzeitungen der Parteien erscheinen 3 bis 4 Mal im Jahr, vor Wahlen häufiger. Eine Aufstellung der Titel und Auflagen ist außerordentlich schwer zu bewerkstelligen, da nie-mand einen genauen Überblick hat. Unter Vorbehalt lassen sich folgende Zah-len weitergeben: DKP etwa 800 Stadtteil- und Lokalzeitungen, SPD etwa 1.250, CDU/CSU (grob geschätzt) 300, FDP (grob geschätzt) 50. Bei einer durchschnittlichen Auflage von je 2.000 Exemplaren (es gibt Zeitungen mit 500 Exemplaren, aber auch mit 50.000) wären dies pro Vierteljahr 4,8 Millio-nen Exemplare. In diesem Zusammenhang sei auch an die Zeitungen von Bür-gerinitiativen, Stadtteilgruppen und anderen Initiativgruppen erinnert, die sich zum Ziel gesetzt haben, alternative Medieninhalte anzubieten.
- Alternative Medieninhalte versuchen auch die beiden neuen Tageszeitungen „TAZ Die Tageszeitung" und „Die Neue" anzubieten. Diese beiden Zeitungen sind jedoch zu kurz auf dem Markt, um von einer gesicherten Existenz zu sprechen. Sie mußten aus diesem Grunde bei den Presseporträts zunächst un-

berücksichtigt bleiben, vielleicht lassen sie sich bei einer Neuauflage dieses Buches porträtieren.

● Die gesellschaftspolitische Bedeutung des Fachzeitschriftenmarktes und die Wirkungen dieser Zeitschriften ist in den vergangenen Jahren zunehmend erkannt worden; dennoch gibt es hier im Bereich der Publizistik noch zu wenig detaillierte analytische Untersuchungen. Dies gilt auch für den vorliegenden Band mit Porträts der deutschen Presse. Wegen ihrer breiten thematischen Streuung entziehen sich die Fachzeitschriften einem generalisierenden analytischen Zugriff, zudem ist eine gerechte Beurteilung dieser Zeitschriften nur im jeweiligen Fachumfeld zu leisten: an die „Deutsche Verkehrszeitung" müssen andere Maßstäbe angelegt werden als an die Zeitschrift „Maler- und Lackierermeister". Die „Monatsblätter für freiheitliche Wirtschaftspolitik" haben einen anderen Empfängerkreis, damit eine andere Funktion als die „Allgemeine Fleischerzeitung".

● Unberücksichtigt bleiben muß in einem Buch mit Porträts der deutschen Presse notgedrungen auch eine Aufarbeitung der Diskussionen um ein Presserechtsrahmengesetz, das von der sozialliberalen Bundesregierung – obwohl sie gerade Anlaß hätte, sich darum zu kümmern – in der Legislaturperiode bis 1980 nicht mehr vorgelegt werden wird. Die Regelung der inneren Pressefreiheit ist ebenso wie die Regelung der inneren Rundfunkfreiheit angesichts der zunehmenden Beschränkungen aus wirtschaftlichen oder politischen Gründen ein vordringliches Thema der 80er Jahre – die Porträts der deutschen Presse dürften dies hinreichend deutlich machen.

Gerade angesichts der Diskussionen um die Veränderung der Rundfunkstruktur, zunächst in Norddeutschland und später wohl in der gesamten Bundesrepublik, stellt sich die Frage nach der Struktur der Presse. Sollten Zeitungs- und Zeitschriftenverleger Zugang zu den elektronischen Medien bekommen, so wird umgekehrt sicherlich auch eine Regelung gefunden werden müssen, mit der sichergestellt wird, daß es auch öffentlich-rechtliche Tageszeitungen und Zeitschriften geben kann – als einen ohnehin bescheidenen Versuch, zu verhindern, daß ökonomische Kriterien alleiniges Auswahlprinzip im Bereich von Information, Bildung und Unterhaltung werden. Auch 35 Jahre nach dem Ende der nationalsozialistischen Herrschaft sollte man nicht vergessen wie wichtig eine wirklich freie und unabhängige Presse ist, wie wichtig eine freie Presse für eine Demokratie ist.

Heiko Flottau

Finanziell abhängig – und dennoch frei?
Zur wirtschaftlichen und rechtlichen Situation der Presse

Am Anfang standen Gesellschaftsveränderer, Systemüberwinder, Radikale, Extremisten, ja Revolutionäre. Falls der Geschichtsunterricht an deutschen Schulen inzwischen bis in ihre Epoche vordringt, ehren wir diese Männer als Vorkämpfer jener demokratischen Freiheiten, die für uns heute selbstverständlich sind. Am Anfang gaben sie eine Erklärung heraus:

„Wenn auch nun unsere Körper der Gewalt der Tyrannen unterworfen sind, so bleibt doch der Geist frei, und dadurch ist uns die Macht gegeben, die Wiedervereinigung Deutschlands im Geiste herzustellen. . . . Aus dem geistigen Bündnisse aber entsteht die Macht der öffentlichen Meinung, und da diese schwerer in die Waagschale der Gewalten fällt als alle Macht der Fürsten, so führt die Wiedergeburt Deutschlands, im Geiste, von selbst auch auf die materielle Vereinigung. . . . Die Aufgabe besteht daher darin, die Notwendigkeit der Organisation eines deutschen Reiches, im demokratischen Sinne, zur lebendigen Überzeugung aller deutschen Bürger zu erheben. . . . Das Mittel zur Wiedervereinigung Deutschlands im Geiste ist aber einzig und allein die freie Presse."

Es war der 3. Februar 1832, als der in Homburg in der Pfalz lebende politische Schriftsteller Johann Georg August Wirth diese Definition der Pressefreiheit gab. Pressefreiheit sollte als Mittel dienen, die Gesellschaft zu verändern und konkrete politische Ziele durchzusetzen.

Der Verein, den Wirth und sein Kollege Philipp Jakob Siebenpfeiffer mit dieser Erklärung gründeten, führte beide Ziele bereits im Titel an. Er hieß: *„Deutscher Preß- und Vaterlandsverein"*. Ernst Rudolf Huber schreibt in seiner „Deutschen Verfassungsgeschichte":

„Der Preß- und Vaterlandsverein ist ein erstes Beispiel für das Aufkommen einer vereinsmäßig organisierten Partei in Deutschland. Das Ziel des Vereins war die Wiederherstellung der deutschen Nationaleinheit unter einer demokratisch-republikanischen Verfassung. Die Einsicht, daß die notwendige Waffe im Kampf um die Nationaleinheit die freie Presse sei, erklärte den Namen, den der Verein sich gab."

Wie brisant die Vereinsgründung war, zeigte die Reaktion der bayerischen Regierung. Schon am ersten März 1832, also nur knapp einen Monat nach seiner Gründung, verbot sie den Preß- und Vaterlandsverein. Zur Begründung führte man an, daß „die Verfassung den Staatsbürgern nirgends das Recht einräumt, politische Assoziationen in willkürlicher Weise einzugehen."

Heute, eineinhalb Jahrhunderte später, ist die Pressefreiheit – zumindest institutionell – gesichert. *Artikel 5 des Grundgesetzes:* „Jeder hat das Recht, seine Meinung in Wort, Schrift und Bild frei zu äußern und zu verbreiten und sich aus allgemein zugänglichen Quellen ungehindert zu unterrichten. Die Pressefreiheit und die Freiheit der Berichterstattung durch Rundfunk und Film werden gewährleistet. Eine Zensur findet nicht statt."

Es lohnt sich festzuhalten, wie sich Wesen und Funktion der Pressefreiheit mit der Entwicklung der Gesellschaft verändert haben und daß *Pressefreiheit ursprünglich eine „bürgerliche" Freiheit* ist – entstanden durch eine Revolution, in der eine neue Schicht von Besitzenden – nicht von manuell in Fabriken Arbeitenden – aufgrund ihres Wohlstandes nun auch einen entsprechenden Anteil an der Macht für sich beanspruchten. Huber charakterisiert die im 19. Jahrhundert entstandene „bürgerliche Gesellschaft" so: sie zeichne sich durch „Befreiung des Einzelnen aus den überlieferten ständischen und staatlichen Bevormundungen und seinen Durchbruch zur personellen Autonomie aus; durch Selbstregulierung des wirtschaftlichen und kulturellen Schaffensprozesses im freien Spiel der Kräfte und durch freien Leistungswettbewerb; durch Entstehung einer neuen gesellschaftlichen Oberschicht, die sich als Träger allgemeiner Bildung und industriewirtschaftlich genutzten Besitzes auszeichnete; und schließlich durch die Entwicklung einer ‚öffentlichen Meinung', das heißt der in freier Information und öffentlicher Diskussion spontan gebildeten, der ständigen Kritik ausgesetzten und daher in ständiger Fluktuation befindlichen Überzeugung der gesellschaftlichen Schichten, vor allem ihrer Führungsschichten, von dem was als wahr, als gerecht und als schön zu gelten habe."

Diese bürgerliche Gesellschaft gab sich in der Paulskirchenverfassung des Jahres 1848 ihr Grundgesetz. Pressefreiheit blieb eine „bürgerliche" Freiheit. Denn die liberalen Verfasser der Frankfurter Grundrechte, schreibt Huber, gedachten „der besonderen Lage der Arbeiterklasse mit keinem Wort. Sie verkannten dabei, daß im modernen Industriekapitalismus der individuelle Aufstieg auf die Dauer keine zulängliche Möglichkeit bieten werde, um der materiellen und seelischen Not der proletarischen Schichten zu steuern. . . .Der Mangel der Frankfurter Grundrechte bestand darin, daß sie sich dieser sozialstaatlichen Reform versagten, obwohl diese Aufgabe im sozialkonservativen, im sozialliberalen wie im sozialradikalen Lager längst Gegenstand lebhafter Diskussion war."

Pressefreiheit als Grundrecht

Pressefreiheit ist heute, über ein Jahrhundert nach der Paulskirchenverfassung, *keine bürgerliche Freiheit mehr,* jedenfalls theoretisch nicht. Pressefreiheit soll nicht nur einer „gesellschaftlichen Führungsschicht" dienen, die es ohnehin nicht mehr geben sollte, sondern jedem „Staatsbürger". Das vor einem Jahrhundert noch ausgesparte Sozialstaatsprinzip ist heute, wenn schon nicht überall verwirklicht, so doch Ziel einer jeden politischen Partei. Die Kommunikationswissenschaftler Peter Glotz und Wolfgang Langenbucher schreiben in ihrem Buch „Der mißachtete Leser" über die heutige Gesellschaft:

„Die moderne Repräsentativdemokratie steht in der Tradition des Liberalismus. Unter dem Druck der gesellschaftlichen Umwandlungsprozesse ist der klassiche Liberalismus aber entscheidend modifiziert worden. Die liberalen Theorien vom Sozialverhalten des Menschen wurden durch konkrete historische Erfahrungen korrigiert. Die französische Revolution war von einer politischen Anthropologie getragen, derzufolge der Mensch von Natur aus gut und nur durch gesellschaftliche Einflüsse verdorben sei. . . . Diese Hypothese scheiterte an der sozialen Wirklichkeit. Im Früh- und Hochkapitalismus erwies sich schlagend, daß eine Politik des Laissez-faire nicht in der Lage ist, eine gerechte Sozialordnung herzustellen. . . . Eine begrenzte Ordnungsfunktion der Staatsorgane in Wirtschaft und Gesellschaft, vom Liberalismus strikt abgelehnt, wurde anerkannt."

Die Anerkennung des Sozialstaatsprinzipes und damit der Ordnungsfunktion des Staates soll aus der „bürgerlichen" Gesellschaft, wie sie sich im 19. Jahrhundert herausbildete, eine Gesellschaft gleichberechtigter Staatsbürger machen. Pressefreiheit kann unter diesen Voraussetzungen keine bürgerliche Freiheit mehr sein, darf also nicht mehr die politischen Ziele einer bestimmten gesellschaftlichen Schicht verfolgen, sondern muß jedem Staatsbürger dienen. Glotz und Langenbucher:

„Die Demokratie garantiert jedem Staatsbürger die Möglichkeit, an den politischen Entscheidungen mitzuwirken. Das setzt Information voraus. Der Bürger, der — beispielsweise bei Wahlen — zur Entscheidung aufgerufen wird, muß die Alternativen wenigstens in ihren Grundzügen kennen. Das Geflecht der Interessen muß für ihn soweit als möglich durchsichtig gemacht werden. Deshalb ist Überschaubarkeit eine der wichtigsten Forderungen, die an jede Demokratie zu stellen sind. Die politische Funktion der Massenkommunikationsmittel in der Demokratie besteht daher in der Darstellung bestmöglicher Überschaubarkeit. Diese Überschaubarkeit ist nur durch eine Vermittlung der gesellschaftlichen Kommunikation in ihrer ganzen Bandbreite herstellbar."

Öffentlichkeit, in der sich Pressefreiheit heute verwirklicht, ist also nicht mehr eine Öffentlichkeit, die sich auf eine bestimmte gesellschaftliche Schicht beschränkt. Öffentlichkeit umfaßt heute alle sozialen Schichten der Bevölkerung, jeden „Staatsbürger". Emil Dovifat im „Handbuch der Publizistik":

„Weil Öffentlichkeit in diesem Sinne freie Zugänglichkeit, allgemeine Ansprechbarkeit einer anonymen Vielzahl von Menschen bedeutet, ist sie Voraussetzung jeder Publizistik. Die Freiheit, sie anzusprechen, gilt als demokratische Freiheit überhaupt und ist daher in Ländern mit liberaler Staatsverfassung verfassungsrechtlich gesichert. In dieser Freiheit wurzelt alle öffentliche Freiheit, sei es die der „öffentlichen" Äußerung (Pressefreiheit, Redefreiheit usw.) oder die der Koalition und Demonstration. Diese Freiheit, einst erkämpft gegen die absolute Monarchie, wird Ausdruck der Volksfreiheit und bleibt es auch gegenüber allen staatlichen Organen, der Regierung, der Verwaltung, der Rechtsprechung. Wird der freie Zugang eingeschränkt (Zensur, Verbote, Beschlagnahme), so ist ein Grundrecht eingeschränkt. . . . Ist der Zugang zur Öffentlichkeit und der Appell an sie nur der Staatsführung oder einer Einheitspartei . . . gestattet, so sind die Voraussetzungen für eine totalitäre Publizistik gegeben."

Pressefreiheit ist also heute nicht mehr das Mittel einer gesellschaftlichen Oberschicht, gesellschaftlichen Einfluß entsprechend ihrer wirtschaftlichen Macht auszuüben. Pressefreiheit ist Kommunikationsfreiheit für jeden. Journalisten haben u. a. die Aufgabe, diese Kommunikation zu ermöglichen. Es ist daher nicht verwunderlich, wenn bei der Definition dessen, was ein Journalist zu tun hat, kämpferische Töne fehlen, die vor einhundertundfünfzig Jahren noch selbstverständlich waren. Otto Groth, Journalist und Zeitungswissenschaftler, schreibt 1967:

„Immer ist es das Ziel des reinen Journalisten, dem Publikum, für das Publikum, das für dessen Zwecke Bedeutsame zu vermitteln, nicht ihm selbst persönlich am Herzen Liegendes aufzudrängen, nicht das Publikum in seine, des Journalisten, Anschauung und Überzeugung hineinzuzwingen. Immer ist der Journalist als solcher Diener, nicht Herr des Publikums."

Freilich, niemand bestreitet, daß zu diesen Aufgaben noch die Rolle der Kritik und Kontrolle kommt. Doch die Presse kann nicht in dem Sinne eine Art „vierte Gewalt" sein, daß sie sich anmaßt, ihre alleinige oder vorwiegende Aufgabe wäre die der Kontrolle der Mächtigen. Dazu tragen auch andere bei – zum Beispiel die Opposition bei der Kontrolle der Regierung, die Gewerkschaften bei der Kontrolle der Arbeitgeber. Aufgabe des Journalisten ist es, diesen Dialog bekanntzumachen, zu fördern und an der Diskussion teilzunehmen und insofern Kontrolle auszuüben, indem er eigene Recherchen nach dem anstellt, was Teilnehmer an diesem *öffentlichen Dialog* aus Eigeninteresse nicht vor die Öffentlichkeit bringen, was gleichwohl aber veröffentlicht werden muß. Klassische Beispiele sind zum Beispiel die Aufdeckung des hessischen Giftmüllskandals durch einen Journalisten des Hessischen Rundfunks, die Veröffentlichung von Unregelmäßigkeiten bei der Verpachtung der Tiefgarage auf dem Frankfurter Flughafen und die Aufdeckung der Reise des Luftwaffengenerals Rall durch den „Stern". Insofern stellt der Journalist durch ein Medium nicht nur eine Plattform für die öffentliche Diskussion zur Verfügung, sondern er trägt durch eigene Recherchen und Meinungsäußerungen zu dieser Diskussion aktiv bei. Vor dem einzelnen Bürger sollte er dennoch keinen Vorsprung haben.

Journalisten und Verleger

„Kein Zweifel, daß Verleger und Journalist wie jeder andere Staatsbürger das Recht haben, in diesem Disput mitzusprechen und die eigene Meinung all den anderen hinzuzufügen, durch eigene, prononcierte Meinungen das Gespräch in Gang zu bringen und anzuregen. Aber nicht dies – die Formulierung des eigenen Standpunktes – ist seine ‚öffentliche Aufgabe', um deretwillen Freiheiten verbürgt werden. Soweit der Journalist als Vertreter eigener Interessen auftritt, seine persönliche Meinung verkündet, darf er in der Demokratie kein Jota mehr an Rechten besitzen wie jeder andere Staatsbürger auch. Zuerst und in ihrer eigentlichen Berufsrolle haben Journalisten und Verleger ehrliche Makler, Spezialisten zur Betreuung des geistigen Austauschs in der Gesellschaft zu sein." (Glotz/ Langenbucher)

14

Diese Aufgabe wird – was die gedruckten Medien betrifft – von Verlegern und Journalisten wahrgenommen. Ob diese Zweiteilung notwendigerweise so sein muß, braucht hier nicht diskutiert zu werden, sie hat sich jedenfalls historisch so entwickelt. Zur Kommunikation und Meinungsbildung ist Meinungsvielfalt notwendig, diese wurde – bisher wenigstens – dadurch gewährleistet, daß jedem Bürger an jedem Ort der Bundesrepublik eine Auswahl an Lokal-, Regional- und überregionalen Zeitungen zur Verfügung steht. Möglich wird – oder wurde – dies durch die Existenz einer Vielzahl von Zeitungen und durch ein leistungsfähiges Vertriebssystem. Schließlich ist zum Funktionieren dieses Systems eine florierende Wirtschaft Voraussetzung. Denn der Verkaufserlös der Zeitung deckt im allgemeinen nur etwa 30 Prozent der Kosten. Mehr als zwei Drittel der Kosten und der Gewinn für den Verleger müssen aus dem Anzeigenaufkommen aufgebracht werden.

Die Basis dafür, daß die Presse ihre öffentliche Aufgabe – die Herstellung der Kommunikation zwischen allen Gruppen durch Berichterstattung und Kommentierung sowie ihre Kontrollfunktion durch Aufdeckung von Mißständen – wahrnehmen kann, *ist also privatwirtschaftlich.* Auch hier braucht nicht diskutiert zu werden, ob diese Situation notwendigerweise so sein muß – sie hat sich historisch entwickelt.

Diese Voraussetzung bedeutet aber, daß die Presse nicht nur in ihrem redaktionellen Teil im Wettbewerb steht; die Konkurrenz findet auch oder vor allem im Anzeigenteil statt. Wer mehr Leser anspricht, bekommt mehr Anzeigen, kann höhere Preise für den Verkauf der Seiten verlangen. Ernst Müller-Meiningen jr. beschrieb diese Situation in der Süddeutschen Zeitung:

„In einer demokratisch verfaßten Massengesellschaft wie der unseren, die immer mehr unter dem wirtschaftlichen Gesetz der Konzentration steht, ist im Bereich der Presse ein Problem wohl unabweisbar wie noch nie gestellt: nämlich *öffentliche Aufgabe* (wie sie das Bundesverfassungsgericht ausdrücklich anerkannt hat) *und privates Mandat* (des Verlages für den Journalisten), journalistische Verpflichtung gegenüber der Öffentlichkeit und kommerzielles Interesse des Verlegers, der ja legitim auf Abonnenten und Inserenten angewiesen ist, neu zu überdenken. Verzerrt sich die Proportion, wird die Auswahlmöglichkeit für den zu informierenden Leser immer geringer, entstehen zunehmend lokale, regionale, überregionale Monopole, so stellt sich die Frage: Was kann geschehen?"

Diese schon erwähnte Antinomie, die heute immer mehr zu Problemen führt, hatte der der Fortschrittspartei angehörende Reichstagsabgeordnete Traeger am 7. Mai 1874 überspitzt so formuliert: „Wenn die Presse mit den Füßen auf dem Boden des Geschäftes steht, so ragt sie doch mit dem Scheitel so hoch in die höchsten idealen Gebiete des Volks und der Menschheit hinein, daß ihr auch nach dieser Seite hin gebührend Rechnung getragen werden muß."

Entsprechend der persönlichen Einstellung und dem jeweiligen Stand der Diskussion wird einmal die Bedeutung des Journalisten, ein andermal die Wichtigkeit des Verlegers betont. So hatte zum Beispiel die Bundesregierung bereits am 18. Mai 1967 eine Kommission eingesetzt, die sich umfänglich „Kommission zur Untersuchung der Gefährdung der wirtschaftlichen Existenz von Presseunternehmen und der Folgen der Konzentration für die Meinungsfreiheit in der Bundesrepublik Deutschland" nannte. Diese *„Pressekommission"* sollte also herausfinden, ob die Abnahme der Zahl der Zeitungen Auswirkungen auf die Meinungsvielfalt, ja Meinungsfreiheit in der Bundesrepublik habe. Die Pressekommission schrieb über die Struktur der Presse:

„Presseunternehmen müssen sich im gesellschaftlichen Raum frei bilden können. Sie haben nach privat-wirtschaftlichen Grundsätzen und in privatwirtschaftlichen Organisationsformen zu arbeiten. Freie Gründung von Presseorganen und freier Zugang zu den Presseberufen sind prinzipielle Forderungen aus dem Institut ‚Freie Presse‘."

In dieser Aussage wird der Zustand, wie er sich historisch herausgebildet hat, gleichsam zur absoluten Forderung erhoben: Eine freie Presse ist nur innerhalb der bestehenden privatwirtschaftlichen Strukturen möglich. Umstritten war in diesem System schon immer und ist es heute noch mehr die Stellung, die der Journalist bei der Wahrnehmung der Pressefreiheit neben dem Verleger einnimmt. So fragte Karl-Hermann Flach auf einer Podiumsdiskussion im Jahre 1970:

„Es stellt sich doch die Frage, ob die letztinstanzliche Wahrnehmung der Pressefreiheit beschränkt bleibt auf den immer kleiner werdenden Kreis der Besitzer der Produktionsmittel oder erweitert werden muß auf den Kreis, dem die publizistische Gestaltung anvertraut ist."

Lösungsmöglichkeiten dieses Problems werden schon seit einem halben Jahrhundert und länger gesucht. So heißt es zum Beispiel in der Präambel zum Tarifvertrag zwischen Verlegern und Redakteuren aus dem Jahr 1926:

„Die Zusammenarbeit von Verleger und Redakteur ist bedingt durch die Pflicht zur Wahrnehmung öffentlicher Interessen durch die Zeitung. Es darf daher vom Verleger auf den Redakteur kein Gewissenszwang ausgeübt werden. Dem Redakteur wird im Rahmen der mit dem Verleger vereinbarten politischen oder wirtschaftlichen oder kulturellen Richtlinien für die Redaktionsführung die geistige Bewegungsfreiheit auch bei der Gestaltung des Textteils im einzelnen gewährleistet. Der Redakteur ist verpflichtet, das Gesamtinteresse und die Überlieferung der Zeitung im Auge zu halten. Die vertrauensvolle Zusammenarbeit von Verleger und Redakteur bedingt rechtzeitige gegenseitige Fühlungnahme, insbesondere in allen Zweifelsfällen. Über die Form dieser Fühlungnahme sind vertragliche Abmachungen zulässig."

Pressefreiheit hat also einmal eine interne Komponente — nämlich die Regelung des Verhältnisses zwischen dem Verleger, dem Besitzer und Kapitalinhaber sowie seinem journalistischen Arbeitnehmer, der Pressefreiheit durch seine tägliche Arbeit nach außen sichtbar für alle verwirklicht. Der nach außen hin sichtbarere Teil der Pressefreiheit ist die Vielfalt der Zeitungen, die — nach bisheriger Überzeugung — allein auch die Meinungsvielfalt garantieren konnte. Die Pressekommission: „Die Diskussion um den Bestand der deutschen Presse entspringt zum wesentlichen der Sorge, die verfassungsrechtlich geforderte Vielfalt von Meinungsträgern nehme ab und die Breite der Meinungen verringere sich."

Das Leseverhalten

Tatsächlich war die bisher existierende Meinungsvielfalt im Pressewesen ein Ergebnis der liberalen Wirtschaftsordnung. Eine Vielfalt von Zeitungen unterschiedlicher politischer Ausrichtung bediente eine Vielfalt von Lesern unterschiedlicher politischer Ausrichtung; gewährleistet wurde dies dadurch, daß eine Vielfalt von Journalisten unterschiedlicher politischer Meinungen eine große Zahl von Beschäftigungsmöglichkeiten fand. Diese guten Zeiten sind – wie jedermann weiß – vorbei. Festzustellen bleibt, daß heute offensichtlich nach Meinung vieler Beteiligter die liberale Wirtschaftsordnung *allein* Pressevielfalt und Meinungsvielfalt nicht mehr garantieren kann. Das Modell „Meinungsvielfalt durch eine Vielfalt von Zeitungen" ist gescheitert. Ausschlaggebend dafür ist die drastische Verringerung der Zahl von Tageszeitungen und damit die Zahl der „Meinungsträger".

Freilich bedarf das Argument, Meinungsbildung werde beim Leser durch das Vergleichen verschiedener Meinungen erreicht, die man der Lektüre verschiedener Zeitungen entnimmt, einer Erörterung. Denn nur wenige Leser haben alle zwei Zeitungen, die u. U. an seinem Wohnort erscheinen, abonniert. Meistens liest der Durchschnittsleser „seine" Zeitung, um „seine" Meinung zu lesen, um in den bestehenden Ansichten bestärkt zu werden, wohl auch, um in der Diskussion mit anderen um Argumente nicht verlegen zu sein. Kommunikation ist oft erst in zweiter Linie Austausch von Meinungen, Offensein für andere Argumente. Der erste Schritt ist oft die Suche nach der Bestätigung für das eigene Weltbild. Zwar suchte der FDP-Politiker Karl Moersch noch 1970 auf einer Podiumsdiskussion nach einem neuen Leserbewußtsein („Ich würde es begrüßen, wenn in der Bundesrepublik ein neues Leserbewußtsein entstehen würde. Die Leute sollten sich bewußt werden, daß sie auch zwei Zeitungen halten und lesen können.") aber diese Forderung geht – so begrüßenswert sie ist – am Leseverhalten der meisten Menschen vorbei. Der „Bericht des Sachverständigenausschusses für Fragen der Pressekonzentration" beim Straßburger Europarat im Dezember 1974 sagte dazu:

„Der weitaus größte Teil der Leser, dem konkurrierende Zeitungen angeboten werden, liest nicht einmal zwei von ihnen – geschweige denn alle. Die Leser, die regelmäßig mehr als eine Zeitung desselben Typs kaufen, stellen eine kleine Minderheit dar. Die Mehrzahl liest vielleicht eine Morgen- und eine Abendzeitung, sie kauft vielleicht eine Zeitung, die vorwiegend überregionale Information bringt, und eine andere, die sich ganz lokalen Angelegenheiten widmet; sie liest vielleicht eine seriöse überregionale oder regionale Tageszeitung und kauft zur Entspannung ein seltener erscheinendes Blatt vorwiegend unterhaltenden Lesestoffes; sie kauft jedoch nicht regelmäßig zwei Zeitungen derselben Kategorie. ... Damit soll nicht gesagt werden, daß eine derartige Vielfalt von Nachrichten und Meinungen nicht von erheblicher Bedeutung wäre, aber ihr Wert ist anderswo zu suchen. Diese Vielfalt kann über persönliche Kommunikation zur Gegenüberstellung verschiedener Standpunkte führen. Wenn der Leser zwischen mehreren konkurrierenden Zeitungen wählen kann, hat das einen beträchtlichen Einfluß auf den Inhalt der Zeitungen, da er, wenn er mit der Zeitung unzufrieden ist, eine andere Zeitung beziehen kann."

Pressekonzentration

Die Diskussion über die Presse wird nicht nur in der Bundesrepublik von der Pressekonzentration bestimmt. Pressekonzentration, so lautet die Kurzformel, läßt Einschränkung der Meinungsvielfalt befürchten. Einschränkung der Meinungsvielfalt aber bedroht die demokratische Substanz der Bundesrepublik. Sollte die Meinungsvielfalt tatsächlich bedroht sein, so wäre umso mehr darauf zu achten, daß die verbleibenden Zeitungen allen in der Gesellschaft vertretenen und vertretbaren Meinungen Gehör verschaffen. *Je mehr die Pressekonzentration fortschreitet, desto mehr* wird von der *inneren Pressefreiheit* zu sprechen sein; *desto mehr* wird aber auch diskutiert werden müssen, ob und in welcher Weise der Staat, das heißt die Regierung Maßnahmen treffen sollte, um die *Meinungsvielfalt in der Presse* zu wahren. Zunächst aber ist zu fragen, wie diese Pressekonzentration aussieht, ob die Meinungsvielfalt bedroht ist, wie sich die wirtschaftlich verantwortlichen Verleger verhalten. Diese letzte Frage ist schon deshalb besonders wichtig, weil staatliche Hilfsmaßnahmen, sollten sie notwendig sein, immer die Gefahr mit sich bringen, daß Hilfe auch den Versuch der Einflußnahme bedeuten kann — nach dem Motto: „Wer zahlt, schafft an." Zunächst aber die Tatsachen.

Das Modell ist fast immer dasselbe. Entweder beginnt es von Verlegerseite mit einem Dementi, das dann durch den Vollzug dessen, das durch das Dementi in Abrede gestellt wurde, ad absurdum geführt wird; sofern es vorher aber keine Indiskretion gibt, läuft die Operation meistens reibungslos ab. Vom Vorgang der Konzentration erfährt der von ihr betroffene Leser und die breitere Öffentlichkeit erst aus der Zeitung — dann nämlich, wenn alles vorbei ist und andere mögliche Lösungen verspielt sind. Dabei handeln zuweilen auch jene nicht anders, die Worte wie Mitbestimmung und Pressefreiheit öfter als andere im Munde führen. So erging es zum Beispiel dem Berliner *„Telegraf"* und seiner Boulevardausgabe, der *„Nachtdepesche"* Ende Juni 1972:

„Telegraf" und „Nachtdepesche"

„In der Vergangenheit haben wir oft über den unwürdigen Tod von Zeitungen berichten müssen und dabei stets vor der Mißachtung der primitivsten Rechte der Beschäftigten gewarnt ... Jetzt trifft es uns selbst ... man hat so entschieden, wie Demokraten über andere Demokraten nicht entscheiden dürfen, auch nicht in einer kapitalistischen Wirtschaftsordnung."

Alfred Nau, Schatzmeister der SPD und verantwortlich für die SPD-Pressepolitik und damit für die SPD-eigene Holdinggesellschaft „Deutsche Verlags- und Druck GmbH" hatte über Nacht beschlossen, die beiden SPD-Blätter Telegraf und Nachtdepesche einzustellen. Die beiden Blätter waren schon lange defizitär. Die Angestellten der Blätter erfuhren den Beschluß nicht persönlich, sondern über Nachrichtenagenturen, die sie abonniert hatten, und über den Rundfunk.

Der Auflagenrückgang der beiden Blätter war natürlich schon lange sichtbar, wirksame Gegenmaßnahmen, etwa der Ausbau der unterbesetzten Redaktionen, waren kaum in Erwägung gezogen worden. Damit überließ die SPD die Berliner Zeitungslandschaft fast ausschließlich dem Springer-Konzern, der in Berlin mit der *„Morgenpost"*, der *„BZ"*, mit den Berliner Ausgaben von *„Bild"* und *„Welt"* dominiert. An unabhängigen Zeitungen blieben nur die auflagenschwächeren *„Tagesspiegel"*, *„Abend"* und als Vorstadtzeitung das *„Spandauer Volksblatt"*.

Nicht einmal das drohende Übergewicht Springers hatte die sonst so aufmerksam auf die Konzentration im Pressewesen schauende SPD gescheut; darüber hinaus hatte man sogar mit Springer über den Verkauf der „Nachtdepesche" verhandelt — vergeblich, wie sich hinterher herausstellte. Die Süddeutsche Zeitung kommentierte diesen „Presseskandal der SPD" und machte damit deutlich, daß die liberale Wirtschaftsstruktur nicht immer in der Lage ist, Pressevielfalt zu garantieren:

„Der unfaßliche Vorgang zeigt, wie weit auch bei der SPD Theorie und Alltag gelegentlich auseinanderklaffen. Was nützen alle Parteitagsbeschlüsse, was helfen die zahlreichen Plädoyers für die innere Pressefreiheit und die wiederholten Forderungen nach strikter Trennung zwischen Redaktion und Verlag, wenn die verantwortlichen Funktionäre sich um solche Grundsätze nicht kümmern und in bester frühkapitalistischer Manier Blätter einstellen oder samt Menschen und Material zu verhökern trachten?"

„Stuttgarter Zeitung" / „Stuttgarter Nachrichten"

Fall 1, der Berliner Fall, umfaßte die Einstellung zweier Tageszeitungen, die seit langem defizitär waren. Fall 2, *der Fall Baden-Württemberg,* zeigt, wie man von drei gesunden Tageszeitungen eine gesunde einstellt, damit, wie es offiziell heißt, die zwei verbleibenden Zeitungen auch wirklich bestehen bleiben. Am 4. April 1974 übernahm der Stuttgarter Zeitungsverlag, der u. a. die „Stuttgarter Zeitung" herausgibt, 80 Prozent der Anteile vom Konkurrenzblatt „Stuttgarter Nachrichten". Opfer der komplizierten Transaktion wurde die wirtschaftlich gesunde Kopfblattlieferantin, die in Göppingen erscheinende „Neue Württembergische Zeitung", die am 1. Juli 1974 ihr Erscheinen einstellte. Ihr Verbreitungsgebiet wurde zwischen Ulmer Südwestpresse und den Stuttgarter Nachrichten nach „optimalen Vertriebsbedingungen", wie es heißt, aufgeteilt. Hans Büttner von der Industriegewerkschaft Druck kommentierte den Vorgang so:

„Der Stuttgarter Vorgang, der in eine Zeit fiel, in der die Verlegerorganisationen bundesweit nach Steuererleichterungen, Postgebührensenkungen und anderen staatlichen Hilfsmaßnahmen riefen, hat nach Ansicht der südwestdeutschen Journalistenorganisationen ... eine neue Runde der Pressekonzentration eingeläutet, an deren Ende eine völlig veränderte Zeitungslandschaft stehen wird. ... Eine Runde, die nicht mehr von den Verlegern alten Schlages bestimmt wird, sondern von den Geschäftsführern wirtschaftlich starker Zeitungsunternehmen."

„Weser Kurier" / „Bremer Nachrichten"

Doch auch die Verleger vom alten Schlage mischen bei der Pressekonzentration noch kräftig mit, wie Fall 3, *das Bremer Beispiel* zeigt. Der Bremer Journalistenverband charakterisierte die Ereignisse des Jahres 1974 so:

„Nach einem rigorosen Wettbewerb mit nicht kostendeckenden Abonnementspreisen hatte im vorigen Jahr Hermann Rudolf Meyer, Herausgeber der größeren ‚Weser Kurier', die kleineren ‚Bremer Nachrichten' aufgekauft. Damit sollte das Eindringen nicht bremischer Verlage in den Zeitungsmarkt verhindert werden. Man erfand das Schlagwort ‚Bremische Lösung' und tauschte dafür ein Monopol in der Hand von Hermann Rudolf Meyer ein. Dann kam, was kommen mußte: Bald nach der Übernahme der ‚Bremer Nachrichten' wurde der im Verdrängungswettbewerb gegen die Konkurrenz benutzte Kampfpreis von sechs zunächst auf sieben Mark Abonnementsgebühr erhöht. Ab 1. Januar 1975 zahlt man schon acht Mark. Kenner der Branche hatten diese und ähnliche Entwicklungen vorausgesagt . . ."

Zwar wurde in Bremen wie in anderen Fällen als erstes versichert, daß die geschluckte Konkurrenz natürlich weiter erscheinen werde, aber so recht glaubt daran auf lange Sicht niemand. Friedrich Karl Fromme schrieb in der Frankfurter Allgemeinen Zeitung: „Erfahrungen wie die Einsicht in die menschliche Natur lehren indes, daß es etwas Künstliches und wenig Dauerhaftes ist, wenn die siegreiche Konkurrenz sich in Gestalt des von ihr übernommenen Konkurrenten selbst Konkurrenz macht."

„Hannoversche Allgemeine Zeitung" / „Neue Hannoversche Presse"

Frommes Befürchtungen sind nicht unbegründet, wie Fall vier, *das Beispiel Hannover*, zeigte. Begonnen hatte es am 29. Januar 1973 mit – wie kann es anders sein – einer programmatischen Erklärung: „Die Unabhängigkeit der Redaktion der ‚Neuen Hannoverschen Presse' (NHP) bleibt absolut gewahrt; die Kooperation erfolgt lediglich im Vertriebs- und Anzeigenbereich."

So äußerte sich der Verlagsdirektor der Hannoverschen Allgemeinen Zeitung (HAZ) zu der Tatsache, daß man die NHP durch finanzielle Beteiligung vor dem Ruin gerettet hatte. 22 Monate später verkündete wiederum ein Vertreter der Hannoverschen Allgemeinen, diesmal Chefredakteur Wolfgang Wagner, das Wort von der Unabhängigkeit der Redaktion. Diesmal indessen meinte er seine eigene, denn nun mußte der Verlag Madsack und Co., der die HAZ herausbringt, gestützt werden. Helfer in der Not war die SPD, die nun ihrerseits bei Madsack einsprang, nachdem Madsack zwei Jahre zuvor die Neue Hannoversche Presse gestützt hatte, deren Eigentümerin – die SPD ist.

Grund für die überraschenden Nöte der Hannoverschen Allgemeinen war die so viel gepriesene, immer wieder geforderte unternehmerische Initiative. Luise Madsack, die Verlegerin, hatte sich schlicht übernommen, denn ihr neues Druckzentrum im Werte von 100 bis 110 Millionen Mark war plötzlich zu teuer geworden. Das Prachtwerk von zwei Drucktürmen und einer Superdruckmaschine, die auf einmal eine Zeitung von 225 Seiten nordischen Formats im Offset-Verfahren drucken können sollte, erwies sich als Beispiel einer Fehlspekulation. Nur Hilfe von außen konnte den Verlag retten, und die kam von der SPD und vom rheinischen Verleger Oppenberg. Oppenberg, einer von vier Verlegern der „Neuen Ruhr Zeitung" engagierte sich mit 18,75 Prozent bei Madsack, die SPD erwarb Anteile in Höhe von 11,25 Prozent. Dabei ist erwähnenswert, daß das Haus Madsack zwei Jahre zuvor das „Göttinger Tageblatt" übernommen hatte, das – Ironie der Zufälle – ebenfalls wegen einer Fehlkalkulation mit einem neuen Druckhaus in die roten Zahlen geraten war. Und wer will, findet auch noch weitere Merkwürdigkeiten: Luise Madsack ist auch am Stuttgarter Zeitungsverlag beteiligt.

Damit sind die Hannoverschen Merkwürdigkeiten freilich keineswegs am Ende. Denn – natürlich muß man fast sagen – hatte das Versprechen der redaktionellen Unabhängigkeit, das die HAZ der NHP bei deren Übernahme gemacht hatte, nur zeitlich begrenzten Wert. Ab Februar 1975 gab es die NHP nur noch als Lokalausgabe, die politischen Meldungen übernahm sie von der Allgemeinen.

Um die Sache zumindest äußerlich mit einem redaktionellen Konzept zu bemänteln, verfiel man darauf, die ersten Seiten der NHP mit Lokalnachrichten zu füllen, den allgemeinpolitischen und landespolitischen Teil aber erst im Inneren beginnen zu lassen – nach britischem Vorbild, wie man sagte. Die betroffenen Redakteure wurden, wie das leider üblich ist, erst kurz vor Inkrafttreten des neuen Konzeptes informiert, die Leser wurden vor vollendete Tatsachen gestellt. Die Redakteure der NHP, die bis dahin den politischen Teil und das Feuilleton redigiert hatten, durften sich, einschließlich des Chefredakteurs, praktisch über Nacht als „freigestellt", sprich entlassen betrachten. Erst 1978 begann ein neuer Versuch mit der NHP, nunmehr als Boulevardblatt.

Eine Lehre, vielleicht die einzig mögliche Lehre aus dem Fall Hannover, zog der SPD Medienexperte und parlamentarische Staatssekretär im Bundesbildungsministerium, Peter Glotz, so:

„Man muß, wenn man heute mit dem kleinen Rest der sozialdemokratischen Presse vernünftige Politik machen will, ein paar Grunderkenntnisse der publizistischen Arbeit endlich zur Kenntnis nehmen. Diese lauten: in den nächsten 15 Jahren werden die Zweitzeitungen überall – oder fast überall – in Deutschland von der Bildfläche verschwinden, wenn der Staat sie nicht durch großzügige Subventionen, Subventionierung auffängt. Wer ‚A' sagt, muß auch ‚B' sagen; wer die Marktwirtschaft auf das freie Unternehmertum ständig im Mund führt, sollte sich über marktbedingte Konzentrationsprozesse ja nicht wundern."

„Westdeutsche Allgemeine Zeitung" / „Neue Ruhr Zeitung"

Ein bekannter Name, der bereits auf der Hannoverschen Szene aufgetreten war, spielte bald darauf in seinem Heimatgebiet die Hauptrolle. Es ist Dietrich Oppenberg, der Verleger der *„Neuen Ruhr Zeitung"* (NRZ) in Essen, der bei Madsack in Hannover mit fast 20 Millionen Mark eingestiegen war. Kurz nach der Transaktion wurden die Lokalausgaben der „Neuen Ruhr Zeitung" in Köln und Opladen eingestellt. Die Industriegewerkschaft Druck vermutete sofort einen Zusammenhang zwischen dem finanziellen Engagement in Hannover und der Schließung der Blätter in Köln und Opladen. Andere wieder vermuteten, daß Oppenberg die in Hannover benötigten 20 Millionen ohnedies von der SPD erhalten habe.

Im September 1975 stellte Oppenberg auch die Aachener Ausgabe der „Neuen Ruhr Zeitung", die „Aachener Zeitung" ein. Dabei hat sicherlich eine große Rolle gespielt, daß das Druckhaus Deutz, das pro Monat 40 000 Defizit durch das Drucken der Aachener Zeitung machte, nicht mehr bereit war, zu den bisherigen Konditionen zu drucken.

Oppenberg war es auch, der Mitte 1975 einen Bericht der Süddeutschen Zeitung dementierte, in dem es geheißen hatte, daß mit der Zusammenarbeit zwischen der *„Westdeutschen Allgemeinen Zeitung (WAZ)"* und der Neuen Ruhr Zeitung (NRZ) die Pressekonzentration in der Bundesrepublik im kommenden Herbst einen weiteren bedeutenden Schritt vorangetrieben werde.

Viereinhalb Monate später wußte die Öffentlichkeit, was Oppenbergs Dementi wert war: nichts. Denn Ende Oktober 1975 meldeten alle überregionalen Zeitungen Deutschlands, daß die NRZ und die Ausgaben der WAZ, die im rheinischen Teil des Ruhrgebietes erscheinen, vom 1. Januar 1976 von einer Kooperationsgesellschaft herausgegeben würden, die dann über ein Auflagenvolumen von 570 000 Exemplaren verfüge. Der „Spiegel" kommentierte:

„Die WAZ, mit 616 821 Tagesexemplaren ohnehin größte Regionalzeitung der Republik, kontrolliert nun vollends die volkreiche Presselandschaft zwischen Holland und Hessen. Das Blatt hält seit dem Herbst letzten Jahres die Mehrheit an der zuvor SPD-eigenen ‚Westfälischen Rundschau' (Auflage: 205 097) in Dortmund und seit letzter Woche die Mehrheit an Oppenbergs ‚NRZ' (Auflage: 220 144), die, von den Briten einst als SPD-Blatt lizensiert, als parteinahe, aber auf journalistische Unabhängigkeit bedachte Boulevardzeitung Profil und Ansehen gewann."

Der Kooperationsvertrag mit der WAZ hat, so vermuten manche, der NRZ langfristig vielleicht die Existenz gesichert, denn die NRZ war seit geraumer Zeit in eine immer gefährlicher werdende Isolierung geraten. Auf der einen Seite stand die WAZ, die zum Beispiel durch einen Kooperationsvertrag zu 75 Prozent an der „Westfälischen Rundschau" beteiligt ist, auf der anderen Seite stand eine Gruppe von Zeitungen, die sich am 1. Juli 1975 zur „Anzeigen Cooperation Nordrhein" zusammengeschlossen hatten und mit diesem Bündnis 1,5 Millionen Leser erreichen.

Freilich macht sich das Argument von der Erhaltung eines bedeutenden Meinungsträgers gut; allerdings hat man dabei von Seiten der WAZ natürlich verschwiegen, daß man in der Vergangenheit nicht gerade dazu beigetragen hat, die Konkurrenz zu schonen. Die „Frankfurter Rundschau" begründete die Tatsache, daß die WAZ den Beinamen „Zeitungskrake an der Ruhr" trägt, mit folgendem Text:

„Allein in den vergangenen elf Jahren hat sich die WAZ ein Dutzend Lokal- und Regionalzeitungen des Ruhrgebietes einverleibt: das ‚Westdeutsche Tageblatt', die ‚Herner Zeitung', den ‚Duisburger Generalanzeiger', den ‚Generalanzeiger Oberhausen', die ‚Wanne-Eickeler Zeitung', die ‚Ruhrwacht', den ‚Ruhr-Anzeiger' und die ‚Velberter Zeitung'. Mit der ‚Westfälischen Rundschau' wurde im vergangenen Jahr eine weitgehende Verlags- und Redaktionskooperation vereinbart. ... Die wirtschaftliche Kraft der WAZ wird selten auf besondere journalistische Leistungen der solide gemachten Zeitung zurückgeführt. In aller erster Linie profitierte der Verlag von dem überdurchschnittlichen Anzeigenmarkt in seinem Verbreitungsgebiet. Dazu kommt, daß sich das WAZ-Management schon früh mit geschickt gestreuten Beteiligungen in anderen Branchen Ertragsquellen erschloß. Die ‚Westdeutsche Allgemeine Zeitungs-Verlagsgesellschaft E. Brost und J. Funke' vertreibt beispielsweise nicht allein Zeitungen, sondern hat sich auch in Vertriebsgeschäften anderer Art engagiert. Mit 25 Prozent ist die WAZ am Hamburger ‚Otto-Versand', dem zweitgrößten Unternehmen der Branche, beteiligt. Mehrheitlich gehört dem Verlag außerdem das Autotransportschiff ‚Constantia' (17 500 BRT), das seit Jahren Personenwagen über den Atlantik in die USA verfrachtet." (Vgl. zur „WAZ" Beitrag Janke „Riese im Revier")

Die verlegerische Verantwortung

Aus den hier geschilderten fünf Beispielen für Konzentrationsbewegungen ragen zwei heraus, die die Frage nach der Verantwortung des Verlegers besonders deutlich ins Blickfeld rücken. Es sind dies der Fall Hannover und der Fall Ruhrgebiet.

Im Fall Hannover standen sich sozusagen zwei verschiedene Konzepte gegenüber: auf der einen Seite die „Neue Hannoversche Presse", eine Zeitung im Besitz einer Partei, die sich medienpolitisch immer besonders engagiert hat und gegen allzugroße Unternehmerwillkür zu Felde zieht, auf der anderen Seite die „Hannoversche Allgemeine", betrieben im klassisch liberalen Sinne von einem Unternehmen, fast im Familienbesitz.

Die SPD-eigene Zeitung litt am schlechten Management, vielleicht an zu geringer Anpassung an den Leser, man verlor über Jahre an Auflage, wirksame Gegenmaßnahmen blieben aus – bis zum bitteren Ende. Dagegen die Besitzer der bürgerlichen HAZ: sie investieren, wie es vom Unternehmer verlangt wird, sie kaufen Beteiligungen, wie das üblich ist, man verkalkuliert sich, das Ende gleicht dem der NHP, wenn nicht potente Geldgeber kommen. Die kommen – ausgerechnet in Gestalt der SPD und des SPD-nahen Verlegers Oppenberg, der wenig später, um sein Unternehmen zu retten, wiederum selbst bei anderen, der WAZ, um Hilfe bitten muß. Das Ergebnis: schlechte verlegerische und journalistische Leistungen bedrohen die Hannoversche Zeitungslandschaft, die NHP muß ihren eigenen politischen Teil einstellen. Und am Ende bleiben viele offene Fragen. Nicht nur die, wie zukünftig zu verhindern ist, daß Fehlkalkulationen beim Bau von Großdruckereien zur Gefährdung der Meinungsvielfalt führen, sondern warum

Frau Luise Madsack die SPD und Oppenberg holte, statt ihre Beteiligung in Stuttgart zu verkaufen. So fragte denn auch der Branchendienst A + I:

„Warum hat Frau Luise Madsack, die zu 100 Prozent die Anteile der geschäftsführenden Gesellschaft hielt, nicht ihre Beteiligung an der Verlagsgruppe ‚Stuttgarter Zeitung' verkauft? Der Wert der Anteile dürfte in etwa dem benötigten Kapitalbedarf entsprochen haben."

Nach der verlegerischen Verantwortung für das, was man die öffentliche Aufgabe der Presse nennt, ist auch im Fall der Essener „Westdeutschen Allgemeinen" zu fragen. Wettbewerb ja, so wird auch hier die Formel lauten. Aber was geschieht, wenn sich dieser Wettbewerb fast ausschließlich auf das Geschäft bezieht, wenn mit geschäftlichen, das heißt finanziellen Mitteln eine ganze Zeitungslandschaft erobert wird, in der früher eine große regionale Pressevielfalt herrschte? Lassen sich Hilferufe an die Regierung noch rechtfertigen, wenn man selbst dazu beiträgt, daß reihenweise Zeitungen eingestellt werden müssen – ein Schicksal, daß die WAZ ihren Nachbarn der Reihe nach zugemutet hat? Der Deutsche Presserat formulierte schon 1967 in einer Erklärung die Kritik an der WAZ so:

„Die ‚Westdeutsche Allgemeine Zeitung' (WAZ), Essen, mit einer verbreiteten Auflage zur Zeit von rund 550 000 treibt schon seit sechs Jahren einen Wettbewerb durch einen Dumpingpreis. Auf diese Weise hat die WAZ die Rentabilität der kleinen und mittleren Zeitungen in ihrem Verbreitungsgebiet systematisch geschwächt. ... Die Methoden, die hierbei von der WAZ angewendet werden, haben die Empörung aller Zeitungsverleger hervorgerufen und sind mehrfach, so auch im Verein Rheinisch-Westfälischer Zeitungsverleger, scharf verurteilt worden."

Die bisher genannten Konzentrationsvorgänge waren nicht die einzigen in den letzten Jahren, allenfalls die spektakulärsten. Nicht nur der Vollständigkeit halber, sondern auch um die Frage näher zu untersuchen, inwieweit wirklich wirtschaftliche Notsituationen die Konzentrationsvorgänge bedingt haben, müssen hier noch einige Beispiele nachgetragen werden:

● Am 1. Juni 1972 verkauft das Bistum Trier die „Saarbrücker Landeszeitung" mit einer Auflage von 31 000 an die lokale Konkurrenz, die „Saarbrücker Zeitung", damals mit einer Auflage von 184 000; an der Saarbrücker Zeitung ist der Stuttgarter Verleger Georg Holtzbrinck zu 49 Prozent beteiligt. Durch den Verkauf entstand das erste regionale Pressemonopol für ein Bundesland.

● Am 1. Juni 1973 gibt der „Regensburger Tagesanzeiger" seine Eigenständigkeit auf und fusioniert mit der ebenfalls in Regensburg erscheinenden „Mittelbayerischen Zeitung".

● Am 1. Januar 1974 erwirbt der Axel Springer Verlag Anteile an der „Bergedorfer Zeitung" und gründet die Zentralredaktion „Norddeutsche Nachrichten", die neben der Bergedorfer Zeitung zwei weitere Lokalzeitungen mit dem politischen Mantel beliefert.

● Am 1. April 1974 stellt die „Trierische Landeszeitung", eine Nebenausgabe der 1972 von der „Saarbrücker Zeitung" übernommenen „Saarbrücker Landeszeitung" ihr Erscheinen ein. In Trier verbleibt nur der „Trierische Volksfreund", an dem der Verleger Holtzbrinck mit 15 Prozent beteiligt ist.

• Am 1. April 1974 wird die Fusionierung der Fuldaer Zeitung und der Fuldaer Volkszeitung beschlossen.

Insgesamt ist die Zahl der publizistischen Einheiten, das heißt die Zahl jener Zeitungen, die über voll besetzte Redaktionen verfügen, mithin alle Ressorts selber bearbeiten, von 1954 bis 1978 von 225 auf 117 zurückgegangen.

Eingeschränkte Meinungsvielfalt

Zu fragen ist, ob durch diesen Rückgang der publizistischen Einheiten die Meinungsvielfalt im Pressewesen tatsächlich gefährdet worden ist, ob schon jetzt die Gleichung anzuwenden ist: Zeitungsvielfalt gleich Meinungsvielfalt. Auf diese Frage gibt es – grob – zwei Antworten. Insgesamt gesehen wird man noch nicht von einer Bedrohung der Meinungsvielfalt sprechen; entscheidend aber ist die Situation in einzelnen Regionen. An manchen Orten – etwa in Saarbrücken, auch im Ruhrgebiet – muß man von einer Gefahr für die Meinungsvielfalt sprechen. Grundsätzlich muß festgehalten werden, daß nicht das Ende jeder kleinen Lokal- und Regionalzeitung zu bedauern ist, denn viele von ihnen waren – das wird man sagen können, ohne jemandem der Beteiligten zu nahe zu treten – sicher keine sehr bedeutenden Informations- und Meinungsträger.

Bei der Erörterung des gegenwärtigen „Zeitungssterbens" muß freilich auch die spezielle deutsche Situation berücksichtigt werden. Nach 1945 erhielten erst einmal neue „Lizenzträger" von den Alliierten die Erlaubnis zur Gründung einer Tageszeitung, die „Altverleger" konnten erst später nachziehen. Sie taten das in der Hoffnung, den zeitlichen Vorsprung der Lizenzträger aufzuholen. Das erwies sich als trügerisch. Das alte Monopol ließ sich nicht wieder herstellen. Diese Entwicklung brachte es mit sich, daß zunächst immer mehr Zeitungen gegründet wurden. Im September 1949 gab es 137 Vollredaktionen, im Dezember 1954 erreichte die Zahl der Vollredaktionen ihren höchsten Stand, nämlich 225; dann ging die Zahl langsam zurück bis zum Stand von heute mit 117 Vollredaktionen. Überspitzt formuliert lautet die Frage nach Zeitungsvielfalt und Meinungsvielfalt also: War die Meinungsvielfalt im Pressewesen 1954 größer als heute?

Eine der ersten umfangreichen Untersuchungen über die „Konzentrationsproblematik in der regionalen Tagespresse" ist die im Jahre 1972 vorgelegte Doktorarbeit von Rolf-Michael Kühne. Der Autor analysierte alle „Konzentrationsvorgänge" vom 1. Januar 1961 bis zum 31. Dezember 1970. Die Auswirkungen auf die Leser sind dabei durchaus nicht einheitlich. Hierzu einige Beispiele:

Beispiel eins: Die Einstellung der der SPD gehörenden „Kieler Morgenzeitung" im Jahre 1968 und des „Lübecker Morgen" im Jahre 1969 hatte für die Leser in beiden Städten negative Folgen. An beiden Orten entstand ein großes lokales Zeitungsmonopol, für die Leser entfällt die Möglichkeit, zwischen zwei Zeitungen wählen zu können.

Beispiel zwei: In den Jahren 1967 und 1968 stellen die SPD-eigene „Südwest-deutsche Allgemeine Zeitung", das „Karlsruher Tageblatt" und die „Badische Volkszeitung", ihr Erscheinen ein. Als Ergebnis für die Leser in Karlsruhe resü-miert der Autor Kühne: „Es entsteht ein lokales Zeitungsmonopol von erheb-licher Größe . . . Die verbleibende Monopolzeitung steht offensichtlich der CDU sehr nahe."

Beispiel drei: Im Jahre 1969 fusionieren die „Kasseler Post" und die „Hessische Allgemeine". Die Auswirkungen auf die Leser interpretiert Rolf-Michael Kühne diesmal so: „In der Stadt Kassel und einigen umliegenden Landkreisen entsteht ein lokales Monopol. Die Leser haben keine Wahlmöglichkeit mehr. Die Verleger dieser Monopolzeitung sind jedoch sehr darauf bedacht, daß die Monopolstellung zu keinen Mißbrauchshandlungen führt. Die redaktionelle Qualität wird in der größeren Zeitung verbessert."

Beispiel vier: 1969 eröffnen die „Nürnberger Nachrichten" in Neumarkt eine neue Bezirksausgabe. Für den Leser sieht Kühne diesmal Vorteile: „Das lokale Zeitungsmonopol in Neumarkt Stadt und Land wird aufgehoben. Es ensteht eine Wettbewerbssituation, und der Leser erhält eine Wahlmöglichkeit."

Freilich, Beispiel vier ist eher die Ausnahme als die Regel, und seit dem Jahre 1970 hat sich die Konzentrationsbewegung noch beschleunigt. Im Jahrzehnt zwischen 1960 und 1970 fielen im Schnitt 0,3 % aller Haushalte unter eine Monopolsituation, in den Jahren danach waren es schon 3,5 % im Jahr. Insge-samt befanden sich im Jahre 1972 26 % aller Haushalte der Bundesrepublik in einer Lage, in der sie nur *eine* lokale oder regionale Zeitung beziehen konnten.

Die Bewertung dieser Entwicklung ist völlig uneinheitlich. Einig ist man sich nur darin, daß die Zahl von 225 Vollredaktionen schon deshalb nicht mit einer optimalen Pressestruktur gleichzusetzen war, weil viele dieser Blätter journalistisch und wirtschaftlich nicht wettbewerbsfähig waren. Walter Schütz faßt diese Mei-nung so zusammen:

„Kooperations- und Konzentrationsvorgänge waren. . . bei den deutschen Zeitungen fast unausweichlich. Als ihre primäre Folge ist zunächst nur das Ver-schwinden leistungsschwacher Objekte festzustellen, die den gegenwärtigen Auf-gaben nach einer qualifizierten Informationsvermittlung kaum gewachsen waren, geschweige denn in der Lage wären, Investitionen aus neuen technischen Ent-wicklungen finanziell zu tragen. . . . Empirisch nachweisbar ist . . ., daß größere Zeitungen kleineren publizistisch überlegen sind: Sie sind aufgrund ihrer besseren wirtschaftlichen Situation in der Lage, beispielsweise mehr Nachrichtenquellen zu abonnieren, den Zeitungsinhalt sorgfältiger zu redigieren, mehr Meinungsbei-träge zu veröffentlichen, kurz: dem Leser ein publizistisch wie technisch besseres Produkt anzubieten. Dagegen beschneidet die örtliche und regionale Alleinstel-lung von Zeitungen die freie Information des Bürgers in nicht mehr zu vertreten-dem Maße. . . . Die Gefahr wird darin gesehen, daß durch einseitige Festlegung der von der Monopol-Zeitung vertretenen Haltung ihre inhaltliche Ausgewogen-heit nicht gewährleistet ist, und somit die von Minderheiten oder auch von Mehr-heiten in der Öffentlichkeit vertretenen Auffassungen entweder falsch oder unge-nügend wiedergegeben oder überhaupt unterdrückt werden. In der Praxis hat sich jedoch die örtliche oder regionale Zeitung mit Alleinstellung im Verbreitungsgebiet eher zur ‚kommunalen Versorgungseinrichtung' entwickelt, die vielfach infolge Fortfall des Wettbewerbs ihren Umfang und damit ihr Informationsangebot reduziert."

In dieselbe Richtung zielt ein bereits 1968 veröffentlichter Aufsatz von Elisabeth Noelle-Neumann. Die Meinungsforscherin schrieb damals: „Im lokalen Monopolgebiet schränken Zeitungen den lokalen Teil quantitativ ein. . . . Bei den lokalen Glossen, Kommentaren, Leitartikeln brachte die Inhaltsanalyse die Tendenz zu Tage, im Einzeitungsgebiet Behörden und Amtspersonen eher zu schonen." Aus dieser Untersuchung ist zu folgern, daß die Zeitungen unter Wettbewerbszwang insgesamt ein breiteres lokales bzw. regionales Informationsangebot hatten als in der Monopolstellung.

Zu ganz anderen Ergebnissen kam die „Pressekommission", die im Auftrag der Bundesregierung die Gefährdung der wirtschaftlichen Existenz von Zeitungen und die Auswirkungen der Konzentration auf die Meinungsfreiheit untersuchen sollte. Das Resümee der Pressekommission lautete 1968: „Für die Annahme, daß Zeitungen ohne lokalen Wettbewerb ihre Monopolstellung mißbrauchen, haben sich jedoch keine Anhaltspunkte ergeben. Es scheint, als ob diese Lokalzeitungen aus der Sicht des Lesers ihre publizistische Aufgabe ohne wesentliche Beeinträchtigung auch dann erfüllen, wenn sie keinem örtlichen Wettbewerb durch andere lokale oder regionale Zeitungen ausgesetzt sind." Einschränkend fügte die Pressekommission allerdings hinzu, daß die Erforschung dieser Zusammenhänge äußerst schwierig sei und daß nicht ausgeschlossen werden könne, daß „Verleger oder Chefredakteure von Zeitungen mit lokaler Monopolstellung . . . gelegentlich glauben, ihre Kontrollfunktion vernachlässigen zu können."

Rolf-Michael Kühne, der alle Konzentrationsvorgänge von 1961 bis 1970 detailliert untersucht hat, äußerte sich dagegen sehr differenziert. Von einigen neuen, durch Fusion entstandenen Zeitungen berichtet er, sie bemühten sich sehr um die „Wahrung ihrer Überparteilichkeit" und verfolgten das journalistische Ziel, „örtliche Meinungsbildung über ihren Fusionsakt nicht zu belasten". Als positive Aspekte von Fusionen nennt Kühne größere Ausgewogenheit, Qualitätsanstieg und den Fortfall „minderwertiger oder einseitiger Zeitungen". Als negativ sieht Kühne die Entstehung neuer lokaler Monopole an.

Sein vorsichtiges Resümee lautet: „Die vorteilhaften Veränderungen haben sich also nicht ergeben, ohne Nachteile herbeizuführen, die bei einer Gesamtabwägung kaum geringer wiegen dürften."

Dann aber gilt, was Norbert Dittrich in seinem Buch „Pressekonzentration und Grundgesetz" schreibt:

„Die Existenz einer großen Anzahl von Publikationsorganen erhöht. . . die Wahrscheinlichkeit, daß eine weite Meinungsstreuung und eine vielseitige Unterrichtung der Bürger zustandekommt. Das vielfältige Angebot an Nachrichten und Meinungen mag zwar unmittelbar von dem einzelnen Bürger nicht wahrgenommen werden können, es erhält für ihn jedoch dadurch Bedeutung, daß die von ihm gelesene Zeitung oder auch Hörfunk und Fernsehen in der Regel über die für die Öffentlichkeit wichtigsten Beiträge der anderen publizistischen Medien berichten und häufig in Kommentaren Stellung nehmen. Darüberhinaus ist zu berücksichtigen, daß sich ein Informations- und Meinungsaustausch zwischen den einzelnen Bürgern im Gespräch vollzieht und sich durch diese interpersonale Kommunikation die unterschiedlichen Informationen aus den jeweiligen Informationsquellen miteinander mischen."

Noch einmal: auf die *gesamte* Bundesrepublik bezogen, ist von einer Einschränkung der Meinungsvielfalt noch nicht zu sprechen; eine *ernsthafte Gefahr* besteht aber *für viele Städte oder auch Regionen,* in denen die sogenannten Zweitzeitungen immer mehr verschwinden. Am weitesten fortgeschritten ist dabei die Lage im Saarland, wo es überhaupt nur noch eine Zeitung gibt, nämlich die „Saarbrücker Zeitung". Die Verleger haben nun in den letzten Jahren immer wieder darauf hingewiesen, daß Hilfen für die Presse von Seiten der Regierung die schwierige Lage der gedruckten Medien, die sich besonders im Zeichen der wirtschaftlichen Rezession noch verschlechtert hat, erträglicher machen und somit die Meinungsvielfalt sichern könnten. Wer Staatshilfe für die Presse fordert, sollte selber aber ganz sicher sein, daß er als Journalist, besonders aber als Verleger alles getan hat, um die Lage zunächst selber zu meistern. Staatshilfen sollten also nur der letzte Ausweg sein, denn allzu leicht kann neben dem Geldsegen auch die Forderung nach Mitsprache, nach Einfluß kommen. Wie also ist die bisherige Pressekonzentration zu beurteilen. Haben die Verleger alles getan, um Fehlentwicklungen zu verhindern? Die „Mediaperspektiven" 1975:

„Die Kontinuität der Konzentrationsbewegungen zeigt deutlich, daß die Mobilität des lokalen Pressemarktes kaum auf das Konto einer aktuellen Krisensituation verbucht werden kann. Betrachtet man die Situation einer langjährig prosperierenden Regionalpresse, die ihre Auflagen in den letzten zehn Jahren um drei Millionen auf insgesamt zehn Millionen Exemplare täglich steigern konnte und deren Anzeigenvolumen sich bis 1972 ständig ausdehnte, um erst 1973 rückläufige Tendenz aufzuweisen, dann dokumentieren die wirtschaftlichen Konzentrationsprozesse der letzten zwei Jahre weniger die wirtschaftliche Labilität einer Branche als die Folgen der auf marktwirtschaftliche Rationalität gründenden Expansionspolitik regional dominierender Tageszeitungsverlage. Es gibt einige Anzeichen dafür, daß der intramediäre Wettbewerb und ein kalkuliertes Zeitungsmarketing großer Verlagsunternehmen die künftige Struktur des Regionalpressemarktes ebenso entscheidend mitprägen wie die kurzfristigen Konjunkturschwankungen. Die Übernahmen und Fusionen der letzten Wochen können kaum als Solidaraktionen einer Notgemeinschaft verstanden, sondern sollten richtiger im Rahmen langfristiger Wachstumskonzeptionen einzelner Verlage gesehen werden. In allen Fällen zwang nicht akute Existenzangst lokale Zweitzeitungen an die Tür des Mächtigeren zu klopfen, sondern lockten umgekehrt günstige Kooperations- und Übernahmeangebote des dominierenden Blattes zur Aufgabe der weniger denn je freudvollen Eigenständigkeit. So äußerte zum Beispiel der Verlagsgeschäftsführer der Saarbrücker- und der inzwischen eingestellten Trierischen Landeszeitung, Ferdinand Wackers, zu den Übernahmeverhandlungen mit der

Saarbrücker Zeitung 1972: ‚Zur Eile besteht keinerlei Grund, da sich unsere Zeitungen in einer Aufwärtsentwicklung befinden.' "

Ob man die Aussage, daß in kaum einem Fall wirtschaftliche Not zum Anschluß an einen stärkeren Partner zwang, so pauschal wird stehen lassen können, ist zwar zweifelhaft, immerhin aber beweist manch ein Fall von Konzentration, daß die Verleger nicht immer von sich aus alles getan haben, um die Meinungsvielfalt zu erhalten. Die Zahl, daß in 33 Prozent aller Stadt- und Landkreise heute nur noch eine Zeitung erscheint, stimmt bedenklich. Wenn man der These der Europaratskommission zustimmt, daß Meinungsbildung und Kommunikation nicht durch den Vergleich verschiedener Zeitungen, sondern — idealtypisch gesehen — durch Gespräche zustande kommt, die Leser verschiedener Zeitungen untereinander führen, dann ist angesichts der Entwicklung auf dem Zeitungsmarkt eine solche Kommunikation in den letzten Jahren immer weniger möglich geworden.

Pressestatistikgesetz

In den letzten Jahren sind auch die verschiedensten Maßnahmen diskutiert worden, wie man dieser Entwicklung Einhalt gebieten könne. Verwirklicht sind bis jetzt nur wenige. Dazu gehört das 1975 verabschiedete *Pressestatistikgesetz*. Es soll zunächst einmal sicher stellen, daß die Regierung statistische Unterlagen über die Entwicklung der Presse an die Hand bekommt, um später, falls notwendig, die richtigen gesetzlichen Maßnahmen treffen zu können. Danach ist jeder einzelne Verlag verpflichtet, über Rechtsform, Umsatz, ausgewiesene Kosten, Gehälter und Auflagenentwicklung Auskunft zu geben. Diese Daten werden vom Statistischen Bundesamt bearbeitet und analysiert.

Der Bundesverband Deutscher Zeitungsverleger hatte sich zwar nicht gegen ein Pressestatistikgesetz ausgesprochen, wohl aber gegen die hier verabschiedeten Bestimmungen. Er wollte nicht die einzelnen Verlage unter die Lupe nehmen lassen, sondern jeweils Verlagsgruppen.

Viele wichtige Daten werden durch dieses Gesetz ohnedies nicht erfaßt, denn über die verlagsinternen Kostenstrukturen braucht der Verleger nur auf freiwilliger Basis Auskunft zu geben. Es ist für die Regierung bzw. den Gesetzgeber also nicht immer erkenntlich, wo ein Verlag in Schwierigkeiten gerät und ob er u. U. Hilfe benötigt. Ob und in welcher Art der Gesetzgeber dazu beitragen kann, die noch bestehende Vielfalt in der Presse zu bewahren, ist immer noch umstritten. Wenn man davon ausgeht, daß es nicht nur unternehmerische Fehler sind, die die Pressevielfalt beeinträchtigen, sondern daß natürlich auch eine ganze Reihe objektiver Faktoren zu dieser Entwicklung beitragen, dann muß der Gesetzgeber umsomehr um eine Bewahrung der Meinungsvielfalt besorgt sein. Die Verdoppelung der Papierpreise, die Verteuerung des Postzeitungsdienstes sowie die Rezession sind die sichtbaren Faktoren, die zu Konzentrationsprozessen führen. Der Präsident des Bundeskartellamtes, Eberhard Günther, nannte in einem Vortrag vom November 1973 weitere Daten: Großverlage können ihre technischen Anlagen besser ausnutzen, erlangen damit größere Rentabilität, bessere Vertriebserlöse und schließlich mehr Anzeigen. Zunehmende Vertriebsdichte führt zu sinkenden Produktionskosten pro Stück, und das wiederum trägt zu höheren Gewinnen und höherer Kreditwürdigkeit bei:

„Zur Erhaltung der Verbesserung der morphologischen Struktur der Presse hat die Pressekommission in ihrem Schlußbericht eine Begrenzung der Marktanteile einzelner Presseunternehmen vorgeschlagen. Sie ging dabei davon aus, daß bei Marktanteilen von 20 beziehungsweise 40 Prozent die Grenzen für eine Gefährdung beziehungsweise eine Beeinträchtigung der Pressefreiheit zu ziehen seien."

Doch ob eine solche Begrenzung der Marktanteile zur gewünschten Erhaltung der Pressevielfalt führen kann, ist immer noch umstritten. Jenen Stadt- und Landkreisen, die heute schon mit einer Zeitung auskommen müssen, ist dadurch wohl kaum zu helfen.

An Orten, in denen zwei Zeitungen miteinander konkurrieren, besteht bis zu einem gewissen Grade auch eine journalistische Kontrolle. Beide Blätter werden sich um eine einigermaßen umfassende Berichterstattung zumindest in lokalem und regionalem Bereich bemühen – schon aus Konkurrenzgründen. Fehlt die Konkurrenz, kann es leicht zu Nachlässigkeiten, zu einseitiger Berichterstattung, zu nicht umfassender Information kommen, weil die Kontrolle durch die Konkurrenz fehlt. Wie aber stellt man sicher, daß auch der Leser von Monopolzeitungen umfassend informiert wird? Marktbeherrschende Unternehmen werden in der übrigen Wirtschaft daraufhin geprüft, ob sie ihr Monopol mißbrauchen. Wie kann eine solche *Mißbrauchsaufsicht* auf dem Gebiet der Presse aussehen? Eberhard Günther schreibt:

„Diese Mißbrauchsaufsicht würde wohl auch die Prüfung einschließen, ob Presseunternehmen ihre Leserschaft umfassend und objektiv informieren und ob sie allen gesellschaftlichen Kräften die Möglichkeit zur Meinungsäußerung bieten. Eine solche inhaltliche Kontrolle von Presseorganen, die einer Zensur zumindest gefährlich nahesteht und von dieser in ihrer Wirkung im Einzelfall möglicherweise kaum zu unterscheiden wäre, ist indessen kaum noch verfassungskonform."

Fusionskontrolle

Das Anfang 1976 um eine spezielle Pressefusionskontrolle erweiterte Gesetz gegen Wettbewerbsbeschränkungen gibt dem Berliner Kartellamt die Möglichkeit, Zusammenschlüsse großer Unternehmen in der Bundesrepublik zu untersuchen und, falls nötig, zu untersagen. Und das Amt macht Gebrauch davon. Die Klagen aus der Pressebranche mehren sich, von vielen wird das Vorgehen des Kartellamtes aber auch begrüßt, weil der Pressekonzentration mit ihren teilweise schlimmen Folgen – man denke nur an den Bereich der lokalen Information durch Zeitungen – zumindest ansatzweise Einhalt geboten wird. So sucht zum Beispiel der Bertelsmannkonzern sein Heil nun im Ausland, im Inland ist – dank Kartellamt – nicht mehr viel zu holen. 1978/79 gab es innerhalb kürzester Frist dreimal einen Spruch aus Berlin gegen den Axel Springer Verlag. Im Februar 78 war Springer untersagt worden, sich am Verlag des Elbewochenblattes in Hamburg zu beteiligen. In diesem Verlag erscheinen Anzeigenblätter, also jene lokalen bzw. stadtteilbezogenen Blättchen unterhalb der regelrechten Lokalzeitungen. Der Springer-Konzern habe damit eine auf dem Anzeigenmarkt Hamburg beherrschende Stellung gewonnen, die nicht zulässig sei, Springer sei ohnehin der bei weitem größte Anzeigenblattverlag Hamburgs neben seiner marktbeherrschenden Stellung bei Tageszeitungen mit „Abendblatt", „Welt" und „Bild".

Der zweite Streich kam im Juni 1978. Im August 76 hatte sich Springer mit genau 24,99 % beim Verlag des Münchner Merkur und der tz eingekauft. Erst bei 25 % Beteiligung muß das Kartellamt allerdings eingeschaltet werden. Springer stieg in großem Stil in München ein, sein Manager Hans Jürgen Mesterharm sollte den Verlag auf Vordermann bringen. Dafür hatte er nur wenig Zeit, denn das Kartellamt verlangte, daß Mesterharm zurückgezogen wird. Das Kartellamt damals: Man müsse auch eventuell andere — wie in diesem Fall auch vorhandene — Absprachen einbeziehen, wenn dadurch eine gesellschaftsrechtliche Stellung erreicht werde, wie bei einem Anteilserwerb von vollen 25 %. Nun wollte Springer die Mehrheit auch tatsächlich erwerben und informierte das Bundeskartellamt. Aus Berlin kam ein klares Nein. Durch die Einbeziehung des Münchner Verlages würde Springer mit Bild-München und „tz", 57 % der Gesamtauflage, also eine überragende Marktstellung für Boulevardzeitungen im Raum München erlangen. Einziger Wettbewerber wäre dann nur noch die Abendzeitung, deren Wettbewerbsspielraum entscheidend beengt würde. Dabei spielten die weitüberlegenen finanziellen Resourcen des Springer-Konzerns ebenso eine Rolle wie die Vorteile des redaktionellen Verbunds und die Nachrichtenbeschaffung durch eigene Dienste. Der Vorsprung der „Abendzeitung" im Anzeigenbereich wäre auch verloren. Und im Bereich der Abonnementszeitungen wäre Springers Position erheblich verstärkt worden.

Der dritte Spruch galt Preisabsprachen im Bereich der Programmzeitschriften, von dem auch Bauer und Burda betroffen waren. Der Spruch machte schlagartig deutlich, daß Pressekonzentration nicht immer etwas mit Zeitungsaufkäufen zu tun haben muß.

Die Pressefusionskontrolle greift, das Aufkaufen von Zeitungen, Zeitschriften und ganzen Verlagen läßt sich nicht mehr nebenbei erledigen. Auf die Frage wieviele inoffizielle Anfragen von Verlegern das Bundeskartellamt in der Vergangenheit abhängig beschieden hat, ohne daß es überhaupt zu einem förmlichen Verfahren gekommen ist, antwortete der Vorsitzende der zuständigen Abteilung, Ernst Niederleitinger, 1978 kurz und knapp mit: in 30 Fällen.

Aber: Weder die Fusionskontrolle noch eine Art Nachbetrachtung der redaktionellen Arbeit in Landespresseauschüssen haben sich als gangbare Wege erwiesen, Meinungsvielfalt in einer Region zu erhalten, in der es ohnehin nur noch eine Zeitung gibt, wo also die Fusion bereits abgeschlossen ist.

Pressestiftung

Im Jahre 1975 diskutierte man den Gedanken einer *„Pressestiftung"*. In einem entsprechenden Gesetzentwurf der Bundesregierung hieß es unter der Rubrik „Stiftungszweck":

„Zweck der Stiftung ist die Förderung der Presse durch wirtschaftliche Hilfen, um die Vielfalt, Unabhängigkeit und Leistungsfähigkeit der Presse zu sichern."

Das Stiftungskapital sollte von der Regierung (etwa 100 Millionen) und den Verlegern gestellt werden. Der Stiftungsrat sollte aus Verlegern von Tageszeitungen und Zeitschriften, Redakteuren, einem Wirtschaftsprüfer und drei Regierungsvertretern bestehen. Hilfe sollte in Form von Darlehen aus den Zinsen des Vermögens gewährt werden, wenn das Verhältnis von Gewinn beziehungsweise Einkommen zu den Umsatzerlösen im Durchschnitt der letzten beiden Wirtschaftsjahre 0,5 Prozent nicht überstieg. Bei einer „nachrangigen Marktposition" konnte auf diese Einschränkung verzichtet werden: „Eine nachrangige Marktposition ist gegeben, wenn die Tageszeitung in den Gebieten, über deren lokales Geschehen sie regelmäßig berichtet, nicht den größten Anteil an der dort insgesamt verkauften Auflage von Tageszeitungen mit entsprechender Berichterstattung hat."

Von Verlegern wie Journalistenverbänden wurde moniert, daß man nicht – wie in anderen Staaten der Europäischen Gemeinschaft üblich – an die Befreiung von der Mehrwertsteuer auf Vertriebserlöse gedacht hat, um diese eventuell in eine Stiftung als Kapital einzubringen. So hieß es zum Beispiel in einem Gegenvorschlag des Deutschen Journalistenverbandes vom April 1975:

(Der Stiftung Deutsche Tagespresse) „weist der Bund das Aufkommen der aus den Vertriebserlösen der Tageszeitungsverlage erzielten Mehrwertsteuer zu. ... Die Mittelzuweisung durch den Bund endet, sobald die Sanierung erreicht und die angestrebte Zeitungsvielfalt in der gesamten Bundesrepublik Deutschland unter Wettbewerbsbedingungen wiederhergestellt ist."

Hauptzweck dieser Stiftung sollte nach dem Willen des Journalistenverbandes sein, den Zusammenschluß von Zeitungsverlagen zu wirtschaftlich lebensfähigen Verlagseinheiten zu fördern. Dabei sollte nicht „Konzentration" im bisherigen Sinne stattfinden; vielmehr sollten Verlage nur dann zusammengelegt werden, „wenn durch den Zusammenschluß die Meinungsvielfalt mindestens soweit erhalten bleibt, daß die Bevölkerung einer Region unter zwei miteinander in Wettbewerb stehenden Regionalzeitungen mit jeweils eigenem Lokalteil in den kreisfreien Städten und Kreisen wählen kann."

Die Diskussion über die Pressestiftung ist längst beendet. Dietrich Jörn Weder 1975 in der Zeitschrift „Der Journalist":

„Was in aller Welt soll am Markt vorwärtsdrängende, üppig prosperierende Verlage dazu bringen, Kapital in diese Stiftung einzuschließen, wo sie doch in ihrem eigenen Verbreitungsgebiet alles dazu tun, sich die lästige Konkurrenz vom Halse zu schaffen?"

Seine Kritik am gegenwärtigen Entwurf über eine Pressestiftung verband Weder im selben Aufsatz mit einer Kurzanalyse der Pressekonzentration:

„Wem sollen die Stiftungsgelder zufließen, wer vergibt sie unter welchen Bedingungen? Jetzt rächt es sich, daß diese Regierung solange davor zurückgescheut ist, an die innere wie äußere Organisation der Pressefreiheit heranzugehen. Sie wird Mühe haben, hier in wenigen Wochen ‚à jour‘ zu kommen. Ehe sie Vorstellungen von einer demokratischen Ordnung des Zeitungsmarktes entwickelt, wird sie letzten Endes, wie ich fürchte, lieber Steuergelder in lecken Verlagsfässern versickern lassen. Nichts in diesem Mischkonzept . . . deutet zunächst darauf hin, wie sich die schwächeren Teilnehmer am Freistilringen auf dem Zeitungsmarkt auf Dauer auf eigenen Füßen behaupten sollen. Der übersteigerte Wettbewerb und die ungleichen Voraussetzungen der Wettkämpfer aber sind die Wurzel der Pressekonzentration und des Zeitungssterbens.“

Vielfalt in der Zeitung?

Es ist kaum wahrscheinlich, daß in absehbarer Zeit ein Gesetz verabschiedet wird, das den Zeitungsmarkt „demokratisch“, wie Weder sagt, ordnet. Die Diskussion geht weiter. Der Devise „Meinungsvielfalt durch verschiedene Zeitungen“, die bisher galt, hatte Peter Glotz, der im Fall Hannover die zwiespältige Pressepolitik der SPD damit verteidigte, daß die liberale Marktwirtschaft eben Konzentrationsprozesse mit sich bringe, das Wort von der *„Meinungsvielfalt in der Zeitung“* entgegengesetzt. Wie einig sich da die medienpolitisch so engagierte SPD war, zeigen zwei Äußerungen. Der SPD-Bundestagsabgeordnete Ulrich Dübber verteidigte die alte Ordnung:

„Zweitzeitungen sind unersetzbar, weil sie dem Leser den anderen Blickwinkel anbieten und verhindern, daß die Rathausmatadore mit dem einen Lokalchef allzu intim werden. Die Stadtverwaltung ist als Hauptnachrichtenspender ohnehin Monopolist und wird von allen Redaktionen pfleglich behandelt.“

Dagegen schreibt Peter Glotz, „Medienexperte“ der SPD:

„Die Medienkommission (der SPD) hat . . . immer die Vielfalt in der Zeitung gefordert. Vielfalt in der Zeitung sollte dabei nicht bedeuten, daß klar artikulierte Meinungspositionen abgeschliffen und neutralisiert, sondern daß sie journalistisch gekonnt kontrovers einander gegenübergestellt werden sollten.“

Wenn das Prinzip „Mindestens zwei Zeitungen für einen Markt“ nicht realisierbar ist, macht die Forderung nach Vielfalt *in* der Zeitung durchaus Sinn, sofern man berücksichtigt, daß dies nur die zweitbeste Lösung sein kann. Unter diesen Prämissen kann man die These des Kommunikationswissenschaftlers Ronneberger durchaus akzeptieren: „Es kommt nicht auf die größtmögliche Zahl von Informationen, sondern darauf an, den Informationsfluß so zu lenken, daß einerseits alle wesentlichen Bedürfnisse, Wünsche und Ansichten der Bevölkerung sich aussprechen können, andererseits die Informationen so bearbeitet und verteilt werden, daß sie den Lebensgewohnheiten, dem Bildungsstand und den sonstigen Bedürfnissen der Bevölkerung entsprechend an den einzelnen und die Gruppe gelangen.“

Vielen wird diese recht technokratisch klingende These zu sehr nach „Kommunikationsplanung" schmecken, und so bleibt zunächst einmal zu fragen, welche tatsächlichen Kenntnisse denn über die Folgen von Pressekonzentration vorliegen, wie sich also eine Zeitung verhalten hat, die plötzlich von einer Konkurrenzzeitung zum Monopolblatt wurde.

Bis zum November 1971 erschienen zum Beispiel in der Stadt Wilhelmshaven zwei Tageszeitungen: die Wilhelmshavener Rundschau, die der SPD nahestand, und die Wilhelmshavener Zeitung, die zur Kategorie der bürgerlichen Presse zählte. Im November 1971 stellte die Wilhelmshavener Rundschau ihr Erscheinen ein, die Wilhelmshavener Zeitung wurde zur Monopolzeitung. Wolfgang Stofer hat in seiner Dissertation „Auswirkungen der Alleinstellung auf die publizistische Aussage der Wilhelmshavener Zeitung" versucht, die Entwicklung der weiterbestehenden Zeitung als Monopolblatt wissenschaftlich zu untersuchen.

Gleich eines seiner ersten Ergebnisse erschüttert eine weit verbreitete Meinung über die Folgen von Pressekonzentration, daß nämlich die verbleibende Zeitung nun einfach ihren Berichterstattungsumfang einstellt, da sie nun ja keine Konkurrenz mehr zu fürchten hat. Stofers Ergebnis: „Das Berichterstattungsvolumen der Wilhelmshavener Zeitung und der Rundschau war 1969 ähnlich groß. . . . Dagegen fällt der unterschiedliche Berichterstattungsumfang der Wilhelmshavener Zeitung im Vergleich 1969 zu 1972 deutlicher aus, er hat sich gegenüber 1969 um ca. 41 % erhöht. Das heißt: in der Monopolstellung hat die Wilhelmshavener Zeitung das Berichterstattungsvolumen um 41 % gegenüber der Konkurrenzsituation erhöht. In der Alleinstellung veränderte sich die Berichterstattung der Wilhelmshavener Zeitung 1972 insofern, als sich neue Spitzenbereiche der Lokalberichterstattung „Industrie" und „Soziale Aufgaben" zeigten. Die äußerst starke Berücksichtigung der SPD in der Rundschau ist von den Monopolzeitungen nicht wiederholt worden. Die Ergebnisse der Inhaltsanalyse zeigen keine Einschränkung der publizistischen Aussage der Monopolzeitung im Vergleich mit der Konkurrenzsituation. . . . Die Frequenz und die Breite der Berichterstattung hat sich in der Alleinstellung nicht verringert. . . . Die Monopolzeitung enthält sich jeder einseitigen politischen Meinungsäußerung, sie verhält sich absolut neutral."

Wenn sich eine Zeitung jeder „einseitigen politischen Aussage" enthält, sich mithin politisch „neutral" aufführt, ist das keineswegs ein Zeichen dafür, daß sie ein Forum aller relevanten Meinungen ist, daß sie, um mit Glotz und Langenbucher zu sprechen, „die Vielfalt in der Zeitung" verwirklicht hat. Bemerkenswert ist denn auch die Meinung der Leser zur Wilhelmshavener Zeitung. Sie differiert erheblich von den wissenschaftlichen Erkenntnissen. Das Ergebnis einer Leserbefragung liest sich bei Stofer nämlich so: „Über die Hälfte der Interviewpartner bemängelt kritikschwache Berichterstattung der WZ über kommunalpolitische Ereignisse und zu geringe Eigenständigkeit der Berichterstattung." Zwar erkennt die Hälfte aller Befragten keine direkten Folgen der Pressekonzentration, aber ein Unbehagen bleibt bei vielen zurück.

Stofer: „Sie haben den Verdacht bzw. die Befürchtung, daß sich negative Auswirkungen ergeben könnten. Dieser Personenkreis bemängelt besonders die schwache Kritik der Monopolzeitung auf kommunalem und kommunalpolitischen Gebiet. Sie haben darüberhinaus den Eindruck, daß die Monopolzeitung insgesamt träger geworden sei und auf herangetragene Informationen warte."

Drei Gründe sprechen gegen das Konzept „Vielfalt *in* der Zeitung". Erstens: Den lokalen Behörden steht dann nur eine Lokalredaktion gegenüber. Zweitens: Die innere Pressefreiheit ist nicht so weit entwickelt, daß in jeder Redaktion demokratische Meinungsbildung darüber herbeigeführt werden kann, wie Meinungsvielfalt herzustellen sei. Drittens: Die Lesegewohnheiten der Abonnenten sind derzeit noch so beschaffen, daß man zunächst einmal Bestätigung für eigene Positionen sucht. Auch bekannte Wochenzeitungen, die von manchen Kommunikationswissenschaftlern immer als Beispiel für eine solche Forumsfunktion angeführt werden, haben – insgesamt gesehen – eine weltanschauliche, politische Richtung.

Auch hatte Glotz eine wissenschaftliche Studie, die von der von ihm mitbegründeten Münchner „Arbeitsgemeinschaft für Kommunikationsforschung" erstellt worden ist, übersehen. Die Ergebnisse lauten – kurzgefaßt – so:

„Die Bedeutung des Wegfallens der Konkurrenz für die praktische journalistische Arbeit ist bisher unterschätzt worden. Journalisten ohne Konkurrenz werden – nach eigenen Aussagen – leicht schlechte Journalisten. Pressekonzentration zwingt Journalisten zur ideologischen Anpassung, weil die Monopolsituation einen Verlust an Meinungsfreudigkeit bringt. Da man keine homogene Leserschaft mehr vor sich hat, sondern im Prinzip die gesamt Gesellschaft einer lokalen Einheit erreichen möchte (und muß), kommt eine nivellierende Tendenz in die Kommentargebung, die Meinungsverschiedenheiten von vornherein auszugleichen versucht, sie nicht innerhalb der Zeitung austrägt, weil . . . immer die ausgleichende Gerechtigkeit walten läßt."

Überspitzt läßt sich das Ergebnis der Studie so formulieren: Der Übergang von *zwei* Lokalzeitungen mit jeweils *einer* politischen Richtung zu *einer* Lokalzeitung, die *zwei* politischen Richtungen Raum gibt, ist nicht vollzogen worden. In jenen Städten, in denen es nur eine Zeitung gibt, dominiert meistens auch eine politische Richtung. Ein Forum für alle ist kaum eine Zeitung geworden.

Will man Regionalzeitungen eine solche Forumsfunktion per Gesetz zuteilen, müßte in dem viel diskutierten *Presserechtsrahmengesetz* vor allem die innere Pressefreiheit, d. h. die Stärkung der Gesamtredaktion gegenüber dem Verlag geregelt werden. Aber grundsätzlich bleibt es verfassungsrechtlich zweifelhaft, ob der Staat überhaupt einzelnen Zeitungen oder der Presse insgesamt relativ fest umrissene Aufgaben zuweisen darf. Als Ausweg bietet sich lediglich eine Art öffentlich-rechtliche Stiftung an, die ihrerseits unter freiwilliger Teilnahme der betreffenden Verlage die regionalen Zeitungsmärkte so organisiert, daß die Meinungsvielfalt gewährleistet wird. Die Erreichung dieses Zieles erscheint ebenso einfach oder schwierig wie die Umwandlung bestehender Monopolblätter in Zeitungen mit Forumscharakter.

Eine Lösung des Problems ist also nicht in Sicht. Die Journalisten sind zu schwach dazu, denn sie haben weder das Kapital noch die staatliche Macht. Dem Staat möchte man die Hilfe nicht unbedingt anvertrauen, jedenfalls nicht in Form direkter oder versteckter Subventionen, denn die Verführung, hier unstatthaften Einfluß ausüber zu wollen, wäre zu groß. Die Verleger schließlich haben bisher nicht immer deutlich gemacht, wie ernst ihre wirtschaftliche Situation ist; sie haben auch nicht gezeigt, daß sie wirklich alles getan haben, um nicht nur die schwarzen Zahlen auf der Haben-Seite ihrer Konten zu vergrößern, sondern gleichzeitig auch in den Etatposten Meinungsvielfalt zu investieren.

Die alte Antinomie — Gewinnstreben hier, öffentliche Aufgabe dort — ist also nicht überwunden worden, sie besteht fort, ja, sie hindert sogar daran, die Betonung dann mehr auf die „öffentliche Aufgabe" zu setzen, wenn dies, wie in der derzeitigen Periode, unbedingt sein muß.

Pressefreiheit und Meinungsvielfalt werden heute nicht an der Scheinfront der neuen Medien — nicht beim Kabelfernsehen und nicht bei der Diskussion um lokale Programme verteidigt. Die Millionen, die die Verleger dort zuweilen zu investieren bereit sind, werden sich als Fehlinvestitionen erweisen, wenn man nicht mit dem selben Engagement vorher die eigentlichen Aufgaben bei den gedruckten Medien wahrnimmt. Pressefreiheit und Meinungsvielfalt werden dann verteidigt und bewahrt, wenn Verleger ihre Zeitungen über einen längeren Zeitraum hinweg über Wasser halten und einmal nicht mit größeren Gewinnen kalkulieren. Konsequente Stützung von Zeitungen in einer Phase der Rezession, sinnvolle Kooperation dort, wo das die Erhaltung einer bedrohten Zeitung bedeutet, tragen mehr zur Erhaltung der Pressefreiheit und Informationsvielfalt bei als jeder Gang nach Bonn. Selbsthilfe und Eigenverantwortung sind gerade im Rahmen der „öffentlichen Aufgabe Presse" notwendig. Sonst kommt einst der Staat und richtet auf den Scherben des liberalen Zeitungsmarktes seine Ordnung auf — und die kann nur schlechter als alles bisherige sein.

Hermann Meyn

Wird die Lokalpresse munterer?
Tendenzen am Ausgang der 70er Jahre

Der Arbeitskampf in der Druckindustrie im Februar und März 1978 hat Millionen gekostet. Die Zeche mußten aber nicht nur die unmittelbar betroffenen Verleger und Gewerkschaften bezahlen. Auf der Strecke blieb dabei auch für viele Tage die Chance der Bürger dieser Republik, sich aus der Presse zu informieren.

Was im Libanon und in Italien, im Bundestag und in Frankreich passierte, darüber berichteten in jenen Wochen selbstverständlich der Hörfunk und das Fernsehen ausführlich. Welche Apotheke aber wann Nachtdienst hatte, wann das Lokalderby um den Kreisfußballpokal ausgetragen werden sollte, wer in der Jahreshauptversammlung des SPD-Ortsvereins zum Vorsitzenden gewählt wurde und wem der Stadtrat bei der seit Monaten umstrittenen Verpachtung der Waldjagd den Zuschlag gab — all dies und noch vieles andere, sonst Gegenstand der Berichterstattung der Lokalzeitung, war nirgends zu erfahren, weil keine Zeitungen erschienen.

Wenn es überhaupt noch eines Beweises bedurft hätte, ist es während des Tarifkonflikts in der Druckindustrie erbracht worden: Trotz des Hörfunks und des Fernsehens ist vor allem die örtliche Presse ein unentbehrliches Informationsmittel. Lokale Meldungen und Berichte sind nicht nur unentbehrlich, sie werden auch, wie Umfragen immer wieder bestätigt haben, besonders gern gelesen. Mal abgesehen von den wenigen überregionalen Blättern wie der „Frankfurter Allgemeinen Zeitung", der „Welt", der „Süddeutschen Zeitung", dem „Handelsblatt" und der „Bild-Zeitung" rangiert bei den meisten Zeitungen in der Bundesrepublik der lokale Teil quantitativ gesehen an erster Stelle. Dies gilt auch für die Regionalzeitungen, etwa die „Augsburger Allgemeine" oder die „Kieler Nachrichten", die „Kölnische Rundschau" und die „Westdeutsche Allgemeine", aber nicht von ihnen soll die Rede sein, sondern von der Lokalpresse, wozu man jene Blätter rechnen könnte, deren verkaufte Auflage unter hunderttausend Exemplaren liegt.

In diese Kategorie fallen die meisten Zeitungen, genauer gesagt: Von den rund 400 Tageszeitungsverlagen in der Bundesrepublik bleiben neun Zehntel mit ihren Produkten unterhalb der Hunderttausend-Auflage-Marke.

Um den Ruf dieser Lokalpresse ist es seit langem nicht zum Besten bestellt. In einer viel zitierten Studie von Horst Hänisch und Klaus Schröter zur Situation im baden-württembergischen Städtchen Wertheim heißt es: „Lokalteile sind bloße Sprachrohre und ähneln darin ihren Vorläufern, den Hofbulletins. Wie diese dienen sie nicht der Information, sondern der Repräsentation."

Zu einem ähnlich negativen Erlebnis kommt auch eine von der Konrad-Adenauer-Stiftung herausgegebene politikwissenschaftliche Schrift über Strukturprobleme des lokalen Parteisystems: „Die vorliegenden Untersuchungen über die Situation der Lokalpresse stimmen in der Beurteilung überein, daß ihr kritisches Potential als gering veranschlagt werden muß. Sie fällt als innovatorischer und kontrollierender Faktor im kommunalen Planungsprozeß weitgehend aus." Noch schärfer urteilt der Münchner Publizistikwissenschaftler Wolfgang Langenbucher. Er schreibt in einem Beitrag zur Pressekonzentration in Bayern: „Die Lokalteile verkümmern zum bloßen Pressestellenjournalismus und werden zum Vehikel vorproduzierter Informationen, zum Sprachrohr der Public-Relations-Abteilungen des Rathauses, der Handwerkskammer und der großen Betriebe."

In jüngster Zeit mehren sich erfreulicherweise die Zeichen dafür, daß die Situation nicht mehr ganz so triste ist, wie sie Langenbucher 1976 beschrieben hat.

Geradezu ein Paradebeispiel für den ebenso mutigen wie erfolgreichen Versuch, sich dem Druck aus dem Rathaus zu widersetzen, lieferte 1977 das *Buxtehuder Tageblatt"*. Nachdem die Zeitung über eine Grundstücksaffäre berichtet hatte, in der auch der Buxtehuder Stadtdirektor Wilhelm Albrecht eine Rolle spielte, schrieb dieser einen Brief an den „Tageblatt"-Verleger Harald Gillen, in dem es unter anderem hieß: „Ich bedaure, daß der Artikel erschienen ist, obwohl ich Sie vorher gewarnt hatte." Und um seinem Bedauern auch den rechten Nachdruck zu verleihen, fügte der Stadtdirektor hinzu: „Nun ist Gelegenheit zu überlegen, ob dem Buxtehuder Tageblatt noch amtliche Bekanntmachungen zugeleitet werden, oder ob die Veröffentlichungen nicht besser in einem anderen Presseorgan erscheinen sollen."

Wilhelm Albrecht beschränkte indes seine Attacke gegen das ungeliebte Heimatblatt nicht auf die Drohung, der Zeitung durch Entzug kostenpflichtiger Bekanntmachungen geschäftlichen Schaden zuzufügen. Er ging noch einen Schritt weiter. In einem Brief an den Regierungspräsidenten in Stade und den CDU-Kreisverband, die Industrie- und Handelskammer und große Buxtehuder Firmen, insgesamt an 53 Adressaten, teilte der oberste Verwaltungschef von Buxtehude mit, das Tageblatt führe einen Krieg gegen Unternehmer.

Ob dieser Vorwurf und andere, die der Stadtdirektor erhob, richtig sind oder nicht, kann dahingestellt bleiben. Sie sind überdies größtenteils Schnee von gestern. Das Neue und Aufregende am ganzen Fall aber bleibt, daß hier eine kleine Lokalzeitung engagiert und couragiert über Druckversuche von außen berichtet hat. Verlag und Redaktion des „Buxtehuder Tageblatts" haben vor dem mächtigen und für lokale Informationen geradezu unverzichtbaren Stadtdirektor nicht gekuscht, sondern ihm Paroli geboten und dessen recht eigenwilligen Vorstellungen von Pressefreiheit in die Öffentlichkeit gebracht.

Die bundesweite Aufmerksamkeit, die diesem Fall zuteil wurde, zeigt freilich eins sehr deutlich: Die öffentliche Auseinandersetzung der Lokalpresse mit den Stadtoberen gilt als Ausnahme von der Regel.

Soweit bekannt, setzen sich normalerweise Lokaljournalisten aus Gründen, die wir noch erörtern wollen, nicht so mutig zur Wehr. Daß sie ihre Zeitungen hingegen zusehends munterer machen und sich beispielsweise bemühen, im Direktkontakt mit den Lesern deren tatsächlichen Probleme aufzuspüren, läßt sich durchaus belegen.

Ein Beispiel dafür ist die *„Velberter Zeitung"*. Sie veranstaltet seit einiger Zeit in regelmäßigen Abständen Redaktionskonferenzen mit Gästen und setzt damit im lokalen Raum fort, was die großen Redaktionen regionaler und überregionaler Blätter im Gespräch mit Prominenten aus dem öffentlichen Leben zu tun pflegen.

Konferenzen nach Velberter Muster zahlen sich in dreifacher Weise aus: Sie werten die Redaktion gegenüber allen wichtigen lokalen Instanzen als Institution auf, indem sie den Gästen die Arbeit der Redaktion durchsichtig machen. Sie sind ferner – richtig angelangt – ein Mittel gegen allzu platte Honoratiorendarstellung, und zwar allein schon deshalb, weil sie auf die Dauer die Palette der Honoratioren wesentlich erweitern und deutlich machen, daß es wirklich nicht nur einige wenige sind, auf die es in einer Kommune ankommt. Und solche Konferenzen sind schließlich auch ein Leser-Service, weil über diese Personen Wichtiges aus dem Bereich einer Stadt oder eines Landkreises vermittelt werden kann.

Konferenzen mit lokalen Größen sind nicht das einzige Mittel der „Velberter Zeitung", um lesernah zu schreiben. Eine andere Aktion läuft unter der Spitzmarke Bürgerbefragung. Dabei werden täglich auf der Straße drei Passanten interviewt und mit Bild veröffentlicht. Das Thema wird in der morgendlichen Konferenz festgelegt, es soll möglichst aktuell sein und durch provozierende Fragen an den Mann und die Frau auf der Straße angerissen werden. Die Ereignisse dieses täglichen Schnellschusses haben einen Stammplatz im Blatt: Sie erscheinen grundsätzlich auf der ersten Lokalseite.

Ähnlich wie die „Velberter Zeitung" sind auch die *„Stuttgarter Nachrichten"* bemüht, dem Volk direkt aufs Maul zu schauen, mit jenen zu reden, die gerade nicht in Vereinen und Verbänden organisiert sind und deren Interessen nicht durch Spitzenfunktionäre artikuliert werden. Dazu zählen bekanntlich – trotz entsprechender Organisationen auch auf örtlicher Ebene – die Verbraucher.

Ungefähr alle zwei Monate diskutiert die sogenannte Verbraucherrunde der „Stuttgarter Nachrichten", in der neben Arbeitern und Rentnern kinderreiche Familien und besser verdienende Bürger sitzen. Die Runde beginnt mit einer offenen Kritik an der Arbeit der Redaktion zu Verbraucherfragen, und sie endet meist mit praktischen Tips für die Journalisten. Die Ergebnisse dieser Sitzungen sind im Blatt selbst in allen Einzelheiten nachzulesen, und zwar beides, Lob und Tadel. Andere Lokal- und Regionalblätter haben sich noch nicht inhaltlich gewandelt, wohl aber ihr äußeres Bild.

Die *„Schongauer Nachrichten"*, um ein Beispiel zu nennen, beginnen mit Beiträgen aus dem Heimatkreis. So lauteten die rot unterstrichenen dreispaltigen Aufmacher auf dem Titelblatt vom 17., 18. und 20. März dieses Jahres in den „Schongauer Nachrichten":

„Aus Rache in Wohnung Feuer gelegt", „ ‚Mister 80 Prozent' wird 60" und „Bus mit Zimmermännern über die Böschung der B 17."

Es lohnt sich, einen Moment bei dem Bericht über den Mister 80 Prozent zu verweilen, der nicht nur die halbe erste, sondern auch noch eine volle dritte Seite füllt. Es geht darin um den 60. Geburtstag des Schongauer Bürgermeisters Georg Handl, der am 15. Mai 1977 von mehr als 80 Prozent seines Städtchens wiedergewählt wurde. Im Hof-Bericht der „Schongauer Nachrichten" heißt es zunächst im waschechten Courths-Mahler-Stil: „Das Dasein eines Bürgermeisters ist heute ein schweres Los. Kaum jemand weiß, was allein die Streitigkeiten um die Erschließung neuen Gewerbegebietes auf dem Ranz-Areal den Schongauer Bürgermeister an Kraft, Einsatz, Nerven und Ärger gekostet hat."

Die Zeitung beendet ihren Jubilar-Beitrag mit der Bemerkung: „Georg Handl gehört zu den wenigen Bürgermeistern in Bayern, die sich in den Mauern ihrer Städte noch einer eigenständigen Heimatzeitung rühmen können. Er weiß sie nicht nur als Sprachrohr, sondern auch als kritisches Organ zu schätzen."

Ob das mit der Kritik so stimmt, wäre noch zu untersuchen. Eins aber muß man den „Schongauer Nachrichten" bescheinigen: Sie haben im Gegensatz zu vielen anderen Lokalblättern gemerkt, daß es einem durchaus verständlichen Bedürfnis des Lesers entspricht, sich zunächst über das örtliche Geschehen zu unterrichten. Die Konsequenz: Nicht die große Politik, sondern die kleine steht vorn und beherrscht das erste Drittel der Zeitung.

Die genannten Beispiele für erfolgreiche Versuche, die Lokalpresse munterer, bürgernäher und gelegentlich sogar kritischer zu machen, reichen sicherlich nicht aus, um von einer Trendwende im Lokaljournalismus zu sprechen. Sie signalisieren jedoch eine wachsende Bereitschaft der Verleger und Journalisten, den Abschied von der Heimatpresse alten Stils vorzubereiten.

Diese Entwicklung wird seit einiger Zeit auch von einer Institution tatkräftig untersützt, die weithin als überparteilich gilt. Gemeint ist die Bonner *Bundeszentrale für politische Bildung.* Dort erkannte man frühzeitig die Diskrepanz zwischen der Wirklichkeit und dem Anspruch, aus dem meistgelesenen Zeitungsteil, dem lokalen auch den besten zu machen. Die Bundeszentrale ließ zunächst von der Münchner Arbeitsgemeinschaft für Kommunikationsforschung wichtige Grunddaten über den Lokaljournalismus zusammenstellen. Sie bildeten den Ausgangspunkt für den Entwurf von Fortbildungsmodellen, die inzwischen in sechs Seminaren erprobt wurden. Wie die Bundeszentrale dabei vorging und von welchen Überlegungen sie ihre Aktivitäten leiten ließ, umschreibt Dr. Dieter Golombek von der Bonner Zentrale: „Wir gehen davon aus, daß es nicht angeht, von oben, von den Höhen der Theorie der politischen Bildung, der Kommunikations- oder der Politikwissenschaft, schöne Rezepturen zu vermitteln. Die Lokalredakteure müssen vielmehr in ihrer redaktionellen Praxis abgeholt werden. Auszugehen ist von den Bedingungen ihres redaktionellen Alltags." Und der sieht häufig so aus, daß zum gründlichen Recherchieren der Tatsachen, geschweige denn zum Nachdenken über sie, überhaupt keine Zeit ist. In einem längeren Interview gestand ein direkt Betroffener der Arbeitsgemeinschaft für Kommunikationsforschung:

„Lokaljournalismus heute, das ist zu 80 bis 90 Prozent Terminjournalismus: Termine ankündigen, zu Terminen rennen, über Termine schreiben. Alles, was darüber hinausgeht, jedoch freie Reportage, ist eine Sternstunde. Die Auswirkungen dieser Art von Hau-Ruck-Journalismus sind fatal und deprimierend. Zum einen sinkt mit dem allgemeinen Wissen um diese überwiegend hirn- und anspruchslose Arbeit das Image des Lokalredakteurs im journalistischen Spektrum auf einen Tiefpunkt. Zum anderen entwickelt der Lokalredakteur selbst einen phlegmatischen, ermüdenden Trott; er wird unflexibel, unkritisch, unempfindlich gegenüber Begebenheiten in seiner Umwelt, die eigentlich seinen heiligen journalistischen Zorn hervorrufen müßten."

Der Termin- und Arbeitsdruck, den dieser Lokaljournalist kritisiert, ist die Folge einer falschen Personalpolitik der Verleger; sie sparen, wenn sie personell an der Redaktion sparen wollen, zumeist zuerst an den Lokalredaktionen, so daß viele von ihnen unterbesetzt sind. Dies hängt natürlich unmittelbar mit dem schlechten Image zusammen, das Lokaljournalisten normalerweise genießen. Die Münchner Arbeitsgemeinschaft für Kommunikationsforschung fand heraus: „Die Mehrheit der Lokaljournalisten beurteilt ihr Image, das sie bei den Kollegen aus anderen Ressorts haben, recht negativ. Die Formulierungen lassen erkennen, daß sich viele Lokaljournalisten gegenüber anderen Ressorts durchaus diskriminiert fühlen."

In der Tat ist das Gefühl der Lokaljournalisten, von den Kollegen aus der Politik, der Wirtschaft oder dem Feuilleton für Journalisten zweiter Klasse gehalten zu werden, weit verbreitet. Das schlechtere Prestige wirkt sich nicht nur bei der Stellenbesetzung der lokalen Ressorts und der schlechteren Bezahlung aus — es fördert überdies den Drang, die Lokalredaktion so schnell wie möglich wieder zu verlassen. Unter Rückgriff auf Forschungsergebnisse der schon häufiger erwähnten Münchner Arbeitsgemeinschaft stellt Dr. Dieter Golombek von der Bundeszentrale für politische Bildung dazu fest: „51 Prozent aller Lokalredakteure wollen sich verändern — eine Fluktuationsbereitschaft, die vor allem auf andere Ressorts, nicht auf neue Medien zielt, die es wohl nirgendwo sonst im Journalismus gibt und die nicht gerade von hoher Einschätzung des eigenen Arbeitsplatzes spricht."

Kurzum, wer etwas auf sich hält, will nicht in der Provinz begraben werden, möchte zumindest nicht im Lokalen bleiben — eine Einstellung, die offensichtlich auch beim journalistischen Nachwuchs überwiegt. Denn von den 51 Erststudenten des Modellstudienganges Journalistik an der Pädagogischen Hochschule in Dortmund wollen nur fünf Prozent der Befragten in einer Lokalredaktion arbeiten. Das sind ganze zwei Mann. Diese Aversion gegen das lokale Ressort ist sicherlich auch auf die weithin bekannten Probleme zurückzuführen, die den Journalisten dort erwarten. Helmut Glofke, Chef der Bezirksausgaben beim „Südkurier" in Konstanz: „Noch heute gibt es vor allem Landgemeinden, deren Parlamente das ganze Jahr nicht ein einziges Mal öffentlich tagen. Noch heute regieren Bürgermeister lieber im stillen Kämmerlein ohne ihre Bürger, weil's so schön bequem ist. Anfragen des Lokalredakteurs beantworten sie gern so: ‚Darüber dürfen Sie nichts schreiben. Sie machen uns die Sache nur kaputt. Wir geben Ihnen wieder Nachricht, wenn es soweit ist. Dabei bleibt es zumeist. Das Rathaus schweigt weiter."

Rathauspolitik nach Art von Geheimdiplomatie, Rücksichtnahme auf Inserenten und Abonnenten, also wirtschaftliche Zwänge, und die Überwucherung lokaler Meldungen von den Verlautbarungen der Pressestellen und Public-Relations-Agenturen — dies ist nur ein Ausschnitt der Schwierigkeiten, mit denen sich Lokaljournalisten in ihrer täglichen Arbeit herumschlagen müssen. Hinzu kommt ein Gesichtspunkt, der in der Diskussion über die besonderen Bedingungen des

Lokaljournalismus gern unterschlagen wird, von Hans-Joachim Schlüter, dem Leiter der Lokalredaktion der „Stuttgarter Nachrichten", aber einmal beim Namen genannt worden ist: „Keine Frage, es ist einfacher, den Bundeskanzler in die Pfanne zu hauen, als dem OB eins ans Bein zu kicken. Das hat aber weniger, als oft behauptet wird, mit Zivilcourage, sondern vielmehr mit Sachkenntnis zu tun. Die Nähe zum Objekt macht den Journalisten zurückhaltend, sie erfordert nämlich gründlichere Nachforschungen als eine Meinungsäußerung über Mao Tsetung."

Sachkenntnisse sind vor allem notwendig, wenn Lokaljournalisten, was ja ihr Metier sein sollte, zu kommunalpolitischen Themen Stellung nehmen. Die Materie ist ohne Frage kompliziert; Intuition und fleißiges Recherchieren reichen da oft nicht aus, um einen Haushaltsplan kritisch werten zu können. Die Folgen sind absehbar, wenn Fachwissen fehlt, nämlich Abhängigkeit des Journalisten vom Experten, von wirtschaftlichen Interessengruppen und politischen Richtungen. Dieter Golombek von der Bundeszentrale für politische Bildung: „Wenn sich der Lokaljournalist nicht genügend fachlich hineinkniet, wird er immer die Stellung eines Nachhilfeschülers gegenüber den politischen oder Verwaltungsinstanzen haben, anstatt zum Nutzen des Lesers als Übersetzer aufzutreten."

Daß gerade diese Dolmetscher-Funktion von vielen Lokaljournalisten nicht wahrgenommen wird, beweist ein Blick in die örtliche Presse. Da ist dann von Lohnsummensteuern und Bauleitstaffeln die Rede – ein Zeichen für die Flucht des uninformierten Lokaljournlisten ins Fachchinesisch, das er selbst nicht verstanden hat. Erfreulicherweise machen sich die meisten Lokaljournalisten nichts vor, sondern wissen, wie wenig sie wissen. So stimmten beispielsweise 97 Prozent der Befragten der Feststellung der Arbeitsgemeinschaft für Kommunikationswissenschaft zu: „Gerade ein Lokaljournalist sollte sein theoretisches Wissen ständig erweitern, um die Tagesereignisse richtig beurteilen und darstellen zu können."

Die Bereitschaft, sich in Kursen und Seminaren fortzubilden, ist durchaus vorhanden. Und an Institutionen, die sich sozusagen von Amts wegen darum kümmern, ist kein Mangel: In Hagen in Westfalen gibt es das *Journalisten-Zentrum Haus Busch*, das spezielle Veranstaltungen für Lokalredakteure anbietet. Die *Hamburger Akademie für Publizistik* kümmert sich ebenfalls um die Fortbildung von Journalisten. Wie erwähnt, hat sich die Bundeszentrale für politische Bildung mit Modellseminaren an den Bemühungen beteiligt, gerade jenen unter die Arme zu greifen, die gelegentlich von ihren Kollegen aus anderen Ressorts über die Schulter angesehen werden. Ein Ergebnis dieser Bemühungen liegt vor, das „Handbuch für Lokaljournalisten", – ein Handbuch von Praktikern für Praktiker. Mitarbeiter sind Lokaljournalisten aus Konstanz und Velbert, Treuchlingen und Ulm, Mainz und Stuttgart. In der Einführung zu ihrer Lose-Blatt-Sammlung schreiben sie: „Der vorliegende erste Teil des Handbuchs für Lokaljournalisten will der Redaktion helfen, bisher vielleicht brachliegende Themen aufzugreifen; Wege der Recherche zeigen, die vom Schema abweichen; eine Arbeitsunterlage über den Alltag hinaus sein, ein privates Archiv für spezielle Themen in der Region; Volontäre und Neulinge in der Redaktion mit den Verhältnissen in ihrem Arbeitsgebiet vertraut machen; mit Literaturhinweisen Appetit darauf machen, sich noch besser über ein Sachgebiet zu informieren." Entsprechend dem Charakter eines Handbuchs stellt es an den Benutzer Fragen, die er beantworten soll: „Wo kommt das Geld in der Gemeinde her? Wer vertritt die Interessen der örtlichen Betriebe? Wie hoch ist der Anteil des öffentlich geförderten Wohnungsbaus? Welche großen Straßenprojekte sind wie abgesichert?"

Gelegentlich haben die Lokalblätter Schwierigkeiten, genügend Stoff zu finden – ein Blick in das Handbuch könnte ihnen helfen, über Saure-Gurken-Zeiten hinwegzukommen, denn es enthält neben vielen anderen Tips auch Themenvorschläge, im Bereich Kommunalpolitik Vorschläge wie: „In der Stadt werden die Koffer gepackt"; „Wie teuer lebt sich's in unserer Stadt – ein Gebührenvergleich mit anderen Gemeinden"; „Wo Salvatore zu Hause ist – Ausländerghettos an Ausfallstraßen und City-Randgebieten."

Ein gutes Handbuch, ein paar Modellseminare, ein Dutzend Fortbildungsveranstaltungen – das alles sind erste Schritte auf dem richtigen Weg, aber sie reichen nicht aus, um die Lokalpresse insgesamt munterer zu machen, um sie von der üblichen Veranstaltungsberichterstattung weg- und zur kritischen Hintergrundberichterstattung hinzuführen.

Für den zweiten Schritt stehen die Signale zur Zeit auf grün, denn nach der Einigung der Tarifpartner über die Einführung der Neuen Technik in der Druckindustrie müßte nun eigentlich der Weg frei sein für einen neuen Anlauf der Journalisten- und Verlegerverbände zur tarifvertraglichen Regelung der Volontärausbildung. Dafür gibt es zwar Richtlinien, aber wie das so mit Richtlinien ist: Man kann sich danach richten, man kann's aber auch lassen, und sehr viele Verlage lassen es. So schließt sich der Kreis: Weil Lokaljournalisten häufig schlecht ausgebildet werden, sind ihre Produkte häufig schlecht, und weil dies so ist, genießen Lokaljournalisten nicht den besten Ruf und leiden unter niedrigerer Bezahlung im Vergleich zu anderen Ressorts, was wiederum dazu führt, das zumeist nicht die erste, sondern die zweite Garnitur von Journalisten auf Dauer im Lokalen hängen bleiben.

Eins darf natürlich in einer Bestandsaufnahme der Lokalpresse in der Bundesrepublik nicht fehlen, nämlich der Hinweis auf die Tatsache, daß heute schon über 40 Prozent der Bevölkerung nicht mehr die Chance haben, sich aus mehr als einer Zeitung über das lokale Geschehen zu informieren.

Ob Zeitungen mit lokaler Monopolstellung ihr redaktionelles Angebot verkürzen, ob sie zahmer und unkritischer als andere sind, ist in der wissenchaftlichen Literatur umstritten (vgl. Beitrag Flottau) erwiesenermaßen aber läßt bei den Journalisten dieser Blätter die Motivation zur Leistung, zur aktuellen und umfassenden Berichterstattung recht schnell nach und kommt beim Leser das Gefühl auf, der einzigen Zeitung am Ort sozusagen ausgeliefert zu sein.

Daß bei Monopolzeitungen manches und zuweilen gar sehr viel unter den Tisch fällt, ist zwar seit langem bekannt, doch beleuchten Beispiele immer noch am besten, wie dabei im einzelnen verfahren wird. Und dieses Beispiel stammt aus Bayern, aus *Regensburg*.

Unter dem Titel „Wieviel Freiheit braucht die Zeitung?" veranstaltete dort die Katholische Akademie, eine Einrichtung der Bayerischen Bischofskonferenz, eine Tagung, in deren Verlauf sich der Bochumer Publizistikwissenchaftler Kurt Koszyk zum Problem der Pressekonzentration im allgemeinen und im besonderen in Regensburg befaßte. Dort gibt es nämlich nur eine Tageszeitung, die „Mittelbayerische".

Als Redakteur des wöchentlich erscheinenden Regensburger Bistumsblattes berichtete Jakob Schwager über die Veranstaltung. Zwei Tage nach Erscheinen des Artikels überreichte der Geschäftsführer des Blattes, der Monsignore Josef Grillmeier, seinem Redakteur die Kündigung. Begründung: Der Beitrag Schwagers habe die geschäftliche Vertrauensbasis zwischen dem Bistumsblatt und der „Mittelbayerischen Tageszeitung", bei der das Bistumsblatt im Lohndruck hergestellt wird, empfindlich gestört.

Das Arbeitsgericht Regensburg hat zwar die Kündigung für unwirksam bezeichnet und dem Monsignore ausdrücklich sozialwidriges Verhalten bescheinigt — der publizistische Skandal aber bleibt bestehen und ist vor allem darin zu sehen, daß die Mittelbayerische Zeitung weder über die Veranstaltung berichtet noch die Kündigung des Bistumsblatt-Redakteurs erwähnt geschweige denn von dem Urteil Notiz genommen hat, das dem Päpstlichen Ehrenkaplan eine schallende Ohrfeige verpaßte.

So spannt sich der Bogen der Lokalpresse von Buxtehude bis Regensburg. Es ist ein facettenreiches Bild, das Schwarz-Weiß-Urteile verbietet, aber wohl den Schluß erlaubt: Die Lokalpresse in der Bundesrepublik ist offensichtlich munterer geworden. Daß sie indes schon munter genug ist, wird wohl kein seriöser Beobachter ernsthaft behaupten wollen.

Hans Janke

Riese im Revier:
Die „Westdeutsche Allegemeine Zeitung"

„Anton", sachtä Cervinski für mich,
„Et gippt bei uns immer weniger Menschen,
Un immer mehr Autos,
Un gezz nageln se die Welt mit Brettern zu."
„Nu ja", sarich, „wat wolnse machen,
Hälze ja nich mehr aus bei den Krach."
„Eem, Anton", sachtä Cervinski,
„Aber dat kommpt mich so for,
Als wenn son Doktor den Pazenten gegen Durchfall
Koppstehn faschreibt.
Wenn die pa Männekes, die noch da sint,
Blech an Blech un Beule an Beule fahn,
Dann fangen se an, fanümptich zu wern.
Ärssma die größten Krachmacher runter,
ein Mopett macht mehr Geheule
Als n Duzzent Autos,
Und watti dicken Laster sint,
Die ham Feieraamt wie geeden Maurer,
App sex macht für die die Autobahn zu,
Wat mainze wattat Luft gippt.
Mitti die Pallisaden, Anton,
Fiel helfen tut dat auch nich,
Schon deswegen, weil die Autofahrer
nix mehr fonne Welt sehen.
Gozzmisecki, istat schon Wattenscheid
Oder binnich noch in Essen-Krei?
Nä, Anton, watti nächste Generation ist,
Die tippt sich anne Birne,
Ährlich, sagen die, unsere Großfäter,
Die müssen n klein Schuss im Ofen gehappt ham,
Son Kwatsch da anzustellen,
Un wir können dat allet wieder appreißen.
Inne Alpen fahnse durch Tunnels,
Weilse nich über die Berge könn,
Un durchen Kohlenpott dürfen se nich,
Weil sich dat Folk nachz inne Betten wälzt,
Ein Kwerschlach von Duisburch bis Dortmund,

Un rin mit den Fakehr in den Kwerschlach,
Untu siehss und hörst nix mehr dafonn.
Nä, sagen unsere Enkelkinder,
Püttleute, die sowat können,
Hatten se damals genuch,
Aber hat schwerste, wattet gippt,
Datt is wohl, damals wie heute,
Nägel mit Köppe zu machen."

Seit etwa fünfundzwanzig Jahren läßt der frühere Sportredakteur Wilhelm Herbert Koch den „Kumpel Anton" und seinen Kollegen Cervinski solche Gespräche führen. In jeder Wochenendausgabe der „Westdeutschen Allgemeinen", kurz: „WAZ". Oder umgangsprachlich: „Wazz".

Am Samstag, den 16. September 1978, beispielsweise wiegt die Wochenendausgabe der „WAZ" mehr als ein halbes Pfund. Zum vergleichsweise geringen Einzelpreis von sechzig Pfennigen erscheint sie diesmal mit 72 Seiten. 50 davon sind mit Anzeigen bedeckt: Stellenangeboten, Gebrauchtwagen, Immobilien, Wohnungen, Reiseziele, Ehewünsche, Möbel, Mode, Massenkonsum. Kleine Anzeigen für „Hostessen" und „Modelle". 22 Seiten verbleiben für Redaktionelles, für „Meldung und Meinung", „Aus dem Westen", „Kultur", „Aus aller Welt", „Bericht und Hintergrund", „Wirtschaft", „Sport", „Weltspiegel", für die „WAZ am Wochenende mit Reise-Magazin", für den Lokalteil, der z. B. „Bochumer Anzeiger" heißt. Dies alles im relativ kleinen äußeren Format 48 x 34 cm, aber in einer Auflage von einsamer Höhe: Das Titelblatt hält fest: „Unabhängige Tageszeitung/Höchste Auflage im Ruhrgebiet" und druckt auch samstags noch einmal extra in dicken Lettern und rot unterstrichen aus: „Gesamtdruckauflage am Wochenende über 750 000". Fürwahr, ein „Zeitungsriese im Revier". Und nicht nur dort: Die „WAZ" ist die größte Regionalzeitung der Bundesrepublik. Keine andere Tageszeitung zählt mehr Abonnenten. Keine Tageszeitung, die — „BILD" ausgenommen — mehr Leser erreichte.

So enorm die, wenn auch regional beschränkte, Reichweite der „Westdeutschen Allgemeinen Zeitung" ist, so gering ist — bundesweit, fernsehweit ihr Bekanntheitsgrad, ihre Prominenz. Darin wird sie vielmehr jederzeit auch von kleineren Blättern übertroffen. Die publizistische Bedeutung der „WAZ" ist ihrer allgemeinen Publicity umgekehrt proportional. Siegfried Maruhn, Chefredakteur der „WAZ":

„Wir sind natürlich als eine ausgesprochene Regionalzeitung über unseren Raum hinaus nicht weit bekannt. Bekannt wurden wir eigentlich erst durch die Konzentrationsgeschichte. Das war eigentlich eine Verlagsentscheidung schon vor 25 Jahren gewesen. Die WAZ hat niemals versucht, über ihren Raum hinaus eine bundesweite Rolle zu spielen wie es andere Zeitungen gemacht haben, die etwa ihre eigenen Bundesausgaben gemacht haben. Das hat die WAZ nie gemacht. Das hatte den Nachteil, daß sie außerhalb des Ruhrgebiets weitgehend unbekannt blieb, andererseits aber den großen Vorteil, daß wir keine gespaltene Auflage abschlossen. Das merkt man der Zeitung auch an ... Ich glaube, da, wo es draufankommt, wird die Stimme der WAZ schon gehört."

Der Zeitungstitel „WAZ" wurde Teil der Überschrift einer Unternehmerkonstruktion — die Rede ist von der sogenannten *„WAZ-Gruppe"* — die — einmalig in der Bundesrepublik — vier politisch zum Teil konträre Tageszeitungen unter einem gemeinsamen Verlagsdach hält.

Die Rolle der „WAZ"

Über die „WAZ" zu sprechen kann nicht heißen, nur das Porträt, das publizistische, politische Profil dieser Zeitung zu zeichnen. Es ist vielmehr zugleich die Presse-*situation* in einem bedeutenden industriellen Ballungsraum, dem Ruhrgebiet, zu verhandeln, die von dem „Riesen im Revier", der „WAZ", maßgeblich bestimmt ist.

Eine Auseinandersetzung wirft ein Schlaglicht auf diese — ineinander verschränkte — Doppelproblematik von Zeitungscharakter und Pressesituation. Im August 1978 ist die Abteilung Medienpolitik beim Bundesvorstand der CDU mit einer Studie hervorgetreten. Sie beschäftigte sich im Hinblick auf künftige Wahlen mit den zwei größten medialen Institutionen Nordrhein-Westfalens. Mit dem „Westdeutschen Rundfunk" und der „Westdeutschen Allgemeinen Zeitung". In der Studie heißt es:

„Bei den knappen Mehrheitsverhältnissen zwischen der Koalition und der Opposition sowohl in NRW wie im Bund werden zwei Medien und deren publizistisches Verhalten sowohl für die kommende Landtagswahl wie auch für die Bundestagswahl 1980 entscheidende politische Bedeutung haben. Es sind dies die „Westdeutsche Allgemeine Zeitung" in Essen mit allen von ihr unmittelbar wie mittelbar beeinflußten Zeitungen, sowie der „Westdeutsche Rundfunk". Ziel der konkreten Medienpolitik der CDU müßte es sein, auf die WAZ und den WDR einen solchen Einfluß zu gewinnen, daß der relativ geringfügige Zugewinn an Stimmen, der für die absolute CDU-Mehrheit erforderlich ist, auch tatsächlich erreicht wird. Die Chancen zu einer solch vorausschauenden Medienpolitik scheinen allerdings schon weitgehend verspielt zu sein, denn auch die SPD/FDP-Koalition hat offensichtlich die Gefahr erkannt, die von einer neutralen oder gar CDU-freundlichen Haltung der beiden Medien ausgehen würde. Die NRW-Koalition hat dementsprechend reagiert. Im Falle der WAZ hat die Koalition mit Hilfe einer großzügigen Handhabung des Kartellverfahrens durch die Landeskartellbehörde die besten Voraussetzungen für eine wohlwollende Behandlung der SPD und FDP durch die WAZ geschaffen. . ."

Auf diese strategisch-taktischen Bemerkungen hat es vielerlei Reaktionen gegeben. Der Verlagsleiter der „WAZ", Günther Grotkamp hat die Attacke sofort zurückgewiesen. Bemerkenswerter indessen dies: Maßgebliche CDU-Politiker — unter ihnen Kurt Biedenkopf — die die Medienstudie, soweit diese den WDR betrifft, ausdrücklich bekräftigen, nahmen die „WAZ" ebenso ausdrücklich in

Schutz. Kurt Biedenkopf am 2. September 1978 auf dem Landesparteitag der CDU Westfalen-Lippe in Olsberg:

„Mit der Westdeutschen Allgemeinen Zeitung arbeiten wir seit einigen Jahren gut zusammen. Dies gilt insbesonders für unsere politische Arbeit im Ruhrgebiet. Auf Grund der Erfahrungen gerade auch im Wahlkampf 1976 im Ruhrgebiet habe ich mich davon überzeugt, daß die WAZ in ihrer Führung sich jedenfalls um eine objektive Berichterstattung bemüht. Meine Damen und Herren, daß wir dieses Ziel noch nicht erreicht haben, und daß in vielen Fällen eine andere Berichterstattung stattfindet, ist vollkommen richtig. Aber das kann nicht bedeuten, daß wir politische Aussagen machen wie die, daß die Zeitung auf Dauer auf eine bestimmte politische Richtung festgelegt ist oder daß sie sich durch eine Kartellentscheidung der Landesregierung hat kaufen lassen. Eine solche Feststellung geht zu weit und zerstört die vielfachen Ansätze mühsamer Kleinarbeit zur Verbesserung des Verhältnisses zu einer Zeitung, die nun einmal eine überragende Stellung im Ruhrgebiet hat, und ohne deren Mitwirkung unsere politische Arbeit wesentlich erschwert wird."

Biedenkopfs Bemerkungen zeigen, ungeachtet der empfohlenen Taktik: die „WAZ" wird nicht einmal innerhalb einer Partei politisch eindeutig und zweifelsfrei geortet. Ihr politisch-publizistisches Profil wird vielmehr unterschiedlich beurteilt. Und der Verweis auf eine Kartellentscheidung der Landesregierung zeigt ganz nebenbei: Redaktionelle Praxis ist allemal verlagsabhängig, verlegerabhängig, marktabhängig.

Die Geschichte der „WAZ"

Tatsächlich gilt: Die Geschichte und das Gesicht der „WAZ" sind in hohem Maße ökonomisch mitbestimmt. Geschichte und Gesicht der „WAZ" sind die eines, ökonomisch definiert, überaus erfolgreichen Unternehmens. Andere Presseunternehmen derselben Region blieben — weniger erfolgreich bis ruinös — solange im Schatten der „WAZ", bis sie vom Markt verschwunden oder — zum Teil durch Aufkauf — eine neue Existenzgrundlage erhielten und derart bislang fortbestehen konnten. Über diesen Prozeß also ist zu berichten, wenn in Frage steht: Was ist das für ein Blatt, die „Westdeutsche Allgemeine Zeitung", die mit diesem lapidaren Grundsatz auskommen zu können meint:

„Richtlinien: Die politische Haltung der Zeitung ist überparteilich und abhängig, sie ist entschieden sozial unter Ablehnung aller totalitären Bestrebungen. Der Zeitungsinhalt wird objektiv gestaltet, um dem Leser die Bildung einer eigenen Meinung zu ermöglichen. Der Charakter einer Familien- und Lokalzeitung soll gewahrt werden."

Diese Richtlinien gelten — inhaltlich unverändert — seit nunmehr dreißig Jahren. Am 3. April 1948 erschien die erste Ausgabe der „Westdeutschen Allgemeinen Zeitung". Die Lizenz, die Zeitung herauszugeben, hatte die britische Besatzung dem damals vierundvierzigjährigen Erich Brost erteilt. Erich Brost, in Danzig von 1925 bis 1936 Redakteur und sozialdemokratischer Abgeordneter des „Danziger

Volkstages", war vor den Nationalsozialisten emigriert und 1945 von England zurück nach Deutschland gekommen. Bevor er mit der Herausgabe der „Westdeutschen Allgemeinen" betraut wurde, war er Chefredakteur der „Neuen Ruhr-, Neuen Rheinzeitung" in Essen und Verbindungsmann des SPD-Parteivorstandes zu den alliierten Hochkommissaren in Berlin. Bei der Gründung der „WAZ" in Essen tat sich Brost mit dem Redakteur des Deutschen Presse-Dienstes, Jakob Funke, zusammen. Die Legende besagt übrigens, Brost und Funke hätten ihr Startkapital, das Geld für's knappe Zeitungspapier auf dem Schwarzmarkt aufgetrieben. Erich Brost:

„Wir hatten, als wir anfingen, eigentlich nichts in der Hand. Wir hatten nur eine Druckerei gesucht, die unsere Zeitung drucken konnte. Die lag in Bochum. Wir hatten keine Möbel. Wir hatten kein Papier. Das wurde uns zugewiesen von den Engländern. Wir hatten keine Journalisten, mußten die erst suchen. Und wir hatten vor allen Dingen kein Geld. Eine Anleihe von 50 000 Deutschen Reichsmark, also Inflationsgeld, war der ursprüngliche Stand des Kapitals. Die Zeit war natürlich eine anormale Zeit. Es war Papier knapp. Es waren Zeitungen knapp. Und man riß die Zeitungen den Verlegern oder den Boten aus den Händen. Ich bin bewußt in's Ruhrgebiet gegangen, weil dort eine große Bevölkerung existierte und wir sicherlich viele Leser bekamen und weil die Tendenz unserer Zeitung auch den Interessen der Ruhrgebietsbewohner entsprach. Wir sind entschieden sozial. Wir sind demokratisch. Und wir wollen volkstümlich sein."

Die „WAZ" gehörte zu den Zeitungen, zu den *Lizenz*-Zeitungen, die – anders als die ersten Neugründungen nach der Kapitulation – *parteiunabhängig* konstituiert wurden.

Das Spezifikum der „WAZ", die Kommentierung politischer Ereignisse und Entwicklungen im Schema eines ausgewogenen Einerseits-andererseits zu halten, also drastische und entschiedene Parteinahmen nur als Rarität zuzulassen, diese Eigentümlichkeit hat schon in der *Anlage* der Zeitung ihren Ursprung. Und in der Tat läßt sich die „WAZ", wie immer kritisch sie zu sehen ist, als eine Zeitung mit einem hohen Maß an Kontinuität betrachten. Als eine Zeitung, die mit sich selbst weitgehend identisch geblieben ist. Noch 1978 besuchte Verleger Erich Brost, der bis 1970 auch Chefredakteur der „WAZ" war, beinahe täglich sein Blatt. Der amtierende Chefredakteur Maruhn, seit 1952 bei der „WAZ", von 1958 bis 1970 Brosts Stellvertreter, ist in der Chefposition seit zwanzig Jahren. Pioniere des Blattes darunter der Stellvertretende Chefredakteur Heribert Vollmer und Kulturredakteur Michael Lenz, der als Filmproduzent einen Namen hat, sind der „WAZ" rund drei Jahrzehnte verbunden. Die Bindung der Redakteure an ihr Blatt ist beträchtlich, die personelle Fluktuation gering, der Grad der Identifikation der Blattmacher mit ihrer Zeitung offensichtlich hoch.

Das Unternehmen „WAZ"

Von Anfang an, mit den ersten 250 000 Exemplaren der „WAZ", verbreitet in ihrem Kerngebiet in und um Essen und Bochum, hat die Zeitung ihr Publikum gefunden. Und seither behalten. Und von Beginn an war und blieb die „Westdeutsche Allgemeine Zeitungsverlagsgesellschaft Erich Brost und Jakob Funke" ein profitsicheres, expansives Unternehmen. Chefredakteur Maruhn erwähnt allerdings eine ökonomische Krise im Jahr 1949. Der nicht eben begüterte Träger einer Zeitungslizenz, Erich Brost, und sein Kompagnon, Jakob Funke, respektive deren Erben – hier *Martin* Brost, dort die Töchter des verstorbenen Jakob Funke – wurden zu schwerreichen Konzerneignern. Und im Prozeß der Konzentration von Kapital, also ökonomischer Macht, wie sie für kapitalistische Wirtschaftsordnungen kennzeichnend ist, wurde die „WAZ" zum Kernstück eines gewaltigen privatwirtschaftlichen Konzerns, der den Pressemarkt Ruhrgebiet mit den angrenzenden Regionen – Niederrhein im Westen, Sauerland und Siegerland im Osten und Süden – souverän beherrscht. Ein Wirtschaftsunternehmen, in dem sich nach dem Rezept der Diversifikation auch ein 25 %-Anteil am Otto-Versandhandel, ein Zeitschriftenverlag mit florierenden Soraya-Blättern und Beteiligungen an einer Reederei, einer Kupfer-Raffinade, an Großhandel, Papiererzeugung und Stahlverarbeitung im Rahmen einer Holdinggesellschaft für branchenfremde Beteiligungen finden. Dieses Wirtschaftsunternehmen mit mehr als 3 000 Beschäftigten und einem geschätzten Gesamtumsatz von einer Milliarde DM stellt sich im Herbst 1977 in einer großen Eigenwerbung im „Spiegel" so vor:

„Von nichts kommt nichts. Wer eine Zeitung herausgibt, muß dafür erhebliche finanzielle Mittel aufwenden... Wir in der WAZ-Gruppe (Westdeutsche Allgemeine, Neue Ruhr Zeitung, Westfälische Rundschau und Westfalenpost) sind durch wirtschaftliche Zusammenarbeit stark genug, um viel für unsere Zeitung und damit mehr für unsere Leser zu leisten... Die WAZ-Gruppe ist ein wirtschaftlich rundum solides Unternehmen... Von der Stärke der Gruppe profitiert jede einzelne Zeitung: die NRZ genauso wie die WAZ, die WP genauso wie die WR... Zeitungsgruppe WAZ: Mit über 3,5 Millionen Lesern Deutschlands größte Abo-Zeitungsgruppe... Wie groß die finanziellen Abhängigkeiten und Belastungen der Zeitungen in Deutschland sind, zeigt die Entwicklung der letzten zwanzig Jahre. Viele renomierte Zeitungen haben vor den immer gewaltiger wachsenden Kosten kapitulieren müssen. Was dann kam, läuft unter dem Stichwort ‚Pressekonzentration'. Und das heißt: Die großen schlucken die Kleinen. Auch wir, die wir zu den Großen gehören, bedauern diese Entwicklung. Aber sie war ökonomisch zwangsläufig..."

Die „WAZ-Gruppe" verkauft sich mit Vehemenz als Modell der Erhaltung noch verbliebener Zeitungsvielfalt:

„Daß unsere Zeitungen personell so gut ausgestattet sind, ist einer der Vorteile der Zeitungsgruppe WAZ, die die einen ein zweifelhaftes, die anderen ein beispielhaftes Verlagsmodell nennen. Sie nehmen es uns sicherlich nicht krumm, daß wir unser WAZ-Modell für ganz besonders beispielhaft halten: WAZ, NRZ, WR und WP erscheinen in einer Verlagsgruppe. Gemeinsam nutzen sie die technischen Einrichtungen und Dienstleistungen der Gruppe. Das verschafft ihnen eine wirtschaftlich starke Basis. Getrennt arbeiten die vier Redaktionen. Ihre Eigenständigkeit ist statuarisch garantiert. Von der Stärke der Gruppe profitiert jedes Blatt gleichermaßen. Und am meisten haben die Leser davon, denn vier

Zeitungen sind im harten Wettbewerb um ihre Gunst... Für solchen Dienst am Leser muß das nötige Geld verdient werden. Ist es da nicht egal, wie der Verlag heißt und konstruiert ist, der das schafft? Wir finden, daß eine solche Presse-Konzentration, die sich darauf konzentriert, für Vielfalt statt Einfalt in der Presselandschaft zu sorgen, gar nicht so übel ist...".

Solche Reklame für ein Zeitungsunternehmen, das am Wochenende 1,4 Millionen Zeitungen druckt und damit jedem Inserenten 3,5 Millionen potentielle Leser verschafft, weil sämtliche Konzernzeitungen mit denselben Anzeigen – lokal und regional natürlich weiter differenziert – erscheinen, solche Werbung für's Monopol in Vielfalt sozusagen steht am vorläufigen Ende eines langen Konzentrationsprozesses.

Die Expansion der „WAZ"

Von 1946 bis 1949 wurden im Bereich des heutigen Bundeslandes Nordrhein-Westfalen insgesamt 29 Zeitungen lizenziert. Nur noch 12 von ihnen bestehen heute noch als Regionalzeitungen mit Auflagen zwischen 50 000 und 700 000 Exemplaren. Die „WAZ" hat dabei insgesamt gesehen, allen anderen, auch denen, mit denen sie nicht unmittelbar konkurriert, den Rang abgelaufen.

Schon 1954 übernahm die „WAZ" zum erstenmal kleinere zum Teil mit ihr konkurrierenden Blätter: die „Essener Allgemeine Zeitung", die „Kettwiger Zeitung" (Übernahme des „WAZ"-Mantels) und das „Hörder Volksblatt", eine Dortmunder Zeitung. 1960 erwarb das Unternehmen die „Annener Zeitung" in Witten-Annen, 1963 das „Westdeutsche Tageblatt" in Dortmund.

Ein regelrechter Konzentrationsschub war mit der ersten größeren wirtschaftlichen Rezession in der Bundesrepublik 1966/67 verbunden. Die Wirtschaftskrise betraf als Strukturkrise des Kohlebergbaus in hohem Maße das Ruhrgebiet. Zeitungsverlage gerieten in Mitleidenschaft. Die „WAZ" kaufte 1966 den „Duisburger General-Anzeiger", den „General-Anzeiger für Groß-Oberhausen", die „Herner Zeitung" und die „Wanne-Eickeler Zeitung", 1967 die „Ruhrwacht" Oberhausen und die Recklinghauser Ausgabe der „Westfälischen Rundschau".

Aber erst eine Konzentrationsbewegung ganz anderen Kalibers rückte die „WAZ" in's Zentrum öffentlicher Aufmerksamkeit. Ende 1974 – die Ölpreisexplosion hatte wirtschaftliche Krisenerscheinungen hervorgerufen – zeigten sich auch größere Zeitungsverlage wirtschaftlich als schwer angeschlagen, ja als moribund. Die in Dortmund erscheinende sozialdemokratische Zeitung „Westfälische Rundschau" – Auflage damals etwa 230 000 Stück – wurde von ihren Besitzern per Kooperationsvertrag unter das Verlagsdach der „Westdeutschen Allgemeinen Zeitung" gebracht. Der „WAZ"-Verlag, Brost und Funke, übernahmen 86 % der Anteile am „Zeitungsverlag Westfalen", in dem nunmehr die „Rundschau" und die meisten westfälischen Ausgaben der „WAZ" erscheinen. 13,1 % des Zeitungsverlags verblieben beim bisherigen „Rundschau"-Verleger Hans G. Müller. „Rundschau" und „WAZ" besorgten fortan – ab 1. Januar 1975 – ihr Geschäft – Verkauf, Vertrieb, Anzeigen, Werbung und so weiter – gemeinsam.

Die redaktionelle Unabhängigkeit der „Westfälischen Rundschau" wurde gesellschaftsvertraglich fixiert, aber unter Preisgabe der bisherigen Verpflichtung der Zeitung auf sozial-demokratische Politik unter Dreingabe eines „Rundschau"-internen redaktionellen Mitbestimmungsmodells, mit dem sich der „WAZ"-Verlag nicht anfreunden mochte, und schließlich – das wichtigste – bei Stillegung von etlichen Lokalausgaben der „Westfälischen Rundschau". Seitdem bekommen Bezieher der „Rundschau" in Bochum und Gelsenkirchen, in Wattenscheid, Herne, Wanne und Buer, in Witten, Castrop-Rauxel und Hattingen den Lokalteil ihres Blattes in derselben Form und mit demselben Inhalt wie die „WAZ"-Abonennenten in denselben Städten. In Lünen, Kamen und Unna übernimmt die „WAZ" den Lokalteil der „WR". Die Lokalredaktionen wurden zwangsvereinigt.

Eine politisch publizistische Nivellierung sondergleichen. Und, keine Frage, der bis dahin härteste Verlust für's Publikum beim Ausbau des „WAZ"-Verlages zum absoluten Branchenführer im Revier.

Der Chefredakteur der „WAZ", Maruhn, nahm denn auch damals in einem Leitartikel zur Sache seinen ganzen Optimismus zusammen:

„Von 1975 an wird es ein neues Modell geben, wenn im westfälischen Teil des Ruhrgebietes zwei große Zeitungen zusammengehen. Diese Zusammenarbeit setzt dort an, wo sie wirtschaftlich sinnvoll ist. Beide Zeitungen werden in den Orten, in denen sie nebeneinander erscheinen, von gemeinsamen Boten ausgetragen. In der Technik und im kaufmännischen Bereich werden vielfältige Möglichkeiten der Rationalisierung genutzt. Die redaktionelle Zusammenarbeit wird auf den lokalen Bereich begrenzt sein. In der Politik, der Wirtschaft und Kultur sowie im Sport werden die Redaktionen weiterhin in scharfem Wettbewerb miteinander stehen und sich deutlich unterscheiden... Eine solche freiwillige Zusammenarbeit ist die bisher beste und vielleicht einzige Möglichkeit, wie sich die bedrohten Zeitungen selbst helfen und dabei frei bleiben können."

Angesichts der spektakulären Muß-Ehe zwischen „Rundschau" und „WAZ" fiel kaum ins Gewicht, daß sich die „WAZ" Ende 1974 auch die kleine „Velberter Zeitung" – Auflage 14 000 – einverleibte. Und im Jahr 1975 – wieder klagten die Zeitungsverleger landauf, landab über große finanzielle Verluste –, 1975 wiederholte sich die Prozedur, die bereits zur Fusion von „WAZ" und „Westfälischer Rundschau" geführt hatte, noch zweimal. Betroffen: die in Hagen erscheinende konservative CDU-nahe „Westfalenpost", vormals im Besitz des früheren Landesministers Arthur Sträter, und die in Essen erscheinende „Neue Ruhr-Zeitung" – seit ihrer Lizenzierung 1946 im Besitz des Sozialdemokraten und Naziverfolgten Dietrich Oppenberg. Beide Zeitungen, die NRZ mit einer Auflage von 200 000 und die Westfalenpost mit 140 000, liberal bis rechtssozial-demokratisch die eine, konservativ die andere, wurden in den „WAZ"-Verlag integriert. Bei der „Westfalenpost" übernahm der „WAZ"-Verlag 92,79 % der Anteile. Der „Zeitungsverlag Niederrhein GmbH & Co. Essen KG", in dem die NRZ seitdem erscheint, gehört nun zu 89,4 % den „WAZ"-Verlegern, zu 10,6 % dem bisherigen alleinigen „NRZ"-Verleger Oppenberg.

Seit dem 1. Januar 1976 also gibt es die „WAZ"-Gruppe. Vier unterschiedliche Regionalzeitungen unter einem Dach. Darunter die buchstäblich von Haus aus mächtigste, der „Riese im Revier", die „Westdeutsche Allgemeine Zeitung"; 700 000 Exemplare Tag für Tag. Und während „Westfälische Rundschau", „Westfalenpost" und „Neue Ruhr-Zeitung" immer auf dem Spiel stehen — einschlägige Klauseln der Gesellschaftsverträge sichern zwar die redaktionelle Autonomie der Blätter, ketten aber deren Fortexistenz an wirtschaftlichen Erfolg —, ist die „WAZ" das unbestrittene Zugpferd des Unternehmens, jederzeit imstande, alle anderen — Konkurrenten in und außer Haus — zu überleben.

Nun hat sich die „WAZ"-Gruppe, deren Geschichte hier knapp skizziert wurde, natürlich nicht so glatt etabliert, wie eine Zusammenfassung des Konzentrationsprozesses suggerieren könnte. Der Verlauf war vielmehr verlustreich, schmerzhaft und konfliktgeladen. Die Auseinandersetzungen mit der vielfach so genannten „Konzentrationskrake" „WAZ" fanden und finden statt auf allen Ebenen der Betroffenheit. Dabei ist die notorisch schlechte Presse, die der „WAZ"-Konzern bei seinen Einkäufen auf sich zog, noch eine Randerscheinung. „Ein Pressepolyp saugt sich fest", schrieb die „Frankfurter Allgemeine", vom „Wolf im Blätterwald" der „STERN". Eine Randerscheinung, aber immerhin wichtig genug, daß der „WAZ"-Verlag, voran sein durchschlagendster Manager, der Geschäftsführer Günther Grotkamp, nunmehr auf Imageverbesserung trachtet:

„Im Laufe der Jahre hat sich hier in unserem Hause und auch in der allgemeinen Öffentlichkeit ein Akt der Sensibilisierung vollzogen, der medienpolitischen Sensibilisierung vollzogen. Wir selbst erkannten bei den Untersuchungen, die den Überlegungen zur Fusion vorauszuschicken waren, daß es das allerbeste sein würde zur Sicherung von Medienvielfalt in unserem Verbreitungsgebiet abweichend von den alten Praktiken Mittel und Wege zu finden, die diese Titel, die zur Fusion anstanden, selbständig beließen, als selbständige redaktionelle Einheit, mit einer eigenen Zentralredaktion, mit eigenen Lokalredaktionen, mit einem vollständigen redaktionellen Körper. Dieses Mittel fanden wir in den Konstruktionen des ZVW. Dort brachten wir also verschiedene Zeitungen ein, beließen aber den verschiedenen Zeitungen den eigenen redaktionellen Körper und sicherten damit die journalistisch-redaktionelle Identität der Zeitung. Die ließen wir unangetastet... und sicherten auf diese Weise eine medienpolitische Funktion...

Unterstellen wir einmal, wir hätten das nicht getan... Wir hätten einfach die Abonnenten der niedergehenden Zeitung mit der „WAZ" beliefert, dann gäbe es in Essen heute nur noch eine Zeitung, in der fünftgrößten Stadt der Bundesrepublik, ein, so glaube ich mit vielen, vielen sagen zu können, nicht tragbarer Zustand. Dieser Zustand würde auch für eine ganze Reihe anderer Plätze in unserem Verbreitungsgebiet gelten...

Man hat uns eine ganze Zeitlang nicht geglaubt, daß wir auf Jahre oder auf Dauer sogar ein solches Modell realisieren würden, die Jahre, die inzwischen hinter uns gebracht worden sind, haben alle diese manchmal auch von Konkurrenzneid getragenen Kritiker verstummen lassen. Man begreift inzwischen, vor allem auch angesichts der Verbesserungen..., daß wir es ernstmeinen mit der medienpolitischen Aufgabe."

Konzentrationsfolgen

Solches Eigenlob geht über Auseinandersetzungen hinweg; über Auseinandersetzungen vor allem zwischen dem expansiven, auf Konzentration und Rationalisierung bedachten Unternehmen „WAZ" und den gewerkschaftlich organisierten Beschäftigten des Verlages in Technik, Verwaltung, Vertrieb und Redaktionen. Die „Industriegewerkschaft Druck und Papier" und ihre Fachgruppe, die „Deutsche Journalisten Union", aber auch der „Rheinisch-Westfälische Journalistenverband" haben für die Erhaltung von Arbeitsplätzen und für die Sicherung redaktioneller Eigenständigkeiten gekämpft. Mit allen ihnen zu Gebote stehenden Mitteln. Es hat im Laufe der letzten 5 Jahre viele Kundgebungen und Demonstrationen für die Pressefreiheit im Revier gegeben. Gewerkschafter, Betriebsräte, Journalisten mußten sich in der Regel erst einmal Informationen verschaffen über Vorgänge, die sie unmittelbar betrafen. Denn alle Fusionsverläufe blieben lange hinter einem Grauschleier von Gerüchten, Dementis, halben Wahrheiten versteckt. Die Betroffenen also mußten versuchen, Öffentlichkeit herzustellen über Ereignisse von größter *öffentlicher* Bedeutung, die *vor*öffentlich zu halten, allein im Interesse der handelnden Personen, der Unternehmer und ihrer Manager lag. Da ist, wenn man Insidern glauben darf, unendlich viel Vertrauen zu Bruch gegangen. Und da ist eine große Zahl von Prozessen geführt worden, Prozesse um die Arbeit von Betriebsräten und um Pressedarstellungen der Konzentrationsvorgänge, die aus Konzernsicht für falsch oder diffamierend erachtet wurden. Diese Prozesse hier im einzelnen zu erörtern, führte zu weit und wäre auch unerhört schwierig. Aber, so viel ist sicher: die exzessive Bemühung der Gerichte im Zusammenhang mit tiefgreifenden Veränderungen auf dem Pressemarkt verweist auf die Dimension des Geschehens, auf die Schärfe des Widerspruchs zwischen Unternehmerinteresse und den Ansprüchen der Lohnabhängigen nicht nur auf Erhaltung ihres Arbeitsplatzes, sondern auch auf dessen Qualität und Eigenart.

Im Streit um die Pressekonzentration im Ruhrgebiet artikuliert sich also der Protest von Redakteuren, Druckern, Setzern dagegen, ungefragt, unbeteiligt im Rahmen wirtschaftlicher Sanierungs- und Rationalisierungsmaßnahmen verschoben zu werden. Und die medienpolitische, kommunikationspolitische Forderung auf die Erhaltung und Sicherheit einer leidlich autonomen Presse, die nicht vollends zur Funktion profitablen Verkaufens absinkt. Der Vorsitzende des Rheinisch-Westfälischen Journalisten-Verbandes, Werner Reuter:

„Wir stehen der Konzentration im Ruhrgebiet äußerst kritisch gegenüber. Dabei verkennen wir nicht, daß durch die Aufnahme notleidender oder notleidend gewordener Zeitungen durch die WAZ-Gruppe Arbeitsplätze erhalten und materiell verbessert worden sind. Unsere Bedenken richten sich gegen die Zusammenballung publizistischer Macht in der Hand des WAZ-Konzerns und gegen die Gefährdung der noch erhaltenen publizistischen Vielfalt durch einen mit ungleichen Mitteln ausgetragenen Kampfwettbewerb. Es ist nicht richtig, daß durch die Konzentration in der WAZ-Gruppe die publizistische Vielfalt auf einer wirtschaftlich konsolidierten Grundlage gesichert worden ist. Publizistische Unabhängigkeit ist nicht denkbar ohne wirtschaftliche Unabhängigkeit. Das von den Verlegern beanspruchte, in der Verfassung verankerte Recht der freien Meinungsäußerungen und die Bestimmungen zum Schutz dieses Rechts, z. B. im Tendenzschutz des Betriebsverfassungsgesetz, werden ad absurdum geführt, wenn die Meinung des Herausgebers nichts anderes umfaßt als die Entschlossenheit, bedrucktes Papier so erfolgreich wie möglich zu verkaufen. Wo liegt da noch der Unterschied zu Seife, Kohle oder Puddingpulver?"

Die dritte Ebene der Auseinandersetzung um den „WAZ"-Konzern ist von der politischen Exekutive, hier der nordrhein-westfälischen Landesregierung und der Arbeit des Bundeskartellamtes, also von einschlägigen gesetzlichen Regelungen bestimmt. Vor dem Hauptausschuß des nordrhein-westfälischen Landtags fand am 29. April 1976 eine „Anhörung von Sachverständigen, von Vertretern von Institutionen und Verbänden zum Thema Pressekonzentration in Nordrhein-Westfalen" statt. Medienwissenschaftler und Medienrechtler, Verleger, Verbands- und Gewerkschaftsfunktionäre haben dabei in einer mehrstündigen Befragung die Problematik eingekreist – allerdings einige Monate, *nachdem* die „WAZ"-Gruppe installiert war.

Handgreiflicher und brisanter waren und sind die Rechtsstreitigkeiten zwischen zwei Verlagen, zwischen dem „WAZ"-Verlag und dessen einzigem verbliebenen veritablen Konkurrenten: den „Ruhr-Nachrichten", dem stärksten Blatt in Dortmund. Dessen Verleger Florian Lensing-Wolff hat – abgesehen von gerichtlichen Auseinandersetzungen in Einzelkomplexen – die Bundes- und Landeskartellämter mit der Frage beschäftigt, ob für die „WAZ" der „Verdacht des Mißbrauchs einer marktbeherrschenden Stellung bei der Gestaltung der Bezugs- und Anzeigenpreise sowie bei der Herausgabe von Anzeigenblättern" zu bestätigen sei. Verkürzt dargestellt: Die „Ruhr-Nachrichten" werfen dem „WAZ"-Verlag vor, durch Vernichtungswettbewerb – Anzeigenzwangskombinationen und Dumpingpreise für Inserate und Abonnements – die Existenz der „Ruhr-Nachrichten" zu gefährden. Am Auftrag der „Ruhr-Nachrichten" hat der Heidelberger Rechtswissenschaftler Peter Ulmer dazu ein umfangreiches Gutachten erstellt. Es untersucht das Verhalten der „WAZ"-Gruppe, des größten Konzerns von Abonnement-Zeitungen in der Bundesrepublik. Und es sagt dieser „WAZ"-Gruppe ein besonders aggressives Verhalten beim Anzeigenwettbewerb nach und pronostiziert ihr weitere Expansionsmöglichkeiten. Ulmers wettbewerbs- und kartellrechtliche Beurteilung des Anzeigenmarktverhaltens der „WAZ"-Gruppe wurde am 10. März 1976 veröffentlicht. Die „WAZ"-Verlagsgesellschaft antwortete drei Monate später darauf mit einer ebenso umfangreichen „Gegendarstellung". Kernmitteilung dieser Verteidigungsschrift: Die „WAZ" habe nirgends einen Verdrängungswettbewerb betrieben. Ihren Erfolg verdanke sie ausschließlich seriösen nicht „leistungsfremden" Geschäftsmethoden, sprich einem erfolgreichen Operieren am Markt. Das Bundeskartellamt nun folgte per Beschluß vom 2. Mai 1977 weitgehend dem Gutachten der „Ruhr-Nachrichten". Es stellte fest:

„Nach Ansicht des Bundeskartellamtes ist der WAZ-Konzern in den meisten Gebieten des Verbreitungsraumes seiner Zeitungen auf dem lokalen Leser- wie auf dem Anzeigenmarkt marktbeherrschend".

Und es folgerte aus einer differenzierten Leser- und Anzeigenmarktanalyse:
„Die Landeskartellbehörde sollte die Anzeigen-Zwangskombinationen des WAZ-Konzerns unter dem rechtlichen Gesichtspunkt des Behinderungswettbewerbs verbieten."

Das Bundeskartellamt bekräftigte seine Stellungnahme noch einmal im September 1977. Dieses klare Verdikt sorgte für einige Unruhe. Die Kartellbehörde des Landes Nordrhein-Westfalen stellte Anhörungen in der Sache an. Und während dies geschah, stritten die Leitartikler der Zeitungen der „WAZ"-Gruppe, Jens Feddersen in der „Neuen-Ruhr-Zeitung", Achim Melchers in der „WAZ", Günther Hammer und Wolfgang Clement in der „Westfälischen Rundschau" und Karl Peukert in der „Westfalenpost" beinahe synchron und unisono für den Fortbestand der Anzeigenkombination. Nur diese sei wirtschaftlich und nur sie garantierte die Existenz redaktionell von einander unabhängigen Zeitungen in *einem* Verlag. Ein Verbot der Anzeigenkombination werde, so trug der „WAZ"-Verlagsleiter Grotkamp vor, das Ende von rund dreißig Lokalredaktionen von Siegen bis zur holländischen Grenze sowie eine Gefährdung der Zentralredaktionen bedeuten. Der Stellvertretende Chefredakteur der „WAZ" schrieb:

„Die Zeitungen, die gerade erst durch neue Modelle der Kooperation bei voller Erhaltung der redaktionellen Selbständigkeit saniert werden konnten und deren Bestand gesichert ist, wurden erneut in ihren Überlebenschancen bedroht werden, wenn das Kartellamt mit seiner Absicht, die gemeinsamen Anzeigenmärkte zu verbieten, durchkäme."

Das Kartellamt kam *nicht* durch. Der zuständige Minister für Wirtschaft, Mittelstand und Verkehr, Horst Ludwig Riemer, FDP, machte von seinem Recht, vorab zu entscheiden, Gebrauch und befand mit Schreiben vom 18. Oktober 1977:

„Zwar ist eine Erschwerung der Marktposition der Wettbewerber infolge der Anzeigenkombination in der „WAZ"-Gruppe unverkennbar. Eine drohende Gefährdung des Restwettbewerbs ist jedoch im gegenwärtigen Zeitpunkt nicht ersichtlich. Nachdem kartellrechtlich seinerzeit nicht relevanten Zusammenschluß der WAZ mit der Westfälischen Rundschau und der Westfalenpost und nach dem kartellrechtlich nicht untersagten Zusammenschluß mit der Neuen Rhein Zeitung/Neuen Ruhr Zeitung stellte die WAZ-Gruppe eine wirtschaftliche und organisatorische Einheit dar. Diese Konsequenz des zulässigen Zusammenschlusses müssen sich die Anzeigenkunden entgegenhalten lassen."

Im übrigen versprach der Minister die „relevanten Daten, vor allem die Entwicklung der Anzeigenpreise und -erlöse, des Anzeigenvolumens und der Auflagenzahlen der WAZ-Gruppe und der Wettbewerber zu beobachten und bei Mißbrauchsverdacht einzuschreiten". Danach steht die „WAZ-Gruppe" nunmehr unangefochten da. Und nachdem seit dem 1. Januar 1978 eine gruppeninterne Neuorganisation jede der vier Zeitungsredaktionen einen Verlag zugeordnet hat, fällt es Günther Grotkamp leichter, die – wie er es nennt – „medienpolitische Unbedenklichkeit des WAZ-Modells darzustellen". Nunmehr gehört die „WAZ" zur „WAZ-KG", die „NRZ" und die rheinischen „WAZ"-Ausgaben zum Zeitungsverlag Niederrhein, die „Westfälische Rundschau" und die westfälischen „WAZ"-Ausgaben zum Zeitungsverlag Westfalen, die „Westfalenpost" zur „Westfalenpost"-GmbH.

Den Nebeneffekt freilich dieser neuen Klarheit hielt die „Frankfurter Rundschau" so fest:

„Diese klaren Verhältnisse in der WAZ-Gruppe haben noch andere Folgen. Denn die Kompetenz der Betriebsräte von Zeitungsverlag Niederrhein und Zeitungsverlag Westfalen wird nicht nur eindeutiger. Sie vermindert sich durch Schrumpfung der Belegschaft auch so erheblich, daß es künftig bei der „NRZ" und der „Westfälischen Rundschau" kein freigestelltes Betriebsratsmitglied mehr geben wird."

Ein Hinweis also darauf, daß mit der Konsolidierung der „WAZ"-Gruppe als funktionierendes Modell, mit der vorläufigen Sicherung des Unternehmens vor kartellamtlichem Zugriff keineswegs jeglicher Konfliktstoff aus der Welt ist.

Die „WAZ"-Gruppe, dieser Medien-Superkonzern mit Sitz in Essen, bleibt also umstritten. Was er tut, wie er operiert und vermittels welcher Personen, das verdient *öffentliche* Aufmerksamkeit und die fortwährende Bereitschaft des Verlagspersonals innerhalb wie außerhalb der Redaktionen, sehr genau darauf achtzugeben, was mit dem Konzern und seinen einzelnen Zeitungen geschieht. Das größte Gewicht in der „WAZ"-Gruppe, die mit Zeitungen handelt, wenn auch nicht allein damit, hat allemal ihre größte Zeitung, die „Westdeutsche Allgemeine Zeitung", zu der wir nun wieder nach einer Skizze ihrer Verlagsumgebung zurückkehren.

Was ist das für eine Zeitung, die „WAZ", dieses Regionalblatt, gedacht für die Bewohner des Kernreviers in und um Essen und Bochum, verbreitet dennoch – mit seinen 700 000 Exemplaren täglich – längst auch an den Rändern des Kohlenpotts? Welchem außerökonomischen, welchem publizistischen Proprium verdankt sie ihren beispiellosen Erfolg? Und mit welchen Eigenschaften kommt sie ihren zwei Millionen Lesern entgegen?

Redaktion und Blatt

Ein paar Zeilen zunächst: Die „WAZ" beschäftigt in ihrer Essener Zentralredaktion und in ihren sechsundzwanzig Lokal- und drei Bezirksredaktionen etwa 230 Redakteure. Auffällig das Verhalten der Auflagenhöhe des Blattes zur Kopfstärke seiner Zentralredaktion: dort arbeiten drei Redakteure im Ressort Innenpolitik, drei in der „Wirtschaft", drei in der „Außenpolitik", drei im kombinierten Ressort „Aus aller Welt" und „Aus dem Westen", fünf bis sechs im Feuilleton, drei bis vier im Sport. Die „Reportage" hat drei Redakteure, das Ressort „Auto" einen Mann. Der „Chef vom Dienst" arbeitet zu dritt, der Chefredakteur mit drei Stellvertretern. In Bonn tun drei „WAZ"-Redakteure Dienst. Es gibt einen Ausbildungsredakteur und derzeit achtzehn Volontäre.

Eigene Korrespondenten hat die Zeitung in London, Washington, Paris, Rom und in der DDR. Für die „WAZ" liefern Gruppenkorrespondenten die auch für andere Zeitungen berichten, Beiträge aus Moskau, Belgrad, Tokio, Hongkong, New York und Brüssel. Eigene Büros stehen der „WAZ" in Bonn, Düsseldorf und

Berlin zur Verfügung. Der Chefreporter der „WAZ" in Bonn, Ernst Ney, ist seit langen Jahren Vorsitzender der Bundespressekonferenz.

Die nicht eben riesige Redaktionsmannschaft, deren Gehälter weitgehend am Tarif orientiert sind oder nur wenig darüber liegen, fertigt eine Tageszeitung – eine sehr aktuelle Tageszeitung übrigens: 22 Uhr Redaktionsschluß und eilige Änderungen sind noch bis 1 Uhr in der Frühe möglich – eine aktuelle Tageszeitung, für die einige formale und inhaltliche Merkmale, besonders charakteristisch sind:

Erstens ein lockerer, kunterbunter, nicht sonderlich feiner Umbruch. Schon auf der Titelseite – wie auch sonst im Blatt – reichlich Photos, auch größere über drei von insgesamt sieben Spalten hinweg. Die Titelseite ist nicht absolut der Politik vorbehalten und mit Meldungen und sehr kurzen Berichten geradezu gepflastert. Die ersten beiden Spalten der Seite 2 füllt die „WAZ" mit Kommentaren. Gewöhnlich gibt es deren drei. Daneben weitere politische Informationen, rechts oben die tägliche Karikatur, unten eine dreispaltige Glosse von milder Komik.

Für Berichte „Aus dem Westen" die ganze Seite 3: Vermischtes, Prominentenstories, Mord & Totschlag, Reportagen, Sensationsberichte querbeet und möglichst mit human-touch. Kultur auf Seite 4 mit Fernsehprogramm und Programmkritik die sich – eine schöne Seltenheit – auch um's Hörspiel kümmert, mitunter sogar dreispaltig. Im übrigen auch hier jede Menge Meldungen, kaum große Darstellungen. „Bericht und Hintergrund" – diese Rubrik macht Platz für längere innen- und außenpolitische Geschichten. Der Sport ist – Vereine der Fußballbundesliga ringsum – ein Hätschelkind der „WAZ". Er nimmt montags die „halbe Zeitung" in Anspruch und alles in allem mehr Raum ein als das Ressort „Wirtschaft", dem doch in diesem krisengeschüttelten größten Industriegebiet Europas die allergrößte Bedeutung zukommt. Wenn das Anzeigenvolumen, ohnehin enorm, es erfordert, wird auch mal eine halbe Seite zusätzlich mit außenpolitischen Informationen gefüllt. Überschrift: „Blick nach draußen". Buchkritik und Wissenschaftsberichte von Zeit zu Zeit auf der Seite „Geistiges Leben". Das Pendant zu „Aus dem Westen" heißt „Aus aller Welt" und bedient die Leser mit leichten Stoffen. Zum Beispiel: „Drei Affen retten Berliner das Leben", „Mäuse im US-Senat mögen Rattengift", „Ku-Damm wird grün", „Kind stürzte in Arme der Mutter", „100 Morde täglich in New York". . .

Freitags liegt allen Zeitungen der „WAZ"-Gruppe dieselbe „Bunte-Wochen-Zeitung" (BWZ) bei mit dem Hörfunk- und Fernsehprogramm für die Woche, allerlei leichten bis seichten Public-Relations-Geschichten und, natürlich, Werbung. Da ist also von der beteuerten Vielfalt nichts geblieben. Übrigens ist auch das „Reiseblatt" bei allen vier Konzernblättern textidentisch. Ein weiteres Stück verlorener Vielfalt.

Zum Hauptteil der „WAZ" kommt das Lokale, von Ort zu Ort – je nach Couleur und Temperament der zuständigen Lokalchefs – sehr verschieden, sowohl im journalistischen Zugriff auf die Ereignisse am Ort wie in der Interessengewichtung und der politischen Kommentierung. Die Chefredaktion in Essen hat offensichtlich Grund zu der Klage über mangelnde Distanz einzelner lokaler „WAZ"-

Redaktionen zu kommunalen Verwaltungen, politischen Instanzen, Machtträgern: „Wir ermuntern die Kollegen dazu, sich nicht gewissermaßen als Teil des lokalen Establishments zu fühlen, sondern als einen kritischen kontrollierenden Faktor. In den einzelnen Ausgaben gelingt das unterschiedlich. Die Skandale, die aber so im Ruhrgebiet auftreten und aufgedeckt wurden, sind zum guten Teil aber doch von der „WAZ" aufgedeckt und angeprangert und geklärt worden."

Die Lokalteile nehmen je nach Größe ihres Erscheinungsortes und dem Rangplatz der „WAZ" dortselbst unterschiedlich viel Raum ein. In Bochum etwa, einer Stadt mit „WAZ"-Tradition und Quasimonopol dieser Zeitung – die „Ruhr-Nachrichten" haben dort weit weniger Abonnenten, eine Lokalausgabe der „Westfälischen Rundschau" gibt es nicht mehr – steht an einem gewöhnlichen Freitag beispielsweise auf 5 Zeitungsseiten lokalredaktioneller Text.

Liest man die „WAZ" länger, gewöhnt man sich an nicht nur ihre pusselige, andererseits auch nicht schreierische Aufmachung, man wird auch eines speziellen „WAZ"-Stils der Nachrichtengebung und Kommentierung gewahr.

Die „WAZ" steuert einen verhalten liberalen, unaufgeregten Kurs – ohne Ausschläge nach recht und links. Die Zeitung erscheint zwar in einer Region mit sicheren sozialdemokratischen Wahlmehrheiten, hält sich aber dennoch jederzeit für Wähler der anderen im Bundestag vertretenen Parteien erträglich. Sie macht sich sozusagen jeden Tag aufs neue zustimmungsfähig. Vermittels zweier Eigenschaften: zum einen pendeln ihre politischen Kommentare, brav und bieder formuliert, vorsichtig hin und her. Sie kriegen auch in Fällen eindeutiger Stellungnahme – Beispiel: Filbinger soll zurücktreten – jederzeit die Kurve zum politisch Andersdenkenden. Die Tür bleibt offen. Entschiedenheit und Meinungsfreude haben dort ihre Grenzen, wo die Leserschaft entzweit würde. In dieser anspruchslosen Kunst des Eiertanzes haben die „WAZ"-Kommentatoren eine große Fertigkeit entwickelt. Chefredakteur Maruhn zum Kommentarstil seiner Zeitung:

„Wir bemühen uns zunächst einmal darzulegen, was dafür und dagegen spricht, bevor man die eigene Meinung sagt. Also, wenn das manchmal den Eindruck ergibt, als berücksichtige man die Position des politischen Gegeners zuviel, dann mag das ein Nachteil sein, nicht?'

Der besondere „WAZ"-Journalismus koppelt eine Art Volkstümlichkeit – einfache Darstellung, nichts Hochgestochenes, keinerlei Brillianz – mit einer deutlichen Bevorzugung regionalspezifischer Themen – Beispiel: Wirtschaftsförderung im Revier, Struktur- und Verkehrspolitik, Schulprobleme. Aber er bleibt daber in seinem Politik- und Wirtschaftsverständnis ganz traditionell. Verpflichtet auf den Konsens über Parteiendemokratie und Marktwirtschaft, Wachstumscredo und Reserve gegenüber jeglicher Systemkritik und Basismobilisierung eingeschlossen. „WAZ"-Journalismus verfährt gleichsam nach dem Motto: Allen wohl, niemandem weh. Er ist sozusagen der sinnfälligste und verbreitetste Ausdruck dafür, wie schwer es der oft beschworenen Bevölkerungsmehrheit – und das „WAZ"-Publikum gehört dazu – fällt, auf der Berücksichtigung seiner Interessen zu bestehen. Der eingangs zitierte „Kumpel Anton" ist ja die wöchentliche unbemerkte Travestie auf die zu gleichen Teilen tatsächliche und geschickt vorgetäuschte Volkstümlichkeit der „WAZ". Partei zu ergreifen, Solidarität zu üben im Umgang mit einem Publikum, zu dem im hohen Maße auch die Benachteiligten unserer Gesellschaft zählen, gelingt der „WAZ" nur im schmächtigsten Wortsinn. Obwohl die Zeitung doch in einer Region erscheint, in der Menschen seit jeher einiges auszuhalten haben von der schlechten Atemluft bis zur überdurchschnittlichen Arbeitslosigkeit, von anderen Benachteiligungen nicht zu reden.

Verständlich und paradox zugleich: Die so gesehen konservative Grundstimmung der „WAZ" verträgt sich dennoch mit dem Publikum der Zeitung. Diese Zeitung in ihrer freundlichen, entgegenkommenden Art, tut den Leuten nichts an, sie mutet ihnen von sich aus nichts zu, was nicht von anderswoher an sie herangetragen wird. Da ist kein prinzipiell kritischer Journalismus am Werk, und die Identifikation dieser Zeitung mit dem, was diese westdeutsche Nachkriegsrepublik erreicht hat, ist in jeder Hinsicht fest.

Andererseits, schrille Töne gibt es auch nicht, eine hysterische Sympathisantenhetze etwa, wie sie im Gefolge der Terrorismusbekämpfung publizistisch gang und gäbe war, käme für die „WAZ" nicht in Betracht. Die Chefredaktion duldet zwar den Begriff „Berufsverbot" im Zusammenhang „Radikale-im-öffentlichen-Dienst" nicht, aber „im Zweifel für den Rechtsstaat" das wäre eher Devise der Zeitung als „Keine Freiheit für die Feinde der Freiheit"... Es liegt das alles auf der Linie einer politischen Vernünftigkeit, gutbürgerlich definiert. Mit der unausgesprochenen Losung „Alles mit Maß" kann die „WAZ" im Ruhrgebiet offenbar auf hohe Akzeptanz rechnen. Und dies wiederum enthebt ihre Verleger kraft Erfolges der Pflicht, die materiellen Voraussetzungen zu schaffen für eine Qualitätssteigerung des Blattes — auch im Rahmen ihres bisherigen publizistischen Profils. Denn die „WAZ" könnte redaktionell noch erheblich zulegen; sie könnte ihr Informationsangebot erweitern, ihre journalistische Praxis — etwa durch vermehrte Recherchen — verbessern. Eine solche Reform hätte freilich finanzielle und konzeptionelle Voraussetzungen. Dem Verlag müßte an einer publizistischen Qualifizierung der „WAZ" so viel gelegen sein, daß er sich diese etwas kosten ließe. Dafür sind Anzeichen kaum zu entdecken. Verlagsleiter Grotkamp hält sich da ganz bedeckt: „Wir meinen, daß auch die „WAZ" noch verbesserungsfähig ist, aber solche Verbesserungen lassen sich nicht in Form eines großen Wurfes darstellen und realisieren... Verbesserungsvorschläge untersuchen wir ununterbrochen... Die Mittel dafür fehlen unserem Haus tatsächlich nicht."

Und dann müßte die „WAZ"-Redaktion selbst, respektive deren Chefredakteur, die fällige Verbesserung der Zeitung auch konzeptionell ansteuern. Dazu aber scheint sich niemand veranlaßt zu sehen, wenn Siegfried Maruhn immerhin auch sagt:

„Ich neige auch eher dazu, die Aufgabe des Journalisten im kritischen Aufdecken von Informationen zu sehen. Was wir dazu bräuchten, vor allem in Lokalredaktionen, wären mehr Redakteure. Das ist natürlich die Klage jedes Chefredakteurs. Das ist auch etwas, worüber wir mit unseren Verlegern ständig im Streit liegen, daß wir versuchen die Redaktion so auszubauen, damit die Kollegen auch die Möglichkeit haben, sich wirklich an eine Sache sich mal etwas länger dranzuhängen."

Geschichte und Charakter dieser größten Regionalzeitung der Bundesrepublik, der größten Abonnementzeitung überhaupt sind doppelt interessant: Die „WAZ" steht geradezu exemplarisch für den Prozeß ökonomisch bestimmter Machtkonzentration auf dem Pressesektor der Bundesrepublik. Daß die Verfassungs*garantie* der Informationsfreiheit aller Bürger, daß das demokratische Erfordernis umfassender und uneingeschränkter Unterrichtung durch eine freie Presse ganz und gar abhängen vom kapitalistisch funktionierenden Markt, auf dem das Gesetz des Stärkeren gilt, dies führt die „WAZ"-Gruppe in aller Deutlichkeit vor. Und auch das Blatt selbst, das diesem Medienkonzern den Namen gegeben hat, ist in hohem Maße exemplarisch: Die „WAZ", wenig älter als die Republik und mit deren gewordenem Zustand fundamental einverstanden, ist mit ihrer Nachrichtengebung und in der Art ihrer Kommentierung politischer, gesellschaftlicher Ereignisse und Entwicklungen in hohem Maße − erweislich ihrer Dreiviertelmillionen-Auflage − typisch für die politische Kultur dieser Bundesrepublik, dieses Nachkriegsdeutschlands. Die „WAZ" ist − ein *durchschnittlicher* Riese.

Alfred Dürr

Weltblatt und Heimatzeitung
Die „Süddeutsche Zeitung"

Sie sei eine der besten deutschen Zeitungen, lobt das amerikanische Nachrichtenmagazin „Time". Das Londoner Weltblatt „The Times" behauptet sogar, sie biete
das Beste im westdeutschen Journalismus. „Frisch, frei, zuverlässig und nicht zuletzt gut geschrieben", meint die große schwedische Tageszeitung „Dagens
Nyheter". Die deutsche Wochenzeitung „DIE ZEIT" bescheinigt der „Süddeutschen Zeitung" aus München, sie sei „unerschrocken und verantwortungsbe-
wußt von der ersten bis zur letzten Seite." Mit diesen Aussprüchen schmückt die
Werbeabteilung der „Süddeutschen Zeitung" gerne ihre Plakate, wenngleich die
Zitate auch schon 20 Jahre alt sind.

Die „Süddeutsche Zeitung" konnte 1978 den mit Abstand höchsten Auflagen-
gewinn unter den vergleichbaren Tageszeitungen mit überregionalen Anspruch in
der Bundesrepublik erzielen. Von ihr wurden die meisten Exemplare verkauft.
Rund 317 000 waren es täglich. An zweiter Stelle folgt die „Frankfurter Allgemeine Zeitung" mit etwa 296 000 verkauften Exemplaren. Die „Welt" wurde jeweils 223 000 Mal verkauft und steht damit an dritter Stelle. Die Zahlen mögen
es beweisen – das Lob für die „Süddeutsche Zeitung" kommt auch vom Leser.

Die Geschichte der „Süddeutschen Zeitung" ist die Geschichte einer steilen
Karriere. Der Süddeutsche Verlag läßt sich zwar nicht mit den Riesen im Druck-
und Verlagsgewerbe vergleichen, er gehört aber mit seinem größten Verlagsob-
jekt „SZ" zu den wirtschaftlich mächtigen Verlagen der Bundesrepublik. Am 6.
Oktober 1945 konnte man im Geleitwort der ersten SZ-Ausgabe lesen: „Wir
glauben, daß wir in nicht allzu ferner Zeit auch den allmählichen Aufstieg wider-
spiegeln werden." Die „Süddeutsche Zeitung" hat in dieser Hinsicht Wort gehalten. Die Auflage stieg ständig und sie behauptet heute klar ihren ersten Rang
unter den deutschen Tageszeitungen mit überregionalem Anspruch. Die politische
Grundhaltung der Zeitung hat ihr Chefredakteur in den Jahren 1960 bis 1970,
Hermann Proebst, mit einem Satz umrissen: „Gegenüber der jeweiligen Regierung
loyal, aber wach und kritisch, bewegt sie sich im allgemeinen etwas links von der
Mitte; aufgeschlossen und tolerant, jedoch nie indifferent."

Die „Süddeutsche Zeitung" läßt sich keiner bestimmten politischen Richtung eindeutig zuordnen. Schon kurze Zeit nach der Gründung hielt sich die
Zahl derer, die das Blatt als zu „rot", und derer, die es als zu konservativ kritisierten, die Waage. Dies ist – so ein Redakteur – bis heute so geblieben: Die gän-
gigste Klassifizierung, die als „links-liberal", sei allenfalls die am wenigsten falsche
Vereinfachung. Der Anspruch, eine liberale Zeitung zu sein, heißt zunächst einmal verschiedene politische Meinungen zu Wort kommen zu lassen. Extreme
Positionen an beiden Enden des politischen Spektrums bleiben dabei ausgeklammert. Der Spielraum dazwischen, der vielen politischen Strömungen auch neben-

einander und gegeneinander Platz gibt, habe die „SZ" – so der „Spiegel" – zu einem weltweiten Monument der Liberalität gemacht.

Das Spektrum der Kommentare und Leitartikel in der „SZ" reicht beispielsweise von klar ausgesprochenen Rücktrittsforderungen an den damaligen baden-württembergischen Ministerpräsidenten Filbinger über deutliche Gegenpositionen zur Gewerkschaft während des Druckerstreiks bis zum engagierten Eintreten für eine liberale Kulturpolitik gegen die aktuellen Pläne der Münchner CSU in diesem Bereich. Besonders wach ist die „SZ" immer auch dann, wenn Anzeichen von Intoleranz und Machtmißbrauch erkennbar werden. Eine liberale Grundhaltung zu haben, heißt für die „SZ" allerdings auch, in manchen Kommentaren die einzelnen politischen Ereignisse nach dem Prinzip „einerseits – andererseits" zu analysieren und sich häufig einer eindeutigen Meinungsäußerung zu enthalten. Die liberale Grundhaltung der Zeitung kommt schließlich durch den hohen Grad der Selbständigkeit und Entscheidungsfreiheit der einzelnen Ressorts zum Ausdruck.

Für die Beschreibung des typischen Lesers dieser Zeitung gibt es einige Anhaltspunkte. Überrepräsentiert sind Leser mit höherer Schulbildung. Von 100 SZ-Lesern haben ein Drittel nur die Volksschule besucht, zwei Drittel dagegen weiterführende Schulen und zum Teil auch ein Studium absolviert. In der SZ-Leserschaft machen Angestellte und Beamte mehr als die Hälfte aus. Daraus zu schließen, die „SZ" biete qualifizierte Information nur für qualifizierte Leser, wäre falsch. Die „SZ" erreicht in ihrem Stammgebiet, der Region München, nach dem Münchner Boulevardblatt „Abendzeitung" immerhin die meisten Personen mit Volksschulabschluß.

Die erste Lizenz

Am 6. Oktober 1945 erteilte das Pressekontrollamt der amerikanischen Militärregierung die Lizenz-Nummer 1 in Bayern an Franz Joseph Schöningh, August Schwingenstein und Edmund Goldschagg. Schöningh war ehemals Redakteur der katholischen Monatsschrift „Hochland". Schwingenstein war Ansichtskartenverleger aus der Provinz. Goldschagg arbeitete bis zu seiner Verhaftung durch die Nazis als leitender politischer Redakteur bei der sozial-demokratischen „Münchner Post".

Die Lizenzvergabepolitik der Militärregierung im amerikanischen Sektor ging davon aus, daß die Fähigkeit zur Demokratie, das Übereinstimmen in Grundfragen, nun erst wieder geweckt werden mußte. Hermann Proebst meinte, die Amerikaner hätten nicht viel von Parteizeitung gehalten, zumal da eine Erinnerung an den urdeutschen Hang zur Weltanschauungspartei sie gewarnt haben mochte. Die Amerikaner hätten sich daher für den Typ der unabhängigen und überparteilichen Zeitung entschieden und die Lizenznehmer diesen Vorstellungen entsprechend ausgewählt.

Die drei Lizenzträger – 1946 kam der Journalist Werner Friedmann noch als Vierter hinzu – traten für ein Konzept ein, das sich mit dem der Besatzungsmacht traf: Das Blatt sollte weder ein meinungsloser Generalanzeiger, noch ein partei- und weltanschaulich gebundenes Organ sein.

Ein historischer Wochenschaufilm dokumentiert die Lizenzvergabe. Bilder von der Feierstunde im Münchner Rathaus wechseln ab mit Ansichten des ausge- bombten Verlagshauses Knorr und Hirth, wenige Schritte vom Marienplatz ent- fernt. In diesem Verlagshaus erschienen vorher die „Münchner Neuesten Nach- richten". Auf den Ruinen des Hauses sollte nun der Süddeutsche Verlag ent- stehen.

Amerikanische Offiziere und deutsche Arbeiter halten den Original-Bleisatz von Hitlers „Mein Kampf" in die Kamera und werfen ihn in die Schmelzofen des automatischen Gießwerks. Eine Aktion mit symbolischen Tiefgang: Aus dem läuternden Feuer kam das Blei für die ersten Druckplatten der „Süddeutschen Zeitung".

Die Lizenz Nummer 1 brachte der „SZ" sicherlich einen entscheidenden Platz- vorteil: Die Bürger drängten danach, wieder eine Zeitung lesen zu können. Fort- schrittlich gesinnte Journalisten fanden einen Arbeitsplatz. Hans Ulrich Kempski, heute Mitglied der Chefredaktion: „Die SZ konnte praktisch aus dem Stand zu einer angesehenen Zeitung werden, weil sie von guten Journalisten geprägt wurde. Bayern war so etwas wie der Luftschutzkeller Deutschlands. Hierher hatten sich während der Nazizeit viele zurückgezogen, die hervorragend schreiben konnten. Diese Leute waren sofort bereit bei dieser Zeitung mitzutun. Sie wollten damals keinen einfachen Lokalanzeiger machen, sondern eine große deutsche Zeitung mit demokratischen und liberalen Grundsätzen."

Die deutliche Münchner Prägung und der überregionale Ehrgeiz sind zwei Fak- toren, die für die Entwicklung der „SZ" bestimmend waren und sind. In einer Selbstdarstellung des Verlages wird darauf hingewiesen, daß die „SZ" als einzige Zeitung in Deutschland den überregionalen Charakter mit einer ausführlichen Regionalberichterstattung aus dem Bundesland Bayern, aus der Landeshaupt- stadt München und den sieben Landkreisen um München verbinde.

Im Sommer 1950 wollten die vier Herausgeber und Lizenziaten die — bisher vom bayerischen Staat gepachteten — Gebäude in eigene Hand übernehmen. Zu- sammen mit einer fallenden Auflage und dem darausfolgenden Einnahmeschwund, kam es 1951 zu einer wirtschaftlichen Krise. 42 Redakteuren wurde gekündigt. Die Gehälter und Honorare wurden drastisch gekürzt. Ernst Müller-Meiningen junior, Mitarbeiter der „SZ" und Vorsitzender des Bayerischen Journalistenver- bandes machte sich zum Sprecher der Interessen der Journalisten. Er verlangte Einsparungen an anderer Stelle und nicht die Abwälzung der ganzen Last auf die Journalisten. Müller-Meiningen wies in einer Versammlung unbekümmert darauf- hin, daß die vier Lizenziaten sich nicht etwa mit ihrem Millionenvermögen und mit der Kapitalsrente daraus begnügten, sondern daß sie außerdem ein Jahresge- halt von 36 000 Mark bezögen, das trotz Krise natürlich keinen Kürzungen unter- liege. Die Auseinandersetzungen führten schließlich dazu, daß die Lizenziaten in einer Sitzung beschlossen, Müller-Meiningen fristlos zu entlassen. Die Betriebs- versammlung allerdings hatte ihn schon zum Betriebsrat gewählt. Dadurch war er zwei Jahre lang unkündbar. Da Müller-Meiningen nur ein vertraglich gebundener freier Mitarbeiter war, focht der Verlag die Betriebsratswahl beim Arbeitsgericht an, kam aber mit der Klage nicht durch. Müller-Meiningen junior, heute noch Kommentator bei der „SZ", arbeitet so eigentlich ganz offiziell bereits seit 27 Jahren in gekündigter Stellung bei der Zeitung – wie er selbst erzählt.

Der Süddeutsche Verlag

Betrachten wir die wirtschaftliche Situation des Verlages heute, so zeigt zunächst einmal ein Blick in das Impressum, daß die Zeitung über keinen einzelnen Herausgeber verfügt: Die „Süddeutsche Zeitung" wird herausgegeben vom Süddeutschen Verlag, vertreten durch die Gesellschafterversammlung. Gesellschafter sind:

Die Erbengemeinschaft Hans Dürrmeier. Dürrmeier war Anfang der 50er Jahre als Generaldirektor ebenfalls in die Runde der Gesellschafter aufgenommen worden. Zu den Gesellschaftern gehören weiter: Die Erbengemeinschaft Werner Friedmann, Rolf Goldschagg, Dr. Alfred Schwingenstein und Karen von Seidlein, Tochter des Lizenznehmers Schöningh. Die Leitung des Verlags liegt in den Händen von zwei Geschäftsführern.

Die Süddeutsche Zeitung ist das größte Objekt des Süddeutschen Verlages, sie erzielte 1978 die höchsten Zuwachsraten des Anzeigenvolumens unter den Vergleichszeitungen. Nicht nur die Stellenanzeigen nahmen stark zu, auch die Inserate des Einzelhandels und der großen Kaufhäuser, was wohl vor allem den hohen Verbreitungszahlen der „SZ" in München und Umgebung zu verdanken ist.

Der Gesamtumsatz des Süddeutschen Verlags liegt bei annähernd 250 Millionen Mark. Davon entfallen alleine auf die Zeitung rund 170 Millionen Mark, also ungefähr 75 Prozent. Der Druckbetrieb ist mit 15 Prozent am Gesamtumsatz beteiligt, die Zeitschriften des Verlages mit 10 Prozent.

Aus dem Haus des Süddeutschen Verlages kommen zusammen mit der „SZ" insgesamt 17 verschiedene Presseobjekte. Das reicht von des Bundesbahnzeitschrift „Schöne Welt" bis zum Amtsblatt des Bayerischen Staatsministeriums für Unterricht und Kultus. In Zusammenarbeit mit anderen Verlagshäusern werden sechs Fachzeitschriften und die „Bayerische Staatszeitung" herausgebracht.

1962 kaufte der Süddeutsche Verlag die Karl Wenschow GmbH – ein Unternehmen zur Herstellung von Land- und Reliefkarten mit einer leistungsfähigen Offset-Druckerei. 1964 beteiligte sich der Süddeutsche Verlag mit 75 Prozent am Paul List-Verlag. 1972 wurde der Südwest Verlag München zu 100 Prozent übernommen. Weiter gehören dem Süddeutschen Verlag unter anderem ein Kommunalschriftenverlag und ein neugegründeter Anzeigenblatt-Verlag.

Chefredaktion

Bindeglied zwischen Süddeutschem Verlag und Redaktion der „Süddeutschen Zeitung" ist das Chefredakteurskollegium. Einen wirklichen „Chefredakteur" gibt es nicht. Nachdem Hermann Proebst 1970 überraschend verstorben war, hatten sich die Gesellschafter nicht auf einen Nachfolger einigen können. Es gab zwar einige Aspiranten für den Posten im Haus, aber um offene Grabenkämpfe zu vermeiden entschied man sich für ein sechsköpfiges Kollegium an der Redaktionsspitze.

Den Vorsitz dieses Gremiums führt Dr. Hans Heigert. Er hatte schon früher bei der „SZ" gearbeitet und war zwischenzeitlich als Chefredakteur und Moderator der Sendung „Report" beim Bayerischen Fernsehen tätig. Heute repräsentiert er die Zeitung nach außen. Innerhalb des Hauses ist seine Hauptfunktion die Leitung der Redaktionskonferenzen. „Der Spiegel" bemerkte seinerzeit, daß vielen Redakteuren die gesellschafts- und parteipolitische Festlegung des damaligen CSU-Mitgliedes, seine klerikalen Bindungen, sein Kontakt zur hohen Geistlichkeit, mißfallen habe. Aufgrund dieser Einwände habe Heigert nicht mehr auf den Posten als alleiniger Chefredakteur pochen wollen.

Besonderes Gewicht hat innerhalb des Kollegiums Hugo Deiring. Er ist der „geschäftsführende Chefredakteur" und damit eine zentrale Figur innerhalb des Kollegiums. 1945 zur „SZ" gekommen, war er seit 1954 Chef vom Dienst und ab 1962 Stellvertreter Hermann Proebsts. Die starke Position Deirings gründet sich auf drei Faktoren. Zum einen liegt bei ihm fast die alleinige Personalkompetenz. Er beeinflußt weitgehend allein, wer eingestellt wird. Er ist zum zweiten der Hüter der Finanzen. Gehaltslisten, Spesenabrechnungen und Reiseanträge der Redakteure laufen ausschließlich über seinen Schreibtisch. Drittens ist Deiring für die Platzverteilung von redaktionellem Text und Anzeigen in der Zeitung verantwortlich. Durch entsprechende Platzverteilung kann letztendlich entschieden werden, wie die Gewichte innerhalb des Hauses verteilt werden.

Zum Sechser-Kollegium gehören weiter der Leiter der Innenpolitik, Hans Reiser, und der Chef der Außenpolitik, Dieter Schröder. Diese beiden kamen erst vor zwei Jahren ins Kollegium. Schließlich haben den Status des Chefredakteurs Hans Ulrich Kempski als Chefkorrespondent und Dr. Franz Thoma als Leiter der Wirtschaftsredaktion.

Das Chefredakteurskollegium hat keine Geschäftsordnung. Die einzelnen Kompetenzen sind intern und nach außen geklärt. Wie sieht ein Redakteur den Stellenwert des Kollegiums? Michael Stiller, der Vorsitzende des Redakteursausschusses: „Für die Gesamtredaktion ergibt sich der Vorteil, daß nicht von einem einzigen Chefredakteur einsame Entschlüsse gefaßt werden können. Bei allen wichtigen Entscheidungen muß innerhalb des Kollegiums diskutiert werden. Gleichzeitig kann sich daraus auch der Nachteil ergeben: Wichtige Entscheidungen werden hinausgeschoben oder schließlich vielleicht sogar zerredet."

Bevor die Gesellschafter sich für die sechs Chefredakteure nebeneinander entschieden, hatte die „SZ" nach ihrer Gründungsphase zwei alleinige Chefredakteure gehabt. Der erste war Werner Friedmann. Er trat 1946 in den Kreis der Gesellschafter ein. Vor Kriegsende war er Lokalredakteur bei den „Münchner Neuesten Nachrichten" gewesen. Er hatte sich bei den Nazis unbeliebt gemacht und mußte dafür ins Gefängnis. 1951 übernahm er bei der „Süddeutschen Zeitung" die Doppelfunktion eines Gesellschafters des Verlags und des Chefredakteurs. Imanuel

Birnbaum. Senior der aktiven deutschen Journalisten und ehemaliges Mitglied der SZ-Chefredaktion charakterisierte Friedmann (in seinem Erinnerungsbuch „Achtzig Jahre dabeigewesen") so: „Als Journalist lag seine Stärke in einer leicht verständlichen Schreibart und in einem hochentwickelten Sinn für Aktualität. Auch moderne, die Leser ansprechende Aufmachung des Blattes war sein ständiges Anliegen. Nicht alle neuen journalistischen Formen, die unter seiner Leitung in die Zeitung eingeführt wurden, waren seine eigenen Erfindungen. Aber er brachte es fertig, solchen Formen eine Gestalt zu geben, die in den Rahmen gerade dieser Zeitung paßte. Dazu gehörte beispielsweise das tägliche „Streiflicht" an der Spitze der ersten Seite, das Themen des Tages aus dem engen sachlichen Zusammenhang in allgemein interessierende Bereiche heben sollte. Auch um die Ausgestaltung der dritten Seite des Blattes kümmerte er sich mit besonderem Interesse. Dort kamen die menschlichen Aspekte des öffentlichen Lebens zur Behandlung, also das was die Amerikaner „human feature" nennen, Personenschilderungen oder Ausmalung der Szenen, die den Rahmen für politische Ereignisse schufen."

Auf Friedmanns Anregung geht auch die Gründung der Deutschen Journalistenschule zurück. Das frühere Werner-Friedmann-Institut war die erste ernsthafte Initiative zu einer geregelten Ausbildung des journalistischen Nachwuchses außerhalb der Zeitungs- und Rundfunkvolontariate.

Was in den Nachrufen auf Friedmann ungenau als „menschliche Schwäche" umschrieben wurde und was ein Gericht 1960 wegen Anstiftung zur Kuppelei mit sechs Wochen Gefängnis mit Bewährung ahndete, kostete Friedmann immerhin den Posten des Chefredakteurs der „Süddeutschen Zeitung". Im Munzinger Archiv finden sich folgende Angaben zum Friedmann-Prozeß: „Angesichts des großen Ansehens, das der hochbegabte Journalist genoß, wirkte es als Sensation, als Friedmann Mitte Mai 1960 unter dem Verdacht eines „Vergehens wider die Sittlichkeit" zusammen mit dem Journalisten Siegfried Sommer von der Münchner Abendzeitung, dem Kuppelei vorgeworfen wurde, verhaftet wurde und ihnen der Prozeß gemacht wurde... Das Gericht sah es schließlich als erwiesen an, daß Friedmann von 1954 bis 1958 Sommer veranlaßte, ihm seine Wohnung für sittenwidrige Zusammenkünfte mit jungen Mädchen zur Verfügung zu stellen. Die Verteidigung legte gegen dieses Urteil Revision ein. Da es sich bei der Friedmann zur Last gelegten Straftat um ein rechtlich fragwürdiges Delikt handelt, stieß das Vorgehen der Staatsanwaltschaft — abgesehen von der moralischen Seite der Angelegenheit — auf erhebliche Kritik, zudem das schließlich gefällte Urteil in keinem Verhältnis zu den beruflichen Konsequenzen steht."

Inwieweit hinter der Affäre unlautere Machenschaften eines oder mehrerer politischer Gegener Friedmanns standen, ist heute nicht zu belegen, obwohl es einige entsprechende Hinweise gibt. Friedmann wurde und wird heute von Kollegen als Mann mit großer persönlicher Ausstrahlung geschätzt. Umso mehr verwunderte man sich über die harte Entscheidung der Gesellschafter damals, „Friedmann wie eine heiße Kartoffel fallen zu lassen", wie das heute ein Redakteur ausdrückt.

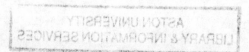

Friedmanns langjähriger Stellvertreter und Nachfolger, Hermann Proebst, äußerte sich in einem langen Leitartikel über die Haltung der „Süddeutschen Zeitung" zum „Fall Friedmann": „Wir wollen uns nicht als Sittenrichter aufspielen... Was uns erschütterte, hat mit dem Sittenskandal nichts oder wenig zu tun. Uns schockierte das plötzlich zutage tretende Unvermögen, jene schwere Verantwortung, welche der öffentliche Dienst jedem nach seinem Anspruch auferlegt, zuchtvoll und geduldig auszuhalten. Die Glaubwürdigkeit dessen, der in der Öffentlichkeit wirken will, der lenkt und rügt, gründet sich auf seine Kraft, nach innen zu leben, was er vor aller Welt vertritt. Der Anspruch, den Werner Friedmann erhob, war stolz und hoch. Sein Unglück ist, daß man sein Versagen daran messen muß."

Friedmann wurde jedoch wieder Chefredakteur – bei der Münchner „Abendzeitung". Die Boulevardzeitung gehörte ihm zu 100 Prozent. Friedmann ermöglichte diesem Blatt durch seine Impulse einen steilen Aufstieg. „Die Süddeutsche Zeitung" bescheinigte ihm schließlich, er habe seine „Abendzeitung" zum besten Boulevardblatt in der Bundesrepublik gemacht.

Der zweite „SZ"-Chefredakteur, Hermann Proebst, hatte nach dem Studium zunächst beim Rundfunk gearbeitet. 1936 wurde er dort als „politisch unzuverlässig" entlassen und schlug sich als freier Schriftsteller durch. Nach einem kurzen Aufenthalt an der Spitze des Presse- und Informationsamtes der bayerischen Regierung, kam er 1949 zur „Süddeutschen Zeitung". Immanuel Birnbaum charakterisiert ihn als einen Mann mit völlig anderer Arbeitsweise als der Friedmanns: „War Friedmann ganz von den Ereignissen des Tages gefesselt, auf die er im freiheitlich-demokratischen Sinn Einfluß zu nehmen suchte, so lebte Proebst, der Geschichte studiert hatte, in der Betrachtung historischer Abläufe... Kluge Analyse politischer Zusammenhänge lag ihm mehr als scharfe Stellungnahme zu bevorstehenden Ereignissen, der er aber, wenn nötig, nicht auswich. Proebst war Demokrat nicht aus Begeisterung für diese politische Staatsform, sondern weil er sie für unausweichlich im Zeitalter der modernen Massengesellschaft hielt. Er träumte manchmal davon, daß das Leben im 15. oder auch im 17. Jahrhundert für ihn reizvoller gewesen wäre. Im 20. Jahrhundert aber müsse man die Demokratie nach allen Erfahrungen mit anderen Staatsformen bejahen und sich darum bemühen, ihr soviel Freiheitsraum wie möglich für den Einzelmenschen abzugewinnen."

Man sagt Hermann Proebst nach, er sei mehr der philosophierende Kopf der Zeitung gewesen, als der sich täglich mit den anfallenden Aufgaben des Zeitungsbetriebes herumschlagende Chef. Redakteure tragen noch heute das Gerücht weiter, Proebst habe nicht gewußt, wo die Setzerei der Zeitung ist, da er nie dorthin gegangen sei. Proebst starb – völlig überraschend – im Juni 1970, als er an seinem Schreibtisch einen Leitartikel zum 25. Jahrestag der ersten Atombombenexplosion verfaßte.

Redaktion und Redaktionsstatut

In der Zentralredaktion der „Süddeutschen Zeitung" in der Sendlinger Straße arbeiten heute einhundertfünfzig Redaktionsmitglieder. Von Hamburg über Bonn bis Augsburg gibt es Zweigredaktionen. 28 Auslandskorrespondenten – darunter 15 Exklusivberichterstatter – arbeiten für die „SZ". Im Gegensatz zum Angebot der Nachrichtenagenturen, das sich an viele Blätter wendet, verleiht das Signum „Eigener Bericht" der „SZ" sehr häufig eine besondere Note der Indivitualität.

Bis 1965 hatte die „SZ" nicht über ein eigenes Korrespondentennetz verfügen können. Sie war an einem Pool von Korrespondenten beteiligt, dessen Mitglieder gleichzeitig verschiedene Blätter bedienten. Das Konzept des damaligen Verlagsdirektors, Hans Dürrmeier, zielte dann darauf, das überregionale Image der „SZ" durch einen eigenen Korrespondentenstamm zu stärken. Für das Ansehen der „SZ" hat sich dieses Konzept zweifellos bewährt. Zum traditionellen Büro in Westberlin kam nach den deutsch-deutschen Vertragsabschlüssen 1974 erstmals ein eigenes Büro in Ostberlin.

Die Entwicklung der „SZ" Mitte der 60er Jahre wird nicht nur durch eine starke Expansion nach außen, sondern auch durch den Wunsch der Journalisten nach mehr Unabhängigkeit vom Verlag charakterisiert. Der Pressemarkt war zu dieser Zeit allgemein in Bewegung geraten. Mächtige Konzentrationsbewegungen beschäftigten Untersuchungsausschüsse, Regierungen und den Bundestag. „Innere Pressefreiheit" und „Mitbestimmung" im Gegensatz zur „Verlegerwillkür" wurden zu politischen Zielvorstellungen von engagierten Journalisten. Es entstand die sogenannte Statutenbewegung – die Beziehung zwischen Verleger und Redakteuren drängte nach schriftlicher Festlegung in ausgehandelten Verträgen. Bei der „Süddeutschen Zeitung" zogen sich die Verhandlungen zwischen den beiden Partnern mehr als zwei Jahre hin. Der ehemalige Vorsitzende des Redaktionsausschusses, Dr. Christian Schütze, damals zu den Aufgaben des SZ-Statuts: „Es sollte drei Aufgaben erfüllen. In einem allgemeinen Teil sollte es die Haltung und Arbeitsweise der Süddeutschen Zeitung beschreiben, damit die interessierte Öffentlichkeit davon Kenntnis nehmen könne und Verlag wie Redaktion eine Richtschnur hätten. Sodann sollte es die Zusammenarbeit von Verlag und Redaktion regeln in dem Sinne, daß die Zuständigkeitsbereiche abgegrenzt und für gemeinsam zu treffende Entscheidungen Verfahrensweisen festgelegt wurden. Schließlich sollte das Statut der inneren Ordnung der Redaktion dienen, die Kollegialität fördern und zur Lösung von Konflikten institutionalisierte Hilfe bieten."

Gerade die Verhandlungen um die Abgrenzung der Zuständigkeitsbereiche von Verlag und Redaktion und um die Regeln für die Zusammenarbeit der Partner haben sich – nach Schützes Angaben sehr schwierig gestaltet. Die Verlagsleitung wollte die Vorstellungen der Redakteure nach umfassenderer Information und mehr Mitspracherecht nicht akzeptieren. Zähes Ringen um Kompromißlösungen bestimmte lange Zeit die Aktivitäten auf beiden Seiten. Christian Schütze damals: „In neuen, zum Teil drastischen Verhandlungen ist der nun vorliegende Text entstanden. Die Gesellschafterversammlung hat ihn schließlich einstimmig gebilligt. Die Redaktion der SZ, die während der Schlußphase der Verhandlungen dreimal Vollversammlungen abhalten mußte, hat ihn nach gründlicher Abstimmung mit einigen Gegenstimmen akzeptiert."

Das Statut wurde 1969 als arbeitsrechtliche Vereinbarung gebilligt, obwohl wesentliche Elemente der Entwürfe von Seiten der Redaktion nicht darin enthalten sind. Werfen wir einen Blick auf die Hauptaussagen des vorliegenden Statuts: Artikel 2 trifft Aussagen über die freie und unbeeinflußte Gestaltung des redaktionellen Teils der „SZ" unter der Verantwortung der Chefredaktion. Der Meinungsbildung über die Gestaltung habe die Redaktionskonferenz zu dienen. In den weiteren Artikeln werden hauptsächlich Fragen zu Personalentscheidungen angesprochen. So werden die Mitglieder der Chefredaktion von der Gesellschafterversammlung, also den Inhabern des Verlags, bestimmt. Die Wahl wird den leitenden Redakteuren und dem Redaktionsausschuß begründet. Widersprechen wenigstens zwei Drittel der Redaktionsmitglieder wird die Berufung oder Abberufung nicht vorgenommen.

Sonstige personelle Veränderungen in der Redaktion hat die Chefredaktion im Einvernehmen mit der Verlagsleitung und mit dem zuständigen Ressortchef nach Unterrichtung des Redaktionsausschußes vorzunehmen. Betreffen die Veränderungen Ressortchefs und leitende Redakteure, so ist darüberhinaus die mehrheitliche Zustimmung aller anderen Ressortchefs, aller anderen leitenden Redakteure und des Redaktionsausschußes erforderlich.

Der Redaktionsausschuß besteht aus 5 Mitgliedern und wird alle zwei Jahre von allen Redaktionsmitgliedern in geheimer Abstimmung gewählt. Der Ausschuß soll vor allem ein Bindeglied zwischen den einzelnen Redakteuren und der Chefredaktion sowie der Verlagsleitung sein. Die Rechte des Ausschußes sind beschränkt auf die „Beratung der Chefredaktion bei der Wahrung von Redaktionsrechten" und auf die „Vermittlung bei Differenzen innerhalb der Redaktion oder zwischen Angehörigen der Redaktion und dem Verlag."

Als ein „Instrument für den Fall des Falles" bezeichnet der 10 Jahre später amtierende Ausschußvorsitzende Michael Stiller die Qualität des Statuts. Käme es zu harten Konflikten — was bisher nicht der Fall gewesen sei — könne man seine Rechte einklagen. Probleme der Mitbestimmung trotz des Statuts zeigen sich dann, wenn ein leitender Redakteur abberufen oder neu eingestellt werden soll. Die Abstimmung darüber erfolgt nicht in geheimer Wahl. Chefredaktion, leitende Redakteure und die Mitglieder des Redaktionsausschußes stimmen gemeinsam offen ab. Wenn der Redaktionsausschuß alleine gegen eine Personalentscheidung ist, kann er jederzeit überstimmt werden.

Michael Stiller sieht das Vorhandensein eines Redakteursausschußes als die Möglichkeit, Diskussionsprozesse im Hause zu fördern. Der Ausschuß versteht sich als ein Bindeglied und kann zwischen den einzelnen Hierarchien vermitteln. Konkrete Aufgaben erwachsen dem Ausschuß derzeit aus den Auseinandersetzungen um die Einführung der neuen Drucktechnik.

Auf die Frage nach dem Stellenwert des Statuts zieht ein anderes Mitglied des Redaktionsausschußes dieses Fazit: „Insgesamt gesehen hat das Statut die Redaktion vom Verlag unabhängiger gemacht. In der Praxis ging das allerdings zugunsten der Chefredaktion. Diese ist bis heute kaum bereit, in wirklich brisanten

Fragen den Ausschuß oder die Gesamtredaktion zu beteiligen. Am deutlichsten trat das beim Druckerstreik 1978 zutage, als die Verhandlungen zwischen Verlag und Redaktion über Fragen der Aussperrung oder der Herausgabe von Notzeitungen unter Ausschluß des Redaktionsausschußes diskutiert wurden."

Im Redaktionsstatut wird angedeutet, daß der Meinungsbildung über die Gestaltung des redaktionellen Teils der Zeitung die Redaktionskonferenz dient. Da macht die „Süddeutsche" keine Ausnahme im Vergleich zu allen anderen Zeitungen. Höchstenfalls gibt es bei ihr noch eine kleine Variante: Um 11 Uhr vormittags treffen sich die Chefredakteure, die leitenden Redakteure der Innen- und Außenpolitik, der Chef der Nachrichtenredaktion und die Kommentatoren zu einer Vorkonferenz. Vor allem die Kommentarthemen und die entsprechenden Autoren dazu werden, soweit es möglich ist, schon in diesem – übrigens nirgends verankerten – Gremium bestimmt.

Die Redaktionsarbeit der „SZ"

Das Prinzip der deutlichen Trennung von Meinung und Nachricht ist bei der „SZ" durch die Seite 4 verwirklicht. Diese Seite ist ausdrücklich als Kommentar- und Meinungsseite gekennzeichnet und immer nach demselben Schema gegliedert. Neben den in- und ausländischen Pressestimmen und der Karikatur, sind der Leitartikel und das sogenannte „große Editorial" die dominierenden Elemente dieser Seite. Genauso wie das große Editorial beinhaltet auch das kleine zweispaltige Editorial die Analyse eines politischen Sachverhalts, bei der die Meinung des Autors deutlich in den Vordergrund rückt und noch zusätzliche Nachrichten mit einfließen. Drei Kurzkommentare unter dem Leitartikel runden diese Seite ab.

Viel Zeit wird in den täglichen Konferenzen auf die Themensuche und einen zuständigen Autor für das „Streiflicht" verwendet. Dieses politische Kurzfeuilleton links oben auf der ersten Seite der Zeitung ist eine der unverwechselbaren Eigenheiten der „SZ".

Schon kurz nach der SZ-Gründung erschien das „Streiflicht" als tägliche Rubrik. Wie damals gilt auch heute für das „Streiflicht", daß sein Autor wie mit einem Scheinwerfer in die Masse aller Nachrichten hineinleuchtet. Ein typischer Aspekt des politischen oder scheinbar unpolitischen Geschehens wird herausgestellt und in einer Form verarbeitet, die vom besonderen Ereignis zur allgemeinen Zeiterscheinung verstößt. Ganz gleich ob Schleyer-Entführung, die politische Situation in Italien oder Schneemassen in Norddeutschland – für ein „Streiflicht" waren dies allemal Themen. Besonders unter Hermann Proebst – aber auch schon vorher – war viel vom „literarischen Ehrgeiz" der „Süddeutschen Zeitung" die Rede. Davon zeugt heute noch diese politische Leitglosse mit dem ihr eigenen Tiefgang. Allerdings nennt ausgerechnet diese persönlichste Rubrik der Zeitung keinen Autorennamen. Sie gibt damit zu erkennen, daß sie als Meinung der Gesamtredaktion angesehen werden soll. Inzwischen hat sich ein Stamm von 5 bis 6 Streiflicht-Autoren herausgebildet.

Mit den Vorschlägen für das Streiflichtthema und dessen Autor, sowie für Autoren und Themen der übrigen Meinungsartikel befaßt sich die große Redaktionskonferenz um 11.20 Uhr. Hier treffen sich die Ressortleiter oder deren Stellvertreter, die innen- und außenpolitischen Redakteure und Mitglieder der Nachrichtenredaktion. Die einzelnen Ressorts unterbreiten ihre Themenvorschläge für den Tag. Natürlich werden auch die aktuellen politischen Ereignisse diskutiert.

Wenn wir von den unverwechselbaren Eigenheiten der „SZ" sprechen, dann muß auch die „Seite 3" erwähnt werden. Sie ist das eigentliche Aushängeschild der Zeitung. Diese Feature- oder Reportagenseite bleibt den Hintergrundgeschichten der Redakteure und Auslandskorrespondenten vorbehalten.

Das Prinzip der „Seite 3" – eine Erfindung der „Süddeutschen Zeitung" – ist inzwischen von vielen anderen Tageszeitungen kopiert worden. Chefredakteur Friedmann hatte zunächst seine Erfahrungen im Reportageschreiben gesammelt und wollte, daß diese journalistische Stilform ihren täglichen festen Platz auf der Seite 3 haben sollte. Allerdings mußte am Anfang dieser Platz mit Leserbriefen und dem Feuilleton geteilt werden. Erst später wurde sie zu der „Seite 3". Themen für die Seite 3 kommen aus allen Bereichen des täglichen Lebens. Ob Punk-Musik oder Revolution in Persien, ob Bundespräsidentenwahl oder Kandidatenauswahl für die Rudi-Carrell-Show – die Seite 3-Geschichten versuchen dem Leser Einblicke in Hintergründe zu geben und ihm Informationen zu bieten, die über das bloße Faktenwissen hinausgehen. Dies alles unter dem Anspruch, daß die Geschichten auch spannend zu lesen sind.

Entscheidend prägte – und prägt auch heute noch – Chefkorrespondent Hans Ulrich Kempski den journalistischen Stil der Seite 3. Seine politischen Reportagen aus allen Teilen der Welt wollen Studien der handelnden Personen, der Szenerien und politischen Analyse sein. Kempski sagt, seine Reportagen seien nicht auf bestimmte Themen beschränkt. Er fordert, daß die Reportage in Form und Inhalt so spannend wie eine Kurzgeschichte sein muß.

Weltweites Echo fanden Reportagen, die Kempski 1957 als erster westlicher Journalist über China schrieb. Sein Interview mit Ministerpräsident Tschou En-lai war der Anlaß dafür, daß die „SZ" von der gesamten Konkurrenz zitiert wurde. 1960 sprach Kempski mit dem französischen Fallschirmgeneral Jaques Massu. Dieses historische Gespräch hatte in seiner letzten Konsequenz wohl die vorzeitige Beendigung des Algerienkrieges zur Folge. Die Presse lebte wochenlang von diesem Interview und seinen Folgen.

Die „Seite 3" gehört sicherlich mit zu den Faktoren, die das überregionale Ansehen der „Süddeutschen Zeitung" begründet haben. Aber man muß andererseits klar sehen, daß die „SZ" ihren Verbreitungsschwerpunkt eindeutig in der Stadt und den Landkreisen um München hat. Die „SZ" ist imgrunde eine Regionalzeitung. Der Blick in die Verbreitungsstatistiken zeigt, daß die „SZ" ihren Anspruch auf Überregionalität gegenüber den vergleichbaren Tageszeitungen „Frankfurter Allgemeine Zeitung" und „Welt" nicht halten kann. 76 Prozent der SZ-Leser leben nach einer Verbreitungsanalyse der Tageszeitungen aus dem Jahre 1975 allein in Bayern. In Hamburg beispielsweise bringt es die „SZ" auf knapp über 3 000 verkaufte Exemplare. Die „FAZ" bringt es auf fast das Doppelte dieser Zahl. In Hannover ist das Verhältnis 1 zu 6 zugunsten der „FAZ", in Düsseldorf 1 zu 5. Selbst in Stuttgart werden von der „FAZ" noch dreimal so viele Exemplare verkauft wie von der „SZ". Bei der „Welt" kommen dort zwei Exemplare auf ein verkauftes SZ-Exemplar. Lediglich in den bayerischen Städten Nürnberg und Augsburg überrundet die „SZ" die beiden anderen. Zusammen aber haben „FAZ" und „Welt" sogar in Nürnberg noch eine höhere Verbreitung als das Blatt aus München.

Es zeugt besonders vom überregionalen Ehrgeiz der „SZ", wenn man stolz darauf hinweist, daß der Vertrieb der Zeitung in über 120 Länder geht und ihre Fernausgabe in 25 europäische und 10 außereuropäische Städte geflogen wird. Rund 20 000 SZ–Exemplare werden täglich ins Ausland geschickt. 1950 waren es noch rund 550.

Doch der überregionale Anspruch geht auch zu Lasten der Aktualität. Schon um 18.30 Uhr wird die sogenannte Fernausgabe der „SZ" gedruckt. Die Exemplare der Fernausgabe gehen ins Ausland und weiter entfernte Gebiete der Bundesrepublik. Die sogenannte B-Ausgabe für fernere Teile Bayerns und für Bonn wird gegen 19.30 Uhr gedruckt. Die C-Ausgabe ist vor allem für den südbayerischen Raum bestimmt und zwischen 23 und 24 Uhr drucken die Rotationsmaschinen schließlich die Auflage für die Leser in München und Umgebung. Als einzige Zeitung mit überregionalem Anspruch, liefert die „SZ" jedem ihrer Leser – egal wo er sich die Zeitung kauft – sämtliche Teile der Zeitung. Auch den Lokalteil. Das bedeutet aber auch, daß der Lokalteil unter dem Druck des frühen Produktionstermins steht und nicht gerade sehr aktuell sein kann.

Seit Oktober 1977 versucht man dieses Manko durch einen einfachen Kniff auszugleichen. Für die außerbayerischen drei Rundfunkprogramme wurde eine zusätzliche Fernsehseite geschaffen. Für die Leser der letzten Druckauflage wird diese Seite gegen aktuelle Berichte aus München ausgewechselt.

Zweifelsohne zeigt die „SZ" ihr beachtliches überregionales Niveau gerade in den politischen Teilen und in der Wirtschaftsberichterstattung. Dennoch bleiben bei kontinuierlicher Lektüre Ansatzpunkte zur Kritik.

Keine andere mit der „SZ" vergleichbare Tageszeitung bietet ein so umfangreiches Nachrichtenmaterial. Die „SZ" kommt ihrer Chronistenpflicht so genau nach, daß sie z. B. während des Vietnamkrieges jeden Tag – wenn auch nur in einer kleinen Meldung – über den Verlauf der Auseinandersetzungen berichtet hat. Die Fülle der Nachrichten bietet zwar einen hohen Informationswert, hat aber auch Nachteile. Nachrichtenredakteur Michael Frank hat dazu eigene Vorstellungen: „Anstatt die tägliche Flut der einlaufenden Nachrichten nur zu redigieren und ins Blatt zu setzen, wäre eine bessere Aufbereitung der Nachrichten notwendig. Nicht jeder einzelne Vorfall muß unbedingt registriert werden. Besser wäre es in manchen Situationen einfach abzuwarten und dann zusammenfassende Berichte zu liefern, die dann bestimmte Zusammenhänge besser deutlich machen. Zum zweiten reagiert man in der Nachrichtenredaktion meist auf die Angebote der Nachrichtenagenturen und Korrespondenten indem man sie einfach übernimmt. Was hier fehlt ist das aktive Eingreifen der Redaktionsmitglieder, indem sie z. B. den Korrespondenten Hinweise auf die besonderen Aspekte eines Ereignisses geben, die sie behandelt wissen wollen. Die Vorschläge sind aber deswegen schwer zu verwirklichen, weil die Redaktion personell unterbesetzt ist und der Druck der Aktualität groß ist."

Ähnlich grundsätzliche Probleme des nur Reagierens und nicht selbständigen Agierens ergeben sich auch im Feuilleton. Diesem Teil der „SZ" kann man bescheinigen, daß es fast ausschließlich ein reines Kritiker-Feuilleton ist. Die Redaktionsmitglieder und freien Mitarbeiter sind herausragende Kultur- und Kunstsachverständige, die allerdings dem Leser in der Mehrzahl nur Besprechungen von Ausstellungen und Musik-, Theater- oder Filmaufführungen liefern. Was fehlt ist die kulturpolitische Reportage, ist der Versuch, über die Tagesereignisse hinaus, geistige Strömungen festzuhalten, Strukturen, große Zusammenhänge deutlich zu machen. Der Kulturbetrieb selbst kommt zu kurz, die langwierige Recherche hat nicht dieselbe Bedeutung wie Meinungsartikel. Besonders auffällig ist die Vernachlässigung der sich alternativ entwickelnden Kulturformen, die dem etablierten Kulturbetrieb gegenüberstehen.

Wenig Experimente und wenig abwechslungsreiche journalistische Stilformen, die über den Ablauf und das Endergebnis eines Geschehens hinausreichen, sind auch beim Sportteil zu konstatieren. Wer wissen will, wie seine Fußballmannschaft am Wochenende gespielt hat, wird dort exzellent informiert – kein Zweifel. Wer sich allerdings für das Theater, das mit und um den Sport getrieben wird, interessiert, liest darüber entweder ab und zu einen Kommentar auf der Seite 4 der „SZ" oder greift gleich zu einem anderen Blatt.

Überregionales Profil gibt der „SZ" der Wirtschaftsteil. Allerdings richtet sich hier ein spezialisiertes Nachrichtenangebot auch an einen Leser, der sich in der komplizierten Materie unseres Wirtschaftslebens schon gut auskennt. So erreicht der Wirtschaftsteil sicher auch nur einen kleinen Ausschnitt der Leserschaft. Immerhin aber bemüht sich die Redaktion in letzter Zeit verstärkt, nützliche Serviceleistungen für den Leser anzubieten.

Die lokale und regionale „SZ"

Von der überregionalen SZ nun zur Müchner und zur bayerischen „SZ". Zitieren wir zunächst die Kritik, wie sie der Münchner Kommunikationswissenschaftler Professor Wolfgang Langenbucher formuliert: „Das aber, was den Schwerpunkt einer derart großen Regionalzeitung ausmachen müßte – das Land, die Region, die Stadt und das Lokale bis hinab zum Sublokalen – bleibt umfänglich in Grenzen und journalistisch durchschnittlich, ja oft auch mittelmäßig und macht jedenfalls nicht den Eindruck, als ob darauf die eigentliche Intensität – oder auch nur die gleiche, wie für den vorderen Teil verwendet würde... Hier klafft journalistisch weit auseinander, was in der Wirklichkeit längst ein Zusammenhang geworden ist und was sich in der Zeitung auch wechselseitig ergänzen müßte. Zum Beispiel durch einen recherchierenden Lokaljournalismus, der ohne lokalpatriotische Prüderie das Leben und die Probleme einer Stadt manifestiert... Der tägliche Lokal-, Regional- und Landesjournalismus dieser Zeitung bleibt im Druchschnitt harmlos, gewiß seriös, aber meist uninspiriert und läßt zu selten etwas von jener Dynamik, jenem Problemdruck und auch politischen Brisanz ahnen, die das Phänomen ‚Großstadt' in der Entwicklung hat, die zur nachindustriellen Gesellschaft führt."

Auch an der Spitze des Hauses ist man mit dem Münchner Teil der „SZ" nicht uneingeschränkt zufrieden. Die Ergebnisse der täglichen zahlreichen Pressekonferenzen, die Verlautbarungen aus dem Rathaus und der Polizeibericht dokumentieren sicherlich Ausschnitte aus dem Geschehen in der Stadt. Für den Bürger werden die vielschichtigen kommunalen Zusammenhänge damit alleine aber nicht durchschaubarer. Kommentare, Recherchen bereits im Vorfeld kommunalpolitischer Entscheidungen, kontinuierliche Berichterstattung zu kommunalen Schwerpunktthemen sind journalistische Möglichkeiten, die im Lokalteil der „SZ" bisher zu sparsam eingesetzt werden. Vorbildlich aufgemachte Sonderseiten, vor allem zu Verkehrsproblemen in München, bleiben leider die Ausnahme. Die Vernachlässigung all dieser journalistischen Möglichkeiten führt zur Verminderung der Attraktivität des Lokalteils und führt in letzter Konsequenz dazu, daß die „SZ" nicht die Rolle im öffentlichen Leben spielt, die sie eigentlich spielen könnte. Angedeutet hat diese Gefahr der Vorsitzende des Chefredakteurskollegiums, Dr. Hans Heigert, im Rahmen einer Diskussion bei den Hamburger Medientagen 1977: „Wenn wir die Qualität nicht auch in den Lokalteilen anheben, werden wir in größere Schwierigkeiten kommen angesichts der neuen Medien im Lokalbereich. Ich fürchte, daß die Qualität der Zeitungen insgesamt angewachsen, aber die Qualität der Lokalteile zurückgegangen ist. Was da verbreitet wird, ist ein bissel dies und das, für jedermann, hat aber den Namen Lokalteil eigentlich nicht verdient."

In München erscheinen insgesamt 5 Tageszeitungen. Als sogenannte Straßenverkaufszeitungen oder Boulevardzeitungen: „BILD-München", die „Abendzeitung" und die „tz". Aus demselben Verlag wie die „tz" kommt der „Münchner Merkur", die zweite Abonnementszeitung neben der „Süddeutschen Zeitung", allerdings kein großer Konkurrent.

In ganz Bayern gibt es nur noch in 35 Prozent aller Stadt- und Landkreise mehr als eine Zeitung, die lokale und regionale Informationen anbieten. In Anbetracht dessen kann man getrost davon sprechen, daß die Landeshauptstadt München fast so etwas wie eine Zeitungsinsel der Seeligen ist.

Eine Marktanalyse aus dem Jahre 1978 weist aus, daß die meisten Münchner Haushalte von den drei Boulevardzeitungen erreicht werden. In knapp 70 Prozent aller Haushalte wird zumindest eine von ihnen gelesen. Der „Münchner Merkur" erreicht lediglich 8 Prozent der Haushalte im Stadtgebiet München. Er hat seinen eindeutigen Schwerpunkt auf dem Land. Die „SZ" erreicht in München 28 Prozent aller Haushalte.

Im Zuge einer starken Bevölkerungsabwanderung aus der Stadt in die Region München zogen in den letzten Jahren auch immer mehr SZ-Leser aufs Land. Dort abonnierten sie dann allerdings den „Merkur", der ihnen mehr Informationen aus den jeweiligen Landkreisen als die „SZ" lieferte. Der Süddeutsche Verlag konnte diesen Markt nicht länger dem „Merkur" alleine überlassen, zumal sich das Haus Springer mit einer knapp 25 Prozent-Beteiligung in das Verlagshaus eingekauft hatte, in dem der „Merkur" erscheint.

Der Süddeutsche Verlag bringt seit 1976 für jeden der sieben Landkreise um München ein regionales Anhängsel zur „SZ". Diese Teile werden mit eigenem Titelblatt täglich der „SZ" beigelegt. Sie umfassen jeweils 4 Seiten, am Wochenende erhöht sich die Seitenzahl auf 6 bis 12. Vier Redakteure und 1 Redaktionsassistent betreuen eine Ausgabe. Die Auflagenzahl all dieser Regionalbeilagen liegt zusammen pro Woche inzwischen bei knapp 50 000. Am Wochenende sind es rund 70 000 Exemplare.

In der ersten Aufbauphase hatten sich die Erwartungen des Süddeutschen Verlages nicht erfüllt. Vor allem die Anzeigenaufträge blieben aus. Durch die knappe personelle Besetzung waren die Redaktionen journalistisch überfordert. Der Druckerstreik im März 1978, der im Süddeutschen Verlag den gesamten Zeitungsbetrieb lahmlegte, gab den Verantwortlichen Zeit für eine kreative Denkpause: Chefkorrespondent Hans Ulrich Kempski, sonst eher in der großen weiten Welt zu Hause, reiste mehrere Wochen in der Region herum – von Starnberg bis Erding und von Dachau bis Fürstenfeldbruck. In den einzelnen Redaktionen propagierte er – wie er es nennt – „muntere Seiten", „keine trocken aufgemachte Kommunalpolitik", „viele auflockernde Bilder", „mehr Abwechslung der journalistischen Darstellungsformen" und einiges mehr, was die Landkreisausgaben für die Leser attraktiver machen sollte.

Kempskis Aktion hat inzwischen Erfolg gezeigt. Die Auflagen und das Anzeigenaufkommen sind merklich gestiegen. Allerdings: Der „Münchner Merkur" konnte seine Vorrangstellung in der Region bisher behaupten.

Die Münchner Lokalpolitik und die „SZ"

Was in der Region um München durch die Landkreisausgaben versucht wird, nämlich die bessere Versorgung der Leser mit Informationen aus ihrem unmittelbaren Lebensraum, trifft für die Stadt München mit dem Lokalteil der „SZ" nicht zu. Professor Langenbucher stellte fest, daß allgemein die Münchner Haushalte in Bezug auf stadtteilbezogene Vielfalt der Informationen wahrscheinlich schlechter bedient werden als ein anderes vergleichbares Verbreitungsgebiet in der Bundesrepublik. Ganz zu schweigen von mittel- und kleinstädtischen Zeitungslandschaften, wo selbst Städte mit weniger Einwohnern als ein paar Straßenzüge von München-Schwabing noch einen täglichen Lokalteil bekämen. Langenbucher: „In einem anders strukturierten Verbreitungsgebiet hätte eine Bevölkerung dieser Größenordnung Zeitungen mit 10 oder 15 täglich erscheinenden, verschiedenen Lokalausgaben. Nebenbei: In Hamburg demonstriert das „Hambuger Abendblatt" seit Jahren wie so etwas druck- und vertriebstechnisch, aber auch journalistisch zu machen ist. Und auch die Zeitungen Hannovers, Kölns, Frankfurts oder Düsseldorfs zeigen, wie und daß es geht."

In München hatte diese Unterversorgung mit lokaler Information die Konsequenz, daß eine große Anzahl von sogenannten Alternativzeitungen, Stadtteilzeitungen und auch Anzeigenblättern entstand. Auch der Süddeutsche Verlag hat diesen Trend erkannt, hat Anzeigenblätter aufgekauft und selbst ein Anzeigenblatt gegründet.

Erste Ansätze für mehr stadtteilbezogene Information bietet der „Münchner Stadtanzeiger", eine zweimal wöchentlich erscheinende Beilage zur „SZ" für die Müncher Leser.

Der „Münchner Stadtanzeiger" ist ein Unikum auf dem Pressemarkt. Unmittelbar nach dem Krieg war der „Stadtanzeiger" das amtliche Mitteilungsblatt der Stadtverwaltung Münchens. Der unermüdliche Tatendrang des damals jungen Inspektors im Presse- und Informationsamt, Erich Hartstein, ließ ihn schon bald einen Plan vorlegen, der auch rasch Wirklichkeit wurde: 1948 verwandelte sich der „Stadtanzeiger" in ein unabhängiges Wochenblatt. 1950 erschien das Blatt als kostenlose Freitagsbeilage der „SZ" in München-Stadt und -Land unter ausdrücklicher Wahrung seiner wirtschaftlichen und redaktionellen Unabhängigkeit. Der entsprechende Vertrag dürfte innerhalb der gesamten deutschen Presse kein Gegenstück haben.

Durch die Beilage zur „SZ" wurden eine rasch steigende Auflage und ein regelmäßiger Vertrieb des „Stadtanzeigers" garantiert. Der ehemalige Generaldirektor des Süddeutschen Verlags, Hans Dürrmeier, kaufte 1960 den „Stadtanzeiger" und nahm ihn damit unter seine verlegerische Obhut.

Als Ersatz für mangelhafte Lokalberichterstattung will Langenbucher den „Stadtanzeiger" nicht anerkennen. Als Beilage zur „SZ" sei er ein Notbehelf und dazu noch journalistisch fragwürdig gemacht. Der „Stadtanzeiger" hat immerhin noch stark seinen Charakter als Amtsblatt bewahrt. Standesamtliche Mitteilungen, Gottesdienstordnungen, Öffnungszeiten für Apotheken und eine gekaufte Sonderseite des Presse- und Informationsamtes der Stadt München deuten darauf hin. Neben der Pflege des bayerischen Brauchtums, kommt vor allem der agile Erich Hartstein mit Hintergrund-Informationen aus dem Münchner Rathaus zu Wort. Sein Kollege Franz Freisleder, der Chef des Lokalteils der „SZ" hat Hartsteins Position so beschrieben: „Er krempelt selber die Ärmel hoch und schreibt. Aber schon so, daß man beim Lesen meint, er habe während des Formulierens nach jedem Satz auf den Tisch geschlagen. Ein besessener Zeitungsmacher. Ein Unikum."

Wenn man vom Einfluß der „Süddeutschen Zeitung" und ihrer Beilage „Stadtanzeiger" auf die Münchner Kommunalpolitik reden will, so muß man ihre Haltung zur Entwicklung in der Münchner SPD beleuchten. Als 1970 die ersten Flügelkämpfe innerhalb dieser Partei auftraten, war der Streit ein Dauerthema im Lokalteil der „SZ". Unter dem Aspekt „Die Münchner Genossen – linker als recht ist", so 1973 eine Überschrift über einen Kommentar des Lokalchefs Franz Freisleder, stand der Tenor der Berichterstattung. Die „SZ" mußte sich die Vorwürfe gefallen lassen, sie habe sich nicht mit den einzelnen Sachentscheidungen auseinandergesetzt, sondern nur dann berichtet, wenn ein spektakulärer Streit der verfeindeten Parteimitglieder wieder einmal zum Eklat geführt hatte. Dem Münchner Teil der „SZ" wurde weiter vorgeworfen, daß die differenzierte inhaltliche Auseinandersetzung mit den unterschiedlichen Positionen innerhalb der

Münchner SPD ganz und gar mangelhaft war. Einige Redakteure, auch an der Spitze des Blattes, waren nicht mit dieser Linie des Lokalteils einverstanden: Wesentlich differenziertere Artikel zum Thema Niedergang der Münchner SPD erschienen nämlich auf der Seite 3 der Zeitung.

Fassen wir die wesentlichen Aspekte bei der Betrachtung der „Süddeutschen Zeitung" zusammen. Obwohl knapp über 50 Prozent der SZ-Leser in München wohnen, über 30 Prozent der Gesamtauflage in der Region um München und im übrigen Bayern verbreitet werden und nur etwa 15 Prozent in die übrigen Teile der Bundesrepublik und ins Ausland gelangen, konnte die „Süddeutsche Zeitung" ihren Spitzenplatz unter den vergleichbaren überregionalen Blättern einnehmen. Dagegen muß man festhalten, daß die Qualität der Lokalberichterstattung in keinem Verhältnis zur hohen Verbreitung der „Süddeutschen Zeitung" im Münchner Raum steht.

Obwohl man die Redaktionsspitze und die Ressortleiter von wenigen Ausnahmen abgesehen, wohl eher dem politisch konservativen Lager zurechnen kann, hält die „SZ" an ihrem liberalen Anspruch fest. Die relative Eigenständigkeit der Ressorts läßt den Redakteuren ein breites Spektrum der Meinungsäußerung und Berichterstattung offen.

Für den Leser resultiert daraus ein im Ganzen gesehen journalistisch sauberes und vielfältiges Angebot an Informationen. Was man einerseits als Mangel an durchgängiger Konzeption bei der „Süddeutschen Zeitung" beklagen kann, bedeutet andererseits eine erstrebenswerte Vielfalt in der Berichterstattung. Den Lesern mit ihren unterschiedlichen Erwartungshaltungen steht ein entsprechendes Informationsangebot gegenüber. Diese Vielfalt, die sich keiner eher links und keiner eher rechts gerichteten Generallinie unterordnet, bietet so schließlich für jeden Leser etwas, ohne daß dieser das Gefühl hat, er würde etwa politisch indoktriniert. Vielleicht ist dies das eigentliche Erfolgsrezept der „Süddeutschen Zeitung".

Rolf Martin Korda

Für Bürgertum und Business
Die „Frankfurter Allgemeine Zeitung"

„Dahinter steckt immer ein kluger Kopf."
„Eine der großen Zeitungen der Welt,"
„Von der Nordsee bis zu den Alpen."
„Das klassische Beispiel einer national verbreiteten Zeitung."

Das sind die Sprüche, mit denen die „Frankfurter Allgemeine Zeitung" für sich wirbt. Unsere Überschrift „Für Bürgertum und Business" würde Redaktion und Führung des Blattes weniger gefallen. Und doch stimmt sie. Denn es mag zwar der Ehrgeiz der Zeitung sein, die „Gebildeten und Nachdenklichen aller Stände" zu erreichen, in manchen Ständen sind jedoch in herkömmlichem Sinn als Gebildete zu bezeichnende Menschen naturgemäß dünn gesät. So sind denn nach der Statistik von hundert Lesern nur 3 Facharbeiter, zwei Arbeiter und keiner Landwirt. Das Gros der Leser stellen Beamte, besonders leitende Selbständige und Manager.

Wir wollen von der FAZ als Wirtschaftsunternehmen und politischem Instrument sprechen. Dieses Instrument, so viel vorweg, hat niemand anderer in den Händen, als die, welche die Zeitung machen. Wie diese Selbststeuerung funktioniert, soll geschildert werden. Doch zuvor wird von einer anderen Art der Steuerung die Rede sein. Um einen Vergleich zu wählen: Wie ein Schiff durch Stürme und ruhiges Wetter, durch tiefes Meer und an Untiefen und Klippen vorbei gebracht werden muß, so will auch eine alleinstehende, d. h. keinem großen Konzern gehörende Zeitung, die bei wirtschaftlichen Verlusten nicht mit Hilfe rechnen kann, durch die Tücken des Wettbewerbs und der Markwirtschaft hindurchgesteuert werden. Um beim Bild vom Schiff zu bleiben: Auf der Brücke gibt es keinen Kapitän. Den Kurs bestimmen acht Leute: Die sechs Herausgeber und die zwei Geschäftsführer. Die Sechs sind für's Politische zuständig, die Zwei für's Wirtschaftliche. Beides ist kaum zu trennen und säuberlich schon gar nicht. Meinungsverschiedenheiten zwischen Geschäftsführung und Herausgeber sind indessen meist ohne Schärfe. Man weiß: Man ist selbst konservativ und nutzt das konservative Leserpotential. Man weiß: Die Marktlücke liegt bei den überregionalen Tageszeitungen zwischen der WELT und der SÜDDEUTSCHEN ZEITUNG. Und es ist schon eher eine wohnlich eingerichtete Marktnische als eine Lücke.

Der FAZ geht es gut. Seit 1949, dem Gründungsjahr, hat die Auflage nur in zwei Jahren abgenommen, sonst aber ist sie kontinuierlich gestiegen, oft in steiler Kurve. Mitte 1978 lag die Zahl der verkauften Exemplare bei 298.000. Zwei schwierige Rezessionsjahre mit gefährlicher Anzeigendürre sind inzwischen wieder ausgebügelt.

Dazu sagt Hans-Wolfgang Pfeifer, einer der beiden Geschäftsführer der FAZ: „Es gibt gute Zeiten, und es gibt schlechte Zeiten. Man muß in einem Zeitungsverlag wirtschaftlich so handeln wie in jedem anderen Wirtschaftsunternehmen. Man muß in besseren Jahren Rücklagen bilden, um Defizite schlechterer Jahre damit ausgleichen zu können. Und die FAZ hat das seit den ersten Tagen ihres Dastehens immer so gehandhabt und ist deshalb in den vergangen 30 Jahren auch gut über die Runden gekommen. In normalen Jahren decken die Einnahmen die Ausgaben ganz selbstverständlich, das muß ja auch so sein, sonst könnte ein Unternehmen nicht existieren. Das ist ja bei den öffentlich-rechtlichen Anstalten auch nicht sehr viel anders. Die Kosten im Zeitungsverlag sind in den letzten zehn Jahren stärker als in anderen Branchen gestiegen; das müssen wir bei unseren wirtschaftlichen Überlegungen einkalkulieren.

Eine Zeitung wie die FAZ verbraucht im Augenblick im Jahr etwa 180 bis 190 Millionen. Von diesem Betrag ist der größte Teil fix, wenn Sie davon ausgehen, daß heute auch Personalkosten fixe Kosten sind. Wir müssen also dafür sorgen, daß diese 180 bis 190 Millionen hereinkommen. Und da ist das ja bei Zeitungsverlagen etwas anders als bei anderen Wirtschaftsunternehmen. Wir haben im wesentlichen zwei Einnahmequellen: Das sind einmal die Vertriebserlöse und zum anderen die Anzeigenerlöse. Schön wäre es, wenn die Zeiten vor 1950 wieder herzustellen wären, in denen die Vertriebserlöse und die Anzeigenerlöse etwa 50 % der Kosten jeweils ausmachten. Das ist leider vorbei. In den sechziger Jahren hatte sich das Verhältnis zwischen Anzeigen- und Vertriebserlösen sehr zu ungunsten der Vertriebserlöse verschoben. Es gab Zeitungsunternehmen, und wir waren da nicht sehr weit entfernt von diesen anderen Zeitungsunternehmen, die etwa 70 % der Kosten mit Anzeigenerlösen decken mußten. Das ist problematisch, weil das Anzeigenaufkommen natürlich sehr stark von der allgemeinen wirtschaftlichen Lage beeinflußt wird. Geht es der Wirtschaft nicht so gut, kann sie nicht so gut investieren, dann sinken die Anzeigenerlöse, und automatisch schlägt das natürlich wirtschaftlich auf die Zeitung durch. Es ist anders bei den Vertriebserlösen. In verhältnismäßig ungünstigen wirtschaftlichen Zeiten haben die Menschen ein großes Informationsbedürfnis. Sie kaufen also vergleichsweise mehr Zeitungen als in guten Zeiten, so daß also die Vertriebserlöse in der Depression stärker steigen als in guten Zeiten. Wir mußten sehen, dieses Verhältnis zu verbessern. Das haben wir also auch dadurch getan, daß wir die Vertriebspreise vernünftig angehoben haben. Unsere Leser haben dafür Verständnis gehabt. Heute ist das Verhältnis zwischen Vertriebs- und Anzeigenerlösen etwa 62 : 38 %. Wir decken also 38 % der Kosten mit Vertriebserlösen und 62 % mit Anzeigenerlösen."

Die FAZIT-Stiftung

Gefragt, was denn bei einem Verbrauch von 180 oder 190 Millionen Mark vom Umsatz übrigbleibe, bat Hans-Wolfgang Pfeifer um Verständnis: „Sie werden Verständnis dafür haben, daß ich Ihnen nicht im einzelnen darlegen kann, was in den einzelnen Jahren übrigbleibt. Das ist auch sehr verschieden. Wir rechnen aber im allgemeinen mit einer Umsatzrendite von 8 bis 9 %. Die Beträge, die nicht zur Deckung der Kosten verwendet werden, werden nur zu einem geringen Teil bei der FAZ ausgeschüttet; sie werden zu einem ganz erheblichen Teil thesauriert. Wir schaffen uns ein Polster für schlechte Jahre, und wir haben in der Vergangenheit ja auch deutlich sehen müssen, daß dieses Polster notwendig ist. Also: Vorsorge in guten Zeiten für schlechte Zeiten, so wie das ein guter Hauswirtschafter ja auch tun sollte. Die „Frankfurter Allgemeine Zeitung" ist in der Rechtsform der „Gesellschaft mit beschränkter Haftung" organisiert und Mehrheitsgesellschafterin – das ist eine Besonderheit im deutschen Zeitungswesen – unserer Verlagsgesellschaft ist die Fazit-Stiftung, eine gemeinnützige Verlagsgesellschaft, die aufgrund ihrer Satzung verpflichtet ist, alle Einnahmen, die sie aus der FAZ hat, zu gemeinnützigen Zwecken zu verwenden. Diese Mehrheitsgesellschafterin bekommt natürlich entsprechend ihrer Beteiligung an der Verlagsgesellschaft auch mehr als die Hälfte der Gewinne, die ausgeschüttet werden. Daneben ist an der FAZ die „Frankfurter Societäts-Druckerei GmbH" in Frankfurt beteiligt mit rund 25 %. Die „Frankfurter Societäts-Druckerei" ist das Unternehmen, in dem die FAZ technisch hergestellt wird. Wir schütten also von den Gewinnen rund 25 % an die „Frankfurter Societäts-Druckerei" aus. Die restlichen Gewinne brauchen nicht ausgeschüttet zu werden, weil die übrigen Gesellschaften nicht gewinnberechtigte Anteile haben. Es handelt sich da um Herausgeber der FAZ und um Geschäftsführer der FAZ, denen man nur deshalb die Anteile übertragen hat, um ihnen auch eine Stimme in der Gesellschafterversammlung zu geben. Das hängt mit dem Bestreben zusammen, die FAZ so unabhängig wie nur möglich zu machen und auch der Redaktion einen starken Einfluß auf die wirtschaftliche Gestaltung des Unternehmen zu geben."

Die erwähnte FAZIT-Stiftung, die eins der Vorbilder für die ZEIT-Stiftung von ZEIT-Verleger Gerd Bucerius gewesen sein dürfte, ist im Jahre 1959 errichtet worden. Und zwar ist die FAZIT-Stiftung, so formuliert es eine Werbeschrift der FAZ, „auf Veranlassung der Freunde dieses Blattes . . . errichtet worden . . ., die im Jahre 1949 behilflich gewesen sind, diese Zeitung ins Leben zu rufen". Die Erträge, die der Stiftung aus ihrer mehrheitlichen Beteiligung an der FAZ zufließen, werden im wesentlichen für Stipendien und die freie Wohlfahrtspflege verwendet. 5 Kuratoren wachen darüber. Über die Stiftung beeinflussen die Herausgeber auch den wirtschaftlichen Kurs der „Frankfurter Allgemeinen Zeitung GmbH". Einen Chefredakteur gibt es nicht. Wohl aber einen „primus inter pares", den Ersten unter Gleichen, eine Art „Bischof von Rom". Es ist der letztgenannte in der Kopfleiste des Blattes mit den Herausgebernamen: Erich Welter.

Die Anfänge

Erich Welter ist emeritierter Professor der Volkswirtschaftslehre, seit 1948 an der Mainzer Universität. Vorher lehrte er in Frankfurt. Welter stammt aus einer preußischen Beamtenfamilie und ist 78 Jahre alt. Er war letzter Chefredakteur der 1934 geschlossenen „Vossischen Zeitung", später bis zum Verbot der „Frankfurter Zeitung" im Jahre 1943 deren stellvertretender Chefredakteur. Bei der Mainzer „Allgemeinen Zeitung" sammelte er nach dem Kriege zusammen mit Erich Dombrowski Mitarbeiter der alten „Frankfurter Zeitung", um sich: Welter über diese Zeit: „Das Ziel stand von vornherein fest: Die „Frankfurter Zeitung" mußte wieder erstehen. Da das in der amerikanischen Zone nicht möglich war, weil hier das unmögliche Lizenzsystem bestand und wir in Freiheit wirken wollten und uns nicht die Lizenzträger nach Parteien aufoktroyieren lassen wollten, haben wir die Gelegenheit benutzt, in Mainz – dort ergab sich eine vorzügliche Gelegenheit – dem Ziel vorzuarbeiten, das wir von vornherein anvisiert hatten. Dort konnten wir alte Mitarbeiter der „Frankfurter Zeitung" sammeln, teils als Redakteure, teils sie darauf vorbereiten, daß das eines Tages an sie herantreten werde, nämlich dann, wenn in der amerikanischen Zone das Lizenzsystem Ende ginge, woran wir fest glaubten. Und so waren wir also, als sich im Jahre 1949 hier die ganze Lage geändert hatte, die Amerikaner eingesehen hatten, daß sie auf diese Weise überhaupt keine Zeitung zustandebringen konnten, dann haben wir den Sprung nach Frankfurt gewagt. Zum großen Teil haben wir noch in Mainz gedruckt. Dann sind wir hier nach Frankfurt gegangen und haben immer zur Miete gewohnt, zunächst in einem Hinterhaus in der Kaiserstraße, der berüchtigsten Gegend von Frankfurt, bis wir dann in das berühmte Haus neben der Börse kamen. Und eines Tages war es dann soweit, daß wir auch hier ein eigenes Haus bauen konnten, und zwar auf dem Gelände des früheren Verlages der „Frankfurter Zeitung", der Societäts-Druckerei GmbH. Dort hatten wir also ein gut gelegenes, damals jedenfalls besonders gut gelegenes Grundstück in Erbbaurecht, auf 99 Jahre, gepachtet mit einer Option auf Verlängerung auf nochmals 99 Jahre. Und wir dachten uns, na ja, zweimal 99 Jahre, das würde ja vielleicht für's erste genügen. Also, da sind wir dann erschienen, und zwar von vornherein unter Ausschluß des Chefredakteur-Verfahrens. Das war vor allen Dingen meine Bedingung, weil ich der Meinung war, daß wirklich profunde Geistesarbeiter überhaupt gar keine Anweisungen bekommen könnten oder vorgeschrieben bekommen."

Um eine Zeitung zu gründen, braucht man nicht nur Mitarbeitende, sondern auch Geld! Woher kam das erste Geld, das Startkapital? Erich Welter dazu: „Eines Tages kam also zu mir ein mir unbekannter Herr namens Haffner, und der meldete das meiner Sekretärin. Die sagte: Ich werde das Herrn Welter sagen, und die legte mir einen Zettel hin: Es hat ein Herr Haffner hier vorgesprochen, hat geklingelt und hat gesagt, er käme vielleicht mal wieder. Und dann habe ich unter Haffner nachgeschlagen, war mir unbekannt, und dann habe ich gesehen: Haffner, Generaldirektor von Salamander, und habe ihn zum Tee eingeladen. Und da hat er mir gesagt: ,Ich bin von mehreren Freunden angesprochen worden, warum wir eigentlich keine „Frankfurter Zeitung" mehr bekommen sollen hier in Deutschland'. Daraufhin habe ich ihm gesagt: Wir haben uns das alles genau überlegt. Aber das geht eben noch nicht; denn die „Frankfurter Zeitung" ist verpönt. Und er gab sich dann zufrieden und sagte: Aber wenn es soweit ist, dann rufen Sie mich bitte an, dann brauchen Sie ja sicher auch finanzielle Mittel. Und als es dann soweit war, wurde eine Runde einberufen von Leuten, Gesinnungsgenossen von dem Herrn Haffner. Der wollte nämlich nicht eine Zeitung für die Industrie haben, sondern der wollte eine alte unabhängige „Frankfurter Zeitung" haben, eine liberale und, na, man kann wohl sagen, auch ordnungsliberale und staatsbürgerliche, nicht revolutionäre, nach keiner Seite, keine Rechts-, keine Links-, extreme Rechts-, extreme Links-Zeitung haben, und der hat eine Reihe von Freunden zusammengerufen von Industriellen, und da haben wir uns an den Tisch gesetzt in seinem Zimmer, in seinem Sitzungssaal, und da hat er gesagt: Meine Herren! Wir möchten gern jetzt das Geld aufbringen zum Start einer neuen „Frankfurter Zeitung". Und, bitte schön, wer meldet sich? Daraufhin meldet sich irgendjemand mit 50 000 Mark, und dann meldete sich ein anderer und sagte: Also, ich biete 300 000 Mark. Und dann kamen wir also schließlich auf 700 000 Mark. Und ich sagte: Na ja, das genügt für's erste. Ob's für die Dauer genügt, das weiß ich nicht. Und das bildete dann einen Fördererkreis, der von vornherein aber das Bekenntnis ablegt, daß er nicht hineinreden wollte in die Linie, wenn wir ihm die Zusage gäben, das würde so 'ne Art „Frankfurter Zeitung". Die haben dann gegründet den Verlag „Frankfurter Allgemeine Zeitung GmbH" – so heißt er heute noch. Und dann wurde das nach einiger Zeit, nachdem wir also die Unabhängigkeit der Zeitung noch verbrieft und besiegelt sehen wollten, wurde das umgewandelt in eine Stiftung, Fazitstiftung. Im späteren Verlauf aber haben wir diese Einzahlungen alle zurückgezahlt, indem wir Inserate dieser betreffenden Firmen entsprechend dem Preis, den sie kosteten, dazu benutzt hatten, um diese Schulden alle wieder den Leuten zurückzugeben."

Wäre also der Verdacht berechtigt, daß die „Frankfurter Allgemeine Zeitung" ein Instrument in der Hand der „alten Freunde" wäre, daß der Kurs an den Herausgebern und an der FAZIT-Stiftung vorbei bestimmt würde, daß also Erich Welter, der Wirtschaftsprofessor, der auch zu den Kuratoren der FAZIT-Stiftung gehört, ohne dessen Zustimmung nichts geht bei der FAZ, die Wünsche der „alten Freunde" in der Tat umsetzte? Wäre demzufolge auch *der* Verdacht nicht unbegründet, daß die Wirtschaftsredaktion darauf dringt, eine Unternehmern und Wirtschaftsbossen genehme Zeitung zu machen?

Die Linie der FAZ

Doch so einfach ist es nicht. Gewiß gibt es subtile Einflüsse und ein generelles Einverständnis zwischen „business" und Zeitung. Aber es gibt Meinungsverschiedenheiten im Detail. Dazu sagte Dr. Max Kruk, in der Redaktion verantwortlich für Unternehmenswirtschaft – inzwischen ist Dr. Kruk pensioniert –: „Diese Zeitung hat ja gerade in ihren Anfangsjahren einen harten Kampf gegen gewisse Tendenzen in der Industrie, aber auch in anderen Bereichen der Wirtschaft geführt, die sich um das damals in Diskussion befindliche Kartellgesetz drehten. Man kann fast sagen, daß also die Anfangsschritte dieser Zeitung damit verbunden waren – und die Zeitung vielleicht sogar einen gewissen Bekanntheitsgrad dadurch erreicht hat –, daß sie sich sehr konsequent aus ihrer grundsätzlich marktwirtschaftlichen Haltung heraus gegen Kartelle gerichtet hat. Ein ähnlicher, wirtschaftspolitisch wichtiger Punkt, in dem solche Auffassungsunterschiede bestehen, ist der der Konzentration. Diese Zeitung setzt sich konsequent gegen Großfusionen aller Art ein, während die Unternehmer, insbesondere also Vorstandsvorsitzende sehr bedeutender deutscher Firmen, immer wieder in der Angliederung anderer Unternehmen einen privatwirtschaftlich, betriebswirtschaftlich richtigen Schritt zur Erweiterung ihrer Einflußsphären sehen."

Für Kruk sind auch die Gewichte innerhalb des Blattes deutlich sichtbar verteilt: „Das Schwergewicht liegt ganz zweifelsohne – wie bei jeder großen Tageszeitung – auf der Politik, was auch allein schon in dem Seitenumfang des politischen, des wirtschaftlichen Ressorts und des Feuilletons zum Ausdruck kommt. Sie fragen, ob wir uns der Geschäftswelt verbunden fühlen. Nun, das Wort verbunden ist vielleicht nicht der richtige Ausdruck. Wir beobachten die Geschäftswelt und die Ereignisse im wirtschaftlichen Leben, berichten darüber und behalten uns die Freiheit vor, uns darüber auch kritisch zu äußern. Selbstverständlich gehören dazu laufende Kontakte mit den handelnden Menschen in der Wirtschaft, mit den Unternehmern, mit Vorstandsvorsitzenden, mit Finanzvorständen und dergleichen. Solche Kontakte bestehen, und sie sind besonders dann immer sehr eng, wenn es um sehr wichtige Vorgänge geht. Natürlich bestehen auch Kontakte zu der anderen, tarifpolitisch anderen Seite, zu den Gewerkschaften. Sie sind enger, als Sie vielleicht glauben. Was das Gewicht der Wirtschaftsredaktion und des Wirtschaftsteils innerhalb des Gesamtblattes angeht, so können wir uns ganz gewiß nicht beklagen. Es ist eher im Gegenteil so, daß wir aus der Verantwortung für das Gesamtblatt heraus, die wir, da wir keine Ressortegoisten sind, ja natürlich sehen, wir etwas Sorge haben, daß in letzter Zeit der Wirtschaftsteil an einigen Tagen solche Dimensionen angenommen hat, daß der Überblick, die Ordnung im Blatt, auf die wir großen Wert legen, etwas verlorenzugehen drohen. Selbstverständlich hat der Wirtschaftsteil, insbesondere in Fragen der Wirtschaftspolitik, wozu auch Konjunkturpolitik, Währungspolitik, Gewerkschafts-, Tarifpolitik und andere Fragen gehören stets auch seinen Platz im politischen Teil – sei es auf dem Platze der Leitglosse, sei es als Leitartikel auf Seite 1 des Blattes."

Die Wirtschaftsredaktion ist aber nicht nur mit der FAZ befaßt. Ein Teil der Arbeitskraft der für sie arbeitenden über 20 Redakteure und der 12 Inlandskorrespondenten sowie 10 Auslandskorrespondenten geht auch in einen Ableger der FAZ, den „Blick durch die Wirtschaft". Böse Zungen nannten ihn anfangs „Blick durch den Stehsatz", mittlerweile hat er an Reputation gewonnen. Max Kruk: „ ‚Der Blick durch die Wirtschaft' ist Ende 1958 gegründet worden und war ursprünglich ein Kind der „Frankfurter Allgemeinen Zeitung" in dem Sinne, daß die FAZ sozusagen die Erziehung übernommen hat. Er hat sich, wie es mit Kindern zu gehen pflegt, immer mehr verselbständigt und kann heute als ein Blatt angesehen werden, das auf eigenen Füßen steht und die FAZ ergänzt. Seine heutige Funktion besteht darin, speziell interessierten Wirtschaftlern Informationen zu geben, die die „Frankfurter Allgemeine Zeitung", die sich an einem sehr breiten Leserkreis wendet und wenden muß, nicht zu geben vermag. Sie finden im „Blick durch die Wirtschaft" Dinge, die Sie in einer großen Tageszeitung, wenn sie sich nicht speziell auf die Wirtschaft verlegt, nicht finden können. Im „Blick durch die Wirtschaft" werden beispielsweise wörtliche Stenogramme über die Hauptversammlungen aller großen Unternehmungen abgedruckt. Der „Blick durch die Wirtschaft" bringt Spezialartikelfolgen über Fragen, die die Unternehmen, die Groß-, Mittel- und Klein-Unternehmen interessieren. Im Augenblick läuft gerade eine solche Serie über die Frage „Wie gestalte ich meine Werbung?". Der „Blick durch die Wirtschaft" wird zwar in der Wirtschaftsredaktion der „Frankfurter Allgemeinen Zeitung" hergestellt. Aber die Redakteure, die für den „Blick durch die Wirtschaft" tätig sind, haben im allgemeinen ihr spezielles Arbeitsgebiet, das sich mit dem der FAZ nicht kreuzt. Wenn ich bei dieser Gelegenheit kurz auf die Auflage eingehen darf: sie hat sich in manchen Zeiten sprunghaft erhöht; einen solchen Sprung haben wir gerade jetzt wieder hinter uns, und der ist im wesentlichen der vorhin erwähnten Serie über die Werbung zu verdanken. Die Auflage liegt nicht unter 20 000. Der „Blick durch die Wirtschaft" kann nicht im Straßenhandel bezogen werden. Das hat vertriebspolitische Gründe. Er würde den dafür erforderlichen Aufwand, ihn an den Kiosken feilzubieten, nicht tragen. Er ist nur im Abonnement zu erhalten, und zwar kostet er monatlich, einschließlich Zustellgebühren, 25,– DM."

Um die Linie der Wirtschaftsredaktion gibt es offenbar nur ruhige Debatten. Die Redakteure sind alle marktwirtschaftlich gefestigt, den Rest an Konfliktstoffen bewältigen Mittagskonferenzen, ein regelmäßiger „jour fixe" in Anwesenheit der Korrespondenten, und wenn es sein muß, persönliche Gespräche. „Das persönliche Gespräch wird bei uns mehr gepflegt, als Sie vielleicht denken," sagt Max Kruk. „Meine Tür steht immer offen."

Die Wirtschaftsredaktion bestimmt also, vor allem über die beiden wirtschaftlich orientierten Herausgeber Jürgen Eick und Erich Welter, die Linie der Zeitung mit, aber sie bestimmt den Kurs keineswegs allein. Wie sich die ersten Geldgeber der Zeitung und ihre ersten Herausgeber, unter ihnen Erich Welter, Erich Dombrowski und Paul Sethe, die Linie dachten, das hat Paul Sethe im ersten Artikel auf der ersten Seite der ersten Ausgabe vom 1. November 1949 dargelegt: Sethe widerspricht darin der Auffassung, die FAZ wolle die Nachfolge der im vorigen Jahrhundert gegründeten „Frankfurter Zeitung" antreten. Er fährt fort:

„Wir haben einen ziemlich kräftigen Ehrgeiz, und dieser ist vornehmlich auf eigene und selbständige Leistung gerichtet. Wir haben genaue Vorstellungen von einer neuen Art Zeitung, die wir schaffen möchten. Für sie müßte die Wahrheit der Tatsachen heilig sein; sie müßte sich der strengen Sachlichkeit in der Berichterstattung befleißigen; sie müßte auch den Andersmeinenden gegenüber immer Gerechtigkeit walten lassen; und sie müßte sich bemühen, nicht an der Oberfläche der Dinge stehen zu bleiben, sondern ihre geistigen Hintergründe aufzusuchen. Dies alles also wollen wir redlich; aber wir glauben, zu diesem neuen Typ von Zeitung müßte auch eine beträchtliche Volkstümlichkeit ... gehören ... Wir möchten noch einiges mehr, als nur eine gute Zeitung machen. Wir möchten in einer Zeit, in der die Freiheit keineswegs allein durch die Diktatoren; sondern ebenso durch Vermassung, durch Trägheit und Unduldsamkeit bedroht ist, das lebendige Gefühl für dieses kostbarste aller irdischen Güter entfachen".

Schließlich gibt Sethe noch zu erkennen, daß die Zeitung gegen „die unwürdige Rolle der nationalen Unfreiheit" anschreiben will: „Von den großen Idealen der Freiheit und Gerechtigkeit, denen unsere Arbeit dienen soll, darf Deutschland nicht ausgeschlossen bleiben". Daß dieses große Versprechen und die großen Worte im Zeitungsalltag in kleine Münze umgewechselt werden mußten, dürfte nicht nur denen klar sein, die den journalistischen Betrieb kennen.

Paul Sethe und Jürgen Tern

Ohne Zweifel aber hätte Sethe es einigen FAZ-Kommentatoren von heute, die in Zweifelsfällen der Liberalität *nicht* den Vorzug geben, schwerer gemacht. Schwerer jedenfalls als die jetzigen Herausgeber. Doch Sethe gibt es nicht mehr und es gab ihn auch damals bald schon für die FAZ nicht mehr. Den Fall im Besonderen und die Aufgaben der Herausgeber im Allgemeinen schildert aus seiner Sicht Erich Welter so: „Die sollten die Linie bestimmen, und zwar mit Mehrheit. Sie mußten sich einigen, und jeder mußte sich daran halten. Und zunächst gab es einen Vorsitzenden: Das war ich, mehrere Jahre. Aber später habe ich gesagt: „Das ist falsch. Wir müssen den Vorsitz wechseln, und der Vorsitz wechselt jährlich". Ja, und nun ist die große Frage: wie geht das? Das geht folgendermaßen: erstens mal, daß die – eine gewisse gleichgerichtete Vorstellung von Freiheit und von Ordnung und von Widerspruch gegen jede Gewalt – von diesen Vorsätzen beseelt waren, die Zeitung in diesem Sinne zu führen. Aber es war gleichzeitig gesagt worden: Wir müssen darüber sprechen, und wir müssen uns auf eine Linie festlegen, und diese Linie muß jeder für sich gelten lassen, und wenn er sie nicht für sich gelten lassen will, dann muß er eben schweigen. Wir hatten da den ersten großen Verlust zu beklagen in Gestalt von Herrn Sethe. Wir hatten ausgemacht – ganz feierlicher Beschluß –, bei aller Zurückhaltung, Unparteilichkeit, gegen Adenauer unter keinen Umständen in der Zeit zu polemisieren, in der er in Moskau war, um eine Reihe von Heimkehrern hier zurückzuholen, ja, und darüber zu verhandeln. Dann kam plötzlich ein Artikel von Herrn Sethe, der den Adenauer in seiner ganzen Politik scharf angriff. Daraufhin haben wir Herrn Sethe – Herr Baumgarten und ich waren zufällig in Bad Gastein –, haben ihn antelegraphiert, und das wurde unterschrieben von den übrigen Herausgebern, und haben gesagt: „Das geht nicht. Hier gibt es eine einheitliche Linie. An solche Beschlüsse müssen Sie sich halten." Und da hat Herr Sethe gesagt: „Nein, ich halte mich überhaupt nicht an solche Beschlüsse, sondern ich schreibe, was mir in den Sinn kommt, und meine eigene Meinung möchte ich in der Zeitung schreiben." Da haben wir darüber gesprochen, daß das leider nicht ginge und haben ihn angefleht, er möge sich doch seinem ursprünglichen Entschluß entsprechend daran halten. Nun habe ich nächtelang mit ihm darüber gerungen, und schließlich um Mitternacht, um zwölf Uhr, stand Herr Sethe auf und ging weg und rief Herrn Springer an und sagte: „Ich gehe zur „WELT". Von der habe ich seit langem ein Angebot, und da kann ich machen, was ich will." Und dann begann leider der Sethe'sche Abstieg."

Sethes Konzept zur Rettung der Einheit Deutschlands als Nation sah anders aus als das der Bonner Regierung und schließlich auch als das der übrigen Herausgeber. Für ihn hatte die Aussöhnung mit dem Osten Vorrang vor der Einbindung der Bundesrepublik in das westliche Bündnis.

Noch ein weiteres Mal ist bisher ein Lotse von Bord geschickt worden. Herausgeber Jürgen Tern hatte im Jahre 1970 zu gehen. Professor Welter dazu: „Die Schwierigkeiten, die sich aus dem Kollegialsystem ergeben, haben sich noch ein zweites Mal gezeigt, nämlich im Jahre 1969 haben wir gesagt, daß wir uns dem Gedanken der Koalition versagen wollen, und der Vorkämpfer für diese unsere Richtung war zunächst Herr Tern. Wie durch ein Wunder hat er dann eine Wendung um die 180 Grad vollzogen unter dem Einfluß von ein paar Leuten, die ihn außerordentlich beeinflußten, und so kamen wir in zunehmendem Maße zu Konflikten. Er ließ sich die Linie sozusagen von der Presseabteilung vorschreiben, und manchmal mußte die Zeitung – konnte nicht raus, und am Freitag, wo es so besonders dringlich war, weil Herr Tern sagte: „Jetzt laßt doch endlich die Maschinen stillstehen. Eine Information über die Linie der Bonner Regierung ist für uns doch viel wichtiger, als daß wir an die Leser kommen." Das ließen wir uns aber länger nicht gefallen, und das spitzte sich so zu, daß wir ihn eines Tages mit einer ungeheuren Abfindung auf die Straße setzten."

Eine etwas andere Erinnerung an den Sturz von Jürgen Tern, der als Millionär gestorben ist, aber wahrscheinlich nicht wie ein solcher gelebt hat, hat Dr. Bruno Dechamps. Dechamps ist aus der politischen Redaktion hervorgegangen, war damals Jüngster im Kreis der Herausgeber und hatte sich gegen die Trennung von Tern ausgesprochen: „In der Sache Tern ist von Linie nie die Rede gewesen, zum Beispiel mir gegenüber nie die Rede gewesen. Ich gehörte zwar nicht zu der Mehrheit seinerzeit, die es für nötig hielt, sich von Herrn Tern zu trennen, aber auch mir gegenüber ist nie politisch argumentiert worden. Es war immer nur die Rede von den Bestrebungen – die sich auch nicht leugnen ließen – des Herrn Tern, sich zum alleinigen Herrn der Zeitung oder der Politik in der Zeitung zu machen. Politische Argumente sind nicht vorgebracht worden, sondern nur die der inneren Struktur, wenn Sie so wollen, des Machtwillens.

Ich kann natürlich nicht ausschließen, daß nicht alle Argumente, die in den Köpfen waren, auch vorgebracht worden sind. In dem einen oder anderen Kopf mag politisches sicher seine Rolle gespielt haben. Ein schmerzlicher Prozeß ist es immer, wenn aus einem solchen Kollegium einer, nun sagen wir einmal, herausfällt. Andererseits muß ich nun sagen, es kann ja auch nicht das Ziel menschlichen Lebens bleiben, alles immer so zu lassen wie es ist. Es muß ein solches Gremium nicht immer gleich bleiben; es muß die Möglichkeit geben, daß der eine oder andere einen inneren Weg macht, der ihn fortführt aus der Übereinstimmung der sechs Herausgeber oder der Redaktion, würde ich eigentlich lieber sagen, denn das ist eigentlich das Wesentlichere. Wir fühlen uns ja doch nur als einen Teil, wir sind ja Journalisten, nicht Verleger, wir fühlen uns als einen Teil der Redaktion, wir fühlen uns als Redaktionsvertreter, wenn Sie so wollen. Das muß möglich sein, daß sich jemand da heraus entwickelt, und dann muß man sich auch mal trennen können. Das ist ja weiter kein tragischer Fall. Das ist ja nicht das Ende allen Seins. Ich glaube auch, daß es schwer ist nachzuweisen, daß sich die Linie der Zeitungen nach dem Ausscheiden von Jürgen Tern geändert hat. Es hat keinen abrupten Bruch in der Linie gegeben, es hat nicht einmal ein merkliches Umknicken gegeben."

Ohne Frage hätte die FAZ auch die FAZ bleiben können, wenn sie Sethes oder Terns Linie gefolgt wäre. Eines aber hätte die Zeitung nicht tun können, nämlich verschiedene politische Richtungen vertreten können. Wie es zum Beispiel beim Rundfunk der Fall ist und sein soll, wo sich auf derselben Welle oft entgegengesetzte Meinungen hart im Raume stoßen. Der Rundfunk ist für alle da und seine Redakteure äußern sich gewissermaßen stellvertretend für diese oder jene Gruppierung, Richtung, politische Kraft. Eine Zeitung aber hat eine bestimmte Kundschaft. Und der schmeckt das Frühstücksbrötchen nicht, wenn es Meinungen von anderen Sternen liest. Gewiß, die Kundschaft kann wechseln, kann sich erneuern, wie sich auch der Stab eines Blattes erneuert. Aber mit einer einigermaßen einheitlichen Stimme soll gesprochen werden. Wie bewirkt eine Zeitung das, wie macht es die FAZ? Bruno Dechamps zu dieser Frage: „So eine Zeitung hat natürlich eine Spannbreite und muß sie haben. Das ist nicht grenzenlos nach rechts oder links oder wie immer man die Seiten bezeichnen will, aber es muß doch eine genügende Weite von Variationen geben. Innerhalb dieser Spannbreite findet sehr viel Diskussion statt, und eigentlich ist in den Redaktionen immer „Government by discussion", es wird da nicht beschlossen, die Linie wird ganz selten beschlossen. Ich kann mich eigentlich an keinen Fall erinnern, wo man gesagt hat, so verfahren wir hier, diese Meinung wollen wir vertreten und andere nicht, sondern man spricht miteinander und es ergibt sich dann ein mehr oder weniger intensiver Konsens. In vielen Fällen ergibt sich das ganz von selbst auch dadurch, daß die Redaktion ja spezialisiert ist. Also wir haben unsere Kollegen, die bestimmte Felder beackern, auf diesen Feldern sich auskennen, und sie schreiben. Und wenn jetzt in der Redaktion das Gefühl aufkommt, daß das einseitig sei, was vorkommen kann gerade bei sehr extremen Experten, die sich mit einem sehr umgrenzten Feld sehr intensiv beschäftigen, dann werden die Kollegen sagen, also das kommt uns aber sehr einseitig und sehr extrem vor, was Sie da vorbringen. Man spricht auf dem Gang, in der Konferenz, eigentlich mehr auf dem Gang als in der Konferenz." Und, so ist hinzuzufügen, wer meint, daß er nicht mehr in die Redaktion paßt, der geht, oder läßt sich als Korrespondent verschicken. Die FAZ hat schon manchen klugen, liberaleren Kopf verloren. Herausgeber Dechamps sagt weiter: „Jedermann verständlich muß sein, daß, wenn es keinen Chefredakteur gibt, wenn es nicht einen Chefredakteur und einen Verleger gibt, sondern wenn sechs Herausgeber sehr verschiedenen Naturells und sehr verschiedener geistiger Herkünfte eine solche Zeitung leiten, dann ist die Schwierigkeit, das im Gleichgewicht zu halten, das zusammenzuhalten, ohnehin sehr groß. Ich will das jetzt nicht übertreiben. Es hat ja bis jetzt vorzüglich geklappt. Es gibt ja Leute, die sagen, so was kann gar nicht funktionieren. Es kann nur mit 'nem Chefredakteur gehen. Es hat bis jetzt vorzüglich funktioniert, aber es ist eben doch ein ständiger Prozeß des Sich-Angleichens, des Miteinander-Umgehens, der Toleranz, des „Andere-gelten-Lassens" und wenn da gewisse Grenzen überschritten werden und die Toleranzbelastung zu groß wird, dann kann das eben nicht mehr funktionieren. Die Zeitung kann nur bestehen, vor sich selbst bestehen, wenn sie diesen Einigungsprozeß zustande bringt, und das heißt, wenn also eine Grundübereinstimmung der Herausgeber gewahrt ist."

Die FAZ hat jene von Paul Sethe und den ersten Herausgebern gewünschte Volkstümlichkeit wohl nicht erreicht. Sind ihr dann wenigstens die Tatsachen heilig geblieben, ist die Berichterstattung streng sachlich? Auch das gehört ja zur Linie einer Zeitung.

Angesichts höchst trauriger Beispiele von Nachrichtenmanipulation bei einem Konkurrenten ist der FAZ von Freund und Feind des öfteren lobenswerte Korrektheit und Vielfalt in Nachrichtengebung und Berichterstattung bescheinigt worden. Gelegentlich hat zwar ein Hans Magnus Enzensberger böse Absichten unterstellt. Doch was an solcher Krittelei Substanz hatte, war meist auf menschliche Unzulänglichkeit zurückzuführen, für welche die FAZ kein Monopol hat. Dieter Eckart, verantwortlich für Nachrichten: „Wir versuchen, alles zu bringen, was wir für wichtig halten. Es ist wohl unmöglich, alle Nachrichten, die im Laufe eines Tages über die Agenturen laufen und von unseren Korrespondenten angeliefert werden, in die Zeitung zu bringen. Wir gehen davon aus, daß unsere Korrespondenten – und wir haben sehr viele davon an eigentlich doch allen wichtigen Plätzen der Welt – das jeweils Wichtigste liefern, dann auch schon in einen etwas größeren Zusammenhang gestellt mit ein bißchen dem Umfeld und dem Hintergrund und dem Zusammenhang. Von den Agenturen beziehen wir im wesentlichen Meldungen aus Indochina beispielsweise oder aus Teilen Afrikas, obwohl sich das ja nun auch, seit wir dort zwei Korrespondenten haben, wieder ein bißchen geändert hat. Strenge Regeln für Untern-Tisch-Fallenlassen oder nicht gibt's eigentlich nicht. Da gehört dann auch ein bißchen das Urteil des jeweiligen Redakteurs am Referatstisch – wenn es so etwas gäbe – dazu, daß er dann halt schon unterscheiden kann, ob die Präsidiumssitzung der CDU möglicherweise wichtiger ist als eine Äußerung eines Landtagsabgeordneten aus der Oberpfalz. Und nach solchen etwas groben, scheinbar groben Regeln wird halt verfahren. Da gehört dann ein bißchen Erfahrung halt auch dazu und ein bißchen Gespür. Ganz kann man subjektive Überlegungen natürlich oder spontane Reflexe natürlich nie ausschließen."

Die erste Ausgabe der Zeitung wird um 18 Uhr angedruckt, die vierte und letzte gegen 23 Uhr. In ihr ist manche Information enthalten, die in der ersten Ausgabe, die bei der Auslieferung den weitesten Weg vor sich hat, noch nicht stehen kann. Nachträge am nächsten Tag erfordern ein gutes Gedächtnis der Redakteure, machen oft den mißlichen Eindruck fehlender Aktualität. Dann läßt man es vielleicht lieber. So kann es vorkommen, daß die eine oder andere Nachricht nicht in allen 300 000 Exemplaren auftaucht. Böse Absichten stecken nicht dahinter. Für Zeitnot und Streß gesorgt hat ferner die Umstellung der „Frankfurter Societäts-Druckerei" auf modernere Techniken, die jedoch 1978 noch nicht in die Redaktion hineinreichten. Es entstanden Fehlerquellen, die mehr Zeit für Korrekturen kosten als früher. Mag indessen das Fehlen der einen oder anderen Information dem Spiel des Zufalls zu verdanken sein – das Fehlen einer kommentierenden Anmerkung ist es nicht.

Wenn die FAZ schweigt. . .

Wenn die FAZ schweigt, dann mit Grund. Nehmen wir den Fall Filbinger. Man könnte auch sagen, den Fall Filbingers. Die langgeübte Zurückhaltung der FAZ führt mit Recht zu der Vermutung, daß die Meinungsverschiedenheiten im Herausgebergremium und in der Redaktion größer waren als die dann doch geschriebenen Kommentare erkennen ließen. Die Linie war umstritten. Am 26. Mai hatte es Joachim Fest, der Feuilletonist unter den Herausgebern, nicht mehr ausgehalten. So wie er im Gegensatz zu anderen FAZ-Schreibern das Stricken betulicher Satzkonstruktionen vermeidet, so entfernt er sich auch vom – wie Klaus Harpprecht das genannt hat – „fazistischen" Denken anderer Kommentatoren. Das sorgt für frischen Wind, wie in jenem denkwürdigen Leitartikel zu spüren ist, der nach der Fußballweltmeisterschaft den Deutschen Fußballbund zerzauste. Am 26. Mai also war Filbinger daran, „Filbingers Uneinsichtigkeit". Eine Rücktrittsforderung wurde nicht erhoben. Es wurde Filbinger auch zugebilligt, daß damals sehr viel andere Zeiten waren als heute. Ein Wort „betroffener Einsicht" wurde jedoch vermißt. Fest attestierte Filbinger außerdem Armut an humaner Phantasie und „beflissenen Erledigungswahn". Indem Filbinger von Ehrgeiz und Opportunitätserwägungen dazu gebracht wurde, sich zunehmend als aktiver Widerstandskämpfer aufzuführen, habe er zudem auf Nachsicht verzichtet:

„Jedermann kann ein Versagen, das strafrechtlich irrelevant ist, mit sich selber abmachen. Ein Ministerpräsident kann es nicht." Diese beiden Sätze beschlossen den Leitartikel.

Dann schwieg die FAZ erst einmal für fast 20 Tage. Am 15. Juni meinte Robert Held: „In diesem Chaos war alles möglich." Held tadelte auch den „moralischen Rigorismus von 1978" bei der Beurteilung von Filbingers Handeln, obwohl am Tage zuvor Herausgeber Fritz Ullrich Fack von eben demselben bequemen Rigorismus in einer Glosse Gebrauch gemacht hatte, die Luise Rinser aus gegebenem Anlaß hitlerfreundliche Gedichte von 1933 vorhielt.

Drei Wochen vergehen, dann nimmt sich Ernst-Otto Maetzke vom rechten Rand der politischen Redaktion, für den die DDR auch heute noch „Sowjetzone" ist, des Falles an. Zu den von Filbinger so genannten „Phantom-Urteilen" schrieb Maetzke bestätigend: „Diese Nicht-Urteile durfte er vergessen. . . Allmählich wird die Überzeugungskraft des angeblich immer neuen Belastungsmaterials gegen den baden-württembergischen Ministerpräsidenten wegen seiner zurückliegenden Tätigkeit als früherer Marinestabsrichter geringer. . ." Damit scheint aber Maetzke nibelungentreu die grundsätzliche innere Bindung der FAZ an die CDU/CSU übertrieben zu haben. Ein bißchen unabhängig will die Redaktion doch bleiben. So muß am nächsten Tag Herausgeber Johann Georg Reißmüller in der Leitglosse schreiben: „Wer Hans Filbinger in diesen für ihn stürmischen Wochen berät – wir wissen es nicht. Gut beraten ist er nicht."

Das bleibt die Linie. Keine Forderung nach Rücktritt des so hoch verdienten Mannes, der den Slogan „Freiheit oder Sozialismus" erfand. Stattdessen Klagen über schlechte Ratgeber, über seine „Verstrickung", über „die Stilisierung seiner selbst zum Widerstandsmann, wo nichts war, als das Sichdurchschlagen in einer schweren Zeit." Erst nach seinem schließlich doch nicht aufzuhaltenden Fall kommt endlich wieder ein Leitartikel. Ein Wort „betroffener Einsicht"? Nein. Friedrich Karl Fromme, immer in der Nähe Maetzkes, führt einen Rundumschlag gegen „die Nachgewachsenen auf ihren bequemen Richterstühlen".

In der Erinnerung von Erich Welter stellt sich der Kampf um die Linie im Falle Filbinger so dar: „Zunächst habe ich mit einigen meiner Kollegen uns auf den Standpunkt gestellt, der Mann hat seine Pflicht tun müssen. Das erste Todesurteil hat er auf Befehl unterschrieben. Es war nicht sein Todesurteil, sondern er hat es nur unterschreiben müssen, und zwar war das ein Befehl. Damals ist – das ist zuzugeben – einer meiner Kollegen vorgeprescht und gesagt, also, der Filbinger – ein jüngerer Kollege, Herausgeberkollege, frisch ernannter Herausgeberkollege, vorgeprescht und hat gesagt, also der Mann, praktisch, der Mann muß weg, der ist nicht mehr haltbar usw. Dann kamen andere, die sagten, also, das ist Unrecht, der Mann hat außerordentlich viel getan, hat sich nachher hervorragend benommen. Und so fing ein kleines Geplänkel an, das wir aber dann nachher in dem Grade, in dem Filbinger sich daneben benommen hat, indem er sich überhaupt an nichts mehr erinnern konnte und sich sehr halsstarrig verteidigte und sich sogar als Gegner des Nationalsozialismus, als Widerstandskämpfer profilieren wollte, da sind wir also alle der Meinung gewesen, das geht leider so nicht, und haben uns auch dann nachträglich der etwas frühzeitigen Ansicht unseres Kollegen angeschlossen."

Im Falle Filbinger ging alles gut. Alle Herausgeber sind noch da, kein Redakteur fühlte sich zum Weggang veranlaßt. Das Redaktionsstatut brauchte nicht angewendet zu werden. Die entsprechende Vereinbarung sieht vor, daß sieben von der Redaktion gewählte Vertrauensleute von den Herausgebern zu einer gemeinsamen Sitzung eingeladen werden, wenn die Berufung oder Entlassung von Herausgebern oder Leitenden Redakteuren ansteht oder wenn ein schlichter Redakteur entlassen werden soll. Die Vertrauensleute werden nur angehört, Mitbestimmung ist ihnen versagt.

Das Feuilleton als linke Flanke?

Neben Politik und Wirtschaft darf eine wichtige dritte Kraft bei der Bestimmung der Linie einer Zeitung nicht vergessen werden: Die Vertreter des Geistes im Feuilleton. Ein altes Wort besagt, daß das Feuilleton einer jeden Zeitung, sei sie rechts oder links, immer doch noch ein wenig weiter links steht als die anderen Ressorts. Wie hält man es damit bei der FAZ? Günther Rühle, verantwortlich für das Feuilleton: „Wir sind vielleicht die linke Flanke der Zeitung. Aber was heißt das, wenn wir den Terminus doch mal wegschieben wollen? Jede Zeitung hat in sich, muß in sich eine eigene Spannweite haben. Und diese Spannweite ergibt sich sicher nicht daraus, daß einige Redakteure linker stehen als die anderen, sondern das hängt mit der Beziehung zu dem geistigen Leben zusammen, das sich doch unterscheidet von dem, was in der Politik und in der Wirtschaft wahrgenommen wird und wahrzunehmen ist. Es gibt den Satz „Der Geist weht, wohin er will", und der Feuilleton-Redakteur ist darauf angewiesen, die Bewegungen im geistigen Leben wahrzunehmen und zu analysieren. Er kommt also mit einer ganz anderen Materie in Berührung. Und die künstlerische, geistige Materie ist, sowohl von den Themen wie von den Denkweisen her, dem Politiker oder dem Wirtschaftler völlig fremd. Dadurch kommt es, daß ein Feuilleton-Redakteur automatisch andere Stellungen einnehmen muß, wenn er die Dinge richtig analysiert und interpretiert, als das die Kollegen in den anderen Sparten meistens auf Grund ihres Materials machen können. Diese Toleranz muß dem Redakteur auch gegeben werden. Er muß die Produktion der Künstler, die ja oft sehr modern, modisch, auf jeden Fall dem Geschmack der Zeit voraus sind, die muß er interpretieren können. Wenn er das nicht tut und sie ablehnt, aus dem Geschmacksstatus, der meinetwegen sonst im Hause vertreten ist, dann wird er der Sache nicht gerecht. Er muß sich einlassen auf die Dinge, die der Zeit voraus sind. Dadurch kommt die Differenz. Es gehört zu jeder guten Zeitung, daß dieser Spielraum gewährt wird, und natürlich muß eine Feuilleton-Redaktion sich diesen Spielraum auch immer wieder erkämpfen. Das ist ganz klar. Da gibt es oft harte Meinungen, die aufeinandertreffen. Aber es gehört zu der Arbeit, daß diese Meinungen dann auch ausgetragen werden, und daß man denen, die Widerspruch leisten gegen die Position des Feuilletons, auch mit Argumenten klarmacht, daß diese Argumente aus der anderen Materie kommen und nicht etwa aus einer oppositionellen Haltung gegen ein anderes Ressort. Bisher ist das denn doch eigentlich ganz gut gegangen. Man muß in einer solchen Zeitung natürlich sehr viel Toleranz aufbringen, und man muß auch wissen, wo man den gemeinsamen Spielraum verläßt."

Mit zum Feuilleton gehören die Abteilungen „Reiseblatt" und „Natur und Wissenschaft". In letzterer streitet seit eh und je einsam und tapfer Kurt Rudzinski aus technischen Gründen gegen den natriumgekühlten Schnellen Brüter. Der „Motor"-Teil gehört eher zur Wirtschaft. Nicht weit davon ist der „Sportteil", um dessentwillen der geborene Snob die „Frankfurter Allgemeine" liest, wie die „SÜDDEUTSCHE ZEITUNG" einmal scherzte. Darin, daß der Sportteil im Blatt dem Wirtschaftsteil unmittelbar folgt, sieht man bei der FAZ „einen gewissen logischen Zusammenhang, ist doch auch der Wettbewerb in der freien Marktwirtschaft so eine Art Sport".

Die Lokalredaktion

Nicht vergessen werden soll schließlich noch eine eigenständige Redaktion. die der in der Rhein-Main-Region verteilten Ausgabe im Bewußtsein der Leser einen wichtigen Zug hinzufügt: Die Lokalredaktion. Ihr Produkt heißt „Zeitung für Frankfurt". Geleitet wird sie von Erich Helmensdorfer: „Die „Zeitung für Frankfurt" ist ein Teil der „Frankfurter Allgemeinen Zeitung", der ausschließlich im Verbreitungsgebiet des Rhein-Main-Ballungs-Raumes kostenlos beigelegt wird. Die FAZ wird in verschiedenen Büchern, wie wir sagen, Produkten gedruckt. Und so wird der letzten Augabe, der sogenannten S- oder Stadt-Ausgabe, dieser

„Zeitung für Frankfurt" beigelegt. Sie wird im Hause unter geschäftlichen Überlegungen oft als das zweite Bein bezeichnet, auf dem die FAZ steht, denn naturgemäß werden wir durch die bei uns erscheinenden Anzeigen finanziert. Diese „Zeitung für Frankfurt" ist in ihrer Konzeption ein Lokal- und Regionalblatt. Sie besteht aus dem reinen Stadtblatt und mit dem aktuellen Teil, dem Feuilleton, der feuilletonistischen Seite, einem sogenannten Rhein-Main-Blatt über mehrere Seiten und dem Rhein-Main-Sport. Die Umfänge sind sehr unterschiedlich, eben je nach dem Anzeigenaufkommen zwischen acht Seiten — wir haben aber auch schon Ausgaben bis zu 36 Seiten gehabt; heute ist es zum Beispiel eine Ausgabe von zwölf Seiten. Naturgemäß muß eine solche beigelegte, der FAZ beigelegte Ausgabe im Stil der FAZ gehalten sein, das heißt, sie darf weder nach ihrem äußeren Erscheinungsbild, nach der Graphik, noch nach ihrer sprachlichen und thematischen Gestaltung einen Fremdkörper darstellen. Wir sind unmittelbar am Ort zwar die kleinste Zeitung, aber doch in scharfer Konkurrenz, was die Lokalnachrichten betrifft, mit den beiden anderen hier erscheinenden Zeitungen. Wir haben im Rhein-Main-Blatt eine Besonderheit. Die Arbeitsmethode sieht ungefähr so aus. daß die Entwicklung eines Vorgangs beispielsweise in einer Lokalzeitung, in einer Heimatzeitung über drei oder vier Fortsetzungen gehen kann, aber bei uns dann eines Tages in einer Gesamtschau zusammen genommen erscheint. Das hat sich außerordentlich bewährt, und diese Darstellungen all dieser Landkreise, all dieser Geschehnisse von den vielen Gemeinden und Orten um Frankfurt herum sind außerordentlich beliebt. Nun, im Stadtblatt selbst sind wir naturgemäß — ich möchte sagen, sowohl von der Thematik her, das ergibt der Stoff, als auch von der Schreibe — eine Kleinigkeit hier und dort munterer, als es die sehr seriöse FAZ tut. Aber natürlich steht bei uns an erster Stelle die Glaubwürdigkeit, mit ihr verbunden unmittelbar, denn dadurch nur können wir uns unterscheiden von anderen Zeitungen, die Qualität der Berichterstattung. Wir bemühen uns außerordentlich um eine gepflegte Sprache, um äußerste Zuverlässigkeit in der Berichterstattung, denn unsere Marktchance kann nur in der Qualität liegen. Das hängt auch damit zusammen, daß unsere Leserschaft nicht die breiten Massen naturgemäß sind — das zeigt ja unsere Auflage, die Auflage liegt bei ungefähr 67 000 —, aber wir sind insoweit einflußreich, als wir das, was wir Resonanzpersonen, das, was wir Entscheidungsgremien nennen, zweifelsohne erreichen. Und insoweit wird auf uns gehört. Natürlich haben wir alle Merkmale, die jeder Lokalteil einer Zeitung hat und der — wie es in der Fachsprache heißt — Leserbindung bringt. Einen technischen Vorteil für diesen Lokalteil haben wir, den andere Zeitungen nicht haben. Die Zeitungen drucken nahezu einheitlich alle abends um 18 Uhr an, vor allem jene Zeitungen, von der „Süddeutschen" bis zur „Welt" in Hamburg, die überregional in Deutschland am nächsten Morgen zum Kauf zu haben sind. Das heißt, dort müssen jeweils die Lokalteile auch schon sehr frühzeitig fertiggemacht werden. Sie können dann unter Umständen noch ausgewechselt werden. Wir drucken als letzten Teil der Zeitung hier im Hause an und haben den Vorzug, daß unser Andruck überhaupt erst nach 23 Uhr erfolgt mit der Möglichkeit, bei besonderen Großereignissen, seien es — wie einmal erlebt — Geiselnahme, seien es Großbrände oder dergleichen, bis nachts um 1 Uhr noch die letzten Nachrichten nachschieben zu können."

Rund zwei Dutzend Redakteure hat die „Zeitung für Frankfurt". Die gesamte Zentralredaktion zählt zur Zeit 118 Mitglieder, rund fünfzig Mitarbeiter und Korrespondenten arbeiten zwischen Wiesbaden und Stuttgart, zwischen Hamburg und München. Auslandsmitarbeiter und Auslandskorrespondenten leisten sich das Blatt 33 an der Zahl. Macht rund zweihundert. Sie alle redigieren und schreiben und lenken und leiten eine sehr deutsche „Zeitung für Deutschland", die auch die „Nachwachsenden auf ihren bequemen Stühlen" noch lesen sollen.

Heiko Flottau

Liberal auf schwankendem Boden:
Die „Frankfurter Rundschau"

Zeitungsjournalisten haben zuweilen Alpträume. Da steht plötzlich der Verleger in der Tür und verkündet, daß über einen bestimmten Skandal in seiner Zeitung nicht berichtet werden dürfe oder daß über den Oberbürgermeister der Stadt gefälligst keine Kritik zu veröffentlichen sei. Ein andermal träumt der Redakteur, daß er morgens das Konkurrenzblatt aufschlägt und dort aus einer kurz gefaßten Mitteilung an die „Lieben Leser" erfährt, daß nun seine Zeitung von der Konkurrenz übernommen worden sei — natürlich zum Nutzen von Redakteuren, Lesern und Verlegern.

Für viele Zeitungsjournalisten sind solche Befürchtungen schon bittere Wirklichkeit geworden. Interne Reglementierung von Bericht und Meinung, Besitzerwechsel über Nacht ohne Informierung der Redakteure hat es in der Nachkriegsgeschichte der deutschen Presse genug gegeben. Die Meinung des Verlegers und die Macht des Marktes überlagerten oft die journalistischen Belange. Journalistische Handhaben gab es dagegen kaum, denn Zeitungen sind, so sehen es viele Verleger, in erster Linie Wirtschaftsunternehmen, die sich, so weiß auch Bundeskanzler Schmidt, „am Markt zu behaupten haben".

Für Redakteure der „Frankfurter Rundschau" sieht dies alles ein wenig anders aus. Seit 1975 nämlich sind zwei Drittel der Geschäftsanteile des „Druck- und Verlagshauses Frankfurt am Main GmbH", in dem die Rundschau erscheint, in eine Stiftung eingebracht. Wichtigste Bestimmung für viele: die Stiftung darf ihre Geschäftsanteile nicht verkaufen.

Noch anderes wissen Redakteure der Rundschau zu schätzen. Wer von der Rundschau angestellt wird, erfährt sofort, nach welchen Grundsätzen dort journalistisch gearbeitet wird. In einem Anhang zu seinem Anstellungsvertrag wird jeder Redakteur über die journalistischen und gesellschaftspolitischen Leitlinien des Blattes aufgeklärt. Im Gegensatz zu manch verschwommen formulierten journalistischen Standesgrundsätzen lassen die als „Haltung der Zeitung" definierten Richtlinien an Deutlichkeit kaum etwas vermissen.

„Die ,Frankfurter Rundschau' ist eine von Parteien und Interessengruppen unabhängige Tageszeitung. Ihre Grundhaltung ist sozial-liberal (links-liberal). Sie weiß sich dem Geist des Grundgesetzes, vor allem den Grund- und Freiheitsrechten, wie überhaupt den allgemeinen Menschenrechten verpflichtet."

Was für die Rundschau sozial- und links-liberal bedeutet — daran läßt der Text wenig Zweifel:

„ ,Die Frankfurter Rundschau' tritt für eine ständige Reform unseres Gemeinwesens ein, um es im Zuge der gesellschaftlichen Entwicklung moderner, liberaler und sozial gerechter zu gestalten. Sie will durch ihr Wirken dazu beitragen, der Freiheit und der Würde des einzelnen Menschen in einer sich wandelnden Umwelt ein Höchstmaß an Geltung zu verschaffen. Sie tritt — unabhängig von der Beurteilung ihrer sachlichen Ziele — für die Rechte der Minderheiten ein, auch für ihr Recht sich zu organisieren und für ihre Auffassungen zu werben."

Daß innere Reformen nur friedlich verwirklicht werden dürfen, ist für jeden Rundschau-Redakteur Arbeitsgrundlage beim Berichten und Kommentieren. In den Richtlinien der Zeitung heißt es dazu nämlich ausdrücklich:

„ ‚Die Frankfurter Rundschau' lehnt Gewalt als Mittel innenpolitischer Umgestaltung in der Bundesrepublik Deutschland ebenso ab wie als Instrument zwischenstaatlicher Beziehungen. Gewalt muß nach ihrer Grundhaltung im persönlichen, gesellschaftlichen und zwischenstaatlichen Bereich auf das Recht auf Notwehr beschränkt bleiben."

Die Rundschau erteilt jedem Verlautbarungs- und Generalanzeigerjournalismus in ihren Spalten eine Absage. Denn über die Pflicht der kontinuierlichen Tagesberichterstattung hinaus hat sie sich folgendes Ziel gesetzt:

„Da ein Höchstmaß an Öffentlichkeit aller Regierungs- und Verwaltungstätigkeit, der Wirtschaft, der gesellschaftlichen Organisationen und der Rechtsprechung Voraussetzung einer breiten Mitbestimmung der Bürger in der Demokratie ist, betrachtet es die „Frankfurter Rundschau" als ihre wichtigste Aufgabe, zur Herstellung dieser Öffentlichkeit beizutragen. Sie will in erster Linie ihre Leser *informieren*. Der Redakteur hat die Pflicht, sich um Objektivität zu bemühen. ‚Die Frankfurter Rundschau' will Kritik üben und dazu beitragen, öffentliche Gewalten und private Mächte öffentlich zu kontrollieren. Sie will das Tagesgeschehen im Sinne ihrer Grundhaltung engagiert kommentieren und analysieren, um ihre Leser in Zustimmung, Abwägung oder Widerspruch zu eigener *Meinungsbildung* anzuregen. Daneben dient die Frankfurter Rundschau auch der Unterhaltung ihrer Leserschaft."

Wer als Journalist bei der Frankfurter Rundschau arbeitet, weiß also zumindest in zwei Dingen woran er ist: er weiß, was die Zeitung unter sozial- und linksliberal versteht, und er kann gewiß sein, daß er nicht über Nacht einem anderen Herren dient — weder Springer, noch Holtzbrink, noch Bertelsmann. Nicht vielen Zeitungsjournalisten wird in der Bundesrepublik von ihren Verlagen solch klarer Wein eingeschenkt. Dieses Fundament mag nicht einmalig sein, sicher gehört es aber eher zu den Ausnahmen als zur Regel.

Freilich — klare Konzepte lassen sich oft nur schwer verwirklichen. Sicher begrüßen alle Rundschau-Redakteure, daß der Springer-Verlag sie nicht aufkaufen kann. Doch deshalb ist die Freude, daß man Springer seit 1978 zu den Druckkunden zählt, noch lange nicht ungetrübt und sei es nur deshalb, weil man befürchtet, der Kunde Springer und seine Produkte würden bevorzugt behandelt — zum Nachteil der Rundschau. Sicher begrüßen die meisten Rundschauredakteure das klare sozial-liberale Konzept des Blattes. Aber wie verhält man sich, wenn die sozial-liberale Bundesregierung plötzlich ganz und gar nicht mehr sozial-liberal handelt? Und sicher muß es jeder begrüßen, daß eventuelle Gewinne der Rundschau nicht in die Privatschatullen von Verlegern fließen, die sie dann möglicherweise sachfremd investieren und fremde Verluste schlimmstenfalls aus dem Rundschau-Etat decken; aber ob die Etablierung einer Stiftung nun auch dazu geführt hat, daß der Verlag mehr als früher in der Rundschau ein journalistisches Produkt sieht – das wird im Rundschauhaus zumindest sehr kontrovers diskutiert. Daß das so ist, liegt nicht nur an der nur zu mäßigem Optimismus Anlaß gebenden wirtschaftlichen Lage. Auch hat man mit der neuen Konstruktion der „Karl Gerold Stiftung" kaum Erfahrung. Vor allem aber liegt die Zeit der „Dreieinigkeit" noch nicht lang zurück. Noch vor einigen Jahren konnte man im Impressum der Rundschau ganz oben lesen: „Herausgeber, Verleger und Chefredakteur: Karl Gerold".

Im Hausjargon hieß diese Konstellation schlicht „Dreieinigkeit". In ihr spiegelten sich alle Vor- und alle Nachteile privatwirtschaftlicher Presseorganisation. Vor allem aber spiegelte sich in der Person Karl Gerolds fast beispielhaft die Entwicklung der bundesdeutschen Nachkriegspresse. Denn Karl Gerold war zwar nicht der Mann der ersten, wohl aber der Mann der zweiten Stunden. Und die war die entscheidende.

Die Anfänge

Die Lizenzträger der ersten Stunde blieben, bis auf eine Ausnahme, nämlich nicht sehr lange in ihren Positionen. Sie überwarfen sich mit der amerikanischen Besatzungsmacht, beziehungsweise die Besatzungsmacht überwarf sich mit ihnen. Für sie wurde Wirklichkeit, was in jeder Lizenz schriftlich vermerkt war: sie war fristlos und ohne Begründung kündbar.

Lizenzträger einer Zeitung in der amerikanischen Zone konnte werden, wer kein Nazi gewesen war, wer als unbelastet galt, wer aus der Existenz des Regimes keinen Nutzen, etwa materiellen, gezogen hatte und wer in den Augen der Besatzungsmacht die Gewähr bot, beim Aufbau einer demokratischen Ordnung im Sinne der USA mitzuwirken. Und das waren zumindest in den ersten Monaten nach der Kapitulation alle Gruppen außer den Faschisten. So war das erste Lizenzträgerkollegium der Rundschau nach heutigen Begriffen ein lupenreines „Volksfront-Bündnis". Die sieben Lizenzträger der ersten Stunde waren der Zeitungsmann und Katholik Wilhelm Karl Gerst, die Sozialdemokraten Wilhelm Knothe (später hessischer SPD-Landesvorsitzender), Hans Etzkorn und Karl Rodemann, der später das „Darmstädter Echo" übernahm, und schließlich die Kommunisten Otto Großmann, Arno Rudert und Emil Carlebach. (Chefredakteur der „antifaschistischen" Wochenzeitung „Die Tat".)

In ihren „Antrittsleitartikeln" erläuterten die einzelnen Lizenzträger im August und September 1945 ihre Vorstellungen einer Zusammenarbeit und einer gesellschaftlichen Ordnung. Für Wilhelm Karl Gerst lagen die Hauptanliegen in einer gemeinsamen antifaschistischen und antimilitaristischen Haltung, in dem gemeinsamen, bedingungslosen Bekenntnis zur Demokratie und in der gemeinsamen Forderung nach Wirtschaftsformen, in denen einzig das Wohl des Volkes ohne Rücksicht auf kapitalistische Interessen maßgebend ist.

Der Sozialdemokrat Wilhelm Knothe wollte zeigen, „daß wir zusammenarbeiten können, um das Leid und die Not einzudämmen, die der Nazismus über die Welt gebracht hat".

Und Emil Carlebach schließlich erhoffte für Deutschland eine Demokratie, „die nicht eine Staatsform nach Weimarer Muster sein darf – deren Macht da endete wo sie in Konflikt mit der feudalen und verkrusteten Reaktion. . . geriet –, sondern eine wirkliche Volksherrschaft, in deren Rahmen der Privatbesitz nur soviel Macht und Einfluß haben darf, daß er die Auswirkung des demokratischen Volkswillens nicht behindern kann".

Daß die Amerikaner Lizenzen auch an Kommunisten gaben, war seinerzeit offensichtlich nicht unumstritten. Jedenfalls erinnert sich Emil Carlebach:

„Die Frankfurter Rundschau wurde gegen heftige Widerstände gegründet, denn bereits damals gab es heftigen Antikommunismus in der amerikanischen Armee. Aber man war ja mit „Uncle Joe", wie Stalin genannt wurde, noch dicke Freund und konnte nicht offen gegen Kommunisten auftreten, auch die Antikommunisten nicht."

Das Lizenzträgergremium wandelte sich schnell – teils, weil es einige seiner Mitglieder in die Politik zog, teils, weil die sich schnell ändernde politische Lage und der drohende kalte Krieg kaum spurlos an einem „Volksfront-Bündnis" vorbeigehen konnten – auch in der Wiederaufbauphase unmittelbar nach Kriegsende nicht. Hans Etzkorn war freiwillig ausgeschieden, Wilhelm Knothe hatte sich für ein Engagement in der Landespolitik entschieden, Wilhelm Karl Gerst wurde wenig später – offensichtlich wegen seiner Aufforderung an die Katholische Kirche, aufgrund ihrer Haltung im dritten Reich Selbstkritik zu üben – von den Amerikanern entlassen; dasselbe Schicksal ereilt später auch Emil Carlebach! Am 17. August 1947, ziemlich genau zwei Jahre nach dem Start der Rundschau, verlor er seine Lizenz. Der kalte Krieg war endgültig ausgebrochen.

Von den ursprünglichen Lizenzträgern war jetzt nur noch Arno Rudert übrig. Ihm stand Karl Gerold zur Seite, den die Amerikaner 1946 aus der Schweiz geholt hatten, um für die Sozialdemokraten Etzkorn, Rodemann und Knothe Ersatz zu schaffen.

Carlebach erinnert sich an das Eintreffen Gerolds in dieser Weise: „Bei Nacht und Nebel fuhr ein Jeep in die Schweiz, man griff sich dort einen bestimmten Mann und zog ihm eine amerikanische Soldatenuniform an und fuhr mit ihm als angeblich amerikanischen Soldaten zurück. Das war kein anderer als Karl Gerold."

Der Kommunist Carlebach bestätigt dem Sozialdemokraten Gerold, den er später sicher nicht unbedingt sehr schätzte, immerhin eine „antifaschistische" Haltung. Der letzte kommunistische – und der Rundschau von den ursprünglichen sieben als einziger verbliebener – Lizenzträger Arno Rudert, wurde 1947 aus dem KPD wegen mangelnder politischer Betätigung ausgeschlossen. Damit war die „Volksfrontära" der Rundschau beendet. Gerold trat 1949 aus der SPD aus, um die Rundschau auf einen parteiunabhängigen Kurs zu bringen, wobei er freilich seine sozialliberale Grundeinstellung nie vergaß. Nach dem Tode von Mitherausgeber Rudert 1954 war Gerold bis zu seinem Tode 1973 jene erwähnte „Dreieinigkeit": Herausgeber, Verleger und Chefredakteur.

Karl Gerold und die Linie der „FR"

Für Gerold hatte das im Laufe der Zeit natürlich positive Folgen. Er wurde vom Lizenzträger zum Millionär und konnte die Linie der Zeitung über weite Strecken weitgehend alleine bestimmen. Seinen journalistischen und politischen Grundsätzen blieb er dabei freilich treu, und das bedeutete für die Journalisten des Blattes eine weitgehende Garantie für eine kontinuierliche Arbeit. Frei von fast eigenwilligen, ja vielleicht einsamen Entschlüssen war die Rundschau-Redaktion in jenen Jahren dennoch nicht. Olaf Ihlau schrieb zum Tode Gerolds im März 1973:

„Karl Gerold war eine Verleger- und Chefredakteursfigur von gleichermaßen sympathischer Skurrilität, bisweilen ungerechter Launenhaftigkeit und politisch-journalistischer Leidenschaft. Als 1969 der spanische Informationsminister Fraga Iribarne das Bundesverdienstkreuz erhielt, schickte Gerold aus Protest gegen die Verleihung dieses Ordens an einen „francoistisch-faschistischen Minister" sein eigenes großes Verdienstkreuz zum Bundespräsidenten zurück.

Gerold kämpfte vehement gegen die Starfighterabstürze, er sprach vom Verteidigungsminister als „der lüsterne Strauß" und rückte auch – nicht immer zur Freude der Redakteure – gelegentlich selbstgereimte Verse in die Spalten seines Blattes. In Nepal ließ er – natürlich nicht ohne davon groß in der Rundschau berichten zu lassen – ein Heim für Kinder leprakranker Eltern errichten. Durch manch eine patriarchalische Attitüde hat Gerold sicher dazu beigetragen, daß die Konstruktion der „Dreieinigkeit" nicht gerade zum Idealbild einer innerredaktionellen Verfassung wurde. Was ihm aber wohl niemand verübelte, war die konsequente sozialliberale Linie, die er stets durchhielt und von der das Blatt heute noch zehrt. Und manch eine gute personal-politische Entscheidung hat dem Blatt im Laufe der Jahre immer wieder Auftrieb gegeben – wie etwa die Tätigkeit von Conrad Ahlers, Karl-Hermann Flach und Werner Holzer, dem jetzigen Chefredakteur.

Einen Höhepunkt ihrer Entwicklung erlebte die Rundschau in den sechziger Jahren. Das hatte verschiedene Gründe. Einmal: Meinungen, die die Rundschau seit langem und meistens als einzige Zeitung der Republik vertreten hatte, wurden allmählich salonfähig – zunächst in Kreisen der außerparlamentarischen Opposition, dann in der Studentenbewegung und schließlich in der sozialliberalen Bundesregierung von 1969. Und zum anderen: die wirtschaftliche Lage erlaubte es, Mittel für das Recherieren von Hintergrundberichten auszuwerfen, wie sie vorher und nachher nicht mehr in diesem Maße vorhanden waren. Ein Höhepunkt waren die Berichte der Rundschau über die Affäre mit dem Schützenpanzer HS 30, mit der sich dann sogar ein Untersuchungsausschuß des Bundestages befassen mußte.

Die Rundschau war die erste Zeitung der Bundesrepublik, die die drei Buchstaben DDR ohne Anführungszeichen schrieb. Das geschah nicht, wie sich heute ein Redakteur erinnert, weil man die DDR etwa als liebenswertes Gebilde angesehen hätte, sondern weil dieses durchaus nicht beliebte und nicht geliebte „Gebilde" auch deutsche Realität war. Die Rundschau war auch das erste Blatt, das eine sozialliberale Koalition nicht nur als wünschenswert betrachtete, sondern eine solche Regierung als so etwas wie ein ideales Bündnis bezeichnete. Das geschah lange, bevor eine solche Regierung überhaupt in den Bereich des Möglichen trat.

Kein Wunder, daß die Rundschau in den sechziger Jahren zur beliebtesten Studentenzeitung wurde. Der Verlag förderte diese Entwicklung durch verbilligte Abonnements für Studierende. Die Folge: die Auflage an deutschen Universitäten und Hochschulen erreichte die Rekordhöhe von 35 000 Stück. Klaus Reiner Röhls „konkret" jubilierte und sprach von der Rundschau als „der besten politischen Tageszeitung der Bundesrepublik" und erbat zugleich Lokalausgaben in Hamburg und Essen. Für die Rundschau waren die Studentenabonnements sowie die Steigerung der überregionalen Auflage sicher finanziell alles andere als lukrativ – doch für das Ansehen des Blattes waren diese Entwicklungen ausschlaggebend. Noch heute zehrt das Blatt davon, noch heute zählt es zum Beispiel in Berlin die größte Auflage aller auch überregional verbreiteten Blätter. Und die Grundsätze von damals haben noch immer Geltung. So schrieb der „Spiegel":

„Vehement wie keine andere westdeutsche Tageszeitung tritt die „Frankfurter Rundschau" nach wie vor für Bürgerrechte und soziale Reformen ein. Selbst im Konflikt mit Terroristen sieht sie vor allem einmal „die Humanität einer Gesellschaft" auf die Probe gestellt. Und in der Mitbestimmungsfrage kommentierte sie bissig, „daß am Ende vor lauter Erleichterung nur noch der Kompromiß als solcher bewundert und der sachliche Inhalt der Einigungsformel gar nicht mehr zur Kenntnis genommen" wird. Sachlicher Inhalt, laut Rundschau-Schlagzeile: „Kapital hat das letzte Wort"."

Nicht immer freilich ist es der Rundschau nach 1969 ganz leicht gefallen, Kritik an den nun Regierenden zu üben. Dieses Schicksal teilte sie mit manch einem – zum Beispiel mit Kabarettisten, die nun plötzlich die Zielscheibe ihrer jahrelangen Kritik in der Opposition und damit dort fanden, wo man zunächst einmal keine Regierungspolitik machte. Nachdem die jahrelang von der Rundschau als „Idealbündnis" gepriesene Regierung nun tatsächlich installiert war, fand sich die Rundschau gewissermaßen plötzlich dort wieder, wo andere etwa die „Frankfurter Allgemeine" oder „Die Welt" vorher standen – nämlich auf der Regierungsseite.

Die „FR" und die Sozialliberale Koalition

So war der journalistische und der politische Erfolg plötzlich zum Problem geworden. Denn die Regierenden zu kontrollieren, Verwaltungsvorgänge öffentlich zu machen, wie es ja in den Richtlinien des Blattes von jedem Redakteur gefordert wird, das hieß in der ersten Zeit nach 1969 ja zunächst einmal, über die Erfolge der selbst für richtig gehaltenen Politik zu sprechen. Zwar verschleißen sich auch sogenannte „Idealkoalitionen", aber das dauert manchmal seine Zeit. Die „Rundschau" als eine Art „Regierungsblatt"? Das war zumindest eine sehr ungewohnte Rolle. Wenn auch die Rundschau – konsequenterweise – die sozialliberale Politik der Bundesregierung in den ersten Jahren nach 1969 vertreten hat – von der Koalition selbst ist ihr Dank oder gar Hilfe in keiner Weise zuteil geworden. Informiert wurden – das ist die Erfahrung vieler Rundschauredakteure – im Zweifelsfall immer erst die anderen Blätter, weil man – fälschlicherweise, wie sich mit zunehmender Amtszeit der Sozialliberalen zeigte – der Meinung war, daß die Rundschau keiner besonderen informativen Fürsorge bedürfte. „Die sind", das war eine gängige Bonner Meinung, „ja eh auf unserer Seite." Und später, als es in Krisenzeiten darum ging, besonders der überregionalen Presse wirtschaftlich zur Seite zu stehen, mußte mit anderen auch die Rundschau unter sozialliberaler Pressepolitik leiden: Fernschreib-, Fernsprech- und Postzustellgebühren wurden erhöht, eine Subvention des teuren Auslandsvertriebes der überregionalen Blätter wurde diskutiert, aber nicht verwirklicht. Die Folge: unter der sozialliberalen Koalition mußte die sozialliberale Rundschau ihren Auslandsvertrieb einstellen, ihr Auslandskorrespondentennetz zwar nicht reduzieren, aber mit anderen Zeitungen teilen.

Werner Holzer, der sein Amt als Chefredakteur im März 1973 antrat, hat diese ersten „sozialliberalen Regierungsjahre der Rundschau" in der Redaktion selbst nicht unmittelbar miterlebt. Als er dann Chefredakteur war, gehörte es zu seinen ersten Tätigkeiten, „denen in Bonn" zu sagen, daß die „Rundschau" keineswegs automatisch auf seiten der Regierung stehe. Publizistisch unterstützen werde man echt sozial-liberale Politik, nicht aber das, was man in Bonn zuweilen dafür halte.

Heute ist für viele in der Rundschau der Unterschied wieder so deutlich, daß vom „Mitregieren" wie einst anno 69 niemand mehr etwas wissen will. Da wurde zwar der „Arbeitskreis Sozialdemokratischer Juristen" wegen seiner rechtspolitischen Vorstellungen gelobt, der sozialdemokratische Justizminister aber gleichzeitig heftig getadelt, weil er die Quantität seiner Gesetze schon mit Qualität gleichsetzt. Da wurde im Zusammenhang mit dem Oberst Rudel und dem General Krupinski gefragt, ob hier nicht auch ein „Fall Leber" vorliege; und vehement wurde, wie meistens, für die Rechte der Bürger gestritten. Über die Ereignisse in Brokdorf etwa las man:

„Als zwei Generale die Bundeswehr verlassen mußten, weil sie die Brisanz eines hochdekorierten Offiziers des zweiten Weltkrieges nicht erkannt hatten, da brauste Empörung durchs Land. Eine Sondersitzung des Bundestages wurde erzwungen. Vehement schlug man die Schlachten von gestern. Nach dem Wochenende in Brokdorf jedoch, als Polizisten aus vielen Bundesländern und Bundesgrenzschutz aufmarschieren mußten, um den Bürgern die Segnungen der Technik mit dem Knüppel und mit Tränengas einzubleuen, ruft niemand nach der Sondersitzung irgendeines Parlaments."

Auch mit dem sozialliberalen Bündnis hat man es allmählich wegen dessen schlechter Leistungen wieder leichter. Der Bonner Koalition wird allenfalls noch „braves Mittelmaß" zugebilligt, der sozialliberale Kanzler muß mit dem Vorwurf der sozialliberalen Rundschau leben, er sei unfähig, starke Persönlichkeiten neben sich zu ertragen. Das Resumee der Rundschau über das Bonner Kabinett fiel 1976 entsprechend schlecht aus: „Mit einem Bundeskanzler zusammenarbeiten, der das meiste am besten allein kann, das setzt einen Verzicht auf eigene Profilierung voraus, der offenbar vielen Potenzen in der SPD unzumutbar erscheint. So ist auch die SPD-Ministermannschaft weniger ein Spiegelbild des qualitativen Niveaus der deutschen Sozialdemokratie, als vielmehr eine Gruppe von Gehilfen, die sich vor allem an den Eigenarten des Chefs orientiert."

Merkwürdig — trotz des erneuerten Bewegungsspielraums der Rundschau, trotz der wieder größeren Möglichkeiten, für echt sozialliberale Politik zu streiten, hat die Rundschau ihren Ruf, den sie bei vielen „Linken" einst besaß, verloren und nicht, oder noch nicht wiedergewonnen. Das freilich muß gar nicht einmal an der Rundschau liegen. Einst, im Vormärz der deutschen Studentenrevolte, kämpfte man Hand in Hand *gegen* etwas, was man nicht unbedingt gleich genau zu definieren brauchte. Viele Demonstraten gingen vielleicht gegen das System als solches auf die Straße, die Rundschau indessen plädierte lediglich für einen Regierungswechsel. Der kam, und für viele enthüllte sich konsequenterweise der „systemimmanente Charakter" der Rundschau. Und das war noch schlimmer, als die Sozialliberalen nicht alles erfüllten, was sich manch einer, vielleicht fälschlicherweise, erhofft hatte. Die Rundschau hatte sich als „systemimmanent" erwiesen, das „System" war nicht verändert worden, vielleicht weil man seine Denkkategorien zu wenig kannte, die bürgerlichen Blätter zu wenig studiert hatte. Möglicherweise ist das eine verbreitete, wenn auch nicht überwiegende Haltung mancher „Linker", lieber die „Frankfurter Allgemeine Zeitung" zu lesen? Einer dieser neuen FAZ-Leser erklärte zum Beispiel: „Ich lese die FAZ, um die bürgerlichen Argumentationsketten kennenzulernen, die mir die Rundschau vorenthält. Die Meinung der FAZ übernehme ich selbstverständlich nicht."

Obwohl die Rundschau die preisgünstigen Studentenabonnements inzwischen abgeschafft hat, gehört sie dennoch zu den am meisten gelesenen Zeitungen an den Universitäten. Gleichwohl sind die Zeiten, in denen Studenten die Rundschau sozusagen als Statussymbol in offener Rocktasche zur Schau trugen vorbei. Daß manch einer heute lieber FAZ ließt, um die „bürgerlichen Argumentationsketten besser zu begreifen", hat vermutlich die Rundschau selbst am wenigsten zu vertreten. Was die Rundschau an nationalem Rennommee einigermaßen konstant hält, geht ihr nach Ansicht vieler im lokalen und regionalen Bereich zuweilen verloren. Hier ist ihr Erscheinungsbild oft recht uneinheitlich. Da kämpft man im Lokalteil vehement gegen die Verwendung der „Chemischen Keule" durch die Polizei; da recherchiert man gekonnt über die eine oder andere der zahlreichen hessischen Müllaffären; da spricht oft hohes soziales Engagement aus den Zeilen der Lokalseiten. Doch anderswo bleibt das Engagement ungewohnt blaß. Bei der Frage, ob diverse Spenden von Großunternehmern an die Frankfurter SPD in Zusammenhang mit Bauaufträgen auf dem Frankfurter Flughafen stehen, war der Lokalteil der Rundschau zwar stets präsent, aber schneller und gründlicher als die einheimische und auch die auswärtige Konkurrenz war die Rundschau auch nicht. Dabei hätte sie zweifellos die journalistische Substanz gehabt, fundiertere Hintergrundberichte als andere zu liefern. Auch beim Skandal um die Milliardenverluste der Hessischen Landesbank reagierte die Rundschau vergleichsweise zurückhaltend. Das mag damit zusammenhängen, daß die Sozialliberalen in Wiesbaden zwar auch in den Augen der Rundschau seit langem nichts Nennenswertes leisteten, die hessische CDU unter Alfred Dregger gleichwohl für die Rundschau natürlich nicht als Alternative gelten konnte. Trotz dieses Dilemmas bleibt der Eindruck, daß es der Rundschau wie anderen Blättern mit lokaler und regionaler Berichterstattung, nicht vollständig gelungen ist, auf lokaler und regionaler Ebene in ähnlicher Weise Distanz zu den Regierenden zu halten wie im Bereich der sogenannten „großen Politik". Seit die CDU in Frankfurt „regiert" sind die Konturen allerdings im Lokalteil wieder deutlicher.

Wenn man zudem bedenkt, daß die Rundschau vom Verbreitungsgebiet ein Regionalblatt mit Schwerpunkt Rhein-Main-Gebiet und Hessen ist, wird manch einem die Landes- und Regionalberichterstattung schon vom Volumen her zu dürftig ausfallen. Dieses Defizit erscheint als eine Merkwürdigkeit des sonst so engagiert und ausführlich informierenden Blattes. Eine andere Merkwürdigkeit wird vielen Lesern gar nicht recht bewußt. Wer die Deutschlandausgabe liest, wird ausführlich mit Dokumentationen und Auslandsberichten versorgt. Der Leser im Rhein-Main-Gebiet muß darauf weitgehend verzichten. Die Seiten, die für den Leser zum Beispiel in Hamburg für Internationales und Reportagen reserviert sind, dienen in Frankfurt und Umgebung der lokalen Berichterstattung. Bei der Rundschau hat man diese unterschiedliche Behandlung der Leser natürlich längst als Nachteil erkannt und tröstet sich auch nur schwach mit dem Argument, Frankfurter Leser könnten ja die Deutschlandausgabe bestellen.

Die wirtschaftliche Situation

Wieviel finanzielle Mittel für journalistische Leistungen zur Verfügung stehen, ist freilich für die Rundschau ebenso wie für andere Zeitungen mit überregionalem Anspruch seit der wirtschaftlichen Rezession die entscheidende Frage. Keine der überregionalen Zeitungen ist von wirtschaftlichen Einbußen verschont geblieben, alle mußten, zumindest zeitweise, ihre redaktionellen Leistungen einschränken. Geld für ausführliche Hintergrundberichterstattung hat die Rundschau – wie andere auch – heute weniger als früher. Da blieben Spekulationen, wie lange sich auf dem Zeitungsmarkt Frankfurt, die „Rundschau", die „Neue Presse", die „FAZ" und die „Abendpost" würden halten können, nicht aus.

In Zeiten wirtschaftlicher Not blühen die Mutmaßungen und kritischen Fragen. Zum Beispiel: Werden es sich die Sozialliberalen, wird es sich die gewerkschaftseigene Bank für Gemeinwirtschaft leisten können, ausgerechnet die Rundschau eingehen zu lassen? Wieweit genießen die Wiesbadener Sozialliberalen, wie weit genießt Walter Hesselbach von der BfG Schutz vor kritischen Erörterungen in der Rundschau? Solche in Krisenzeiten blühenden, aus der journalistischen Psyche durchaus begründbaren Befürchtungen verunsichern Redakteure und Anhänger des Blattes – unabhängig davon, ob es überhaupt Anhaltspunkte für solche Befürchtungen gibt. Vor allem: keine Zeitung bleibt in Krisenzeiten von solchen Befürchtungen verschont. Die Mutmaßungen variieren – je nach den Abhängigkeiten, denen nun einmal jedes Blatt mehr oder weniger unterliegt. Die Rundschau hatte, wie andere Blätter auch, in wirtschaftlich sicheren Zeiten investiert.

Die Investition stand, wie anderswo auch, im Vorort und war ein Druckzentrum. Karl Gerold noch hatte es errichten lassen. Seine Begründung lautete, wie anderswo auch: man brauche wirtschaftlich ein „zweites Bein", um in Krisenzeiten überleben zu können. In Krisenzeiten erwies sich indessen das Rundschau-Standbein in Neu-Isenburg als schwach — Verluste entstanden eher im Druckereibetrieb als bei der Rundschau in Frankfurt. Auch das ist nichts Außergewöhnliches im deutschen Zeitungswesen. Die Frage, die überall aufkommt, entstand natürlich auch in Frankfurt: ist eine eigene Druckerei in Krisenzeiten nicht eher eine wirtschaftliche Schwächung als eine finanzielle Hilfe?

Die Antworten variieren. Derzeit lobt man in der Rundschau-Führung Karl Gerolds Weitblick. Denn die Druckkapazitäten in Neu-Isenburg haben letztlich keinen geringeren als Axel Springer angezogen, der dort seit 1978 an zum Beispiel Teile der BILD-Zeitung druckt und auch eine Frankfurter Ausgabe von BILD startete. Ein Auftrag von Springer bringt nicht nur Geld, sonder erhöht auch die Kreditwürdigkeit eines Unternehmens.

Die „Karl Gerold Stiftung"

Daß die ·„Unwägbarkeiten des Marktes", wie es so schön heißt, journalistische Leistungen und damit die Information der Bürger entscheidend beeinflussen können, gehört zu den großen Nachteilen des deutschen Pressewesens. Über Abhilfe wird seit langem diskutiert, die Lösung heißt meistens „Stiftung". Die Frankfurter Rundschau ist seit September 1975 eine Stiftung. Die Geburtswehen waren typisch, weil sich die Besitzer, beziehungsweise deren Erben, nicht einigen konnten. Die Witwen der ursprünglichen Lizenzträger — Herausgeber, Elsy Gerold und Friedel Rudert konnten sich nicht einigen, u. a. nicht über den Namen. Die in die Zeitungsgeschichte als „Witwenstreit" eingegangene Auseinandersetzung wurde schließlich durch die Gründung der „Karl-Gerold-Stiftung" gelöst, Witwe Rudert blieb mit ihrem Ein-Drittel-Anteil draußen. Sinn der Stiftung ist die Förderung journalistischen und technischen Nachwuchses, Gewinne müssen in der Zeitung investiert werden.

Zumindest am Anfang sah die „Geschäftsleitung" die Konkurrenz der Rundschau eher in der „Frankfurter Neuen Presse", während die Redaktion die Vergleiche eher mit der Frankfurter Allgemeinen gezogen wissen wollte. Doch der von wirtschaftlichen Aspekten ausgehende Verlagsstandpunkt und die von journalistischen Gesichtspunkten argumentierenden Position der Redaktion haben sich einander genähert. Auch die Verlagsleitung, so sieht es jedenfalls Chefredakteur Werner Holzer, ist dabei, die Ansicht der Redaktion zu übernehmen.

Zweifellos ist die Institution der Stiftung ein in die Zukunft weisender Weg. Ihre Bewährung muß diese Institution erst noch erwerben. Unabhängige Redaktionen mit journalistischer Substanz wie in der Rundschau brauchen und verdienen einen optimalen Vertrieb ihres Produktes und optimale wirtschaftliche Voraussetzungen Diese — im Rahmen des Möglichen — zu schaffen, wäre eine der Hauptaufgaben der „Karl-Gerold-Stiftung". Bis dahin wird der Boden der Rundschau, wenn nicht schwankend, so doch zuweilen uneben bis unsicher sein. Von Tradition, journalistischem Anspruch und redaktioneller Substanz wäre die Rundschau in der Lage ihre Position als linksliberale, überregionale Tageszeitung mit regionalen Schwerpunkt auszubauen, sofern sich die wirtschaftliche Lage stabilisiert und die Stiftung diesem Ziel zuarbeitet. Hier könnte ein Fundament entstehen, daß für das Produkt „Zeitung" fester und für die Redakteure zufriedenstellender als anderswo wäre – vor allem dann, wenn das von Karl Gerold einst in Aussicht gestellte, in der Praxis teilweise praktizierte, aber zwischen Verlag und Redaktion noch nicht endgültig ausgehandelte Redaktionsstatut endlich institutionalisiert würde. Denn auch das gehört zu den Merkwürdigkeiten der sozialliberalen Rundschau und ihrer Stiftung: ein rechtmäßig verabschiedetes Redaktionsstatut soll es erst im Laufe des Jahres 1979 geben. Auch hier muß sich die Stiftung noch bewähren.

Für Redakteure und Leser gleichermaßen interessant wird eine zweite Entwicklung werden. Wie manch andere Zeitung hat die Rundschau 1969 für einen „Machtwechsel" in Bonn plädiert, u. a. um das Funktionieren der Demokratie auch auf diesem Gebiet zu beweisen. Vielleicht wird manch ein Blatt 1980 wiederum für einen Wechsel in Bonn eintreten, weil sich die Koalition in Bonn dann verschlissen haben könnte. Wie wird die mit eindeutigen sozial-liberalen Richtlinien ausgestattete Rundschau dann votieren? Wird sie – um des demokratischen Ablösemechanismus willen – wiederum für einen Machtwechsel eintreten und somit die CDU unterstützen? Im Rundschauhaus gibt es dazu verschiedene, wenn auch nicht sehr divergierende Antworten. An der „redaktionellen Basis" herrscht die Meinung vor, daß eine Unterstützung der CDU wegen Versagens der SPD/FDP nicht möglich sei. Chefredakteur Werner Holzer antwortet ein wenig anders: Die Rundschau werde stets „sozialliberale Politik" unterstüzen. Und die ist, das fügt er zwar nicht hinzu, ist aber unschwer aus seinen Worten ablesbar, von der CDU/CSU nicht zu erwarten.

In den sechziger und den beginnenden siebziger Jahren kämpfte die Rundschau für sozialliberale Politik und damit für die SPD/FDP-Koalition. Die Zukunft kann es mit sich bringen, daß die Rundschau weiter für sozialliberales Gedankengut kämpft, aber keine Partei findet, die in der Lage wäre, solche Politik wirksam zu betreiben. An journalistischem Reiz und redaktioneller Verantwortung stünde diese Aufgabe denen der Vergangenheit in keiner Weise nach. Der publizistische Kampf für sozialliberale Politik ohne Hoffnung auf ihre Durchsetzbarkeit wäre allerdings auch für die Rundschau eine neue Erfahrung.

Karl-Heinz Harenberg

Aus Bonn für ‚Deutschland'
„DIE WELT"

Unter den etablierten politischen Tageszeitungen der Bundesrepublik Deutschland ist wohl kein Blatt so umstritten wie die WELT, die – wie es im Kopf heißt:
„Unabhängige Zeitung für Deutschland". Keine der beiden großen Konkurren-
tinnen wagt es, sich vergleichbar zu qualifizieren. Die „Frankfurter Allgemeine"
begnügt sich mit der schlichten Unterzeile: „Zeitung für Deutschland". Und die
„Süddeutsche Zeitung" verspricht lediglich „Neueste Nachrichten aus Politik,
Kultur, Wirtschaft, Sport". Erst die „Frankfurter Rundschau", wenn wir sie
denen in diesen Kreis aufnehmen wollen, hält sich wiederum für eine „unabhängige Tageszeitung".

Die geographische Bescheidenheit, die FAZ und WELT vermeintlich zum Ausdruck bringen, sollte dabei so eng nicht gesehen werden. Zeitung für Deutschland – wer denkt dabei nicht an Willy Birgel, als er einst für Deutschland ritt.
Deutschland in den Grenzen von 1937? Zeitung für die Bundesrepublik Deutschland? Immerhin, wenn die erhoffte Wiedervereinigung einst Wirklichkeit werden
würde, brauchten die Kopfleisten nicht geändert zu werden. Es ist müßig, sich
bei diesem Slogan aufzuhalten. Interessanter ist der Unterschied, den das Attribut
„unabhängig" kennzeichnet. Sind die WELT und die „Frankfurter Rundschau"
unabhängige Blätter, weil sie sich so vorstellen – nicht dagegen die „Frankfurter
Allgemeine" und die „Süddeutsche Zeitung"? Wer sich, für jeweils 80 Deutsche
Pfennige pro Tag, das Vergnügen bereitet, Rundschau und WELT nebeneinander
zu lesen, wird spätestens dann eine scheinbar eindeutige Vorstellung von dem,
was unabhängig ist, aufgeben müssen.

Wer sich im westdeutschen Blätterwald einigermaßen zu orientieren vermag,
wird nicht übersehen, daß Unabhängigkeit immer nur sehr konkret definiert werden kann. Unabhängig vom Einfluß der amtierenden sozial-liberalen Regierung
ist die WELT sicherlich. Was wiederum nicht automatisch besagt, daß sie von den
oppositionellen Unionsparteien abhängig wäre. So ist die WELT von den CDU-
Sozialausschüssen um Norbert Blüm zweifellos unabhängiger als von den konservativen Unionschristen wie Carl Carstens oder Alfred Dregger, unabhängiger vom
CDU-Vorsitzenden Kohl als vom CSU-Vorsitzenden Strauß. Und ist doch gleichzeitig wiederum Sozialdemokraten wie Herbert Weichmann oder Franz Barsig
sehr verbunden.

Eine wissenschaftlich-fundierte Inhaltsanalyse der WELT liegt leider bis heute
nicht vor. Anhänger und Kritiker, Freunde und Feinde haben sich mehr oder weniger immer auf Beispiele beschränkt, um ihre Meinung zu belegen. Im April 1971
– anläßlich des 25-jährigen Bestehens der WELT – sagt ihr Verleger Axel Caesar
Springer: „Diese Zeitung wird nie und nimmer den Versuch unternehmen, selbst

Politik zu machen" – und fügte hinzu –: „Aber sie wird auch nie und nimmer aufhören, die Politik zu fördern und zu fordern, die sie für richtig hält." SIE – die Zeitung? Kann eine Zeitung etwas für richtig oder falsch halten? Wohl kaum. Nach positiven oder negativen Kriterien messen und Urteile fällen können nur die Mitarbeiter dieser Zeitung, Journalisten, Redakteure. Wenn diese Journalisten jedoch, eine normalerweise weit verbreitete Eigenschaft dieses Berufsstandes (jedenfalls in einem demokratischen Land mit Meinungsfreiheit), wenn diese Journalisten also unterschiedlichen Auffassungen anhängen und diese in ihre Arbeit einfließen lassen, wird das Produkt einer so differenzierten Teamarbeit, die Zeitung, kaum geschlossen für oder gegen eine Politik eintreten, die sie für richtig hält. Was könnte der Verleger darum gemeint haben? Die Politik, die *er* für richtig hält?

Die Anfänge der WELT

Die politische Linie der WELT wird diskutiert, seit es diese Zeitung gibt. Die erste Ausgabe erschien am Dienstag, den 2. April 1946, und von da an vorerst zweimal wöchentlich. Initiiert und gegründet hatte sie die britische Militärregierung, die für ihre Besatzungszone ein vergleichbar überregionales Organ haben wollte, wie es die Sowjets seit Mai 1945 mit der „Täglichen Rundschau" und die Amerikaner seit Oktober 1945 mit der „Neuen Zeitung" bereits hatten. Das Gründungsverfahren nach dem damals in Deutschland herrschenden Militärrecht war, wie Verlagsleiter Ernst Dietrich Adler schreibt, kurz und bündig: „Durch einen Hoheitsakt der Besatzungsmacht waren alle Gebäude und technischen Einrichtungen des Hamburger Verlagshauses Broschek beschlagnahmt worden, soweit sie zur Herstellung der neuen Zonen-Zeitung notwendig waren. Zum Zeitungsmachen hatte man also schnell die Gebäude, die Maschinen und das Verlagspersonal. Es fehlte eine Redaktion und – Geld. Das Geld wurde schließlich auch aus der Broschek-Kasse geliehen."

Zwar gab es damals genügend stellungsuchende Journalisten, aber – so erinnert sich der mit der Gründung der WELT beauftragte britische Oberst Henry B. Garland, im Zivilberuf Professor für Germanistik: „Auf der verlagskaufmännischen Seite gingen die Dinge ziemlich leicht ... Das Hauptproblem waren jedoch die Journalisten. Mein Ziel war es, das fähigste Team aus Leuten zusammenzustellen, die dem Regime ferngestanden hatten." Wie schwierig dieses Problem war, zeigte der Fall Zehrer, der, erst um die Jahreswende als Chefredakteur eingestellt, das Erscheinen der WELT in dieser Funktion schon nicht mehr erlebte. Der Publizistikwissenschaftler Ebbo Demandt schreibt dazu in seiner Biographie „Hans Zehrer": „Die in Hamburg regierende Sozialdemokratie zeigte sich nicht damit einverstanden, daß die Leitung der ersten großen zonalen Zeitung ausgerechnet in den Händen des Mannes liegen sollte, der als Herausgeber der TAT für sie ein „Steigbügelhalter der Nationalsozialisten" gewesen war. Führende Mitglieder der Partei, an ihrer Spitze Erich Klabunde, der Begründer des Deutschen Journalistenverbandes, gaben den britischen Behörden zu verstehen, daß Zehrer abgelöst werden müsse." So geschah es, selbst gegen den erklärten Willen des Gründungsbeauftragten Oberst Garland. Zehrer mußte sein Amt vier Wochen vor dem Erscheinen der WELT niederlegen. Erst Axel Caesar Springer, der die Zeitung im September 1953 von den Briten kaufte, setzte Hans Zehrer wieder als Chefredakteur ein.

Sieben Jahre lang – von 1946 bis 1953 – war DIE WELT eine Zeitung in britischem Besitz. Und eben das war der Grund dafür, daß die Auseinandersetzung nicht abriß, ob es sich hier nun um eine englische Zeitung in deutscher Sprache handelte oder um eine deutsche Zeitung, die deutsche Interessen vertrat. Hans-Dieter Müller schreibt dazu in seiner kritischen Untersuchung „Der Springer-Konzern": „Das Resultat von Chefredakteur Küstermeiers nüchternem Patriotismus, der sich indessen nicht selbst belog, war ein für die Verhältnisse eindrucksvoll klares, objektiv informierendes Blatt, das die deutschen Interessen würdig vertrat. Es war von den Pfeilen, die Hans Zehrer später von der Festung des christlich-nationalen Sonntagsblattes aus auf die „britische Tageszeitung in deutscher Sprache" abschießt, schlecht getroffen und schlecht belohnt."

Die Kritik an der WELT der ersten sieben Jahre hatte viele Gründe: die Besitzverhältnisse, die noch dazu von den deutschen Mitarbeitern taktisch schlecht verschleiert wurden; bestimmte wirtschaftliche Vorteile, die die Engländer ‚ihrer‘ Zeitung verschafften und damit den Neid der lizenzierten deutschen Verleger erregten; die zunehmende Konkurrenz auf dem Zeitungsmarkt; und nicht zuletzt der für deutsche Verhältnisse ungewöhnliche Erfolg des Blattes, dessen Auflage im April 1946 mit 160 000 begann und bis zum Februar 1949 auf über 1 000 000 Exemplare kletterte.

Die seit der Gründung der Bundesrepublik und Lockerung des Lizenzzwanges wachsende Konkurrenz, verbunden mit einer anhaltenden Diffamierung der WELT, ließen deren Auflage dann aber innerhalb eines halben Jahres auf fast die Hälfte schrumpfen. Und die Auflage sank weiter. Hans-Dieter Müller: „Daß die WELT an der Mischung von freiem Wettbewerb und politischer Diffamierung nicht zugrundeging wie die journalistisch ebenfalls hochqualifizierte, aber ‚amerikanische‘ Neue Zeitung, war das Verdienst eines Mannes, der die ökonomische Basis längst auf ein unpolitisches Überleben angehoben hatte und zwei Monate nach der Währungsreform, symbolisch, wenn man will, die Alleinregierung über die Verlagsgeschäfte der WELT angetreten hatte, an deren Leitung er schon vorher mitgewirkt hatte: Heinrich Schulte, von seinen mit patriarchalischer Strenge regierten Untertanen später „König Heinrich" genannt."

Die WELT als Konzernbaustein

Als sich die britische Regierung bereits 1950 entschloß, DIE WELT zu verkaufen, war sie wirtschaftlich und in ihrem journalistischem Image stark angeschlagen. Dennoch wurde ein Versuch Konrad Adenauers, das Blatt auf kaltem Wege als Regierungszeitung zu übernehmen, abgewehrt. Der Bundeskanzler hatte nämlich erfolgreich prüfen lassen, daß die Zeitung – aufgrund der von den britischen Militärregierung konfiszierten bzw. geliehenen Gelder – eigentlich noch zum Reichsbesitz gehört habe und darum in den Besitz der Bundesrepublik Deutschland übergegangen sei. Dieser Plan scheiterte am Einspruch von SPD und DGB. Auch das Konzept, DIE WELT in eine Stiftung zu überführen, konnte nicht realisiert werden, aus Gründen, die zu den noch immer ungelüfteten Geheimnissen in der Entwicklung der WELT zählen. Die Öffnung der britischen Archive, in denen dem Vernehmen nach viele unbekannte Einzelheiten über die Frühgeschichte der WELT schlummern, kann man mit einiger Spannung erwarten. Das „Public Record Act" von 1958 bestimmt, daß Dokumente grundsätzlich erst nach 50 Jahren freigegeben werden. Zahlreiche Versuche von Publizisten, Wissenschaftlern und Politikern sind unternommen worden, das britische Außenministerium im Falle der WELT zu einer Ausnahme zu veranlassen. Vergebens. So werden alle Interessierten sich wohl noch bis zum Jahre 2000 gedulden müssen, um Antwort auf die interessanteste Frage zu erhalten: Unter welchen Umständen gelang es dem damals schon mächtigen Verleger Axel Caesar Springer, bei den Engländern den Zuschlag für die WELT zu bekommen? Denn Kandidaten für das Blatt gab es mehrere. Heinz-Dieter Müller in seiner Studie „Der Springer-Konzern" führt sie auf: „Joseph Caspar Witsch, damals noch vor CDU-Hintergründen, wie man sagt; die Essener Verleger der Westdeutschen Allgemeinen Zeitung Brost und Funke und das Verlagshaus Broschek in Hamburg aus reinen Zeitungsinteressen; Gerd Bucerius und Bankier Pferdmenges, der Freund Bundeskanzler Adenauers, in den bekannten Zusammenhängen; Karl Ullstein, der gerade wieder die Restitution des Ullstein-Verlages durchgesetzt hatte; Rechtsanwalt Achenbach aus Essen für nicht genannte Auftraggeber. Achenbachs Interesse, hinter dem man die alten, deutsch-nationalen Kreise der Industrie, Stinnesgeld, wenn nicht gar Schlimmeres vermutete, löste in der Times vom 24. November 1952 einen scharfen Protest aus."

Die Verkaufsverhandlungen erstreckten sich über mehrere Monate, wobei allerdings nicht einmal sicher ist, ob und mit wem im eigentlichen Sinn des Wortes ‚Verkaufsverhandlungen' stattgefunden haben. Denn – so stellt Heinz-Dietrich Fischer in seinem Buch „Die großen Zeitungen" fest: „Wohl kaum je zuvor in der deutschen Pressegeschichte entstanden um den geplanten Verkauf einer Zeitung mehr Spekulationen als bei der WELT." Es darf noch immer spekuliert werden! Zwar weiß man seit einem Vierteljahrhundert, *daß* der Verleger Axel C. Springer den Zuschlag erhielt; die Umstände dabei sind jedoch nach wie vor ungeklärt. Nur soviel ist bekannt: Es gab Bedenken gegen Springer, sie wurden auch ausgesprochen, sie spielten aber bei der Entscheidung keine Rolle.

Offiziell hat der Beirat der WELT diese Entscheidung getroffen. Der Beirat war durch die neue Satzung der DIE WELT-Verlagsgesellschaft im September 1949 gegründet worden. Er bestand aus sechs Mitgliedern – drei Engländern und drei Deutschen – und war damit zahlenmäßig paritätisch besetzt. Doch der Vorsitz im Beirat stand immer einem Engländer zu, der bei Stimmengleichheit in Abstimmungen über die ausschlaggebende siebente Stimme verfügte. Der Beirat war nicht nur für die Geschäftsführung zuständig – mit dem Recht, „den Geschäftsführern verbindliche Anweisung . . . zu geben" –, sondern er war gleichzeitig auch redaktionelles Kontrollorgan der Zeitung. So hieß es in Paragraph 13 der Satzung: „Der Beirat hat die Geschäftsführer in ihrer Tätigkeit zu beraten und zu unterstützen und vor allem die Aufgabe, dahin zu wirken, daß die von der Gesellschaft herausgegebenen Zeitungen und Zeitschriften überparteilich . . . wahrheitsgetreu und . . . objektiv sind, daß sie das demokratische Denken fördern, indem sie zur Bildung einer gesunden öffentlichen Meinung in Deutschland beitragen." Daß dieser Beirat aber nicht autonom war, zeigt die Entscheidung beim Verkauf der WELT. Denn der langjährige britische Chiefcontroller und Vorsitzende des Beirat, Steel McRitchie, der gemeinhin der starke Mann im Verlag war, konnte sich mit seinen Vorbehalten gegen den Käufer Springer nicht durchsetzen. Sein deutscher Gegenspieler – der schon erwähnte deutsche Verlagsleiter Heinrich Schulte – hatte auf der Beiratssitzung vom 12. Mai 1953 den Antrag gestellt, dem „Kaufangebot des Springer-Verlages vom 6.5.53" zuzustimmen. Bernhard Menne, der Chefredakteur der „WELT am Sonntag" und aufgrund enger Beziehungen zu britischen Politikern die ‚graue Eminenz' im Verlag – unterstützte diesen Antrag. Gegenvorschläge erfolgten nicht. Daraufhin nahm der Vorsitzende Steel McRitchie das Wort und sagte – laut Protokoll des Beirates –: „Daß er seine persönliche Meinung wiedergebe, von der er genau wisse, daß sie von seinen vorgesetzten Dienststellen nicht gedeckt werde. Er ist *gegen* den Antrag von Dr. Schulte mit folgender Begründung: a) Es würde gegen den Sinn seiner siebenjährigen Arbeit in Deutschland verstoßen, wenn er nunmehr helfen würde, ein Empire im Verlagswesen Deutschlands zu schaffen. Dieses Empire würde nicht als unmittelbare Folge des Verkaufsaktes an Springer entstehen, sondern als Folge der potentiellen Möglichkeiten. b) Viele andere Interessenten haben die Garantie gegeben, daß die Häuser Essen und Hamburg bestehen bleiben, wenn diese anderen Interessenten dem Unternehmen auch nicht die gleichen wirtschaftlichen Vorteile zu bieten hätten. Er müsse daher gegen den Vorschlag stimmen, obwohl er sich darüber klar sei, daß damit erstmalig in der Geschichte des Unternehmens der Beirat keinen einstimmigen Beschluß fasse." Dieser Apell änderte am Ergebnis nichts. Ohne weitere Beratungen faßte der Beirat mit 5 gegen 1 Stimme den Beschluß, „dem Kaufangebot des Springer Verlages" zuzustimmen.

Im Zuge des Verkaufs der DIE WELT-Verlagsgesellschaft wird das Stammkapital auf 2,8 Millionen Mark erhöht. Davon übernahm der Springer-Verlag 75 Prozent. Die übrigen 25 Prozent wurden eingebracht in die „Stiftung DIE WELT zur Förderung und Unterstützung der Zeitungswissenschaft sowie des journalistischen und verlegerischen Nachwuchses". Bemerkenswert dabei ist, daß nicht der Käufer, der Verleger Springer, als Gründer der Stiftung auftritt, sondern daß die Stiftung von McRitchie als Vertreter des Hohen Kommissars und Schulte als Vertreter der WELT-Verlagsgesellschaft gegründet wird. Schon aus dieser Konstruktion geht hervor, daß die Stiftung eine Schutzfunktion für die Unabhängigkeit der WELT haben sollte. So wurden die Aufgaben der Stiftung nicht nur in einer eigenen, sondern darüber hinaus auch noch in der Satzung der WELT-Verlags-Gesellschaft festgeschrieben. Danach hatte die Stiftung die Unabhängigkeit und Überparteilichkeit der Verlagsprodukte zu garantieren, die Ernennung der Chefredakteure der WELT und der WELT am SONNTAG zu bestätigen oder abzulehnen und über eine Änderung des Gesellschaftsvertrages zu entscheiden. Bemühungen, festzustellen, ob und wie die Stiftung diese Aufgaben in der Geschichte der WELT erfüllen konnte, sind bislang weitgehend erfolglos geblieben; allenfalls gibt es Spekulationen, wie so oft im Zusammenhang mit dieser Zeitung. Der Publizistikwissenschaftler Heinz-Dietrich Fischer, der sich wohl mit am intensivsten an der Erforschung der WELT-Geschichte beteiligt hat, läßt sich in dem Kapitel „DIE WELT" in seinen Porträts der Weltpresse auf eine Untersuchung der Stiftung gar nicht erst ein. Und der Verlag und die Stiftung selbst haben die Aura des Geheimnisvollen um die Stiftung streng gewahrt. Weder wurde Neugierigen Einblick in den vollen Wortlaut der Stiftungsstatuten gewährt, noch gab es irgendwelche Hinweise darauf, daß die Stiftung ihre Funktionen gegenüber den Verlagsprodukten, hier insbesondere der WELT, wahrgenommen hätte. So ist es nicht weiter verwunderlich, daß Ernst-Dietrich Adler, Verlagsleiter von WELT und WELT am SONNTAG, in einem, kurzen Überblick über die Entwicklung der WELT die Stiftung schon gar nicht mehr erwähnt:

„Seit September 1953 ist Axel Springer Verleger der WELT. Hans Zehrer, damals Chefredakteur vom Sonntagsblatt, kehrte als Chefredakteur an die WELT zurück und leitete mit voller Unterstützung des neuen Verlegers eine Blütezeit für das Blatt ein. Journalisten von Rang wurden in die Redaktion geholt, die GEISTIGE WELT aus der Taufe gehoben. Die Auflage stieg in den zehn Jahren seines Regiments von 170 000 auf 230 000 Exemplare. Nach dem Tod von Schulte (1963) und Zehrer (1966) entwickelte sich die WELT weiterhin positiv.

Der Beginn der heftigen Anti-Springer-Kampagne der politischen Linken Ende 1967 beeinträchtigte jedoch die Auflage, besonders an den Universitäten. Erst in den letzten Jahren hat sich dieses Anti-Springer-Syndrom abgeschwächt."

Schwierigkeiten mit der WELT

Die Auflagenentwicklung im Überblick der letzten Jahrzehnte: 1954 wurden im Jahresdurchschnitt 169 000 Exemplare verkauft, 1959 — 217 000, 1964 — 246 000, 1969 — 227 000, 1974 — 224 000 und 1977 — 223 000.

Es darf — mal wieder — spekuliert werden, ob der kontinuierliche Auflagenrückgang tatsächlich von den Studentenunruhen Ende der 60er Jahren allein geprägt worden ist. Ein Sprung von minus 15 000 Exemplaren von 1967 auf 1968 macht den Einfluß der teilweise tumulthaften Kritik an den Produkten des Springer-Konzerns zwar unverkennbar; aber im Mittelpunkt dieser Kritik stand BILD, und BILD hat seine durch die Anti-Springer-Bewegung bedingten Verluste seitdem längst wieder wettgemacht. So ging die Auflage von BILD von über 4 Millionen im Jahre 1966 auf 3,4 Millionen im Jahre 1972 zurück. Die Auflagenstatistik vom dritten Quartal 1978 weist jedoch bereits eine gedruckte Auflage von über fünfeinhalb Millionen auf, von denen knapp 5 Millionen Exemplare auch tatsächlich verkauft wurden. Die Auflagenschwierigkeiten bei der WELT vor allem auf die Kritik am Springer-Konzern zurückzuführen, ist zwar naheliegend, aber unzureichend. Denn auch ohne wissenschaftlich-fundierte Inhaltsanalyse werden

Leser, die der WELT über Jahrzehnte treu geblieben sind, festgestellt haben, daß von der Zeitung, für die sie sich einst entschieden, nur noch der Name übriggeblieben ist. Zwar stellt die Abteilung Marktforschung und -planung des Springer-Verlages fest: „Im großen und ganzen hat sich, wie die Zahlen zeigen, die Leserschaftsstruktur der WELT jedoch nicht wesentlich verändert. Die Unterschiede sind nauptsächlich auf die Methodenänderungen und die den Stichproben stets innewohnenden Schwankungsbreiten zurückzuführen." Aber daraus ist doch nicht zu entnehmen, wieviele enttäuschte Leser sich von der WELT abgewandt haben, und wieviele neue, der Linie des Blattes gleichgesinnte sie hinzugewonnen hat.

Personalpolitik bei der WELT

Wer ein festes Weltbild hat und alles glaubt, was er schwarz auf weiß nach Hause tragen kann, der wird von der WELT sicherlich nicht enttäuscht werden. Hauptsache die Proportionen stimmen. DIE WELT jedenfalls grenzt die Alternativen klar ab: Marktwirtschaft oder Chaos, militärisch stark oder sowjetisch besetzt, Ehe oder Prostitution, Eigentum oder Kommunismus, gesamtdeutsch oder vaterlandslos, Israelfan oder Antisemit. Die WELT vermittelt den Eindruck, als sei Politik nicht immer in Bewegung, fließend, beeinflußbar von vielen Seiten, auf Kompromisse angewiesen, voll von spannenden und spannungsgeladenen Konflikten; sondern als bestehe Politik aus einer Anhäufung von unbeweglichen Quadern und nur einer darunter sei der Stein der Weisen und diesen wiederum habe die Redaktion der WELT gepachtet. Betagte Leser der WELT werden sich sicherlich noch an die bekannten und begehrten Journalisten erinnern, die einst die politischen Aussagen der WELT getroffen haben: Joachim Besser, Gösta von Uexküll, Gert von Paczenski, Peter Grubbe, Paul Sethe, Erich Kuby, Sebastian Haffner, Gerhard Gründler, Georg Ramseger, Eckart Hachfeld, Kurt Becker. Dazu Auslandskorrespondenten wie Herbert von Borch, Thilo Bode, Peter Meyer-Ranke, Fritz von Globig, Wolfram Köhler. Selbst Hans Zehrer, der einst so geschmähte und von Springer rehabilitierte, ließ sich Ende 1963 aus der WELT-Chefredaktion „nach Berlin mit Dienstsitz im neuen Verlagshaus in der Kochstraße" übersiedeln, obwohl doch der Sitz der WELT-Redaktion in Hamburg war. Heinz-Dieter Müller spekuliert: „Ob Axel Springer tatsächlich vor der Notwendigkeit stand, für eine straffe Führung der Redaktionsgeschäfte zu sorgen – auch ganz äußere Nachlässigkeiten waren inzwischen eingerissen –, ob er nur seiner Meinung stärker Einfluß verschaffen wollte, wie die Redakteure argwöhnten, oder ob Hans Zehrer in einer Mischung von Resignation und großer symbolischer Geste seinen Rückzug nach Berlin, der einer Selbstisolierung gleichkam, selbst vorgeschlagen hatte, wissen nur die Beteiligten." Obwohl Hans Wallenberg als geschäftsführender Redakteur von nun an in Hamburg das tat, was Zehrer aus Berlin nicht leisten konnte – die Redaktion leiten –, blieb Zehrer laut Impressum noch ein Jahr lang offiziell Chefredakteur der WELT. Dieses Kuriosum wurde erst Ende 1977 überboten, als der damalige Chefredakteur, Herbert Kremp, seinen Dienstsitz in Peking nahm.

Die Personalfluktuation, hinter der wohl auch eine Personalpolitik stand, gehört zu den weniger belegbaren Beweisen für die Trendänderungen bei der WELT. Der Auszug der bekannten Journalisten vollzog sich im wesentlichen in der ersten Hälfte der 60er Jahre. Dieser Übergang geschah in der Regel geräuschlos, hin und wieder aber doch unter öffentlichem Interesse. Ein solcher öffentlicher Fall war der Abgang von Georg Ramseger, nachdem er zwölf Jahre lang der WELT angehört und das Feuilleton geprägt hatte, ob nun als Leiter der Feuilleton-Redaktion oder der Beilage „Geistige Welt". Ramseger hatte im März 1964 die Beilage „Die Welt der Literatur" ins Leben gerufen, mit der das Blatt der Londoner „The Times Literary Supplement" nacheiferte und sein Streben dokumentierte, in den großen internationalen Tageszeitungen Vorbilder zu sehen. Ein Jahr später jedoch schon war Ramseger aus der Gemeinde der WELT-Redakteure exkommuniziert. DER SPIEGEL am 19. Mai 1965: „Schon Ulrich Ramseger, 19, brachte seinem Vater Georg, 52, die Neuigkeit von einer Party mit. Pressekonzern-Herr Axel Springer, so wußte Ulrich am Frühstückstisch zu berichten, habe beschlossen, künftig auf Vaters Dienste zu verzichten." Über die Hintergründe des im doppelten Sinn des Wortes „Falles" Ramseger ist wiederum viel gerätselt worden. So meinte DIE ZEIT am 2. April 1965: „Ramsegers Ausscheiden und die Wahl eines Reiseschriftstellers leichteren Kalibers zu seinem Nachfolger deuten darauf hin, daß der Verlag nunmehr entschlossen ist, seine eigenen Vorstellungen von der „Welt der Literatur" durchzusetzen, auch wenn den Redakteuren versichert wurde, eine Senkung des Niveaus sei nicht die Absicht."

Waren es Unterschiede in der Auffassung, wie die ‚Welt der Literatur' gestaltet werden sollte, die zum Bruch führten? Oder mußte Ramseger ausscheiden, weil Platz für einen Nachfolger gesucht wurde? Oder weil Ramseger aufgrund von Gerüchten, die von einem Verkauf des S. Fischer-Verlages wissen wollten, die Kaufinteressenten und damit den zu diesen gehörenden Axel Springer madig gemacht hatte? Antworten auf diese Fragen spielen bei einem Portrait-Versuch mit historisierendem Hintergrund nur eine nebensächliche Rolle. Entscheidender für die gesamte Entwicklung des Blattes erscheint vielmehr die Frage, ob der Verleger mit der WELT Politik machen wollte und ob er, dann sehr wohl folgerichtig, diesen Einfluß über die Personalpolitik genommen hat. Denn natürlich wäre es irrig anzunehmen, ein Verleger mit einem Imperium von Springers Größe könne täglich und detailliert Einfluß auf die Redaktion nehmen. DER SPIEGEL merkte an: „Der Weg, den die Botschaft nahm, und die Art, in der Ramseger von Springer gefeuert wurde, schockierte die WELT-Redaktion mehr als das Ereignis selbst."

Es ist dies nicht der einzige Hinweis darauf, daß sich die WELT der besonderen Aufmerksamkeit und der offenkundigen Einflußnahme des Verlegers erfreuen konnte. Und wenn man nicht sagen will, Verleger Springer habe die Personalpolitik in der WELT selbst gemacht, so kann man sicherlich behaupten, daß sie sicherlich nicht gegen seinen Willen vollzogen wurde. In seiner Untersuchung „Massenmedien in der Bundesrepublik Deutschland", stellt Hermann Meyn zur Kommentierung der Bundestagswahlen von 1957 und 1961 in der WELT noch lapidar fest: „DIE WELT ließ . . . 1957 eine Neigung zur CDU und 1961 zur SPD erkennen." Doch als diese Untersuchung 1966 erschien, hatte sich die Trendwende bei der WELT bereits vollzogen. Die ‚politische Meinung' des Blattes bestimmten jetzt unter anderen: Armin Mohler, Wilfried Hertz-Eichenrode, Winfried Martini, Hans-Georg von Studnitz, Matthias Walden, Günter Zehm, William S. Schlamm. Den Beginn dieser Entwicklung datieren Beobachter auf das Jahr 1958. So heißt es im SPIEGEL am 28. März 1966: „Seit Verleger Axel Springer und WELT-Chef-redakteur Hans Zehrer 1958 enttäuscht aus Moskau zurückkehrten, wo sie vergeblich in Sachen Wiedervereinigung antichambriert hatten, gehört militanter Antikommunismus im Verlagshaus zum guten Ton."

Die national-antikommunistische Linie

Und Ebbo Demant weiß in seiner Untersuchung „Hans Zehrer als politischer Publizist" gar Internes als Konsequenz dieser Reise zu berichten: „Die Bestimmung der politischen Linie der WELT behielt sich jetzt Axel Springer vor. Er rief Zehrer, den sein einst kämpferischer Elan und sein früher so ausgeprägtes Selbstbewußtsein zusehens verließ, oft mitten aus den Redaktionskonferenzen zu sich, um ihm in teils brüsker Form sein Mißfallen über diesen oder jenen WELT-Artikel oder über diesen oder jenen WELT-Redakteur mitzuteilen. Er düpierte ihn mit „AS" unterschriebenen Hausmitteilungen und mit an den Rand mißliebiger WELT-Artikel geschriebenen Bemerkungen des Tenors „Das geht so nicht" und „Das muß man anders machen". Er verfolgte ihn mit Telefonanrufen zu jeder Tageszeit, in denen er seine WELT-Sicht verdeutlichte. Ein Redakteur nach dem anderen wurde „mundtot" gemacht. Es kam, wie es heißt, „zu einem generellen Verbot, Kritik an der Politik der westlichen Alliierten zu üben, es wurde untersagt, Entspannungspläne zur Diskussion zu stellen. Es kam zum Verfälschen der Berichterstattung durch Weglassungen, durch systematisches Aufblähen unwichtiger Dinge, durch ‚Herunterspielen' wichtiger Ereignisse"...
... Es war Zehrer zwar noch gelungen, den Verleger davon abzubringen, selbst Leitartikel zu schreiben... aber er war nicht länger imstande, den Verlegerwillen seiner kritischen Redaktion plausibel zu machen."

Diese direkte Einflußnahme fiel zusammen mit dem beginnenden Exodus der bekannten Journalisten in der WELT. Seine persönliche Motivation, Politik als Verpflichtung zu verstehen, lieferte Verleger Axel Springer 1966 am Grab Zehrers nach: „Wenn man Hans Zehrers Verdienste um Deutschland auf eine einfache Formel bringen will, so ist es die: Er hat zu den wenigen gehört, die das Thema der Wiedervereinigung in jenen gefährlichen Jahren am Leben gehalten haben, da es nicht nur aus der internationalen Politik, sondern, weit schlimmer, auch aus Westdeutschland zu verschwinden drohte. Er hat damit die Deutschen vor der Wiederholung einer schweren Schuld bewahrt." Daß Springer sich mit zu den wenigen zählte, der die Zahrer zugeschriebenen Verdienste auch für sich in Anspruch nahm, nicht nur als Produzent, sondern auch als Gestalter an seinen Zeitungen teilhaben will, teilte er im April an der Brandeis-Universität 1968 in Waltham bei Boston, Massachusetts, mit: „Meine Berufung ist die des Journalisten, mein Beruf der des Verlegers. . . .Die Herausgabe von Zeitungen und Zeitschriften war für mich niemals ein Selbstzweck."

Im Herbst 1965, so weiß Ebbo Demant zu berichten, habe in der Berliner Verlagszentrale zwischen Konzernleitung und leitenden WELT-Redakteuren eine Konferenz stattgefunden, bei der die politische Linie der Zeitung endgültig festgelegt worden sei. Ihr Ergebnis: die sogenannte Proklamierung des nationalen Kurses. Was damit gemeint ist, geht aus einem Schreiben von Heinz Pentzlin hervor, einem der drei geschäftsführenden Redakteure, die die WELT-Redaktion damals leiteten. Pentzlin schrieb am 19. November 1965 an Kurt Becker, der sich mit dem Gedanken trug, die WELT zu verlassen: „Im übrigen wird dieses Blatt in seinem Kurs noch weiter nach rechts gehen, nicht nationalistisch, aber doch national. Ich weiß nicht, ob Sie das mitmachen können und wollen." Kurt Becker wollte nicht und ging zur ZEIT. Wie, sofern es bei der verbliebenen Mannschaft der WELT überhaupt noch nötig war, dieser nationale Kurs in der Redaktion durchgesetzt wurde, sei dahingestellt. Zumal offiziell ohnehin immer wieder heftig bestritten wird, daß die Verlagsprodukte gesteuert werden. Nur soviel ist – vom Verleger Axel Springer selbst ausgesprochen – sicher: Daß es vier Grundsätze gibt, an die sich alle Journalisten des Konzerns zu halten haben. Springer wörtlich: „Die zentrale Führungsstelle gibt es nicht, einmal, weil dies meiner persönlichen Auffassung von der Leitung eines Zeitungshauses widerspricht, zum zweiten, weil sich unabhängige Journalisten, die diesen Namen verdienen, eine solche Gängelung nicht gefallen lassen würden, und drittens, weil das schon aus organisatorischen und technischen Gründen nicht möglich wäre. Vier Richtlinien allerdings gibt es: 1. das unbedingte Eintreten für die friedliche Wiederherstellung der deutschen Einheit in Freiheit, nach Möglichkeit in einem vereinten Europa; 2. die Aussöhnung zwischen Juden und Deutschen; dazu gehört auch die Unterstützung der Lebensrechte des israelischen Volkes; 3. die Ablehnung jeglicher Art von politischem Extremismus, sei es von rechts oder links; 4. die Bejahung der freien sozialen Marktwirtschaft. Die erwähnten vier Grundsätze bestimmen unseren Standort, mehr nicht."

Selbst wenn es mehr tatsächlich nicht gäbe: Diese Grundsätze sind so umfassend, so interpretationsfähig, strahlen auf so viele internationale und nationale politische Problembereiche aus, daß sie sehr wohl als Instrumente zur Gängelung verstanden werden können.

Ein Beispiel dafür mag die Berichterstattung über die Entführung des Berliner CDU-Politikers Peter Lorenz sein. Dazu werden von der Arbeitsgemeinschaft Medien, die sich aus Mitarbeitern der Universitäten Stuttgart und Hohenheim rekrutiert, neun Tageszeitungen in dem Zeitraum vom 28. Februar bis zum 6. März 1975 untersucht, unter ihnen – neben anderen Blättern des Springer Verlages – auch DIE WELT. In einer ersten Zusammenfassung der Ergebnisse heißt es unter anderem:

„Die Frankfurter Rundschau berichtet als einziges Blatt extensiv und differenziert über das Verhältnis der Palästinenser, insbesondere der PFLP, zu den Terroristen, sowie über die Distanzierung der PFLP von diesen. Das Defizit an Informationen darüber in der Springer-Presse könnte Konsequenz ihrer pauschalisierenden Argumentation sein, die, um stringent zu sein, Differenzierung auf der politischen Linken nicht vornehmen darf. . . . Das heißt zum Beispiel: Während die Frankfurter Rundschau ausführliche Stellungnahmen linker Gruppen aus dem In- und Ausland zur Entführung bringt – ablehnende Statements durchweg – ist die Springer-Presse in ihrer Diffusionsstrategie bemüht, den Vorgang als Endpunkt und Konsequenz linker Politik darzustellen. . . . In den Positionen der Springer-Presse drückt sich ein Staatsverständnis aus, das ein eminent konservatives ist: die Autorität eines über der Gesellschaft sich erhebenden starken Staates, der dem gesellschaftlichen Bereich Ordnungsprinzipien vorgibt und der als mythologisierte Größe Formierungs- und Disziplinierungsmöglichkeiten bietet. In diesem Verständnis vom Staat ist der einzelne nurmehr zweitrangig, wichtig ist das immer wieder beschworene, tendenziell vom Menschen abstrahierte „Ganze“."

Auch auf die Gefahr hin, allzu pauschal Bezüge herzustellen: Die Feststellungen der Arbeitsgemeinschaft Medien in diesem Fall lassen sich sehr gut in Relation setzen zum 3. der von Springer genannten Grundsätze: „Die Ablehnung jeglicher Art von politischem Extremismus, sei es von rechts oder links."

Da, wie die Erfahrung zeigt, solche Rückschlüsse gern bewußt mißverstanden werden, sei klargestellt: Politischer Extremismus ist ein Problem unserer Zeit. Eben darum genügt es nicht, ihn lediglich abzulehnen. Das heißt nicht, ihn anzuerkennen. Nur der Versuch, seine Wurzeln aufzuspüren, sich intensiv und unter allen Aspekten differenziert mit ihm auseinanderzusetzen, kann vielleicht helfen, ihn erfolgreich zu bekämpfen. Wenn der 3. der genannten Grundsätze die Journalisten der Springer-Presse tatsächlich daran gehindert haben sollte, solche Differenzierungen vorzunehmen, hätte er sich zweifellos als Instrument zur Gängelung erwiesen.

Kritik an der WELT

Interpretationshilfen zum Verständnis der vier Richtlinien stammen im übrigen aus dem Springer-Konzern selbst. In einer Selbstanzeige der WELT, Ausgabe vom 31. Dezember 1974, heißt es halbseitig:

„Der Wind hat sich gedreht. / Viele Menschen in unserem Land sind der ideologischen Herausforderung müde. / Sie suchen wieder nach der Bewahrung des Bewährten. / Sie verlangen nach Sicherheit vor radikaler Gewalt. / Sie wollen einen Staat mit Autorität. / Sie fragen nach Ordnung in Freiheit. / Sie fordern die Rückkehr zur Leistung. / Sie sehnen sich nach demokratischer Solidarität. / Sie wenden sich von Ideologie ab und Idealen zu. / Sie sind wieder bereit, sich zu belasten. / DIE WELT ist immer für die Bewahrung des Bewährten eingetreten. / DIE WELT ist deswegen heute die Zeitung von morgen."

Bei allem Eigenlob: Die Zeitung von morgen muß sich an dem messen lassen, was sie heute zu bieten hat. Schlaglichter mögen verdeutlichen, wie sich die Entwicklung vollzog:

- DER SPIEGEL im März 1966: „Ob Notstandsgesetzgebung oder Studentenkrawalle, ob Passierscheinvereinbarungen oder Gesellschaftseinwicklung – liberales Urteil kennt diese „Welt" nicht mehr."
- Der VORWÄRTS im Juli 1966: „Die „WELT", gewiß kein Blatt unter vielen, sondern eine Zeitung unter wenigen, hat neuerdings dafür gesorgt, sich über ihre Entwicklung Gedanken zu machen: Beunruhigung, Befürchtungen stellen sich ein, nicht bloße Mutmaßungen über Grenzen, die hin und wieder gewechselt werden. Hier ist ein Grenzübergang vollzogen: rechts, national, antiliberal."
- Anläßlich der Berufung Hermann F.G. Starkes zum neuen Chefredakteur der WELT – nach Zehrer, Hans Wallenberg, geschäftsführendem Triumvirat – widmete die ‚New York Times' im September 1966 der WELT einen zweispaltigen Bericht mit der Überschrift: „Deutsche Zeitung bekommt neuen Chefredakteur; DIE WELT auf dem Weg nach rechts." Und weiter schrieb die ‚New York Times' unter anderem: „Der neue Chefredakteur ist strammer Antikommunist und seine Berufung scheint die zunehmende antikommunistische Haltung der WELT zu bestätigen."

Die Kette der Vorwürfe und Kritik an der WELT insgesamt und an einzelnen Redakteuren reißt nicht ab. Um so geschmeichelter fühlen sich Verlag und Redaktion, als die WELT im Mai 1967 – gemeinsam mit dem „St. Louis Globe-Democrat" – zur Zeitung des Jahres proklamiert wurde, unter anderem, wie es in der Verleihungsurkunde hieß: „In Anerkennung . . . ihres zuversichtlichen Einsatzes für nationale und internationale Stabilität sowie ihres Bestrebens, unter Führung ihres Verlegers Axel Springer, die Mauer der Unwissenheit, des Vorurteils und der Angst niederzureißen, welche die Deutschen in zwei Länder und die übrige Welt in viele feindliche Lager spalten." Unter welchen Kriterien die Staatsuniversität von Columbia die Preisträger ausgewählt hat, ist unbekannt. Zur besseren Einordnung sollte man aber wissen, daß der Verleger ein halbes Jahr vor der Preisverleihung in einer doppelseitigen Anzeige in der ‚New York Times' (28.11. 1966) unter anderem mitgeteilt hatte: „Mein Geschäft ist es, Mauern zwischen den Völkern niederzureißen . . . Sehr oft kommt Haß aus Unwissenheit, Angst aus Vorurteilen."

In einem Leserbrief an die ZEIT ging der Berliner Korrespondent von ‚Le Monde' den WELT-Redakteur Günter Zehm frontal an, den er – ebenso wie den Redakteur des SED-Blattes ‚Neues Deutschland' Karlheinz Hagen – einen Feigling scholt, weil der eine dem ZK der SED und der andere dem ZK des Herrn Springer gehorche. Fair war das nicht, denn immerhin hatte Zehm, bevor er 1960 in die Bundesrepublik kam, wegen sogenannter Boykotthetze drei Jahre lang in DDR-Haft gesessen. Im SPIEGEL – das Nachrichtenmagazin und die WELT verbindet ein langes gestörtes Verhältnis, das jedoch geschäftliche Beziehungen nicht unmöglich macht – glossierte Otto Köhler im November 1967 seinen Kollegen Wilfried Hertz-Eichenrode, weil dieser über Wochen nicht mehr als Kommentator aufgetreten war. Köhler referierte Äußerungen von Hertz-Eichenrode: „Die Notstandsgesetze feierte er als das begrüßenswerte Unternehmen, „die Bundesverfassung auf die Höhe der Zeit zu bringen", Amerikas Krieg in Vietnam als ein wesentlich humanitäres Werk: „In Vietnam beweist jeden Tag die stärkste Atommacht der Welt, daß sie nicht um den Preis des Einsatzes von Atomwaffen siegen will." Und Köhler fragte und antwortete bissig: „Die Stimme, die solche Einsichten in die Welt trug, soll künftig tonlos bleiben? . . . Wahrt und erhaltet uns Wilfried Hertz-Eichenrode."

Die Berichterstattung der WELT über eine DGB-Demonstration gegen die Militärdiktatur in Griechenland nahm Günter Stephan, Mitglied des Bundesvorstandes, im Mai 1968 zum Anlaß, um mit der WELT heftig ins Gericht zu gehen: „Gemeine niederträchtige Lügen, maßlose Verleumdungen, das ist der Stil eines Blattes, das Herr Springer angeblich für ‚anspruchsvolle Leser' machen läßt."

Als Chefredakteur Hermann Starke nach gut zweijähriger Amtszeit bereits wieder abgelöst wurde, gab es neuen Anlaß, über den politischen Kurs der WELT nachzudenken. So versah ausgerechnet die „Frankfurter Allgemeine Zeitung" den Wechsel mit folgenden kommentierenden Anmerkungen: „Der neue Chefredakteur Herbert Kremp von der Hamburger ‚WELT' . . . sucht sich in verantwortlichen Positionen der Redaktion mit neuen Leuten zu umgeben. . . . Kremp bemüht sich. . ., offenbar, um die Schlagseite der ‚WELT' nach rechts zu korrigieren."

Wie das unter anderem geschehen sein mag, erhellt ein streng vertraulicher Brief, den Kremp an den Bonner WELT-Korrespondenten Paul Lersch geschrieben hatte und der im Februar 1970 im STERN veröffentlicht wurde. Kremp moniert eine positive Besprechung von Lersch über Bundespräsident Gustav Heinemann und stellt zur Wahl: „Wenn Sie der Ansicht sind, daß die Politik, die in der WELT betrieben wird, falsch ist, steht Ihnen jederzeit offen, die Konsequenzen zu ziehen." Meinungsfreiheit ist durchaus nicht immer identisch mit der Freiheit zu meinen, was der Chefredakteur nicht meint.

Unter den Kritikern der WELT sind immer wieder auch Stimmen, die durchaus unverdächtig sind, links zu stehen. So meldet sich am 15. Oktober 1971 das „Flensburger Tageblatt" zu Wort: „Unter der harmlosen Überschrift „Weshalb hatte Wehner Ärger mit dem schwedischen Zoll?" servierte die Hamburger „WELT" gestern auf Seite 4 eine selbstgebastelte Bombe, deren Explosion nach Menschenermessen nur Schäden im Springer-Hause selbst anrichten kann. Kern des Artikels ist die ungeheuerliche Frage, ob Herbert Wehner von der schwedischen Sicherheitspolizei bereits Anfang 1970 als kommunistischer Spion oder „östlicher Einflußagent" entlarvt worden ist. . . . Wir fürchten, bei der „WELT" sind diesmal einige Sicherungen durchgebrannt."

Unruhige Jahre

Daß die von Herbert Kremp geprägte Redaktionsführung des Blattes den Erwartungen der Konzernführung nicht entsprachen, läßt seine Ablösung im September 1973 vermuten. Zumal Kremp die WELT weder verlassen sollte noch wollte. Sein Nachfolger wurde Wolf Schneider — bis dahin Chefredakteur des eingestellten politischen Magazins DIALOG —, Kremp wurde zum Redaktionsdirektor ernannt mit dem Auftrag, „auch künftig für die politische Kontinuität des Blattes mitverantwortlich" zu sein. War Kremp damit befördert oder degradiert worden? War der Wechsel vollzogen worden wegen der Gestaltung der Zeitung durch Kremp oder wegen eines überspannten Verhältnisses zwischen Chef und Redaktion? Immerhin hatten, nach einer Zählung des SPIEGEL, seit 1970 über 50 Journalisten das Blatt verlassen oder verlassen müssen. Die Illustrierte STERN meint am 23. Oktober 1973: „ „WELT" Verleger Axel Springer feuerte einen rechtsradikalen Chefredakteur, um ihn durch einen rechtsliberalen zu ersetzen."

Doch auch diese Auslegung erscheint allzu simpel. Denn der neue Chef der WELT-Redaktion wurde schon nach einem Jahr wieder abgelöst, und zwar unter Voraussetzungen, die darauf schließen lassen, daß Wolf Schneider in dieser kurzen Zeit völlig gescheitert war. Als nämlich der Kapitän gehen mußte, befand sich die Mannschaft selbst gerade auf großer Fahrt: auf dem Wege von Hamburg nach Bonn. Dieser Umzug war Ende August 1974 angekündigt worden und sollte im Sommer 1975 abgeschlossen sein. Und just in diesen schweren Monaten geschah der Wechsel, der noch dazu einigermaßen überraschend beschlossen worden sein dürfte. Denn ein Nachfolger stand noch nicht zur Verfügung. So wurde, wie schon mehrfach in der Geschichte dieses Blattes, eine Interimslösung in Form eines „Dreierkollegiums" getroffen, darunter wiederum als alter und neuer Chefredakteur Herbert Kremp. Das Holterdipolter dieses Wachwechsels zeigt darüber hinaus, daß als weiterer Chefredakteur zwar Claus Jacobi schon benannt werden konnte, nicht aber der dritte Mann. DIE WELT vertröstete ihre Leser noch am 30. Dezember 1974: „Als dritter Chefredakteur wird im Laufe des Jahres 1975 ein bekannter Wirtschaftsjournalist in die Redaktion eintreten."

Doch noch bevor dieser dritte Mann — wie angekündigt — präsentiert wurde, war Claus Jacobi unter den Thronverwaltern zum Thronerben avanciert, „dem Kollegen Kremp *vor* die Seite", wie es der SPIEGEL süffisant umschrieb. In den hausinternen „Beiträgen zur Zeitgeschichte" vom April/Mai 1976 verzeichnet die Informationsabteilung des Springer-Verlages zum Jahre 1975: „Unter Leitung von Claus Jacobi . . . wurde seit Jahresbeginn das „redaktionelle Konzept der WELT laufend weiter den Bedürfnissen eines modernen Lesers angepaßt", wie es in einer Verlagsankündigung geheißen hatte." Doch auch für Jacobi erwies sich die Steuerbrücke des sogenannten Springer-„Flaggschiffes" nur als Durchgangsstation. Schon Mitte 1976 ging das Gerücht um, eigentlich werde das Komando bereits von Peter Boenisch geführt. Der Schleier lichtete sich erst einige Monate später, als sich Chefredakteur Herbert Kremp für drei Jahre nach Peking abmeldete und Chefredakteur Claus Jacobi zu verstehen gab, daß er sich durch die Übernahme der Leitung der WELT am SONNTAG „aus der WELT weitgehend ausgeklammert" habe. Wieder einmal wurde über mögliche Nachfolger spekuliert. Doch ob solche damals überhaupt noch gesucht wurden oder ob nicht tatsächlich Peter Boenisch bereits als neuer und vorerst letzter Chefredakteur der WELT auserkoren war, gehört ebenfalls zu den vielen kleinen und großen Geheimnissen, die die Tageszeitung DIE WELT umgeben. Das Impressum jedenfalls hat Boenisch erst am 1. September 1978 als Vorsitzenden der Chefredaktion genannt.

Wohlgehütetes Geheimnis ist auch die Höhe der Verluste, die die WELT seit vielen Jahren macht. Verlagsleiter Ernst-Dietrich Adler:

„Zum wirtschaftlichen Ergebnis ist zu sagen, daß die WELT seit 1970 keine Gewinne mehr macht. Für das Defizit, das in einigen Jahren beträchtlich war, ist der Verleger Axel Springer aufgekommen. Subventionen von außen hat es nicht gegeben."

Ungeachtet dieser Verluste ist der Aufwand, den die WELT treibt, beträchtlich: Sie hat über 200 Redakteure und festangestellte Journalisten, dazu rund 50 Korrespondenten in fünf deutschen und über 20 ausländischen Städten. Im Verlag der WELT arbeiten noch einmal über 300 Menschen, nicht gerechnet der Arbeitsanfall, der von Technik und Verwaltung des Axel Springer Verlages für die WELT geleistet wird. Gedruckt wird die Zeitung in drei Orten – Essen, Hamburg, Berlin – und über eigene Lokalausgaben verfügt sie in Hamburg und Berlin. Darüber hinaus wird sie in 137 Ländern der Erde verbreitet. Zwar sind 80 Prozent der WELT abonniert, aber für den Einzelverkauf der restlichen 20 Prozent stehen noch einmal über 20 000 Händler mit zur Verfügung. Wie alle gedruckten Medien lebt auch die WELT – obwohl verlustreich – vor allem von den Inserenten; sie waren 1977 mit ihren Anzeigen zu 48 Prozent am Inhalt des Blattes beteiligt.

Der neue Mann in Bonn

Viel Aufwand bedeutet aber nicht auch viel Absatz. Daß die WELT knapp 70 000 Exemplare weniger als die FRANKFURTER ALLGEMEINE und gar fast 90 000 weniger als die SÜDDEUTSCHE ZEITUNG verkauft, muß Gründe haben, die im redaktionellen Angebot dieser Zeitung liegen. Die vielen klingenden Titel, die das Impressum aufweist – mit zwei Chefkorrespondenten, einem Sonderkorrespondenten, einem diplomatischen Korrespondenten und gleich vier Chefs vom Dienst (die FAZ hat einen und einen Stellvertreter) – dieser Klang verhallt, wenn er in der Zeitung selbst kein Echo findet. Zwar hat ein Hauch von BILD, mit dem der ehemalige BILD-Chef Boenisch vor allem die Titelseite der WELT sprenkelt, die Zahl der Einzelkäufer leicht steigen lassen. Aber die Leser, auf die eine Tageszeitung wie die WELT bauen kann, sind die Abonnenten. Und deren Zahl ist allein 1978 um 8 000 gefallen.

Wir haben beim Chefredakteur Peter Boenisch, der sich offiziell „Vorsitzender der Chefredaktion" nennt, Ende 78 angefragt, unter welchen Voraussetzungen und mit welchen Vorstellungen er seine Aufgabe bei der WELT übernommen hat. Will er bestimmte Dinge besser oder ‚nur' anders machen? Boenisch:

„Jeder neue Chef will bestimmte Dinge besser machen und anders machen; ich bin keine Ausnahme von dieser Regel, aber mir liegt es nicht Programmsprüche zu klopfen. Der Leser soll sich selbst sein Urteil machen. Nur eines möchte ich zu den notwendigen Wandlungen und Modernisierungen sagen: DIE WELT muß im internationalen Vergleich bestehen. Sie darf sich nicht nur an ihren Frankfurter Konkurrenten messen, sondern auch an der TIMES und an der Herald TRIBUNE. Das ist kein leichter Weg, aber es ist ein lohnendes Ziel. Es ist ein selbstgewähltes Ziel und mit meiner Vorliebe für den anglo-amerikanischen Journalismus zu erklären. Schließlich habe ich bei der NEW YORK TIMES, bei NEWS-

WEEK und bei der NEUEN ZEITUNG der damaligen amerikanischen Zeitung für die deutsche Bevölkerung gelernt."

Boenisch hatte die Redaktion der WELT lange geleitet, bevor er im Impressum ausgewiesen wurde: „Ich wollte zuerst Zuständigkeiten neu regeln und Verantwortlichkeiten klarer gliedern. Und um nicht alle paar Wochen das Impressum ändern zu müssen, habe ich eben gewartet, bis die notwendigen Gespräche stattgefunden hatten."

Boenisch hat zwar zwei stellvertretende Chefredakteure, wird selbst aber nicht Chefredakteur, sondern Vorsitzender der Chefredaktion genannt. Warum diese in der Presselandschaft zumindest verbal seltsame Konstruktion? Boenisch: „Vorsitzender der Chefredaktion bin ich deswegen, weil es, als ich dieses Amt übernahm, eine geschäftsführende Chefredaktion gab und außerdem einen Chefredakteur z.b.V. Um klar zu stellen, wer hier den Vorsitz hat, wurde die neue Bezeichnung gefunden. So seltsam, wie sie Ihnen erscheint, ist sie nicht. Auch bei der SÜDDEUTSCHEN ZEITUNG gibt es eine ähnliche Konstruktion."

In Berlin und Hamburg wird das Profil der WELT nicht zuletzt durch die Lokalausgaben geprägt. Will und kann Boenisch, mit Sitz in Bonn, Einfluß auf den Inhalt dieser Lokalausgaben nehmen? „Jeder, der mit Lokalausgaben an einem anderen Ort leben muß, lebt auch mit der Ungewißheit. Andererseits ist es auch ein großer Vorteil, daß die Zeitungen in Großstädten noch spät nachts aktualisiert werden können. Auch ist es wichtig, daß die WELT die besonderen regionalen Interessen berücksichtigen kann und ihre alten Hochburgen Nordrhein-Westfalen und Hamburg genauso gut versorgt wie die neuen Zugewinn-Gebiete Baden-Württemberg und Bayern."

Boenisch ist nicht nur „Vorsitzender der Chefredaktion der WELT", sondern auch Geschäftsführer der „Axel Springer Gesellschaft für Publizistik KG." Wie verträgt sich diese einflußreiche Position im Verlagsbereich mit der journalistischen Funktion? Welches hierarchische Verhältnis ergibt sich daraus zur Verlagsleitung der WELT? Boenisch: „Abgesehen von der Tatsache, daß zwei Aufgaben mehr Arbeit machen als eine, wüßte ich nicht, warum sich meine beiden Funktionen nicht miteinander vertragen sollten. Der Chefredakteur des STERN sitzt ebenfalls in der Geschäftsführung; das ist sicher eher ein Vorteil denn ein Nachteil. Und warum soll etwas, das bei „Gruner und Jahr" gut ist, bei „Springer" schlecht sein? Mit hierarchischen Verhältnissen hatte ich noch nie Probleme. Ich hatte und habe zur Verlagsleitung der WELT ein kollegiales Verhältnis und dabei soll es auch bleiben. Man soll mich wegen meiner Arbeit respektieren und nicht wegen meines Titels."

Die Lokalausgabe Berlin wurde 1974 eingestellt, dann wieder aufgenommen und soll nun wieder als eigenständige Ausgabe aufgegeben werden, um mit der BERLINER MORGENPOST gemeinsam in einem Berliner Lokalanzeiger einzugehen. Sind dafür neben wirtschaftlichen auch journalistische Gründe maßgebend? Antwort: „Die lokale Zusammenarbeit der WELT mit anderen Lokalredaktionen hat viele Vorteile. Vor allem schafft man ein verbessertes Angebot für den Leser. Natürlich wird es bei dem Berliner Lokalanzeiger Anlaufschwierigkeiten und Umgewöhnungsprobleme geben. Aber am Ende wird eine Zeitung stehen, die mehr leistet und den WELT-Leser auch über die örtlichen Ereignisse besser und vollständiger informiert als heute."

Welche politischen Schwerpunkte bestimmen den Inhalt der WELT? Ist der Eindruck richtig, daß bei bestimmten Themenbereichen polarisiert statt pluralistisch informiert und kommentiert wird – hier vor allem in den Bereichen Sicherheitspolitik, Militär, Terrorismusdebatte, Medienpolitik? „Wie ich Ihnen schon sagte, bin ich ein Anhänger der anglo-amerikanischen Art, Zeitungen zu machen. Wie dort habe ich nichts gegen Kommentare, die klar und deutlich sagen, was man sieht. Und genau wie dort bin ich für die vollständige, pluralistische Information."

Zu den wichtigsten Konkurrenten der WELT gehört die FAZ. Ist der Eindruck richtig, daß besonders im Wirtschaftsteil die WELT in Aktualität und Qualität ihrer Konkurrentin unterlegen ist? Und wenn Ja, warum? „Sie werden verstehen, daß ich, wenn ich den Wirtschaftsteil zu kritisieren hätte, das in der Redaktion tun würde und nicht im Rundfunk. Abgesehen davon ist festzustellen, daß der WELT-Wirtschaftsteil in den letzten zwei Jahren verlorengegangenes Terrain zurückerobert hat; und daß er langsamer ist als seine Konkurrenten, stimmt nicht oder nicht mehr. Im Gegenteil: er ist sehr oft schneller."

Der Politologe Hermann Meyn hat die WELT einen gewissen Zeitraum politisch qualifiziert: 1953 als ‚allgemein-kritisch, ohne Parteitendenz‘; 1957 als ‚allgemein-kritisch, mit CDU-Tendenz‘; 1961 als ‚allgemein-kritisch, mit SPD-Tendenz‘. Ergänzend dazu: Wie qualifizieren Sie die WELT 1978? Antwort Boenisch: „Es ist meine Aufgabe, gemeinsam mit einer tüchtigen Redaktion, die WELT zu machen; sie zu beurteilen, ist Sache der Leser und der Kritiker."

DIE WELT setzt die Kürzel für den zweiten deutschen Staat noch immer in Anführungszeichen. Warum geschieht das? Hält Boenisch diese Eigenart für den Ausdruck einer realistischen politischen Einschätzung oder für eine Attitüde? Für welche relevante politische Richtung der Bundesrepublik sind die Anführungszeichen charakteristisch? „Die Anführungszeichen bei dem Kürzel DDR wurden ursprünglich eingeführt, um damit zum Ausdruck zu bringen, daß die Deutsche Demokratische Republik eben keine demokratische Republik ist. Inzwischen hat sich das herumgesprochen, auch bei den Linken. Daß wir trotzdem die Anführungsstriche beibehalten, liegt wohl in erster Linie daran, daß man uns prompt unterstellen würde, wir hätten unsere Einstellung in der Deutschlandfrage geändert."

Wenn sich ein Leser im Ausland ausschließlich aus der WELT informieren würde, welchen Eindruck müßte er dann über die Entwicklung der Bundesrepublik in den letzten Jahren gewonnen haben? Boenisch: „Ich kann mir schon denken, daß Sie meinen, die WELT informiere einseitig. Unbefangene Ausländer sagen mir aber immer wieder, daß Sie am liebsten die WELT lesen, wenn sie sich über die Geschehnisse bei uns und anderswo ein Bild machen wollen. Ob nun diese Zustimmung oder anderer Leute Kritik zutreffen mag: Ich werde jede Einseitigkeit auf dem Gebiet der Information zu verhindern versuchen und auch zu verhindern wissen. Mich hat geärgert, daß ich oft mehrere Zeitungen zur Hand nehmen mußte – die FRANKFURTER ALLGEMEINE, die FRANKFURTER

RUNDSCHAU und DIE WELT –, um vollständig informiert zu sein. Das sollte auch eine Zeitung alleine schaffen. DIE WELT wird sich Mühe geben."

DIE WELT – das sind nicht nur Chefredakteur und Redaktion. DIE WELT – das ist eben auch Verleger Axel C. Springer. Aus diesem Grunde hätten wir Axel Springer gern direkt nach seinem Verhältnis zu dieser Zeitung, seinen Vorstellungen und seiner Funktion bei deren Gestaltung gefragt. Doch ein solches Gespräch ließ sich – wie die Informationsabteilung des Verlages mitteilte – „aus mancherlei Gründen" nicht einrichten. Wir müssen darum auf die unseres Wissens letzte Äußerung zurückgreifen, in der Springer direkt zur WELT seinen meist defizitären Lieblingskind Stellung genommen hat. Und zwar in einem Interview mit dem RIAS, am 8. April 1976:

„Ein so großes Haus wie das unsrige hat auch die Verpflichtung, Zeitungen dann herauszugeben, wenn man damit kein Geld verdient. . . . Es ist ein Lieblingskind, Lieblingskinder sind meistens die Schwierigsten. Das liegt aber nicht nur an uns, sondern die WELT ist im Grunde ein Opfer, wenn ich einmal sagen darf, der ganzen politischen Entwicklung in Deutschland. Wenn die Träume von Hans Zehrer . . . und mir aufgegangen wären, Berlin als Hauptstadt in einem wiedervereinigten Deutschland zu sein, dann hätte die WELT heute hier 700000 Auflage, wäre das gesündeste Blatt des Hauses – und mit der ganzen politischen Srahlungskraft für ein neues und vernünftiges Deutschland."

Dieter Brumm

Sprachrohr der Volksseele?
Die BILD-Zeitung

- „Die Bild-Zeitung ist eine Zeitung, die nicht übersehen werden kann. An der nicht vorbeizukommen ist, ohne daß man sie wenigstens wahrgenommen hat... Für die Leser liegt eine wesentliche Funktion der Bild-Zeitung darin, daß sie signalisiert, welche Dinge, welche Ereignisse und welche Meinungen für den jeweiligen Tag von Bedeutung sind. In diesem Sinne schafft die Bild-Zeitung öffentliche Meinung, beeinflußt sie die öffentliche Meinung, liefert sie die Stereotypen des Gesprächs und der Diskussion für Millionen von Menschen".

- „Die Bild-Zeitung sieht sich der Gesellschaft als Ganzes gegenüber und befaßt sich damit als eine urteilende, richtende Instanz, mit eigenen Vorstellungen und Meinungen, denen sie mit beträchtlichem Nachdruck Gewicht zu schaffen versucht... Bild verkörpert für die Leser eine Instanz, die dafür sorgt, daß alles mit rechten Dingen zugeht und der einzelne gegenüber der gesellschaftlichen Apparatur nicht den kürzeren zieht. In diesem Sinne ist Bild Berichter und Richter zugleich."

- „Die Bild-Zeitung ist eine Zeitung, welche die Belange des Volkes wahrnimmt, welche die nationalen Interessen hochhält, eine Zeitung, die weiß, was sie will und das auch mit der notwendigen Härte und Aggressivität durchsetzt... Die Bild-Zeitung erweist sich so als ein guter Kamerad, der immer hilft, wo Not am Mann ist – allerdings ein Kamerad mit Macht und Autorität."

- „Der Leser, der sich der Führung von Bild anvertraut, ist ohne Hilfe und Unterstützung dieser Zeitung vielleicht sogar ein wenig hilflos... Man braucht diese Zeitung, ihre Reize, ihre Anregungen, ihre Provokationen und ihren Schutz. Man wehrt sich gleichzeitig gegen die Abhängigkeit von dieser Zeitung, man kritisiert sie, man verwirft sie, man lehnt sie ab. Man erliegt am Schluß doch dem ‚Faszinativum Bild‘, man kann eben ohne diese Zeitung nicht auskommen – man muß Bild lesen!"

Im Auftrag des Axel-Springer-Verlags hatten die Marktforschungsinstitute infratest, contest und DIVO diese (mehr als 100seitige) „qualitative Analyse der Bild-Zeitung" angefertigt. Sie wurde 1965 veröffentlicht und von der Werbeabteilung der Bild-Zeitung kostenlos abgegeben. Solche Analysen haben den Zweck, Anzeigenkunden über das „Umfeld" ihrer Anzeigen, also über den Charakter und die Zielgruppen einer Zeitung zu informieren; sie dienen als Werbemittel und nicht etwa als Handreichung zu kritischer Betrachtung.

Kritik hat die „Bild-Zeitung" von vielen Seiten auf sich gezogen. Schon die schiere Größe des Blattes – 1978 wurden täglich um die 4 835 000 Exemplare verkauft – weckt die Ängste von kleineren Konkurrenten, von Politikern und von denen, über die „Bild" schreibt oder schreiben könnte. Denn diese Zeitung ist mit Kritik selbst nie zimperlich gewesen und erreicht – von einigen Fernseh-

127

sendungen abgesehen — täglich mehr Bundesbürger als jedes andere Medium: jeder vierte liest „Bild". Aber auch die Kritik am Inhalt ist lauter geworden — besonders in den vergangenen zehn Jahren.

Wilke Thomssen schrieb 1966 in einem Text „über die Öffentlichkeit- der ‚Bild-Zeitung' ":

„Mit der Vorliebe für sogenanntes ‚blühendes Leben', Jugend, Glücks- und Aufstiegsspekulationen setzt sich die Massenpresse an die Stelle einer besseren Welt und reproduziert blind die Ungleichheit der hierarchischen Ordnung, deren Stufenleiter durch Fleiß und Arbeit zu erklimmen sei. . . Die Bild-Zeitung befriedigt die Leser mit Surrogaten. Damit verschleiert sie die Struktur der Gesellschaft und verfestigt die Verhältnisse, in denen sie lebt."

Hans Dieter Müller, der 1968 seine Studie über den „Springer-Konzern" vorlegte, fand das Blatt zwar „unparteiischer" als früher, aber doch „unschlüssig", ob es zum „Werkzeug im Dienst einer mythisch-propagandistischen Mission" werden solle; er hielt die „latente Rechtsorientierung" für gefährlich. Im gleichen Jahr 1968 versuchten Studenten, die Auslieferung der Bild-Zeitung zu verhindern und setzten Autos des Springer-Verlags in Brand — Reaktionen auf die Schüsse, die Rudi Dutschke niederstreckten. Ein Autorenkollektiv um den Sozialistischen Deutschen Studentenbund (SDS) veröffentlichte eine Broschüre mit dem Titel: „Der Untergang der Bildzeitung": „Lange bevor die studentischen Aktionen den Rahmen des radikal-demokratischen Protests verließen, hatte die Bild-Zeitung sie schon als kriminell und gefährlich dargestellt. . . In dem Maße, wie die Bild-Zeitung die studentischen Demonstrationen ins Riesenhafte verzerrte, um sie dann der Enttäuschung der Leser preiszugeben, sahen die Studenten sich dem Anspruch verpflichtet, der ihnen gerade in diesen Verzerrungen entgegentrat. Aus der Bild-Zeitung lernten die Studenten ihre eigene Macht und Gefährlichkeit kennen".

Vielleicht wird man sagen, daß sich hier Kritik und Gegenkritik ineinander verbissen haben und daß die kritische Distanz verloren gegangen sei. Aber auch aus kritischer Distanz klingen viele Urteile nicht freundlicher. Der Münsteraner Professor Erich Küchenhoff und andere analysierten bestimmte Bereiche der Bild-Berichterstattung; diese Arbeit erschien 1972 unter dem Titel: „Bild-Verfälschungen" und kommt zu dem Schluß: „Bild unterdrückt und verfälscht Nachrichten durch einfaches Nichtberichten, einseitige Auswahl von Stellungnahmen, Weglassen wichtiger Hintergrundinformationen, sowie durch ‚schlagkräftig' und z. T. irreführend aufgemachte Berichte und Überschriften. Bild versucht im Leser systematisch ein ‚Heile-Welt-Bild' aufzubauen. . . daraus folgt die totale Unmündigkeit des Lesers, die durch den Aufbau irrationaler Einschätzungen und Ängste durch Bild-Nachrichten ständig untermauert wird".

Und Eckart Spoo, Bundesvorsitzender der Deutschen Journalisten-Union, schrieb: „Statt sachlicher Information und kritischer Meinungsbildung betreibt der größte Pressekonzern der Bundesrepublik Verdummung, Ablenkung der Massen von ihren Problemen, Aufhetzung gegen jeden Ansatz einer alternativen, linken Politik."

Sendungsbewußtsein auf der einen Seite und Verdammungsurteile auf der anderen: die größte Zeitung der Bundesrepublik ist auch ihre umstrittenste. Kein Presseorgan wurde so häufig wie „Bild" wegen seiner Berichterstattung vom Deutschen Presserat gerügt. Und doch wird das Blatt jeden Morgen von Millionen Bundesbürgern gekauft und gelesen — auch wenn viele von Ihnen nicht alles für bare Münze nehmen, was sie da gedruckt finden. Warum ist das so? Und was ist das für eine Zeitung, die so viele — auch skeptische — Leser in ihren Bann zieht?

Die Titelseite

Die „Bild-Zeitung" wirft ihre Schlagzeilen auf der ersten Seite wie Netze aus. Diese Schlagzeilen sollen neugierig machen und zum Kauf des Blattes überreden — auch wenn gar nichts besonders zu berichten ist. Ein typisches Beispiel zeigt die Titelseite der Ausgabe vom 22. August 78: Rot eingerahmt und in großen Lettern heißt es da: „Horror-Wespen stechen 100 000 Deutsche — Hunderte im Krankenhaus — Viele in Lebensgefahr". Beim Leser entsteht der Eindruck einer akuten Bedrohung durch eine besonders stechwütige Wespensorte; bei näherem Hinsehen stellt sich dann heraus, daß es sich um ganz normale Insekten und ihre zur Zeit der Obsternte jedes Jahr gesteigerte Zudringlichkeit handelt. Die Zahl der Opfer haben angeblich „Experten geschätzt". Auf der gleichen Seite sind aber noch drei andere Schlagzeilen untergebracht — Angelschnüre für weitere Lesergruppen: für die Fußballinteressierten wird gemeldet „Amis holen Müller und Maier" und für die Liebhaber von Klatschgeschichten „Sorayas Neuer reich und 65" sowie — das hat nichts mit Soraya zu tun — „Kaiserschnitt ohne Baby".

Vergleichen wir diese Titelseite mit einem anderen Blatt vom gleichen Tag: die Süddeutsche Zeitung zum Beispiel macht mit der Schlagzeile auf: „Vergeltungsangriff Israels im Libanon"; weder von Horror-Wespen, noch von Soraya findet sich da etwas. In der Bild-Zeitung wird dieser israelische Angriff nur auf Seite 2 und in knapp sieben Zeilen gemeldet.

Die Spekulation auf das schlechte Gedächtnis von Lesern, die sich immer wieder von den Leimruten kesser Überschriften einfangen lassen, scheint bei der Bild-Zeitung aufzugehen. Und offenbar gibt es auch zahlreiche Leser, die Symptome einer Sucht — oder soll man sagen: Flucht? — entwickelt haben: für sie ist ein wenig Phantasie allemal schöner als die graue Wirklichkeit.

Das Bedürfnis nach Flucht aus dem Alltag, nach einfacher Unterhaltung und der Illusion, bei prominenten Zeitgenossen durchs Schlüsselloch zu gucken, befriedigen vor allem die Boulevard-Zeitungen. Man kann diese Blätter meist nicht abonnieren — sie werden auf der Straße (dem Boulevard) verkauft und sind billiger als die anderen Zeitungen. Neben Bild gibt es noch sechs weitere davon in der Bundesrepublik: die „BZ" und den „Abend" in Berlin, den „Express" in Köln und Düsseldorf, die „Abendzeitung" und „tz" in München, die „Abendpost/Nachtausgabe" in Frankfurt und die „Hamburger Morgenpost" mit einem Ableger in Bremen. „Bild" ist das einzige überregionale Boulevardblatt, auch wenn es in Hamburg, Frankfurt, München, Hannover und Berlin einen besonderen Lokalteil einschließt. Und ihre verkaufte Auflage ist mit 4 834 587 Exemplaren täglich knapp dreimal so hoch wie die aller anderen Boulevard-Blätter zusammen.

Ein wichtiger Grund für diese gewaltige Auflage – die höchste aller europäischen Zeitungen – ist das Vertriebssystem. „Bild" gibt es überall zu kaufen: in Kiosken und Zigarettenläden, auf Bahnhöfen und Märkten, beim Krämer um die Ecke und in Selbstbedienungskästen vor oder sogar hinter den Fabriktoren und Verwaltungshochhäusern.

Und – „Bild" ist billig: mit 40 Pfennig kostet das Blatt nur halb so viel wie eine normale Tageszeitung. Daß dafür erheblich weniger Artikel, kaum ausführlich recherchierte Hintergrundberichte, sondern vorwiegend knappe Meldungen und viele Bilder erscheinen, ist für die meisten Leser offenbar kein Nachteil. Sie schätzen auch die raffiniert einfache Sprache von Bild, die zumindest den Eindruck erweckt, als hätten da Kumpels und Kollegen geschrieben. Daß und wiefern diese Sprache tatsächlich ein hochgezüchtetes Konsumprodukt ist und was dabei allein zählt, hat unter anderen Günter Wallraff in seinem Erlebnisbereich „Der Aufmacher" dargelegt: „Die Wahrheit liegt bei Bild oftmals weder in noch zwischen den Zeilen, sie liegt mehr unter den Zeilen, jedenfalls unter den gedruckten. Gedruckt wird, was die Auflage steigert – und wenn es auch die Wahrheit ist. Nicht gedruckt wird alles, was den Verkauf nicht fördert. Ein klassisches Prinzip, einfach und gleichzeitig universal anwendbar."

Die Bild-Zeitung paßt sich der Sprache der Sprachlosen an, ohne deshalb zu ihrem Sprachrohr zu werden – sie verkündet nicht einfach die Meinung ihrer Leser. Aber sie legt ihnen gewissermaßen unermüdlich Meinungen in den Mund, mit denen sie sich identifizieren sollen: angeblich in ihrem eigenen Interesse. Ähnlich ist das mit dem Bedürfnis nach Entspannung und einer plausibel geordneten Weltanschauung: „Bild" befriedigt diese Bedürfnisse nur, solange dabei neue Wünsche entstehen, die wieder befriedigt sein wollen. Denn die Leser sollen ans Blatt gebunden werden. So wichtig die Leser nämlich auch sind – die Bild-Zeitung könnte mit den fast zwei Millionen Mark, die der Verkauf täglich ergibt, (und wovon ohnedies nur ein Teil an den Verlag zurückfließt) den gewaltigen technischen Apparat und die Personalkosten nicht lange finanzieren. Sie ist – wie alle anderen Zeitungen auch – auf Anzeigen angewiesen. Und weil die Anzeigen sehr viel mehr Geld einbringen als der Verkauf, müssen die großen Anzeigenkunden doppelt hofiert werden: durch die Garantie einer hohen Auflage und durch ein anzeigenfreundliches redaktionelles Konzept. Die Leser müssen also dazu erzogen werden, dies Konzept hinzunehmen: Sie sind ja die potentiellen Käufer der angebotenen Waren. Was sich als Dienst am Leser, als „Lebenshilfe" gibt, bleibt deshalb immer auch Einstimmung, Einübung ins rechte Konsumverhalten. Die Bild-Zeitung, die für allerlei Industrieprodukte wirbt – und das nicht nur im Anzeigenteil – ist selbst ein sehr sorgfältig kalkuliertes Industrieprodukt, in dem nichts dem Zufall überlassen wird. Die Leser werden vor allem ernst genommen, wenn sie als Käufer fungieren; Bevölkerungsgruppen, unter denen die Bild-Zeitung wenig Anklang findet, deren Konsumverhalten überdies zu wünschen übrig läßt, wie zum Beispiel Studenten und Gastarbeiter, kommen auch in der Berichterstattung meist schlecht weg.

BILD und Streiks

Aber auch ernsthafte Störungen des Konsums und damit der industriellen Produktion werden von der Bild-Zeitung bekämpft. Obwohl der Großteil der Leser Angestellte und Arbeiter sind, wendet sich das Blatt regelmäßig gegen Lohnkämpfe — sei es durch eine okkupierte Schiedsrichterrolle, sei es auch durch Manipulation der tatsächlichen Ereignisse. Erich Küchenhoff und seine Mitautoren kommen in ihrer schon erwähnten Untersuchung der „Bild"-Berichterstattung über die Metallarbeiterstreiks in Baden-Württemberg 1963 zu folgenden Ergebnissen: „Bild betreibt eine einheitliche Nachrichtenpolitik. . . Während der heißen Phase des Streiks werden Warnungen vor einer Katastrophe, vor einer Wirtschaftskrise, vor Massenarbeitslosigkeit laut. Vor und nach dem Streik erscheint Bild die wirtschaftliche Lage der Bundesrepublik als äußerst günstig. Während der heißen Phase des Streiks findet sich dagegen keine einzige positive Nachricht über die wirtschaftliche Entwicklung. Bild spielt die Kampfbereitschaft der Arbeiter herunter. . . Bild versucht, Arbeiter und Gewerkschaften zu spalten. Die ständige Behauptung der Bild-Zeitung, ‚alle' oder doch zumindest ‚alle Deutschen' seien gegen den Streik, wird durch die Ergebnisse der Urabstimmung eindeutig widerlegt. Bild wählt Hintergrundinformationen einseitig aus. Bild wählt die genannten Stellungnahmen einseitig aus. Bild bevorzugt in der Auswahl der Stellungnehmenden und der Stellungnahmen eindeutig die Unternehmerseite. Der Gesamteindruck der Berichterstattung macht deutlich, wer zurückstehen muß, damit die Bild-Welt heil und damit konfliktfrei bleibt: die Lohnabhängigen".

„Bild"-Schlagzeilenbeispiele:

1963:

„Der Streik ist wie eine Atombombe".
„Der Streik ist ein Mittel der Abschreckung. Aber seine Anwendung ist sinnlos, ja Wahnsinn".
„Auch die Gewerkschaft ist überrascht, daß der Streik zu einer Lawine wurde, die das deutsche Wirtschaftswunder zu begraben droht".
„1,5 Millionen Arbeitslose".
„Verfluchter Streik. Wir wollten ihn nicht."
„In einer Woche gibt es keine Autos mehr."

1969:

„Mit der Pistole in der Hand verteidigte sie ihre Villa — Streiktrupp wollte das Direktorenhaus anzünden".
„Strauß: jetzt steigen auch die Preise."
„Strauß fleht: Seid vernünftig!"
„Streik vor der Wahl? Das wäre Wahnsinn!"
„Wollen wir die harte Mark weichstreiken?"

BILD und der Springer-Konzern

Natürlich kommt auch in der Bild-Zeitung gelegentlich die andere Seite zu Wort
– Gewerkschaftsführer oder Betriebsräte. Aber solche Interviews und Berichte
treten in Umfang und Aufmachung weit hinter die geschilderte Tendenz zurück.
Daß die Bild-Zeitung überdies nicht nur aus der Arbeitswelt einseitig und keines-
wegs ausgewogen berichtet, haben schon viele Kritiker festgestellt. So schreibt
Jörg Aufermann 1973 in dem Aufsatzband ‚Gesellschaftliche Kommunikation
und Information' über eine Kampagne gegen den schleswig-holsteinischen SPD-
Landesvorsitzenden Jochen Steffen beim Landtagswahlkampf zwei Jahre zuvor:
„Springers Großkonzern veranstaltete ein publizistisches ‚Kesseltreiben'. . . gegen
Steffen. . ., der im Wahlkampf seine Reformvorstellungen von mehr Demokratie
vertrat; (er) wurde als ‚neomarxistischer Revolutionär', als ‚küstenländischer
Tupamaro' als ‚Revolutionsmatrose' oder auch als ‚Ulbricht-Deutscher' öffentlich diffamiert. Durch ein solches massenmediales Scherbengericht werden diejenigen geächtet, die gegen den Marketing-Begriff von Demokratie argumentieren."
An dieser Kampagne war auch die Bild-Zeitung beteiligt: „Bild" war auch immer
dabei, wenn die Entspannungspolitik der sozialliberalen Koalitionsregierung und
die Ostverträge angegriffen wurden. Als der Springer-Konzern Anfang 1970 in
eine Aktiengesellschaft umgewandelt wurde, übernahm Axel Cäsar Springer vier
„Grundsätze der Unternehmensführung" in die Satzung, die seitdem zu binden-
den Richtlinien der redaktionellen Arbeit in allen Zeitungen und Zeitschriften
des Konzerns geworden sind. Diese Richtlinien fordern:
1. „Das unbedingte Eintreten für die friedliche Wiederherstellung der deutschen
   Einheit in Freiheit."
2. „Das Herbeiführen einer Aussöhnung zwischen Juden und Deutschen; hierzu
   gehört auch die Unterstützung der Lebensrechte des israelischen Volkes."
3. „Die Ablehnung jeglicher Art von politischem Totalitarismus."
4. „Die Verteidigung der sozialen Marktwirtschaft."
Das klingt harmlos, menschenfreundlich und demokratisch – und ganz gewiß nicht nach zensurähnlichen Festlegungen. Was gemeint war, oder was sich
doch aus diesen Richtlinien entwickeln konnte, hat die Praxis der Berichterstattung in den seither vergangenen knapp zwanzig Jahren gezeigt. Vor allem die
Bild-Zeitung und die ‚Welt' propagieren einen militanten Antikommunismus,
der sogar die staatliche Existenz der DDR, dieses seit 29 Jahren bestehenden
zweiten deutschen Staates, noch immer bestreitet. Die Berichterstattung über
kommunistisch regierte Länder ist durchweg negativ, häufig polemisch und ig-
noriert hartnäckig positive Entwicklungen. Der konservative Schweizer Journalist Fritz René Allemann schrieb bereits 1970 in der Züricher ‚Weltwoche': „Als
ich Springer vor zehn Jahren in Berlin einmal vorhielt, die Berichterstattung
seiner Zeitungen über die DDR sei erschreckend einseitig und vermittle überhaupt
keine Vorstellungen von den wirklichen Leistungen des Ulbricht-Regimes, schaute
er mich treuherzig an und meinte lächelnd, er wisse das genau so gut wie ich – aber
schließlich mache er ja Politik und es komme eben auf den Effekt an, den Nachrichten bei der breiten Lesermasse erzielten."

Springer hat den Inhalt dieses Gesprächs nicht bestritten. Und sein „Kettenhund", wie er die Bild-Zeitung einmal nannte, wurde weiter auf Kommunistenjagd geschickt. Als Beleg für die Einseitigkeit der politischen Berichterstattung dieser Zeitung mögen ein paar Beispiele aus der jüngsten Vergangenheit dienen. Als der SPD-Vorsitzende Willy Brandt im Frühjahr 1978 die Auswirkungen des Radikalenerlasses von 1972 mit inzwischen zwei Millionen Überprüfungen bedauerte, fragte „Bild" scheinbar naiv: „Ist die Handvoll Kommunisten, die zu Recht nichts im Staatsdienst verloren haben, wirklich unser Hauptproblem?"

Zwischenrufer auf einer Wahlveranstaltung der Hamburger CDU mit dem CDU-Vorsitzenden Helmut Kohl wurden von Bild flugs als „Verfassungsfeinde" und „kommunistische Chaoten" ausgemacht, der Bericht erschien unter der fetten Schlagzeile: „CDU-Chef Kohl kam – und Chaoten tobten". Wie man mit unerwünschten Demonstranten umzugehen hat, suggerierte wenig später eine andere Schlagzeile: „Rentner vertrieb linke Demonstranten mit Krückstock."

Und am 1. September 1978 machte „Bild" mit der Frage auf: „Bonn: Noch mehr Spione?" Dazu hieß es: „Spionage-Fieber in Bonn. Fast stündlich werden neue Namen angeblicher Spione genannt. Inzwischen verdächtigt fast jeder jeden, ein Agent des Ostens zu sein. Gegen sieben Personen wird schon ermittelt." Einer davon, der SPD-Abgeordnete Uwe Holtz, wurde abgebildet. Am nächsten Tag schrieb „Bild" in sehr viel kleinerer Aufmachung „Spionage: Alles durchsucht – nichts!" Und wieder zwei Tage später verteidigte das Blatt seine Behauptungen mit der „Pflicht einer freien Presse" über „Spionage" zu berichten – gerade so, als ob damit nicht auch die Pflicht zum sorgfältigen Recherchieren und zum zurückhaltenden Gebrauch von Vermutungen verbunden wäre. „Bild" aber trumpft auf und meint: „Wer dies anders sieht, hat ein tief undemokratisches Verhältnis zur Verfassung unseres Staates und zur freien Presse. Wir lassen uns nicht einschüchtern".

Daß sich bundesdeutsche Politiker ihrerseits von solchen Tönen einschüchtern lassen, haben sie inzwischen unter Beweis gestellt. Als die Bild-Zeitung 1964 gegen die geplante Erhöhung der Telefongebühren polemisierte, wurde das Parlament aus den Sommerferien zu einer Sondersitzung nach Bonn gerufen. Tatsächlich belegt eine Leseranalyse des Springer-Konzerns aus demselben Jahr, daß die Mehrheit der Bild-Leser damals noch gar nicht über ein Telefon verfügte.

Ebenfalls 1964 schrieb der damalige FDP-Bundesgeschäftsführer Hans-Dietrich Genscher einen Entschuldigungsbrief an den Chefjustitiar des Springer-Konzerns, Herman F. Arning, weil das Parteiblatt ‚Das freie Wort' Springers Lieblingsidee von einem Verleger-Fernsehen angegriffen wurde. In diesem Brief heißt es: „Ich möchte auf jeden Fall vermeiden, daß durch diese Veröffentlichung in einer der letzten Ausgaben des ‚Freien Wortes' – die Zeitung wird am Ende des Monats ihr Erscheinen einstellen – eine neuerliche Belastung unseres Verhältnisses zu dem Hause Springer eintritt".

Axel Cäsar Springer selbst teilte der Öffentlichkeit in einer Rede 1972 selbstzufrieden mit: „Wenige Wochen vor der Bundestagswahl 1969 besuchte mich Senator Ruhnau auf der Insel Sylt. Er versicherte damals emphatisch für seine Partei käme keinerlei Mitbestimmung im Pressewesen oder irgendwelche andere

Beschneidung der Verlegerrechte in Frage." Dazu muß man wissen, daß der damalige Hamburger Innensenator Heinz Ruhnau, SPD, gemeint ist und daß die SPD zu diesem Zeitpunkt bereits öffentlich ganz andere Positionen zur Medienpolitik vertrat.

„Bild" — so hatte es die „qualitative Analyse" von 1965 formuliert — „erscheint als eine gesellschaftliche Macht, von der sich die einen bedroht fühlen und die anderen Orientierung und Aufklärung erwarten"; „Bild" ist in dieser Sprache „ein Kamerad mit Macht und Autorität".

Die Welt, so wie sie die Bild-Zeitung ihren Lesern in unermüdlicher Schwarz-Weiß-Malerei darstellt, ist vom Kampf des Guten gegen das Böse bestimmt. Gut ist das Christentum, die heile Familie, die Ehrfurcht vor Autoritäten, der technische Fortschritt, das Wirtschaftswachstum und der offene Markt, an dem sich jeder bedienen kann, der über die nötigen Mittel verfügt. Böse ist dagegen der Kommunismus und Sozialismus, der Zweifel am technischen Fortschritt und der Wachstumsideologie und alle Einschränkungen der privaten Verfügung über den eigenen Reichtum, — denn wer es zu nichts bringt, ist offenbar untüchtig.

Da muß dann notfalls auch die Demokratie zurückstehen. Den despotisch regierenden persischen Schah erklärt Bild zum „treuesten Verbündeten des Westen im gesamten arabischen Raum" und warnte (vergeblich): „Wieder hat sich die unheilige Allianz der fanatischen Moslems und der Linksradikalen gegen Schah und Fortschritt verschworen. Der Sturz des Schahs wäre Moskaus größter Triumph nach der Teilung Deutschlands."

Emanzipationsbestrebungen, die Suche nach vielleicht gerechteren Ordnungen des Zusammenlebens sind der Bild-Zeitung von vornherein verdächtig. Springer selbst verstand unter mehr Chancengleichheit und mehr Gleichberechtigung immer nur Gleichmacherei — wie zum Beispiel in einer Rede in München vor zwei Jahren: „Das Unglück der modernen Zeit begann, als die Französische Revolution dem Ideal der Freiheit das der Gleichheit, im Sinne von totaler Egalité, zur Seite stellte und die Sozialisten aller Schattierungen diesen Generalirrtum übernommen haben. Nicht mehr jedem das Seine, sondern jedem das Gleiche... Voltaire hatte noch die Meinung, es brauche nur zwei bis drei mutige Menschen, um den Geist einer Nation zu ändern. Voltaire kannte aber das Fernsehen nicht und nicht die internationale Zusammenarbeit der Kommunisten, sonst hätte er die Zahl der Mahner höher angesetzt." Springer will den „Geist der Nation ändern"; die Bild-Zeitung, sein „Kettenhund" hat dabei eine wichtige Funktion.

In der für die Werbewirtschaft hergestellten Psychoanalyse des Blattes erscheint Bild zugleich als Vater, Mutter und Geliebte: „Die Bild-Zeitung verkörpert Macht und Autorität... Schutz und Hilfe. Unter diesem Aspekt übernimmt Bild voll und ganz Rolle und Funktion jener Persönlichkeitsinstanz, die als ‚Über-Ich' elterliche Autorität und die Ansprüche der Gesellschaft im Individuum repräsentiert... die Zeitung übernimmt in gewissen Bereichen eine ‚Elternrolle': man beugt sich nicht nur einer festen Autorität, sondern findet eine verständnisvolle Instanz, der man sich unbesorgt anvertrauen kann.

Bild geht aber auch auf die verborgenen Wünsche und Antriebe der Leser ein, indem ein gewisses Maß an Sensationen und Sex, an Berichten und Unglücksfällen und Verbrechen vorgestellt wird. Der Leser hat so die Möglichkeit, seine Es-Ansprüche ersatzweise zu befriedigen, ohne daß er damit den eigenen Bestand und das gesellschaftliche Gefüge gefährdet."

Auch wenn diese Selbstanalyse mehr als zehn Jahre zurückliegt, findet sie noch heute ihre Bestätigung. So überschreibt Bild einen sehr einseitigen Artikel über das Berliner Frauenhaus mit der Schlagzeile: „Frauenhaus: Lesbische Liebe, nachts kreist die Flasche...", versucht in einem Interview der allein lebenden Modeschöpferin Jil Sander immer wieder einzureden, daß es besser wäre, mit einem Mann zusammen zu gehen und erweckt in angeblichen Erlebnisberichten den Eindruck, Abtreibungen seien gefährlich für die weibliche Fruchtbarkeit. In einer ganzen Serie von schlüpfrigen Artikeln wird die freizügige Sexualität in einem indischen „Liebeskloster" zugleich gierig abgeschildert und als Verirrung gebrandmarkt; eine typische Schlagzeile lautet: „Wenn Mutti im Sex-Kloster liebt, dann weint die kleine ‚Moun' ". In seinen Kommentaren läßt Bild dann deutlicher erkennen, was die Leser denken sollen: „ ‚Das Baby gehört zur Hälfte mir', sagt ein Mann. Seine Frau aber will das werdende Leben abtreiben lassen. Wessen Wille soll nun hier geschehen? Natürlich der Wille des Mannes − und das nicht, weil er ein Mann ist. Worauf es ankommt: Der Mann will das Kind umsorgen und mit Liebe großziehen. Und sein Baby hat ein Recht auf Leben. Trotz aller moderner Abtreibungsgesetze oder:

In den Großstädten kommt auf zwei Eheschließungen schon eine Scheidung. Aber es gibt Gott sei Dank Ehen, für die Treue bis zum Tod, ja über den Tod hinaus selbstverständlich ist."

Die Kommentare finden sich ziemlich klein gedruckt auf der Seite zwei. Schon auf der Titelseite und an anderen Stellen des Blattes wird die Ersatzbefriedigung dazu geliefert: Fotos nackter oder spärlich bekleideter Mädchen und Schlagzeilen wie:

- „Deutscher Keksfahrer verführte 10 000 Frauen... Keksfahrer Robert König ist als Liebhaber Deutschlands Kaiser."
- „Hamburger Student zeugte 89 Babys".
- „Phantom vergewaltigt 150 grüne Witwen... Die Polizei: ‚Manchen Frauen muß es gefallen haben' ".
- „Sex-Doktor fing 1 000 Frauen − sein Orgasmus-Trick."

Was „Bild" einerseits als Surrogate zur Ersatzbefriedigung anbietet, rückt der strenge Übervater „Bild" dann gleich wieder zurecht: Natürlich sind die schönen Nackten mit den Phantasienamen für Bild-Leser unerreichbar und aller Unmoral folgt die Strafe auf dem Fuße − wie gesagt: „Der Leser hat so die Möglichkeit, seine Es-Ansprüche ersatzweise zu befriedigen, ohne daß er damit den eigenen Bestand und das gesellschaftliche Gefüge gefährdet."

BILD und die Großen dieser Welt

Fast alles ist dagegen erlaubt, wenn es um die Unterhaltung der Leser, um die Ablenkung vom Alltag, von ihrer wirklichen Lage geht. Da wird das Liebesleben

135

von Showstars und anderen geeigneten Prominenten mit phantasievollen Details ausgeschmückt und überwuchert mühelos die politischen Ereignisse des Tages.

Und wenn dann noch die Hochzeit der schwerreichen Reederei-Erbin Tina Onassis mit einem Sowjetbürger zu vermelden ist, macht „Bild" daraus einen Dauerbrenner. In den zweieinhalb Monaten zwischen Ende Juni und Mitte September 1978 gab es ein gutes Dutzend Onassis Schlagzeilen auf der Bild-Titelseite – nur noch das Thema „Terroristen" kann da mithalten. Hier eine Auswahl:

10. Juli: „Der Russe von Tina Onassis – vom Kreml zur Hochzeit gezwungen."
11. Juli: „Tina Onassis von ihren Tanten für verrückt erklärt?"
29. Juli: „Ich will nicht mehr Onassis heißen. Tina: Ein Baby! Ich will es in Moskau zur Welt bringen."
31. Juli: „Tinas Russe: Nachbarn verachten ihn – seine Tochter weint".
4. August: „Tina zum Irrenarzt".
7. August: „Tinas Ehe schon kaputt?"
9. August: „Tina: Schreie, Sehnsucht, Gebet an Vaters Grab".
15. August: „Kuß, Baby – Tina bei ihrem Russen"
6. September: „Foto für 500 000 Mark: Tina nackt am Fenster".

Daß „Bild" mit solchen Berichten „die Belange des Volkes wahrnimmt" und die „nationalen Interessen hochhält" wird man kaum sagen können. Die schon häufiger zitierte, von Springer in Auftrag gegebene Bild-Analyse hielt dies damals gerade für das „unverwechselbare Profil" des Blattes. Tatsächlich stellt das Profil der Bild-Zeitung heute eine brisante politische Mischung aus konservativer Lebenshaltung, manipulierter Wirklichkeit, zynischer Ersatzbefriedigung und nationalem Sendungsbewußtsein dar. Brisant ist diese Mischung vor allem deshalb, weil sie nicht nur an autoritäre Persönlichkeitsstrukturen und Vorurteile appelliert, sondern ihre politische Fracht verdeckt transportiert. Oberflächlich betrachtet gibt sich diese Zeitung ja als buntes Bilderblatt ohne viel Politik.

So zufällig diese Mischung auch aussieht – sie ist das Produkt täglich neuer generalstabsmäßiger Planung. Abgesehen von den erwähnten Richtlinien des Verlegers sind dabei Marketing-Gesichtspunkte entscheidend: gedruckt wird, was sich bezahlt macht. Und bezahlt macht sich, was die Auflage steigert – nicht so sehr, weil dadurch der Vertriebserlös ein wenig steigt, sondern weil mit höherer Auflage auch die Anzeigenpreise angehoben werden können.

Die Bild-Zeitung ist heute zu einem psychologisch kalkulierten Industrieprodukt geworden, das mit Ausnahme lokaler Konkurrenz bundesweit den Markt beherrscht. Die anfängliche Idee Springers eine konkurrenzlos billige Art von Tagesillustrierte zu machen, hat sich ausgezahlt, auch wenn das ursprüngliche Konzept ganz anders aussah.

Die Anfänge

Die erste Nummer der Bild-Zeitung erschien am 24. Juni 1952 in einer Auflage von 250 000. Das Blatt wurde in Hamburg hergestellt und kostete bis 1965 10 Pfennig. Fotos und Comic-Strips beherrschten die Aufmacherseiten; der Inhalt war von den großen englischen Boulevardblättern und dem betulichen journalistischen Stil des Hamburger Abendblatts beeinflußt. Axel Cäsar Springer, Sohn eines kleinen Zeitungsverlegers in Hamburg-Altona, hatte das „Hamburger Abendblatt" im Oktober 1948 gegründet — mit der Zulassungsnummer 1 des sozialdemokratisch geführten Senats der Hansestadt. Die Zeitung war als bürgernahes konservatives Lokalblatt konzipiert — nicht ohne Politik, aber doch mit Betonung lokaler Ereignisse, menschlich rührender Geschichten und im Bewußtsein des Unterhaltungswerts von Heimat-Romantik. Das Programm war schon in den Titel eingeflochten: „Mit der Heimat im Herzen die Welt umfassen".

Das „Hamburger Abendblatt" wurde Springers erster großer Erfolg neben der 1946 auf den Markt gebrachten Programmzeitschrift „Hör Zu". Den Überschuß aus diesen Objekten investierte der damals 40-jährige Verleger 1952 in das Massenblatt Bild. Mit dieser Gründung verfügte das ungewöhnlich florierende Unternehmen über zwei Zeitschriften und zwei Zeitungen: „Hör Zu" erschien mit 1,3 Millionen Auflage, die Illustrierte „Kristall" mit 243 000 und vom „Hamburger Abendblatt" wurden täglich 261 000 Stück verkauft.

Keine dieser Zeitungen oder Zeitschriften setzte sich kritisch mit der gesellschaftlichen Wirklichkeit auseinander. Journalistisch gemeinsam war ihnen die Anpassung an die gegebenen Verhältnisse, das Zurückdrängen politischer Berichterstattung aufs Unumgängliche und die Betonung treuherziger Unterhaltung. Daß das kein Zufall war, hat Springer selbst häufig genug erklärt; er hat dies redaktionelle Konzept auch verblüffend einfach begründet: „Ich war mir seit Kriegsende klar, daß der deutsche Leser eines auf keinen Fall wollte, nämlich nachdenken."

Das Nachdenken sollte den Lesern abgenommen und in mannigfache Zerstreuung eingebettet werden: Der angeblich unpolitische kleine Mann war das Leser-Leitbild aller Springer-Redaktionen. Hans Dieter Müller schreibt 1968 in seinem Buch über den Springer-Konzern: „Wäre ein Historiker späterer Jahrhunderte auf die ersten sechs Jahrgänge der Bild-Zeitung als einzige Quelle angewiesen, so könnte er die wichtigsten innen- und weltpolitischen Ereignisse kaum in Umrissen rekonstruieren, sie kommen zum großen Teil gar nicht vor, und wenn, dann nur als punktuelle, explosionsartige Ereignisse, die für einen kurzen Moment unter den Tierfreunden, kleinen und großen Dieben, Schönheitsköniginnen, armen Rentnern und Selbstmördern aus Liebeskummer Aufruhr stiften und dann ebenso spurlos wieder verschwinden wie Naturkatastrophen, wenn die Wasser wieder ablaufen. Aus welchen Gründen das Land geteilt war, läßt sich zum Beispiel nicht feststellen, kaum das Faktum, *daß* es geteilt war und ein Drittel der Bevölkerung ein ganz anderes Leben lebte."

Die Auflage der Bild-Zeitung stagnierte das erste halbe Jahr bei 250 000 und war nicht rentabel. Daraufhin probierte die Redaktion Anfang 1953 einen neuen

Umbruch: Holzhammer-Schlagzeilen in verschiedenen Größen wurden nebeneinander gesetzt und die Artikel und Bilder nicht mehr nach Sachgebieten getrennt, sondern optisch bunt gemischt: „Journalismus als Genußmittel, . . . ein Zeitungskuchen nur aus Rosinen", wie Hans Dieter Müller das ziemlich treffend nennt. Statt sentimentaler Fotos aus der Althamburger Geschichte oder Heimatbildern aus deutschen Gauen tauchten Bikini-Mädchen auf: zunächst als Karikaturen, dann auch als Fotos aus dem Showgeschäft, von Miß-Wahlen oder selbst veranstalteten Schönheitswettbewerben. Das Rezept schlug jedenfalls ein: im März 1953 wurden 300 000 Exemplare verkauft, im April 500 000, im Mai 600 000, im Juni 700 000 und im Dezember lag der tägliche Verkauf schon bei 1,2 Millionen. 1955 wurden zum erstenmal 2 Millionen Bild-Zeitungen unter die Leute gebracht, 1956 3 Millionen und seit 1962 mehr als 4 Millionen. Auflagensteigerungen in dieser Größenordnung hatte es in der deutschen Pressegeschichte bislang nicht gegeben.

BILD und die Deutschlandpolitik

Der politische Wendepunkt für das Groschenblatt kam im Januar 1958. Axel Cäsar Springer hatte beschlossen, in die Ostpolitik einzugreifen, war mit einigen Beratern in einem gemieteten Flugzeug nach Moskau geflogen und hatte um ein Gespräch mit dem sowjetischen Parteisekretär Nikita Chruschtschow nachgesucht. Der Verleger mußte tagelang warten; überdies verlief das Gespräch enttäuschend. Wenig später beginnen in seinen Zeitungen die Kampagnen gegen die sogenannte „Sowjetzone" und gegen jede Form des Sozialismus.
Unter dem Chefredakteur Karl-Heinz Hagen erreichte die Massenagitation von „Bild" während der Krise um den Bau der Berliner Mauer 1961 ihren ersten Höhepunkt. Neben Bildern von Stacheldrahtrollen, Panzern und Sowjetmilizen erschienen riesige Schlagzeilen, die das Blatt zuweilen in eine Flugschrift verwandelten — offenkundig mit dem Zweck, die Leser das Fürchten zu lehren:

16. August: „Der Westen tut nichts!"
8. September: „Ulbrichts Hitlerjugend droht jetzt offen: Wir werden auf Deutsche schiessen."
9. September: „Es gibt wieder KZs in der Zone. Wie 53."
25. September: „Wird Deutschland jetzt verkauft?"

An der Formulierung dieser letzten Schlagzeile hatte sich Springer selbst beteiligt — sie entsprach seiner politischen Auffassung. Wer sich nicht an seinen aggressiven Antikommunismus hielt, war für ihn ein „nützlicher Idiot" der anderen Seite — so vor allem jene, die für Ausgleich, Entspannung oder Neutralisierungspläne eintraten. Die Bild-Zeitung wurde immer mehr zum Pranger und ihre agitatorische Diktion ähnelte immer häufiger der Sprache des ‚Stürmers' oder des „Schwarzen Korps".

Die Auflagenentwicklung stagnierte allerdings und so holte sich der Verleger Anfang 1962 einen neuen Chefredakteur. Peter Boenisch brachte mit stromlinigen Anpassungstheorien und einer neuen Betonung des Konsumcharakters das Schiff wieder in Fahrt, ohne deshalb die politische Linie zu verändern. In einem halben Jahr stieg die Auflage auf 4 Millionen und schaffte in einzelnen Nummern besonders während der Fußballweltmeisterschaft 1966 die 5-Millionen-Traumgrenze. Aber das blieb nicht lange so.

BILD und die Studentenunruhen

In den sechs Jahren von 1966 bis 1972 ging die verkaufte Auflage von 4,1 Millionen auf 3,4 Millionen zurück; einer der Gründe dafür lag zweifellos im Aufbruch der Studentenbewegung und der Anti-Springer-Kampagne der Außerparlamentarischen Opposition − der ApO − vor allem in den Jahren 1967 und 1968. Schon vor dem polizeilichen Todesschuß auf den unbeteiligten Studenten Benno Ohnesorg am 2. Juni 1967 in Berlin hatte „Bild" die Studenten in Berichten über Demonstrationen oder Sit-ins als gefährliche Anarchisten hingestellt. In der Bild-Zeitung vom 3. Juni erschienen sie nun als die Alleinschuldigen an den „blutigen Krawallen". Da wurden persische Geheimdienstbeamte, die vor dem Rathaus Schöneberg mit Latten auf Demonstranten einprügelten, „schahtreue Studenten" genannt, während die Berliner Studenten als „Radikalinskis" erschienen. Und da hatte der erschossene Student offenbar selber schuld an seinem Tod, denn: „In Berlin gab es bisher Terror nur östlich der Mauer. Gestern haben bösartige und dumme Wirrköpfe zum erstenmal versucht, den Terror in den freien Teil der Stadt zu tragen... Gestern haben in Berlin Krawallmacher zugeschlagen, die sich für Demonstranten halten. Ihnen genügte der Krach nicht mehr. Sie müssen Blut sehen. Sie schwenken die rote Fahne und sie meinen die rote Fahne. Hier hören der Spaß und der Kompromiß und die demokratische Toleranz auf. Wir haben etwas gegen SA-Methoden."

Zwei Tage später stand die Schlagzeile im Blatt: „Studenten drohen: Wir schießen zurück"; aus dem Text ergab sich dann, daß diese Drohung in einem anonymen Telefongespräch gefallen war − ohne daß die Redaktion sicher sein konnte, daß es sich um Studenten handelte. Im November veröffentliche „Bild" auf der Titelseite in Großaufmachung drei Fotos von Demonstranten, auf denen jeweils der Studentenführer Rudi Dutschke mit einem weißen Kreuz besonders gekennzeichnet war − Oberzeile: „Schwere Krawalle in Moabit".

Auch der Schriftsteller Günter Grass geriet damals ins Kreuzfeuer von „Bild" und anderen Blättern des Springer-Verlags. Er hatte es gewagt, den Konzern wegen Falschmeldungen über den in der DDR lebenden Schriftsteller Arnold Zweig anzugreifen und dabei von „wahrhaft faschistischen Methoden" und einem „Meinungsterror" gesprochen. Prompt nannte ihn „Bild" den „Dichter mit der Dreckschleuder" und einen „rot angehauchten Modeschriftsteller", der „verlogene Hetzreden" und ein „Haßpamphlet" verbreitet habe.

Als dann Ostern 1968 das Attentat auf Rudi Dutschke geschah, gab es für viele Studenten keinen Zweifel: sie sahen in der Bild-Zeitung und anderen Springer-Blättern die Schreibtischtäter. In blinder Wut demolierten sie Fensterscheiben der Berliner Konzernzentrale, steckten Auslieferungswagen in Brand und versuchten, die Verbreitung der Bild-Zeitung zu verhindern. Der vergebliche Ansturm auf die Pressemacht markiert zugleich den Höhepunkt und das Ende der Anti-Springer-Kampagne: die große Mehrheit der Studenten begann zu resignieren; einige wenige nahmen weiterhin ihre Zuflucht zur Gewalt. Die studentische ApO hatte das Ziel ihrer Kampagne zugleich als ihr Motto gewählt: „Enteignet Springer", und dies Motto auf Plaketten, Postkarten, Abreißkalendern in einer regelrechten Anti-Springer-Kleinindustrie verbreitet. Ein Tribunal wurde in Berlin veranstaltet und kam zu dem Ergebnis: „Die Bild-Zeitung hat uns gezwungen, unsere Praxis unter dem Gesichtspunkt der Machtfrage zu betrachten. Wir haben aus ihr gelernt, unsere Kräfte realistisch einzuschätzen und unsere Aktionen danach zu beurteilen, ob ihnen die Ohnmacht auf der Stirn geschrieben steht oder ob wir uns in ihnen als wirkliche Gegner der herrschenden Klasse darstellen."

Springer selbst war offensichtlich verunsichert, hielt seine Gegner allerdings samt und sonders für moskauhörige Kommunisten. Er ließ eine Dokumentation erarbeiten, die Großindustriellen, Arbeitgeberverbänden und Ministerien zugestellt wurde. In dieser Dokumentation heißt es: „Die Forderung nach Enteignung des Springer-Verlages wurde zum erstenmal von Walter Ulbricht am 21. April 1966 gestellt... Sie wird von radikalisierten politischen Gruppen in der Bundesrepublik übernommen: von bestimmten Studentengruppen, von linksradikalen Presseorganen, von Kriegsdienstverweigerern und Ostermarschierern... Erfolg oder Mißerfolg dieser Kampagne wird davon abhängen, ob diese Gruppen in der Lage sind, die Angleichung der gesellschaftlichen Verhältnisse in der Bundesrepublik an die der SBZ voranzutreiben, um damit im Sinne der Politik Ulbrichts und der SED wirksam zu werden."

Die deutschen Universitäten und ihre Studenten blieben ein bevorzugtes Angriffsziel der Bild-Zeitung auch unter dem neuen Chefredakteur Günter Prinz, der die Redaktion seit August 1971 leitet. Die öffentliche Kritik an „Bild" erreichte aber zu keinem Zeitpunkt mehr die Intensität jener Apo-Kampagne und die Auflage der Zeitung stieg langsam wieder an. Effektive und einfallsträchtige Werbefeldzüge und ein perfekt organisiertes Vertriebssystem mit annähernd 70 000 Verkaufsstellen in der Bundesrepublik verbreiten das Image einer allgegenwärtigen Zeitung.

Im Juli 1978 — eingerahmt von roten Ausrufezeichen —, begrüßte Bild 570 000 neue Leser und bezog sich dabei auf Ermittlungen der Arbeitsgemeinschaft Media Analyse: „Wunderbar! Bild wird immer beliebter. Bild wird immer jünger. Bild-Leser werden immer klüger! Das Wichtigste: Wir können 570 000 neue Bild-Leser begrüßen — 190 000 Frauen und 380 000 Männer. Herzlich willkommen! Bild wird jetzt täglich von 11,8 Millionen Menschen gelesen. Das Tollste: Wir haben Hunderttausende von Teens und Twens dazugewonnen. Hallo Freunde! Das Schönste: 80 000 Abiturienten sind dazugekommen."

Das klingt wie die Aufnahme von Mitgliedern in einen Verein – oder besser: in eine Gemeinde; „Bild" suggeriert die Zeitungslektüre als Gemeinschaftserlebnis. Und obwohl noch nicht einmal etwas darüber gesagt wird, ob die Zahl der jungen Leser im Verhältnis zur Gesamtzahl gestiegen ist, wird das auf die Zeitung übertragen: „Bild wird immer jünger". Daß „Bild" auch immer klüger wird, erscheint dagegen nur indirekt – sozusagen hinter dem Text – mit der Behauptung, daß die Leser klüger werden.

BILD und Günter Wallraff

Welche Rolle dem Leser dieser größten Tageszeitung Europas, deren Auflage nur noch von zwei sowjetischen und zwei japanischen Zeitungen überboten wird, tatsächlich zukommt, hat Günter Wallraff herauszufinden versucht. Er hat sich dazu unter falschem Namen im Frühjahr 1977 in die Hannoversche Zweigredaktion der Bild-Zeitung eingeschlichen und dort vier Monate lang als freier Mitarbeiter zugebracht. Im Herbst veröffentlichte er dann seinen Erlebnisbericht unter dem Titel: „Der Aufmacher – Der Mann, der bei Bild Hans Esser war". Wallraff beschreibt in diesem Buch nicht nur das Zustandekommen vieler Bild-Geschichten, redaktionelle Manipulationen und die Mißachtung von Lesern, die sich in einer schon zur Selbstverständlichkeit gewordenen Bevormundung ausdrückt. Er beschreibt auch die Verwandlung, die mit ihm selbst unter solchen Anpassungszwängen vorgeht: „Alles um mich herum gerinnt und erstarrt zur verkürzten Bild-Floskel-Geschichte. Ich stelle fest, daß mir bei Geschehnissen gleich Überschriften und Artikelanfänge einfallen... Du nimmst keinen Anteil mehr, die wirklichen Menschen werden dir gleichgültig, du schaffst sie dir neu, nach Springers Eben-Bild. Du arbeitest in der Intensivstation der Massenträume... Ich merke, wie der Apparat mich absorbiert, auf den Leim lockt, aufweicht und umdreht."

Noch bevor das Buch erscheint, reagieren Bild-Zeitung und Springer-Verlag überaus heftig. „Faschisten und Kommunisten wie Wallraff haben kein realistisches Weltbild" heißt es da und die „infame, kriminelle Methode eines Untergrundkommunisten" wird an den Pranger gestellt. Der ‚Spiegel' wies darauf hin, daß diese Methode des Einschleichens ausgerechnet „zum Repertoire der Bild-Redaktion" gehört – allerdings mit dem gewichtigen Unterschied, daß Wallraff nicht die Privatsphäre seiner Opfer, sondern „gesellschaftliche Geheimbereiche" ausleuchten wolle. Wallraffs Verleger Reinhold Neven DuMont hat die fieberhaften Recherchen des Springer-Konzerns beschrieben, die vor dem Erscheinen des Buches Negatives aus dem Leben seines Autors fördern sollten. Neven DuMont fragte: „Warum denn soviel Schaum vorm Mund, wenn es gar keine Machenschaften aufzudecken gibt? Konnte der Springer-Konzern nicht gelassen davon ausgehen, daß Wallraff – anders als Bild, das es sich gefallen lassen muß, ein Werk professioneller Fälscher genannt zu werden – in seinem Bericht strikt bei der Wahrheit bleiben muß, wenn er eine Chance haben soll, juristische Auseinandersetzungen mit den Anwälten und dem Geld des Konzerns auch nur einigermaßen glimpflich zu bestehen?"

Die Auseinandersetzungen führten zu einem Kuriosum in der deutschen Verlagsgeschichte: durch einstweilige Verfügungen gegen einzelne Punkte des 240-Seiten-Buches, mußten immer wieder bestimmte Formulierungen oder Passagen geändert oder weggelassen werden. Trotzdem schaffte es der Verlag, die jeweils geänderte Version in kürzester Zeit auf den Markt zu bringen. Ende 1978 waren es so 5 verschiedene Ausgaben, die sich in einzelnen Details unterschieden – in einer Gesamtauflage von circa 350 000 Exemplaren. Ende 1978 betragen die Prozeßkosten aber auch bereits 200 000 DM.

Fürchtet die Bild-Zeitung ihre Kritiker? Es hat den Anschein. Wie sonst sollte man sich die mangelnde Gelassenheit im Umgang mit Kritik erklären als durch die Furcht vor Auflageneinbußen wie in der Zeit der Apo? Oder durch die Furcht vor einer verschärften Kartellgesetzgebung, die den Konzern vielleicht nicht bloß am weiteren Zukauf von Zeitungen hindern, sondern ihn sogar zum Anstoßen von Objekten zwingen könnte?

Der größte Pressekonzern der Bundesrepublik und sein Flaggschiff, die Bild-Zeitung, die ihre Markt- und Meinungsmacht rücksichtslos einzusetzen gewohnt ist, haben weit gespannte Ziele. Auf der einen Seite werden Zeitungen und Zeitschriften auf elektronische Satzverarbeitung umgerüstet und neue Offsetdruckereien wie in Kettwig gebaut oder geplant; andererseits expandiert das Unternehmen auch in Bereiche wie die Schallplatten- und Kassettenindustrie. Das Jahr 1977 hat dem Konzern eine Umsatzsteigerung von 15 % auf 1,64 Milliarden DM gebracht, dabei stiegen die Anzeigeneinnahmen der Bild-Zeitung sogar um 28 %. Und obwohl die Zahl der Mitarbeiter auf 11 900 gewachsen ist, registriert der Geschäftsbericht eine Gewinnsteigerung auf 45 Millionen DM.

Wichtigstes der langfristigen Ziele Axel Cäsar Springers ist es jedoch, auch im Fernsehgeschäft Fuß zu fassen. Das setzt allerdings politische Entscheidungen voraus, die privatwirtschaftliche Sendeanstalten erlauben – einen Weg, den die schleswig-holsteinische Landesregierung unter dem CDU-Ministerpräsidenten Gerhard Stoltenberg mit ihrer Kündigung des NDR-Staatsvertrags nun gangbar machen will. Bild ist auch hier mit allgemeinen Schlagzeilen wie: „35 Millionen Zuschauer unzufrieden – Wenn Schlaftabletten nicht helfen: wie wär's denn mit Fernsehen?" der publizistische Vorreiter.

Freilich: Allzuviel laute, öffentliche Kritik könnte diesen Ambitionen abträglich sein. So weigert sich die Bild-Zeitung bis heute, die zahlreichen, nach sorgfältigen Erhebungen des Deutschen Presserats erteilten Rügen abzudrucken; Gegendarstellungen werden nicht großzügig akzeptiert, sondern nach Möglichkeit abgelehnt. Und die Redaktionsleitung des Blattes verweigert sich kritischen Interviewern mit dem Argument, sie wolle nicht zum Alibi dieser Kritik werden.

Ist „Bild", das größte Massenblatt Europas, ein Sprachrohr der Volksseele? Eine echte „Volkszeitung" gar, wie sie es selbst glauben machen möchte? Es gibt Umfragen, nach denen die Mehrheit der Bewohner der Bundesrepublik mit den Ostverträgen und der Ostpolitik der regierenden Koalition einverstanden sind – aber: „Bild" ist dagegen. So muß man denn fragen, welches Volk „Bild" zu vertreten vorgibt und wo sich denn dies Volk ansonsten artikuliert? Möchte Bild am Ende das Volk zum Sprachrohr seiner eigenen Vorstellungen machen, so wie dies Blatt das Sprachrohr Axel Cäsar Springers ist? Rudolf Augstein, der es wissen muß, hat einmal „über den Spezialwahn von Zeitungsdiktatoren, über ihre Beziehungslosigkeit zu dem, was um sie herum los ist" philosophiert:

„Wenn die Wirklichkeit beharrlich anders sein will, als sie aus den Rotationsmaschinen herauskommt, lassen sie kurzerhand gegen die ‚Realitäten' anschreiben, irgendein Mensch mit der Höhenkrankheit läßt sich in irgendeiner Redaktionsstube ja wohl finden."

Bernd Schiphorst

Der Branche geht es glänzend
Die Zeitschriftenpresse im Überblick

Der Medienmarkt in der Bundesrepublik ist ein Milliardengeschäft. Berechnungen des Bundeswirtschaftsministeriums haben ergeben, daß bereits in den Jahren 1975/76 rund 365.000 Leute in dieser Branche arbeiteten und daß sie einen Umsatz von insgesamt 30,7 Milliarden Mark erwirtschafteten. Diese Umsatzmarke dürfte in der Zwischenzeit noch ein beträchtliches Stück höher geklettert sein. Die Medien als Wirtschaftszweig sind damit nach der Chemie, dem Maschinenbau, der Elektronischen und der Eisenschaffenden Industrie und beispielsweise vor der Textilwirtschaft und der Bauindustrie die fünftgrößte Industriegruppe der Bundesrepublik. Mitgerechnet ist noch gar nicht, welche enormen Auswirkungen die Medienwirtschaft auf andere Industriezweige hat. Ein Beispiel: rund elf Prozent der in der Elektroindustrie Beschäftigten lebten von der Unterhaltungselektronik. Und was wäre die Unterhaltungselektronik ohne die Programme der Rundfunkanstalten.

Im wirtschaftlichen Gesamtkonzert der Medien ist die Presse der mit Abstand größte Einzelbereich — größer auch als Hörfunk und Fernsehen. Nach den Zahlen des Wirtschaftsministers erzielt die Presse allein 42 Prozent des Gesamtumsatzes der Medienwirtschaft. In den Zahlen von 1975/76: 13,15 Milliarden Mark. Da muß schon ein gigantischer Berg Papier bedruckt werden, um ein solches Geschäftsergebnis zu erreichen.

Ganz besonders gilt diese Feststellung für die Zeitschriften in der Bundesrepublik. Tageszeitungen und Wochenzeitungen sind nach schlimmen Jahren der Pressekonzentration heute in einer für den Fachmann überschaubaren Zahl am Markt. Bei den Zeitschriften versagt auch der Weitblick des Fachmanns. Das beginnt schon damit, daß bisher nicht einmal die genaue Zahl der Zeitschriftentitel ermittelt ist. Eine schon etwas zurückliegende, angeblich ernstzunehmende Zählung brachte es auf 12.774 Titel; die erste Pressestatistik des Statistischen Bundesamts ermittelte für 1975 3.838 Zeitschriften; und der IVW, einer freiwilligen zentralen Auflagenstatistik der Presseverlage in der Bundesrepublik, sind nur 875 Zeitschriften angeschlossen. Auf jeden Fall übersteigt die addierte Auflage aller deutschen Zeitschriften, seien es nun 12.000, 3.000 oder 1.000, die gesamte Zeitungsauflage mindestens um das Fünffache.

Im krassen Gegensatz zu der enormen Auflage und Titelzahl steht der bisherige Erkenntnisstand etwa der Publizistikwissenschaft zu diesem Medienbereich. Eine allseits anerkannte Definition für die Zeitschrift gibt es nicht. Ein gerade erst wieder überarbeitetes Standardwerk der Publizistikwissenschaft heißt „Zeitungslehre", behandelt — natürlich! — die Zeitschrift nur am Rande und bringt für diese publizistische Form eine zumindest angreifbare Definition. Daraus spricht eine für 1978 einfach nicht mehr realistische Überhöhung der Tageszeitung. Medienpolitikern aller Couleur unterlaufen solche Fehleinschätzungen nicht weniger selten. Noch der Tod des kleinsten Lokalblättchens ist in der Vergangenheit heftiger diskutiert worden als Veränderungen in der Zeitschriftenlandschaft. Nur wenn Alice Schwarzer gegen Henri Nannen zu Gericht zieht, wenn STERN, SPIEGEL oder QUICK Spektakuläres enthüllen, wenn in Zeitschriften allzu freizügig kopuliert wird — dann rückt die Gattung der Zeitschriften für einen Augenblick ins öffentliche Interesse. Oder sagen wir an dieser Stelle besser: die Publikumszeitschrift rückt dann ins Rampenlicht. Denn ohne hier den vielen Definitionsversuchen noch einen weiteren anzuhängen, muß doch wenigstens grob unterschieden werden zwischen

1. den *Fachzeitschriften*, die überwiegend am beruflichen Interesse des Lesers orientiert sind,

2. den *Verbands-, Standes- und Vereinszeitschriften*,

3. den *Kundenzeitschriften*, die der Handel kostenlos an Käufer verteilt und

4. den *Publikumszeitschriften*, die wir, statt sie begrifflich zu bestimmen, einfach durch ein paar Äußerlichkeiten kennzeichnen wollen: sie erscheinen wöchentlich, 14tägig oder monatlich, sie sind farbiger und von besserer Druckqualität als die Tageszeitungen, sie sind — im Gegensatz zu den Fach- und Verbandszeitschriften — überwiegend auch am Kiosk zu kaufen, sie sind meistens aber nicht notwendig teurer als eine Tageszeitung und sie sind meistens, aber nicht notwendig, an den großen Fragen unserer Zeit interessiert: Kosmetik statt Kernenergie. Nein, im Ernst, es gibt fast nichts, was es nicht gibt: Mode, Handarbeiten, Kochen, Haushalt, Frisuren, Bauen, Wohnen, Geld, Beruf, Gesundheit, Motor, Sport, Comics und Rätsel, zuweilen auch Politik.

Wie breit gefächert das Angebot der Publikumszeitschrift ist, illustriert am ehesten eine Aufstellung der 20 auflagenstärksten Blätter in der Bundesrepublik:

Durchschnittlich verkaufte Auflagen

Titel	in 1 000 Exemplaren 4. Quartal '78	Heftpreis DM	Erscheinungsweise
1. ADAC-Motorwelt	5.752	–	monatlich
2. HÖRZU	4.025	1,30	wöchentlich
3. Das Haus	2.734	1,80	monatlich
4. Fernsehwoche	2.547	0,70	wöchentlich
5. TV Hören und Sehen	2.544	1,30	wöchentlich
6. Mosaik	2.346	–	vierteljährlich
7. Funk Uhr	2.189	0,70	wöchentlich
8. Neue Post	1.923	1,20	wöchentlich
9. STERN	1.670	2,50	wöchentlich
10. Tina	1.508	1,20	wöchentlich
11. BURDA Moden	1.472	3,80	monatlich
12. BRAVO	1.467	1,30	wöchentlich
13. BUNTE	1.393	2,00	wöchentlich
14. Das Beste aus Readers Digest	1.361	3,00	monatlich

Titel	in 1 000 Exemplaren 4. Quartal '78	Heftpreis DM	Erscheinungsweise
15. Das Neue Blatt	1.344	1,20	wöchentlich
16. BRIGITTE	1.334	2,50	14-täglich
17. Neue Revue	1.256	1,80	wöchentlich
18. Die gute Tat	1.182	–	vierteljährlich
19. Frau im Spiegel	1.124	1,40	wöchentlich
20. Für Sie	1.082	2,50	14-täglich

Dieses Gewirr von Titeln und Themen wird noch unüberschaubarer, je tiefer man in der Auflagenrangreihe geht. Und es vergeht kaum eine Woche, in der nicht eine neue Publikumszeitschrift angekündigt oder an den Start geschoben wird – mit Marketingmethoden, die keinen Vergleich mit der Markenartikelindustrie scheuen müssen. Der Erfolg des modernen Absatzinstrumentariums ist nachhaltig: über 88 Prozent der Bundesbevölkerung über 14 Jahre liest eine Publikumszeitschrift. Kaum eines der großen westlichen Industrieländer hat ein zu perfektioniertes Zeitschriftenangebot wie die Bundesrepublik, selbst die USA, einst das gelobte Land der Publikumspresse, besitzen heute keinen entscheidenden Vorsprung mehr, außer daß der Markt größer, die Auflagen damit höher und die Themenangebote noch vielfältiger sind.

Für die große wirtschaftliche Bedeutung der Publikumszeitschriften gibt es sicherlich viele Gründe, davon zwei ganz wesentliche:

1. Die Deutschen lesen immer noch eine ganze Menge – auch wenn das Fernsehen im täglichen Stundenplan heute ganz oben an steht. Untersuchungen über den wöchentlichen Medienkonsum der Bundesbürger zwischen 1973 und 1977 haben jüngst ergeben: Der Fernsehkonsum ist mit 11 1/2 Stunden in der Woche eher rückläufig, während für die Zeitschriftenlektüre unverändert knapp 2 1/2 Stunden aufgewendet werden.

2. Die sogenannten Druckmedien, Zeitung und Zeitschriften also, spielen auf dem deutschen Werbemarkt eine sehr viel größere Rolle als etwa die amerikanische Presse in den USA. E i n e Ursache dafür ist hinlänglich bekannt: in Amerika gibt es rund 7.000 Radio- und Fernsehstationen, und in ihrer großen Mehrheit werden sie aus Werbung finanziert. In der Bundesrepublik Deutschland gibt es nur ein Dutzend Hörfunk- und Fernsehanstalten, und die haben entweder zeitlich eingeschränkte Werbezeiten oder verzichten ganz auf Werbung, wie im Falle des Hörfunks von NDR und WDR.

Die bunte Vielfalt am Zeitschriftenkiosk sollte nicht über die Konzentration am Markt der Publikumspresse hinwegtäuschen. Tatsächlich hat es auch in dieser Mediengattung Fusionsvorgänge von beträchtlicher wirtschaftlicher Bedeutung gegeben, vor allem in den 60er und Anfang der 70er Jahre. Das publizistische Gewicht dieser Zeitschriftenverkäufe und -zusammenlegungen war umstritten, weswegen die öffentliche Anteilnahme sich auch in Grenzen hielt. Erinnert sei an die inzwischen fast zehn Jahre rückliegende Teil-Auflösung des *Springer*schen Zeitschriftenimperiums, bei der der Großverleger sich von insgesamt 4,7 Millionen Exemplaren Auflage trennte. So bekannte Titel wie DAS NEUE BLATT, BRAVO, ELTERN, KICKER, TWEN und JASMIN wechselten damals den Eigentümer. Erinnert sei auch an die Entstehung des Hauses „*Gruner + Jahr*" durch Fusion der Verlags- und Druckinteressen von John Jahr, Dr. Gerd Bucerius und Richard Gruner. Erinnert sei an die offensive Einkaufspolitik des *Bauer* Verlags, der zwischen 1960 und 1968 unter anderem folgende Titel erwarb: BILD-SCHIRM, ELSA-HANDARBEIT, FUNK- UND FERNSEH-ILLUSTRIERTE, HAMBURGER NOVELLEN-ZEITUNG, MUSIK-PARADE, NEUE ILLU-STRIERTE, NEUE POST, DER NEUE SCHNITT, REVUE, TV/FERNSEH-WOCHE. Und erinnert sei schließlich an das lockere Scheckbuch des Senators *Burda* in Offenburg, der mit den Käufen der DEUTSCHEN ILLUSTRIERTE, der FRANKFURTER ILLUSTRIERTE und der MÜNCHENER ILLUSTRIERTE seiner BUNTEN ILLUSTRIERTEN ein kräftiges Auflagenplus verschaffte.

Marktanteile und Konzerne

Damit sind die vier ganz Großen des Zeitschriftenmarktes auch genannt: Bauer, Burda, Gruner + Jahr und Springer – das sind die Namen, ohne die heute im deutschen Zeitschriftengeschäft nichts mehr geht. Sie beherrschen das Anzeigengeschäft, den Werbemarkt; sie beherrschen das Vertriebsgeschäft, den Lesermarkt. Ihren Marktanteil in nackten Zahlen auszudrücken, fällt schwer. Aus einfachem Grund: Niemand weiß bis hinters Komma genau, wie groß der Gesamtmarkt ist. Es fehlt an der Definition des Begriffs Publikumszeitschrift und an der Definition des Begriffs Markt. Oder sagen wir besser: es fehlt an Definitionen, die alle anerkennen. Andere Gründe kommen hinzu: der Heinrich Bauer Verlag, der nach begründeter Einschätzung der größte Zeitschriftenverleger unter den vier Großverlagen ist, läßt sich nicht in die Bücher schauen und verweigert im Gegensatz zu den drei anderen die Veröffentlichung globaler Umsatzziffern. Daneben fehlt es an einer einheitlichen Währung, um Marktanteile zu berechnen. Beispiel: Wie vergleiche ich eine wöchentlich erscheinende Publikumszeitschrift mit einer monatlichen? Die bisher erschienenen Anteilsberechnungen arbeiten mit einem Kunstgriff: sie rechnen sämtliche Publikumszeitschriften auf eine fiktive wöchentliche Auflagenzahl um, das heißt, sie gewichten die Auflagen. Aber ist Monatszeitschrift gleich Monatszeitschrift, ist eine Frauenzeitschrift für zwei Mark gleichzusetzen mit einer Frauenzeitschrift, die am Kiosk vier Mark kostet?

Trotz solcher methodischen Unsicherheiten und Umleitungen sind grobe Marktanteilschätzungen durchaus möglich und erlaubt. Sie sind freilich nach Anzeigengeschäft und Vertriebsgeschäft zu trennen. Den *Anzeigen*markt der Publikumszeitschriften beobachtet eine in Hamburg ansässige zentrale Datenbank für den Werbemarkt. Ihre Zahlen ergeben für die vier Großverlage einen Marktanteil von etwa 67 Prozent, und rechnet man den SPIEGEL und den Hamburger Jahreszeiten-Verlag, die beiden nächstgrößeren Zeitschriftenhäuser, mit ein, so erhöht sich der Anteil der Marktführer sogar auf 75 Prozent. Mit anderen Worten: die vier größten Zeitschriftenverlage der Bundesrepublik bestreiten etwa zwei Drittel des Anzeigengeschäfts der deutschen Publikumszeitschriften, die sechs größten

Verlage sogar drei Viertel des Geschäfts. Gruner + Jahr allein bringt es bereits auf knapp 25 Prozent Marktanteil

Für den *Vertriebs*markt liegen Umsatzziffern einer zentralen Datenbank nicht vor. Jedoch liefert Hans-Helmut Diederichs in der Zeitschrift MEDIA PERSPEK-TIVEN eine regelmäßige Marktanteilsstatistik, die, obwohl sie nicht ganz fehlerfrei ist, den Vorteil periodischer Fortschreibung genießt. Nach der Diederichs-Aufstellung hatten die vier größten Zeitschriftenverlage 1977 einen ungewichteten Marktanteil von 52,7 Prozent und einen gewichteten Marktanteil von 66,5 Prozent. Diese Berechnungen stimmen im Trend mit Aussagen des Pressegroßhandels überein, der nach seinen Angaben etwa 70 Prozent seines Gesamtgeschäfts mit den Großverlagen macht. Deshalb gilt also auch hier vereinfacht: die vier größten Zeitschriftenverlage der Bundesrepublik bestreiten etwa zwei Drittel des Vertriebsgeschäfts der deutschen Publikumszeitschriften. Allein der Heinrich Bauer Verlag bringt es bereits auf 33 Prozent Marktanteil.

Der Bauer-Verlag

Den Grundstein zu der respektablen Größe von heute haben die Verleger mit der größten Marktmacht frühzeitig gelegt. Konzentrationsvorgänge, soweit sie die heutige Position festigten oder überhaupt erst ermöglichten, liegen meistens viele Jahre zurück – wir haben darauf schon hingewiesen. Nehmen wir den Heinrich Bauer Verlag, der seine Kommandozentrale in der Hamburger Backstein-City rund um Sprinkenhof und Chilehaus hat. Alfred Bauer, der Seniorchef des Hauses, etablierte sich bereits 1926 im damals noch kaum entwickelten Markt der Rundfunkzeitschriften mit dem Wochenblatt RUNDFUNKKRITIK, aus der bald die FUNKWACHT entstand. Sie erreichte die für jene Jahre beachtliche Auflage von 500 000 Exemplaren. 1949 lebte sie wieder auf, verwandelte sich 1953 in HÖREN UND SEHEN und wurde schließlich (durch Zukäufe, vor allem der TV) zur TV-HÖREN UND SEHEN, – heute Flaggschiff in der Zeitschriften-Armada des Verlages. Mit der preisgünstigeren FERNSEHWOCHE hat Bauer sein Programmzeitschriften-Programm nach unten abgerundet. 1969 hatte er diese Zeitschrift als FERNSEHTAG erworben, fusionierte sie vor wenigen Jahren mit der Zeitschrift SCHALT EIN und schaffte so den Sprung zu über zwei Millionen Exemplaren Auflage.

Von den vier aktuellen Illustrierten, die in diesem Land erscheinen, gehören Bauer zwei: QUICK und NEUE REVUE. Eingestiegen ist der Verlagskonzern 1963, als er vom Kölner Verleger Blankenagel die NEUE ILLUSTRIERTE kaufte. 1966 erwarb Bauer den Martens-Verlag in München, bei dem seinerzeit die QUICK und die REVUE erschienen. Aus NEUE ILLUSTRIERTE und REVUE machte Bauer NEUE REVUE. Die QUICK blieb unversehrt erhalten.

Mit Titeln wie NEUE POST, NEUES BLATT, WOCHENEND und PRALINE ist Bauer außerdem unbestrittener Marktführer im Bereich der sogenannten Soraya-Presse, die im Jargon des Hauses etwas feiner „unterhaltende Wochenzeitschriften" heißen. Bauers Quasi-Monopol auf Regenbogen-Blätter ist ebenfalls zusammengekauft, – in den 60er Jahren. Zeitschriftentitel wie BRAVO, TINA, BELLA, PLAYBOY, NEUE MODE oder AUTOZEITUNG, zahlreiche Romanheftreihen, Schnittmusterbögen und Sonderhefte runden das Imperium des Hamburger Verlagskonzerns ab. Fachleute haben errechnet, daß Bauers Jahresumsatz mindestens 850 Millionen, wahrscheinlich aber über 1 Milliarde Mark beträgt.

Der Springer-Konzern

Axel Springer, der das Setzer- und Drucker-Handwerk und den Journalismus noch bei den ALTONAER NACHRICHTEN des väterlichen Verlags erlernt hatte, begann seine verlegerische Laufbahn 1946 ebenfalls mit einer Zeitschrift, den NORDWESTDEUTSCHEN HEFTEN, die später in KRISTALL umbenannt wurden, und mit der HÖR ZU, die ab Nummer 2 den Untertitel RUNDFUNKZEITSCHRIFT DES NWDR trug. Wenig später kam die CONSTANZE hinzu, gemeinsam von ihm und John Jahr verlegt. Mit diesen drei Blättern verschaffte sich Springer noch vor Aufhebung des Lizenzzwangs eine glänzende Ausgangsposition. Springer wurde nicht nur größter Zeitungs-, sondern zugleich auch größter Zeitschriftenverleger. Bis er sich, bedrängt durch die Empfehlungen der damaligen Günther-Kommission, von vielen Zeitschriftentiteln wieder trennte und sein Engagement in diesem Markt auf die Programmpresse beschränkte, auf HÖRZU und FUNK-UHR. Erst in den letzten Jahren hat Springer wieder begonnen, Zeitschriften zu gründen oder zu kaufen. Jetzt sind es jedoch kleinauflagige Spezialzeitschriften wie TENNIS MAGAZIN, SKI MAGAZIN oder MUSIK JOKER. Größere Neugründungen waren zwei Titel für den Markt der Frauenzeitschriften: MEINE GESCHICHTE und JOURNAL für HAUSHALT & FAMILIE. Springers Zeitschriftenumsatz lag 1977 bei 453,1 Millionen Mark. Mit seinen Tageszeitungen macht der Großverleger fast doppelt so hohe Erlöse. Der Springer-Konzern hat ein jährliches Geschäftsvolumen von 1,6 Milliarden Mark – das ist schon großindustrieller Zuschnitt.

Das Haus Burda

Wie Springer hat auch Senator Dr. Franz Burda in Offenburg das Handwerk von der Pike auf gelernt. Er hat, wie Springer, eigene Zeitschriften gegründet und die Palette des Hauses später durch Zukäufe abgerundet – wie Springer. Sein Zeitschriftenumsatz ist heute sogar größer als der des Springer-Verlages: Er beträgt, wenn man die Zeitschriften BURDA MODEN und CARINA seiner Ehefrau Aenne mitrechnet, heute rund 550 Millionen Mark. Der Gesamtkonzern, verästelt bis in die USA, gibt bereits einen Jahresumsatz von rund eine Milliarde DM an.

Gruner + Jahr

Nur der Hamburger Verlagskonzern „Gruner + Jahr" ist nicht in eine irgendwie geartete Familientradition gebettet. Er entstand vielmehr, als 1965 die Verleger John Jahr und Dr. Gerd Bucerius sowie der Druckereibesitzer Richard Gruner ihre wichtigsten Beteiligungen zusammenlegten:
– Gruner seine Minderheitsanteile an STERN, ZEIT und SPIEGEL sowie seine Druckereien in Itzehoe und Hamburg,
– Bucerius seine Mehrheitsanteile an STERN und ZEIT sowie einige Vertriebsfirmen und
– John Jahr die Zeitschriften CONSTANZE, BRIGITTE, PETRA, SCHÖNER WOHNEN und CAPITAL.
Schon vier Jahre später stieg Gruner wieder aus. Und Anfang der 70er Jahre veräußerte Bucerius seine Anteile. Gruner, der heute in der Schweiz lebt und Großaktionär einer amerikanischen Fluggesellschaft ist, und Bucerius, der im Aufsichtsrat von „Gruner + Jahr" Platz nahm, verkauften an denselben: an den Bertelsmann-Konzern, der heute die Kapitalmajorität bei „Gruner + Jahr" besitzt.
Mit Zeitschriften wie STERN, BRIGITTE, SCHÖNER WOHNEN, ELTERN oder CAPITAL erzielt der Verlag heute einen Jahresumsatz zwischen 600 und 700 Millionen Mark. Andere Umsätze aus Druck und Vertrieb eingerechnet, gelangte Gruner + Jahr 1978 sogar an die Milliardengrenze.

Die Macht der Konzerne und das Kartellamt

Das Quartett der Verlagskolosse mit Umsätzen zwischen einer halben und einer ganzen Milliarde Mark macht also glänzende Geschäfte – im doppelten Sinne des Wortes: der Glanz der bunten Illustriertenbilder ist von einer Qualität, wie sie früher nur teure Bildbände bieten konnten, und die Bilanzen glänzten 1978 auch nach drei Jahren fetter Anzeigenkonjunktur im Verlagswesen. Das war nicht immer so, das ist auch keine Lebensversicherung, aber es ist ein beruhigendes Polster für die mageren Zeiten.

Sind die Großen zu groß, müssen ihrer Macht Fesseln angelegt werden? Die eingangs zitierte Studie des Bundeswirtschaftsministeriums urteilt sehr vorsichtig. Während sie den Konzentrationsgrad in der deutschen Tagespresse als *hoch* einschätzt, sei der Konzentrationsgrad bei Zeitschriften *geringer*.

Diederichs kommt bei seinen regelmäßigen Marktberechnungen zu dem Ergebnis, daß der Anteil der vier Großverlage am Gesamtmarkt rückläufig ist.

Das Bundeskartellamt in Berlin findet trotzdem, daß es nun genug sei mit der Kauflust der Großverlage. Schon bei den letzten Konzentrationsfällen im Markt der Publikumszeitschriften zogen die Kartellwächter die Stirn in Furchen. Größere Transaktionen der vier Marktführer haben deshalb im Inland kaum noch eine Chance, genehmigt zu werden. Da die Verlage volle Kassen haben und ihre Gewinne nicht gerne in voller Höhe beim Finanzamt versteuern, schalteten die Verlagsmanager auf Aktivitäten um, gegen die das Bundeskartellamt nichts haben kann:

1. auf den Reißbrettern der Großverlage entstehen ständig neue Zeitschriften-ideen, deren Entwicklung und Realisierung schnell Ausgaben in Millionenhöhe verschlingen. Beispiele der letzten Zeit: GEO, LEUTE, TINA, ROCKY, TENNIS MAGAZIN, BELLA, JOURNAL FÜR HAUSHALT UND FAMILIE, Peter Moos-leitners PM MAGAZIN.

2. Die Großverlage investieren in neue gigantische Druckanlagen. Springer will in der Hamburger City und in Ahrensburg bauen, Burda baut in Darmstadt und Offenburg und will in den USA investieren, Gruner + Jahr erweitert und moder-nisiert in Itzehoe, Bauer baut in Köln.

3. Die Großverlage peilen Auslandsmärkte an, am auffälligsten Gruner + Jahr: Der Verlag hat sich nacheinander in Spanien, Frankreich und den USA an ein-heimischen Unternehmen beteiligt. In diese drei Länder will Gruner + Jahr deut-sches Zeitschriften-Know how exportieren, ein Unterfangen, das früher nur die Amerikaner riskierten. Die Spanier zum Beispiel lesen jetzt BRIGITTE und ELTERN — auf spanisch. Die Franzosen sollen GEO lesen, natürlich in ihrer Lan-dessprache. Und in Amerika tritt GEO sogar gegen eine der größten und reno-miertesten US-Zeitschriften, das NATIONAL GEOGRAPHIC MAGAZINE, an — aus sportlichen Ambitionen, wie GEO-Herausgeber Herni Nannen einer amerika-nischen Fachzeitschrift verriet. Der 1978 vorerst letzte Gruner + Jahr-Fischzug jenseits der Grenzen war der Kauf der amerikanischen Elternzeitschrift PARENTS, die bereits seit über 50 Jahren besteht und als die Urmutter aller Elternzeitschrif-ten gilt. Nichts beweist besser als der Kauf von PARENTS, wie professionell heute deutsche Zeitschriften sind. Die deutsche Zeitschrift ELTERN ist qualifi-zierter, moderner, besser als das amerikanische Vorbild, ja das deutsche ELTERN wird nun Vorbild für PARENTS.

Neue Zeitschriften

Der sicherste Weg, den Gewinn zu mehren, ohne mit dem Kartellamt überkreuz zu geraten ist, etwas Eigenes, etwas Neues zu versuchen: eine neue Zeitschriften-form, eine neue Vertriebsform. Tatsächlich haben zahlreiche Neueinführungen der letzten Jahre bewiesen, daß jeder als festzementiert eingeschätzte Markt zu erobern ist. Funktioniert der Wettbewerb im Zeitschriftenmarkt also? Einige konkrete Beispiele:

1. Für neue Frauenzeitschriften schien jahrelang kein Platz zu sein. Die renomier-ten und erfolgreichen Titel wie BRIGITTE, FÜR SIE oder PETRA hatten das Heft fest in der Hand. Bis Bauer kam und gleich zwei neue Titel in den Markt drückte: Die Zeitschrift TINA, die heute bereits jede Woche in 1,5 Millionen Exemplaren verkauft wird, und die im Frühjahr 1978 gestartete Zeitschrift BELLA, die sich auch schon der Million nähert.

2. Auf dem Markt der Programmzeitschriften liegen sechs große Titel miteinan-der in Wettbewerb — die Platzhirsche, die ihr Revier mit allen Mitteln verteidigen. Wer im Ernst hätte sich getraut, da einzubrechen? Zeitungsverleger in Süddeutsch-land wagten das Experiment mit einer vierfarbigen Gratis-Beilage in ihren Regio-

nalzeitungen, die sie ILLUSTRIERTE WOCHENZEITUNG, abgekürzt IWZ, nannten. Das Experiment gelang, das Objekt ist angeblich aus den roten Zahlen. In Nordrhein-Westfalen erscheinen inzwischen zwei ähnliche Zeitungsbeilagen mit den Namen PRISMA und BUNTE WOCHENZEITUNG; sie werden ebenfalls kostenlos an alle Zeitungsabonnenten überreicht, über ihren geschäftlichen Erfolg aber ist ein abschließendes Urteil noch nicht möglich. Immerhin – es bewegt sich was.

3. Bauers Jugendzeitschrift BRAVO ist wie eine Institution, auch schärfste inhaltliche Kritik hat ihre wirtschaftliche Position nicht ernsthaft gefährden können. Trotzdem fanden Springer mit dem neuen Titel MUSIK JOKER und Burda mit der Neueinführung ROCKY Platz im Markt – sogar genug Platz.

Die Beispiele stehen für funktionierenden Wettbewerb, sie haben aber einen Schönheitsfehler: Es sind entweder die Großverlage selbst, die sich hier gegenseitig Konkurrenz machen, oder es sind kapitalkräftige Außenseiter wie etwa die südwestdeutschen und nordrhein-westfälischen Zeitungsverleger mit ihren Programmbeilagen. Aber was ist mit kleineren Verlagen, mit Newcomern, mit Ideen ohne Kapital? Einer Zusammenstellung der Marketing-Service-Abteilung von Gruner + Jahr entnehmen wir, daß 1977 152 Neuerscheinungen auf dem Markt der Publikumszeitschriften geplant waren, die meisten in den Bereichen Jugendzeitschriften/Comics sowie Hobby/Sport/Motor/Freizeit. Sie sollten überwiegend monatlich erscheinen, im Frühjahr oder Herbst, also in der Hochsaison starten, und ihre beabsichtigten Anfangsauflagen waren klein, oft unter 50 000, selten über 150 000.

66 Zeitschrifttitel wurden 1977 nach der gleichen Quelle eingestellt, und auch sie kommen aus den Bereichen Jugendzeitschriften/Comics sowie Freizeit, Sport, Motor und Reisen. Viele Neueinführungen führen also auch zu vielen Flops.

Tatsächlich sind viele Markteinführungen chancenlos. Sie sind es umso mehr, je höher der Verlag die Verkaufsauflage kalkuliert. Wer heute noch in die Belétage der Auflagenmillionäre aufsteigen will, braucht außer einer guten Idee viel Geld und Know how, Einfluß am Markt und einen langen Atem. Natürlich gibt es Ausnahmen, bei denen die Formeln der Macht versagen. Eine große und aktuelle Ausnahme ist Alice Schwarzers Kampfblatt für die Frauenemanzipation EMMA. Die Zeitschrift hat über die Neugierde der ersten Hefte hinaus ihren kommerziellen Erfolg stabilisieren können, glaubt man den Angaben einiger Verlagsleute.

Ein zweites aktuelles Beispiel einer Neueinführung heißt LUI und ist das genaue Gegenteil von EMMA: LUI ist eine Männerzeitschrift und zeigt die Frau als Lustobjekt. So witzig das ist: Gerade diese konträren Beispiele belegen, daß regelrechte Außenseiter nicht notwendig auch Verlierer sind. Und umgekehrt sollte nicht vergessen werden, daß auch großen Verlagen mit großen Budgets nicht alles nach Wunsch gelingt. Die Zeitschrift LEUTE verlor trotz hohen Kapitaleinsatzes schon nach wenigen Wochen die Balance und stürzte ab. Und Versuche der Großverlage, in ganz neue Märkte vorzustoßen, endeten zuweilen nicht weniger tragisch. Wie war das noch mit der Audiovision, dem Kassettenfernsehen und der Bildplatte? Das Produkt war schlecht, und da halfen auch die Millionen der Verleger nichts: die Leute wolltens nicht kaufen. Zu Recht, wie sich dann erwies.

Und wie war das noch, als der Bauer-Konzern den schleswig-holsteinischen Tageszeitungsmarkt betrat? Bauer kaufte und gründete und stellte wieder ein und verkaufte. Aber selbst das vorzeitige Ende aller Zeitungsträume, wenn der Konzern sie denn jemals gehabt hätte, geriet Bauer schließlich noch zum meisterlichen Schachzug. Bauer tauschte seine Zeitungen gegen die Programmzeitschrift SCHALT EIN aus Rendsburg — die letzte Programmzeitschrift, die noch nicht einem Großverlag gehörte.

Anzeigen — die eine Hälfte des Marktes

Keine deutsche Publikumszeitschrift hatte in den ersten neun Monaten 1978 pro Heft mehr Anzeigenseiten als CAPITAL: im Durchschnitt hatte das Blatt 137 Seiten Werbung pro Ausgabe. So etwas ist nicht ohne Folgen: Zwischen dem Anzeigenteil einer Zeitschrift und ihrem redaktionellen Teil sollte das Verhältnis ungefähr 1 : 1 betragen. Für die CAPITAL-Redakteure bedeutet das: Bei 137 Seiten Werbung müssen sie auch 137 Seiten Redaktion bereitstellen.

CAPITAL ist kein Einzelfall. Auch in anderen Zeitungs- und Zeitschriftenredaktionen bestimmt sich der Umfang der Ausgabe nicht allein vom vorhandenen Stoff, sondern auch vom Raum, den die Anzeigenabteilung gefüllt hat. Die Zeitschrift PETRA hat pro Heft 136 Anzeigenseiten, also nur eine Seite weniger als CAPITAL. Das Monatsblatt SCHÖNER WOHNEN hat im Durchschnitt aller Hefte 106 Anzeigenseiten, die alle zwei Wochen erscheinenden Frauenzeitschriften BRIGITTE und FÜR SIE 104 bzw. 102 Seiten. Und selbst der SPIEGEL bringt es pro Heft auf rund 100 Anzeigenseiten, obwohl er doch *jede* Woche am Kiosk ist.

Eine Anzeigenseite im SPIEGEL kostet zwischen 25 200 und 50 274 Mark. Das hängt immer davon ab, ob der Inserent eine Schwarzweißanzeige aufgibt oder vierfarbig wirbt. Insgesamt wird der SPIEGEL 1978 voraussichtlich über 5 000 Anzeigenseiten haben. Daraus ergeben sich Brutto-Werbeerlöse von rund 180 Millionen Mark. Abzuziehen sind die Rabatte für große Inserenten und die Provisionen für Werbeagenturen und Anzeigenmittler. Bleibt netto ein Betrag von über 110 Millionen Mark, die dem SPIEGEL 1978 aus Anzeigeneinnahmen in die Kasse fließen. Diese gewaltige Summe kommt zustande, weil der SPIEGEL erstens ein begehrtes Werbemedium ist und zweitens wöchentlich erscheint. Monatszeitschriften wie PETRA, die im Hamburger Jahreszeiten-Verlag erscheinende Frauenzeitschrift, haben zwar pro Heft noch mehr Anzeigenseiten als der SPIEGEL, kommen aber im Jahr nur zwölfmal heraus. Für 1978 haben wir für PETRA Brutto-Anzeigeneinnahmen von rund 38 Millionen Mark errechnet. Das bedeutet netto etwa 25 Millionen Mark. 1977, so ist der Statistik einer Hamburger Werbedatenbank zu entnehmen, flossen 374 ausgewählten Titeln der Publikumspresse Anzeigenerlöse von rund 1,9 Milliarden Mark zu. Nach der gleichen Quelle erhöhten sich damit die Einnahmen gegenüber dem Vorjahr um 19 Prozent. Die Werbestatistiker haben auch ermittelt, woher das viele Geld kommt. Größter Inserent in den überregionalen Massenmedien sind die Hersteller von Nahrungsmitteln. Ihnen folgen die Getränkefabrikanten, die Kosmetikkonzerne, die Autoindustrie und der Bereich des Geld- und Kreditgeschäfts. Erst an sechster Stelle stehen die Anzeigen der mit Niedrigpreisen lockenden großen Handelsketten und Verbrauchermärkte. Es folgen: Hausrat, Putz- und Pflegemittel, Mode, Möbel, Einrichtung, Tabakwaren, Verkehr und Touristik, Pharmazeutika.

Je nach Branche spielt die Werbung eine unterschiedlich große Rolle im Absatz- und Verkaufsinstrumentarium der Industrie, überdurchschnittlich hoch beispielsweise in der Zigarettenindustrie: Im Verkaufspreis einer Schachtel ,,Milde Sorte" stecken etwa 20 Pfennig Werbeaufwand.

Umgekehrt wird auch ein Schuh draus. Werbung ist nicht nur unverzichtbarer Bestandteil des Wettbewerbs in vielen Industrie- und Dienstleistungszweigen, auch die Medien selbst sind abhängig von den Werbeerlösen. Zwei schon bekannte Beispiele mögen das illustrieren. Der SPIEGEL kostet am Zeitungs- und Zeitschriftenkiosk um die Ecke drei Mark. Jede Woche werden vom SPIEGEL mehr als 900 000 Hefte verkauft. An Dauerleser, die den SPIEGEL abonniert haben, wie an gelegentliche oder regelmäßige Leser, die den SPIEGEL am Kiosk kaufen.

Drei Mark mal 52 Hefte im Jahr mal 900 000 verkaufte Exemplare – das macht mehr als 140 Millionen Mark. Da viele Stationen und Handelsstufen zwischengeschaltet sind, ehe das Hamburger Nachrichtenmagazin bei seinen Lesern ist, reduziert sich dieser Brutto-Betrag auf – wir schätzen – einen Betrag über 90 Millionen Mark im Jahr. Die Netto-Einnahmen des SPIEGEL aus Anzeigen im Heft betragen über 110 Millionen Mark. Daraus ergibt sich: Die Leser bezahlen nicht einmal die Hälfte, genaugenommen nur 45 Prozent des Gesamtumsatzes vom SPIEGEL. Anders gesagt: Der Kiosk, der Lesermarkt ist für das Hamburger Nachrichtenmagazin nur das halbe Geschäft. Und natürlich nicht nur für das Nachrichtenmagazin: Viele deutsche Publikumszeitschriften machen einen um 50 Prozent pendelnden Anteil ihres Gesamtgeschäfts mit Inserenten. Mit den Tageszeitungen und dem Fernsehen ist es gar nicht anders. Wer morgens seine Zeitung lesen will und für dieses Vergnügen monatlich 10, 15 oder gar 20 Mark bezahlt, muß wissen: Sein Abonnementsgeld würde nicht ausreichen, die Zeitung in der bisherigen Qualität und im bisherigen Umfang zu bezahlen. Und wer Hans Rosenthal oder das Heute-Journal im ZDF sieht, sollte sich auch vor Augen halten: Das Zweite Deutsche Fernsehen finanziert sich mittlerweile zu über 40 Prozent aus seinen Werbeeinnahmen. Kein Rosenthal ohne Mainzelmännchen.

Natürlich ist die Abhängigkeit der Medien von der Werbung graduell unterschiedlich. Die Zeitschrift KONKRET, um ein extremes Beispiel zu wählen, stöhnt nicht gerade unter dem Ansturm der Markenartikelindustrie. Und die sogenannten Gesellschaftszeitschriften MADAME oder CHIC, die unsereins allenfalls mal beim Friseur oder beim Zahnarzt zu fassen kriegt, haben ein Problem mit Gewißheit nicht: zu viele Kioskkäufer. In diesem Spektrum zwischen sehr geringer und sehr hoher Anzeigenabhängigkeit liegt das Gros der deutschen Publikumspresse. Die deutsche Durchschnittszeitschrift, von Herrn und Frau Durchschnitt gelesen, ist genau in der Mitte plaziert. Noch richtiger: Publikumszeitschriften bestreiten rund 56 Prozent ihrer Einnahmen aus den Verkäufen an die Leser und die übrigen 44 Prozent ihrer Einnahmen aus Verkäufen an ihre Inserenten. Dies hat das Statistische Bundesamt in Wiesbaden für 1975 ermittelt. Mag der Mittelwert von Wiesbaden auch je nach Zeitschriftengattung differieren, die Erkenntnis bleibt, daß *Anzeigen- und Vertrieb*serlöse eine gleichermaßen große Rolle für das Pressegeschäft spielen: Der Kiosk ist nur das halbe Geschäft, die andere Hälfte kommt aus den Anzeigen.

Marketing und Medienanalysen

Die Anzeigen der Markenartikelindustrie kommen nicht, weil der Verleger so schöne blaue Augen hat. Der Wettbewerb um die Werbebudgets der Industrie ist mindestens so hart wie der Wettbewerb um die Leser. Nichts illustriert die Schärfe des Konkurrenzkampfes besser als der enorme Forschungsaufwand, den die Verlage der Publikumszeitschriften jedes Jahr betreiben. So ausgeforscht, so ausgehorcht wie das Publikum der Publikumspresse ist keine andere Bevölkerungsgruppe. Da fast 90 Prozent der erwachsenen Deutschen regelmäßig Publikumszeitschriften lesen, kann man auch sagen: Kaum ein anderer Bereich des täglichen Lebens ist so ausgeforscht wie der Umgang des Deutschen mit seinen Zeitschriften. Ob die Zeitschrift BURDA MODEN mehr auf dem Dorf als in der City gelesen wird, ob der STERN unter seinen Lesern mehr Akademiker hat als die ADAC MOTORWELT, ob die SPIEGEL-Leser besser verdienen als die der Zeitschrift MOTORRAD, wie viele HÖR ZU-Leser gleichzeitig in der FREUNDIN blättern, ob alte Damen lieber QUICK als HEIM UND WELT lesen – was immer sich nach demographischen Merkmalen beschreiben läßt, haben die Mediaforscher erfragt und aufgelistet. Und sie tun das nicht nur einmal im Jahr, sondern auch noch in konkurrierenden Untersuchungen. Der jährliche Forschungsaufwand, so läßt sich ohne Übertreibung sagen, geht in die Millionen.

Die größte, aufwendigste Untersuchung geht einmal jährlich von der Arbeitsgemeinschaft Media-Analyse aus, abgekürzt AGMA. Die Arbeitsgemeinschaft ist ein eingetragener Verein, ihre Mitglieder sind praktisch alle großen Verlage von Publikumszeitschriften, dazu Werbeagenturen und Firmen der Markenartikelindustrie, überregionale Tageszeitungen sowie – nach jahrelangem Zögern – auch Rundfunkanstalten und regionale Tageszeitungen. In mehreren Befragungswellen gibt die AGMA jedes Jahr viele tausend Interviews im Auftrag, die daraus gewonnene Datenfülle wäre ohne Computer nicht mehr zu bewältigen. Wer einem Interviewer der Arbeitsgemeinschaft Media-Analyse in die Hände fällt, ist um seinen freien Abend gebracht: Den Fragebogen der Media-Analyse durchzugehen, erfordert gut und gerne anderthalb Stunden. Herauskommen dann sogenannte Reichweiten. Beispiel: die AGMA weist aus, wieviel Prozent der erwachsenen Bundesbevölkerung HÖR ZU lesen. Es sind 27,5 Prozent, über 12 Millionen Menschen. Die AGMA weist ferner aus, wie sich diese gewaltige Lesergemeinde von 12 Millionen zusammensetzt: wie alt, welches Einkommen, welche Schulbildung, ob Großstadt oder Landbevölkerung. Und das nicht nur für HÖR ZU, sondern für über 100 Titel der Publikumspresse, für viele Zeitungen, für Fernsehen und Rundfunk und fürs Kino. Das Ergebnis ist eine wahnwitzige Datenfülle, vor der jeder Laie kapitulieren müßte.

Seit 1954 gibt es die Arbeitsgemeinschaft, bescheiden im Umfang zunächst und sicher nicht so ausgefeilt in der Methodik wie heute. Sie war zunächst eine Leseranalyse und begriff sich als Schutzgemeinschaft der Publikumszeitschriften: Schutz gegen nichtvergleichbare, unzureichende, wettbewerbsverzerrende Untersuchungen, die jeder einzelne Verlag für seine Zeitschriften anstellte und die seine Zeitschriften in einem besonders günstigen Licht erscheinen ließen. Papier ist geduldig, Marktforschungsergebnisse sind es bekanntlich zuweilen auch. Da war es an der Zeit, eine gemeinsame Währung zu finden, an der sich alle Zeitschriften-Leserschaften messen ließen. Wer 24 Jahre lang kontinuierlich Leserdaten erhebt, müßte ein nahezu unerschöpfliches Reservoir an Trenddaten haben. Aber das ist schieres Wunschdenken. Die Markt- und Mediaforscher der AGMA haben ihr methodisches Instrumentarium von Jahr zu Jahr verfeinert, verändert, angepaßt. Eine über Jahrzehnte vergleichbare Fortschreibung ging dabei verloren. Nur der Zweck der Arbeitsgemeinschaft ist immer der gleiche gewesen: Die Media-Analyse soll Leserschaften, Hörerschaften, Seherschaften so genau beschreiben, daß keine Werbemark der Industrie unnötig ausgegeben wird.

Genau diesem Zweck dient auch ein Konkurrenzunternehmen, das die Allensbacher Meinungsforscherin Professor Elisabeth Noelle-Neumann in ihrem Institut für Demoskopie seit 20 Jahren betreibt. Diese Untersuchung weist ihren Zweck schon im Titel aus, sie heißt: Allensbacher Werbeträgeranalyse, kurz AWA. Noelle-Neumann betreibt mit ihrer AWA einen ähnlich großen Aufwand wie die AGMA. Das heißt: Allensbach gibt ähnlich viel Geld aus, befragt jedes Jahr in mehreren Wellen viele tausend Leute, gibt die Ergebnisse etwa zum gleichen Zeitpunkt bekannt wie die AGMA, durchleuchtet Leserschaften, Seherschaften, Hörerschaften und erhebt zudem noch einen ganzen Kranz von sogenannten Konsumdaten. Zum Beispiel, daß die Deutschen 1978 mehr ausländische Käsespezialitäten essen als noch vor zwei Jahren, daß sie weniger klaren Schnaps trinken, daß sie mehr Fertiggerichte und Kaugummi kaufen oder daß sie nicht mehr so viel aus dem Fenster sehen. Hier wird schon deutlich: Die Allensbacher weisen auch sogenannte Trends aus. Ihre Untersuchungsmethodik hat mehr Kontinuität, ihre Ergebnisse sind auch über größere Zeiträume vergleichbar. Allensbach ist kein eingetragener Verein, sondern ein kommerzielles Unternehmen – auch dies ein Unterschied zu AGMA. Der größte Unterschied besteht freilich in den Daten selbst: Zwischen Media-Analyse der AGMA und Werbeträgeranalyse aus Allensbach liegen Welten. Die Zeitschrift DAS BESTE aus READER'S DIGEST zum Beispiel hat in der Allensbacher Analyse doppelt so viele Leser wie in der Media-Analyse; Ähnliches gilt für die Zeitschriftentitel MEINE FAMILIE UND ICH, AUTO MOTOR UND SPORT, NEUE MODE, FÜR SIE, PETRA und FREUNDIN. Wird da gemauschelt und gemodelt? Mit Sicherheit nicht. Die Untersuchungen haben nur unterschiedliche methodische Ansätze, und dies allein reicht aus, zu bisweilen völlig unterschiedlichen Ergebnissen zu kommen. Seit AGMA und

Allensbach nebeneinanderher arbeiten, ist Streit darüber, wer Recht hat. Der Streit bricht jedes Jahr wieder auf und ist zur Stunde nicht geschlichtet.

Nicht genug damit, daß hier riesige Untersuchungen mit sich zum Teil ergänzenden, sich zum Teil widersprechenden Informationen auf dem Markt sind – den Verlegern der Publikumszeitschriften ist das immer noch nicht genug. Seit Jahren geben sie zusätzlich zu den Media-Analysen eigene Untersuchungen in Auftrag, die nach neuen, nicht mehr allein demographischen Merkmalen Zielgruppen beschreiben. Diese Untersuchungen sind bekannt geworden als Typologien. Ihr Ziel ist es, nicht mehr zu sagen, wie viele 28jährige mit 2 000 Mark Haushalts-Nettoeinkommen die BUNTE ILLUSTRIERTE erreicht, sondern was das für Menschen sind, innovativ, konservativ, aufgeschlossen, verschlossen. Die Psychologen haben das Wort. So entstehen typologische Gruppen, wie sie die Zeitschrift BRIGITTE etwa für die Frauen in der Bundesrepublik entworfen hat: die Jugendlich-Modebewußte, die Modisch-Elegante, die Unauffällig-Korrekte, die anspruchslos-zweckmäßig Gekleidete, die Modisch-Legere, die Altmodisch-Unscheinbare. Oder dasselbe für den Kosmetiksektor: der Mindestpflege-Typ, die Creme-Verwenderin, die Haarkosmetikerin, der konservative Kosmetiktyp, der progressive Kosmetiktyp, die Schönheitsexpertin.

Dazu kommen Spezialuntersuchungen für kleinere Lesermärkte, zum Beispiel die Leseranalyse der Führungskräfte in Wirtschaft und Verwaltung. Und wieder gilt der Satz: Dies alles wird getan, um dem Anzeigenkunden das Gefühl zu vermitteln, sein Werbegeld gut angelegt zu haben. Nur vor diesem Hintergrund ist erklärlich, daß das Anzeigengeschäft in Teilen der Publikumspresse zum Selbstzweck geworden ist. Eine Reihe neuer Zeitschriften ist nicht erdacht, geplant, auf den Markt gebracht worden, weil ein hoher publizistischer Auftrag Verlag und Redaktion beseelte. Vielmehr hatten Marktforscher erkannt, daß es hier noch Anzeigenpfründe gab, die auszuschöpfen sich lohnte. Die Wochenzeitung DIE ZEIT erklärte ihren Lesern ganz drastisch, warum in mehreren großen Verlagen neue Frauenzeitschriften geplant werden. Die ZEIT schrieb: „Für sogenannte Frauenprodukte werden jährlich 2,5 Milliarden Mark für Medienwerbung ausgegeben, für Männerprodukte nur 1,4 Milliarden Mark – und davon wollen alle Verlage profitieren".

Ganz Ähnliches wird in Amerika beobachtet, wo nach einem Bericht der SÜDDEUTSCHEN ZEITUNG gar ein Frauenzeitschriften-Boom ausgebrochen ist. Werbung spielte dabei eine entscheidende Rolle, schreibt die SÜDDEUTSCHE. In der amerikanischen Werbewirtschaft gelte das Axiom, daß der Weg zum Familienscheckbuch allemal über die Ehefrau führt. Innerhalb der letzten zwei Jahre sind – so die gleiche Quelle – die Werbeumsätze vieler Frauenzeitschriften um rund 12 Prozent gestiegen, und dieser Trend hält unvermindert an. Wen wundert es jetzt noch, daß schon mancher Verleger den Wunsch verspürt hat, seine Zeitschrift mit Anzeigen zu bepflastern und sie dann nicht mehr an den Leser oder die Leserin zu verkaufen, sondern sie ihm kostenlos zu geben, sie zu verschenken. Auf dem Zeitungsmarkt ist das schon seit einigen Jahren Realität: Fast jede Stadt hat heute ein wöchentliches Anzeigenblatt, das uns unaufgefordert in den Briefkasten gesteckt wird.

So abhängig der einzelne Verlag von seinen Werbeerlösen ist, so aufwendig seine Forschungsanstrengungen jedes Jahr sind, so sehr er den Inserenten hofiert, die Redaktion seiner Zeitschrift ist deshalb nicht zwangsläufig abhängig vom Inserenten. Wer wollte etwa der Redaktion des Nachrichtenmagazins DER SPIEGEL ernsthaft unterstellen, sie ließe sich von großen Inserenten gängeln. Das Gegenteil ist beweisbar. Ebenso würde sich der Intendant des Zweiten Deutschen Fernsehens energisch dagegen verwahren, würde ihm jemand die Abhängigkeit von seinen Werbekunden im Vorabendprogramm nachsagen. Das soll nicht heißen, daß es nicht Publikumszeitschriften gibt, die ihren Inserenten auch im redaktionellen Teil nach dem Mund reden. Wichtig ist nur, daß hier keine zwangsläufige Beziehung ist. Abhängig von Werbe*erlösen* heißt nicht abhängig von Werbe*kunden.*

Der Kiosk – die andere Hälfte des Marktes

Der Leser, um nun endlich von ihm zu reden, kann und soll beides konsumieren: den redaktionellen Teil und den Anzeigenteil. Herrn und Frau Leser zu erreichen, ist nicht weniger kompliziert, verwissenschaftlicht, computerisiert als das Anzeigengeschäft. Nur Ahnungslose könnten vermuten, es sei doch wohl kein Problem, den 84 366 Einzelhändlern in der Bundesrepublik und in Berlin, die Presseerzeugnisse führen, morgens ein paar Zeitschriften vor die Ladentür zu legen. Es ist ein Problem. Unmittelbar einsichtig, daß der Einzelhändler Schwepe in dem schönen Dorf Sandhatten nicht die gleiche Anzahl von STERN-Exemplaren verkauft, wie der Kiosk im Kieler Hauptbahnhof. Also will der Verlag des STERN wissen, wie viele Exemplare er denn für Sandhatten und wie viele für Kiel bereithalten soll. Denn alle Hefte, die der Händler in Sandhatten oder in Kiel nicht verkauft, gibt er dem Verlag zurück: Remission von Altpapier. Das Risiko trägt der Verlag, nicht der Händler, der Zeitschriften nur in Kommission verkauft. Vertriebsfachleute aller Handelsstufen sind deshalb seit Jahren bemüht, die Remission so niedrig wie möglich zu halten. Komplizierte Computerprogramme helfen dabei.

Eine Marketing-orientierte Bezugsregulierung, wie das System unter den Vertriebsleuten genannt wird, macht die schnelle Anpassung der Zeitschriftenauslieferung an veränderte Kauf- und Konsumgewohnheiten möglich. Einige Stichworte aus dem umfangreichen Katalog von Maßnahmen: schließt etwa ein Händler in der Urlaubszeit sein Geschäft und macht Ferien, bekommen die Umkreishändler Zusatzlieferungen. Ist ein Händler regelmäßig ausverkauft, erhält er zusätzliche Hefte. Verkauft er von einer Zeitschrift kein einziges Exemplar, wird die Lieferung eingestellt. Langer Samstag, Ausreißer wegen einer besonders verkaufsstarken Titelgeschichte, Saisoneinflüsse – alles dies fließt in die strategischen Überlegungen des Zeitschriftenvertriebs ein. Und zwar sehr schnell. Der Vertrieb kann auf Veränderungen im Handel von einer Ausgabe auf die andere reagieren, mit Ausnahme der Wochenobjekte.

Großhandel – Einzelhandel

Eine Zeitschrift, die die Druckerei verläßt, durchläuft in der Regel zwei Handelsstufen, ehe sie bei Kioskkäufer landet. Der Verlag liefert die Zeitschriftenauflage an die 84 regionalen Großhändler, die sogenannten Grossisten aus. Schon hier orientieren sich die Liefermengen an den bisherigen Verkaufsergebnissen, an saisonalen und regionalen Einflüssen. Der Großhändler, der Pressegrossist, schnürt aus den von den Verlagen angelieferten Zeitschriftenstapeln das Päckchen für den einzelnen Händler in seinem Einzugsgebiet. Das sind nicht nur Zeitungskioske, sondern zunehmend auch Lebensmittelhändler, Trinkhallen, Supermärkte, Verbrauchermärkte oder Kaufhäuser, neuerdings sogar Tankstellen. Auch der Grossist tüftelt sehr genau aus, wieviele Exemplare einer Zeitschrift welcher Händler bekommt. Das Handelsnetz der Presse ist sehr engmaschig. Rechnerisch gibt es heute für je 731 Einwohner eine Angebotsstelle. Insgesamt verkaufen 84 366 Einzelhändler in Deutschland Presseerzeugnisse. Etwa die Hälfte dieser Händler öffnet das Geschäft schon vor acht Uhr, ein Viertel aller Läden ist am Mittwoch nachmittag geschlossen, ein Sechstel macht einmal im Jahr Betriebsferien. All dies ermittelt regelmäßig eine Einzelhandelsstrukturanalyse.

Solche Analysen unterstreichen, wie wichtig der Einzelhändler für den Verlag ist. Von seinem Einsatz, von seinem Willen, das Objekt so auszulegen, daß es dem Käufer ins Auge fällt, hängt das Schicksal mancher neuen Zeitschriften ab. Dabei wird die Geduld des Einzelhändlers oft auf eine harte Probe gestellt. Neue Zeitschriften haben selten Erfahrungswerte dafür, wie viele Exemplare der Markt aufnimmt. Die Anfangsauflage wird hoch angesetzt, zu hoch in der Regel, und beim Händler liegen die Zeitschriften wie Blei. Die neueste Einzelhandelsstrukturanalyse ermittelte, daß rund 36 Prozent der an den Zeitschriftenhandel ausgelieferten Menge nicht verkauft und zurückgegeben wird. Eine solche Riesen-Remission macht den Händler nicht gerade aufgeschlossener für Neuerscheinungen. Längst haben die großen Verlage deshalb einen Vertriebsaußendienst aufgebaut, der die Einzelhändler besucht, mit ihnen ihre Probleme diskutiert, sie streichelt.

An drei Beispielen läßt sich ablesen, welches Gewicht dem Einzelhandel im gesamten Pressevertrieb zukommt:
1. Für 78 ausgewählte Publikumszeitschriften mit einer addierten Verkaufsauflage von fast 48 Millionen Exemplaren wurden – so errechnete die Fachzeitschrift DER NEUE VERTRIEB – gut 2/3 des Verkaufs über den Einzelhandel abgewickelt. Noch einmal: Zwei von drei Zeitschriften werden im Laden um die Ecke verkauft.
2. Um eine neue Zeitschrift erfolgreich im Markt zu plazieren, reicht zuweilen schon, sich in den Usancen des Einzelhandels zurechtfinden zu können. Der Heinrich Bauer Verlag, der größte Zeitschriftenverleger Deutschlands, startete im März 1978 die Wochenzeitschrift BELLA, eine billige Frauenzeitschrift. Von den niedrigpreisigen Frauen- und Wochenzeitschriften wurden zu diesem Zeitpunkt schon regelmäßig 10 Millionen Hefte verkauft. Aber sie kommen überwiegend am Donnerstag auf den Markt. Bauers BELLA, entschieden die Verlagsmanager,

erscheint montags. Damit war bereits eine „gewisse Alleinstellung" gewonnen, wie die schon zitierte Fachzeitschrift NEUER VERTRIEB schrieb. BELLA wurde zu einer erfolgreichen Zeitschriften-Neueinführung.

3. Zu den annähernd 40 Millionen Zeitschriftenexemplaren, die der Einzelhandel regelmäßig verkauft, kommen die vielen, außer der Reihe erscheinenden Sonderhefte. CONSTANZE-Strickmoden, BRIGTITTE-Mode zum Selbermachen, NEUE MODE-CHIC FÜR VOLLSCHLANKE, HÖR ZU LECKER ZUBEREITET, WIRTSCHAFTSWOCHE BERUF 78. Sonderhefte mit einer Gesamtauflage von 25 Millionen Exemplaren werden in diesem Jahr über den Einzelhandel angeboten. Verkaufswert: 100 Millionen Mark.

Bei dieser Drängelei am Kiosk und im Zeitschriftenregal des Händlers ist nicht verwunderlich, daß die Verlage andere, zusätzliche Absatzwege suchen. Der nach dem Einzelverkauf bedeutendste Vertriebsweg ist das Zeitschriftenabonnement. Gut 1/4 aller verkauften Publikumszeitschriften in der Bundesrepublik wird an feste Abonnenten geliefert. Abonnements wurden früher von den Zeitschriftenwerbern an der Haustür verkauft. Die sogenannten Drücker bekleckerten sich jedoch nicht gerade mit Ruhm, und es wurde Zeit, daß Verbraucherschützer und Gesetzgeber dem Unwesen der Zeitschriftenwerber ein Ende bereiteten. Auch ohne ihr zweifelhaftes Zutun gibt es Zeitschriftengruppen mit ausgeprägtem Abonnementscharakter, ganz deutlich abzulesen bei den Bau-, Wohn- und Gartenzeitschriften, die sogar zu rund 3/4 an Festbezieher verkauft werden. Und es bedurfte auch keiner Drücker, um eine teuere, hochwertige, zum Sammeln geeignete Zeitschrift wie das Monatsmagazin GEO im Markt einzuführen. GEO wurde innerhalb kurzer Zeit eine ebenso erfolgreiche wie typische Abonnementszeitschrift. Und das war gut so, denn die hohen Herstellungskosten des Heftes brauchten einen Vertriebsweg, der große Handelsspannen und teure Remission vermeidet. So wurde auch der Kioskverkauf von GEO auf wenige ausgesuchte Läden beschränkt, die – so heißt es im Fachchinesisch des Vertriebs – die Gewähr dafür bieten, daß dort, wo GEO angeboten wird, dies dem Erscheinungsbild des Objektes entsprechend geschieht.

Von ähnlich krisenfester Konsistenz wie das Abonnement ist der Lesezirkel, eine weitere Vertriebsart des Publikumszeitschriftenmarktes. Vermietete, in Mappen gebundene Zeitschriften gehörten einst zu jedem deutschen Wartezimmer und waren auch in Privathaushalten beliebt. Die Zeiten haben sich geändert, der Lesezirkel hat an Gewicht verloren, ohne bedeutungslos geworden zu sein: noch immer werden fünf Illustrierte, elf Frauenzeitschriften, sechs Wochenendzeitschriften, zwei Magazine, zwei Freizeit-Zeitschriften und 26 andere Blätter über Lesemappen ausgeliefert. 2,5 Millionen Zeitschriftenexemplare werden im Lesezirkel bezogen.

Am besten ist angesichts der Probleme, die der Zeitschriftenvertrieb mit sich bringt, immer noch die Zeitschrift zu verschenken, statt sie zu verkaufen. Solchen Ideen, sich dem doppelten Wettbewerb der Presse auf dem Anzeigen- und Lesermarkt wenigstens zu einer Hälfte zu entziehen, haben viele Verleger nachgegangen, einige haben sie verwirklicht: im Nachkriegs-Deutschland zuerst der ideenreiche Fotohändler Porst, der die Fernsehprogrammbeilage RTV als kostenloses

Beipack-Angebot der Tageszeitung erfand. Viele, viele Jahre später kam Bucerius mit dem ZEITMAGAZIN, und inzwischen greift die Idee der farbigen Zeitungsbeilage immer weiter um sich: In Baden-Württemberg finden Zeitungskäufer jede Woche kostenlos die Programmzeitschrift ILLUSTRIERTE WOCHENZEITUNG vor, in Nordrhein-Westfalen ebenfalls gratis und franko die Programmzeitschriften PRISMA und BUNTE WOCHENZEITSCHRIFT. Die WELT AM SONNTAG legt unregelmäßig einfarbiges Magazin bei, und das HAMBURGER ABENDBLATT monatlich eine kostenlose Zeitschrift in der Zeitung. Den Publikumszeitschriften erwächst hier ein neues Konkurrenzfeld − von den Zeitungsverlegern. Aber die kostenlosen farbigen Zeitungsbeilagen werden der Publikumszeitschrift so wenig beihaben können wie zuvor das Kino, das Radio und das Fernsehen.

Michael Wolf Thomas

Tendenzwende
„Der STERN"

„Sie haben den perfekten Cocktail aus Unterleib und Oberklugheit, aus echter Nacktheit und falscher Enthüllung, aus Mammutgehältern und sozialem Mitleid, aus Unternehmerbeschimpfung und Inseratengewinnen erfunden, der von einem grauhaarigen Operntenor ohne Stimme ausgeschenkt wird und seine Abnehmer findet." (Bayernkurier 28.6.75)

Diese kecken Zeilen stammen von Hans Habe, geschrieben wurden sie von ihm für das CSU-Parteiorgan „Bayernkurier" im Jahre 1975 und gemeint waren der „STERN" und sein „grauhaariger Operntenor" – Chefredakteur Henri Nannen. Hans Habe, der in den letzten Jahren seines Lebens vorwiegend für konservative bis ultrarechte Zeitungen, vor allem des Springer-Verlages schrieb, mokierte sich in seiner „Glosse" über Redaktionspraktiken des STERN: „Prozesse wegen falscher Behauptungen zu verlieren, ist beim „stern" beinahe so häufig wie die Publikation nackter Hintern." Der Artikel schließt mit der Frage: „Haben die Verleger des STERN keinen, aber auch gar keinen Einfluß auf die Zeitungen, die sie herausgeben?"

Diese Frage, 1975 gestellt, hat spätestens 1977 in den letzten Dezembertagen eine klare Antwort bekommen. „Die Verleger" des STERN haben einen Einfluß. Und sie nehmen ihn auch wahr. Die Beurlaubung des stellvertretenden Chefredakteurs, Manfred Bissinger, und schließlich die Trennung von ihm haben dies gezeigt. Wie kam es zu dieser Trennung? Wie kam es zu dieser – vielfach als „Tendenzwende" bezeichneten Entwicklung beim STERN?

Wer immer diese Fragen beantworten will – und wir wollen hier zumindest eine Antwort versuchen –, muß sich die Vorgeschichte der laufenden Ereignisse vergegenwärtigen, muß nach der Entwicklung des STERN fragen, nach den Besitzverhältnissen, nach den medienpolitischen Zusammenhängen.

1965, 1. Juli. Die Hamburger Verleger Dr. Gerd Bucerius, Richard Gruner und John Jahr senior gaben bekannt, daß sie sich zu einem gemeinsamen Unternehmen zusammengeschlossen haben, zu „GRUNER + JAHR". Das Unternehmen ist kein straff organisierter Druck- und Verlagsapparat, sondern eine Addition ehemals selbständiger Unternehmen. Die wichtigsten Publikationen sind: STERN, DIE ZEIT, CONSTANZE, BRIGITTE, PETRA, SCHÖNER WOHNEN.

Die folgenden Jahre bis etwa 1970 sind politisch geprägt von der großen Koalition in Bonn, den Studentenunruhen und Protesten gegen die Springer-Presse, deren publizistische Macht erst in diesen ApO-Jahren ins Bewußtsein der breiten Bevölkerung dringt. Sicherlich dadurch mitbewirkt trennt sich Springer im August 1968 vom Verlag „Kindler & Schiermeyer", in dem die Zeitschrift ELTERN, JASMIN und TWEN erscheinen. Käufer ist der Drucker Weitpert, der im Februar 1969 das Paket an Gruner + Jahr weiterverkauft. Bei Gruner + Jahr mußten nun

163

mehrfach die Besitzverhältnisse geändert werden. Gerd Bucerius, der zunächst nur einen Anteil von 28,25 % hatte, bekommt 37,5 %, John Jahr sen., anfänglich mit 32,25 % dabei, bekommt ebenfalls 37,5 %. Richard Gruner der Drucker, der mit 25 % am Spiegel beteiligt ist, trennt sich nach und nach von seinem Anteil. Zuerst hatte er 39,5 %, dann nur noch 25 %, die er an John Jahr und Bucerius verkaufte.

Das war im Mai 1969. Nur wenige Tage später verkauften Jahr und Bucerius diese 25 %-Beteiligung an Bertelsmann in Gütersloh. Preis: über 80 Millionen Mark. (SZ 19.12.72)

Im Frühsommer 1969 ist also der erste Akt beendet. Die 1965 zu einem neuen Unternehmei, nämlich Gruner + Jahr, addierten Einzelunternehmen, sind nur vier Jahre später zu 25 % im Besitz des Bertelsmann-Konzerns. Und damit hat auch der STERN teilweise seinen Besitzer gewechselt.

Der Verlag Henri Nannen

DER STERN war zum ersten Male am 1. August 1948 in einer Startauflage von 130 735 Exemplaren erschienen. Chef des Unternehmens STERN: Henri Nannen.

Der organisatorische Rahmen sah so aus: Henri Nannen, seit 1946 Herausgeber und Chefredakteur der „HANNOVERSCHEN NEUESTEN NACHRICHTEN" und der „ABENDPOST", gründete zusammen mit der „Hannoverschen Verlagsgesellschaft mbH", an der Nannen mit einem Drittel beteiligt war, Anfang 1948 einen neuen Verlag, den Verlag Henri Nannen GmbH. Nannen, so wird berichtet, leistete seine Einlage von 10 000 Reichsmark, indem er alle von ihm abgeschlossenen Autorenverträge einbrachte. Im August 1948 erschien dann erstmals der STERN. Im September gab es erste Besitzveränderungen mit der Konsequenz, daß der Verlag von Hannover nach Duisburg umzog. Im Mai 1949 beteiligte sich der Zeit-Verlag am Verlag Henri Nannen. Im Hintergrund Doktor Gerd Bucerius, damals Mitglied im Frankfurter Wirtschaftsrat, und Ewald Schmidt di Simoni. Der Zeit-Verlag, mit 50 % nun schon beinahe Herr im Hause, bringt den STERN nach Hamburg. Nannen selbst hat nur noch einen Anteil von 37,5 %, den er seiner Frau schenkt. Der restliche Anteil – im Besitz eines Duisburger Kaufmanns – wechselt Ende 1950 seinen Besitzer. Neuer 12,5 % Teilhaber: Richard Gruner, Druckereibesitzer aus Itzehoe. Nur ein Jahr später ist Gert Bucerius bereits Mehrheitsgesellschafter: Von Henri Nannens Frau kauft er für 375 000 Mark 37,5 % der Anteile.

Bucerius und der Bertelsmann-Konzern

Gerd Bucerius ist die wohl schillerndste Figur der Verlagspolitik im Nachkriegsdeutschland. Bis heute gilt er als einer der wichtigsten Männer in dieser Branche. Seine in langen Jahren erworbenen Kenntnisse und Querverbindungen zu allen Verlagen haben immer wieder zu überraschenden Wendungen im deutschen Ver-

.lagsgeschehen geführt. So korrespondierte Bucerius Anfang der sechziger Jahre, also bevor er die neue Firma Gruner + Jahr mitgründete, mit Pressezar Axel Cäsar Springer über einen eventuellen Verkauf des STERN an das konservative Verlagshaus. Die Pläne zerschlugen sich, doch über Fusionen und Kooperationen, über Konzentration und Beteiligungen im deutschen Pressemarkt wurde immer wieder diskutiert. 1965 hatte die Gründung von Gruner + Jahr einen ersten bedeutsamen Zusammenschluß gebracht, die Übernahme von 25 % dieser Firma durch Bertelsmann signalisierte weitere Konzentration. Und ausgerechnet ein Blatt aus diesem Konzern das Gruner + Jahr-Blatt STERN deckte Anfang 1970 auf, was sein 25-Prozent-Eigentümer Bertelsmann recht heimlich über die Bühne bringen wollte – eine Beteiligung bei SPRINGER. Die „Elefantenhochzeit" war geplatzt.

SPRINGER und BERTELSMANN – das wäre in der Tat eine Pressekonzentration unvorstellbaren Ausmasses gewesen.

Zum Springer-Verlag gehörten zu diesem Zeitpunkt, Anfang 1970, vor allem die Zeitungen: WELT, WELT AM SONNTAG, BILD, BILD AM SONNTAG, HAMBURGER ABENDBLATT, BERLINER MORGENPOST und BERLINER ZEITUNG. Dazu kamen die Massenzeitschriften HÖR ZU und FUNK UHR. Diese geballte publizistische Macht sollte nun mit dem Bertelsmann-Konzern verbunden werden.

Zum Bertelsmann-Konzern gehörten damals der Verlag C. Bertelsmann, der Bertelsmann Fachverlag mit Dutzenden von Fachzeitschriften, der BERTELS-MANN-Jugendbuchverlag, -kunstverlag, -Lexikon-Verlag, -Ratgeber-Verlag, -Sachbuchverlag, Schulbuch-Verlag, -Universitätsverlag. Ferner gehörten zum Verlagsbereich: Der Reise und Verkehrsverlag, der Verlag für Buchmarktforschung, der Verlag Schaffmann und Kluge, der Heinrich-Vogel Verlag, das Gütersloher Verlagshaus Reinhard Mohn und andere mehr. Und natürlich: der 25 % Anteil am Verlag „Grunder + Jahr".

Dazu kommen aber noch weitere Bereiche des Medienkonzerns: Da sind zunächst einmal die Buch- und Schallplattenringe: „Lesering/Schallplattenring, Europaring, Deutscher Bildungskreis, Europäischer Buch- und Phonoclub, Europäische Bildungsgemeinschaft. Christlicher Bildungskreis" und andere mehr – dazu Buchclubs und Buchgemeinschaften im Ausland. Zum Konzern gehört auch der Bereich „Musik-Film-Fernsehen". Im Jahre 1970 gehörten dazu „Ariola-Eurodisc" mit allen dazugehörigen Schallplattenlabels, hinter denen der Laie nicht unbedingt Bertelsmann vermutet, ferner die „Eurodisc-Musikproduktion", die „UFA-Musikverlage", die „UFA Werbefilm", die UFA-Fernsehproduktion, die BERTELSMANN-FERNSEHPRODUKTION und anderes mehr.

Und zum Konzern gehören auch Betriebe der Bereiche Produktion, Dienstleistung und Vertrieb. Hier sind und waren wichtig Druckereien wie „Mohndruck", Schallplattenfabriken wie „Sonopress", Adressenverlage, graphische Betriebe im In- und Ausland.

Sogar eine Hühnerfarm „Hennengold" gehörte im Jahre 1970 zum Betrieb.

Wäre es dem Laien im Buchladen, im Schallplattenladen oder am Zeitungskiosk vergönnt, einmal durch einen signifikanten Aufdruck mitgeteilt zu bekommen, ob das Produkt, das er gerade kaufen will, etwas mit Bertelsmann zu tun hat — er würde aus dem Staunen nicht herauskommen. Und selbst wenn er zu Hause im Briefkasten ungefragt Reklamesendungen bekommt, die in einem säuberlich adressierten Briefumschlag stecken — die Adresse kann durchaus von einem Bertelsmann-Unternehmen geliefert worden sein.

Schon 1970 also war Bertelsmann ein Gigant auf dem Medien- und Kommunikationsmarkt. Die Verbindung mit Springer wäre in der Tat eine „Elefantenhochzeit" gewesen. Doch der STERN, von wem auch immer informiert, funkte dazwischen.

Bertelsmann hatte sich im Februar 1970 mit 300 Millionen Mark an der gerade erst zur Aktiengesellschaft umgewandelten Axel-Springer-AG beteiligt. Mit Wirkung vom 2. Mai 1972 sollte Bertelsmann dafür ein Drittel der Springer-Aktien bekommen. Doch durch die STERN-Story mit dem Titel „Ausverkauf bei Springer" wurde die Öffentlichkeit mobilisiert, im Sommer 1972 wurde die Elefantenehe geschieden.

„Gruner + Jahr" bei „Bertelsmann"

Doch es kam noch zu einer „Elefantenehe". Am 1. November 1972 wurde bekannt gegeben: In einem gleitenden Verfahren wird der bisherige Minderheitsgesellschafter bei Gruner + Jahr, der Bertelsmann-Konzern, inzwischen zu einer zu einer AG umgewandelt, *bis zum Jahre 1975 Mehrheitsgesellschafter.* Umgekehrt wird Gerd Bucerius am Bertelsmannkonzern beteiligt.

Bei Gruner + Jahr erscheinen in dieser Zeit: STERN, BRIGITTE, GONG, ELTERN, JASMIN, SCHÖNER WOHNEN, SESAMSTRASSE, SCHULE, CAPITAL, ESSEN UND TRINKEN. Die ZEIT erscheint in einem gesonderten Verlag.

Auf einen Schlag war somit ein riesiger Medienkonzern entstanden; Bertelsmann mit allen seinen Verlagen, Buchgemeinschaften, Plattenpressen und Musikverlagen, Dienstleistungsunternehmen und Druckereien. Dazu kam nun der Gruner + Jahr Verlag mit seinen Zeitschriften und mit seinem 25 % Anteil am Spiegel-Verlag. Mit 1,5 Milliarden Umsatz verweist der Bertelsmann-Konzern die anderen Konzerne auf die Plätze: Springer (Umsatz 1 Milliarde Mark), Bauer (650 Millionen) und BURDA (600 Millionen).

Der ehemals in Hannover erstmals erschienene STERN *ist* nun nach einigen Umwegen *Bestandteil des Medienkonzerns Bertelsmann.* Wie wirkt sich die Pressekonzentration für ein solches Blatt aus, das schon damals durch sensationelle Enthüllungen von sich reden machte?

Erste Konflikte

„Haben die Verleger des STERN aber auch gar keinen Einfluß auf die Zeitungen, die sie herausgeben?"

Diese von Hans Habe im Bayernkurier 1975 gestellte Frage haben wir noch nicht beantwortet, aber wir wissen nun, wer die Verleger sind – zum einen der Verlag Gruner + Jahr und dann eben der Bertelsmann-Konzern. Chef des Hauses Bertelsmann ist Reinhard Mohn, formell fungiert er als Vorsitzender des Vorstands der Bertelsmann-Aktiengesellschaft. Die Mehrheit der Aktien ist in Familienbesitz – das Unternehmen, 1835 gegründet, ist in der fünften Familiengeneration. Später wird die Aktienmehrheit an eine Stiftung überführt werden, die den Konzern gemäß den Traditionen der Familie Mohn weiterführen soll.

Und genau die Tradition, die Ansichten der Familie Mohn, insbesondere von Reinhard Mohn waren es, die mit der Übernahme der Mehrheit bei Gruner + Jahr in den Mittelpunkt des Interesses rückten. Der Bertelsmann-Konzern, der bis dato relativ friedlich arbeiten konnte, ohne daß sich allzuviele um ihn gekümmert hätten – nun stand er im (medien-)politischen Rampenlicht und es gab auch sogleich kritische Stimmen – auch aus dem Hause „Gruner + Jahr". In einem Zeitungsbericht hieß es damals:

„John Jahr, dessen Familie auch langfristig eine Sperrminorität von 25,1 Prozent bei Gruner und Jahr halten will, wählte (für seinen Brief) einen so weiten Empfängerkreis, daß Öffentlichkeit gegeben sein mußte. Jahr bestätigte in seinem Brief Meinungsverschiedenheiten solcher Art, daß sie ,ohne Neuordnung der Gesellschafteranteile nur auf dem Prozeßweg hätten entschieden werden können'. Ehe Jahr aber auf Blatt 5 seines. . . Schreibens ,erholsame Weihnachtstage, neue Kraft und mehr Frieden' in dieser Welt wünscht, bezweifelt er unumwunden die Möglichkeit künftiger Unabhängigkeit des Verlages Gruner und Jahr vor Einflüssen aus Gütersloh" (SZ 19.12.72).

Jahr, der sich durchaus gern quer legte, hatte mit seinen Zweifeln auch die anderer, nicht so prominenter Verlagsangehöriger ausgedrückt. Bertelsmann-Chef Reinhard Mohn hatte sich im Jahr 1972 zweimal wegen des STERN-Redaktionsbeirates nach Hamburg bemühen müssen. Das STERN-Redaktionsstatut schrieb und schreibt vor, daß bei einem Wechsel in den Besitzverhältnissen der Redaktionsbeirat gehört werden muß. Es gab heftige *Kontroversen zwischen Mohn und dem Beirat*, aber so damals die Süddeutsche Zeitung:

„In der Sache – redaktionelle und politische Unabhängigkeit des STERN – kam man sich gleichwohl nahe. Mohn versicherte. . . daß er zwar eine Betriebsverfassung für die bessere Sicherung der Zielsetzung des STERN halten würde, daß er aber zu dem Redaktionsstatut stehe und nicht die Absicht habe, es aufzukündigen: ,Ich identifiziere mich voll mit den inhaltreichen Zielen des STERN-Statuts'. . . Nach seiner Überzeugung könne dieses Verlagshaus nur im liberalen Sinne mit einem weiten Toleranzspielraum gegenüber unterschiedlichen politischen Meinungen geführt werden. Die Diskussion über das Selbstverständnis des Verlages müsse mit allen Mitarbeitern geführt werden" (SZ 19.12.72).

„Das Selbstverständnis des Verlages" war in der Tat gefragt, nicht nur STERN-Redakteure wollten davon Kenntnis haben. Im Sommer 1973 war es soweit – die Unternehmensleitung veröffentlichte eine *Unternehmensverfassung:*

„Das Unternehmen tritt für eine freiheitliche, demokratisch verfaßte und sozialverpflichtete Ordnung unserer Gesellschaft ein, wie sie im Grundgesetz festgelegt ist. Wir bekennen uns zu einer Wirtschaftsordnung mit den Prinzipien: Leistung, Wettbewerb und breit gestreutes privates Eigentum. . . Das Unternehmen soll *liberal und fortschrittlich* sein und die freie Meinungsbildung in der Gesellschaft fördern. Seinen Mitarbeitern räumt der Verlag *das in einem Unternehmen mögliche Höchstmaß an individueller Freiheit der Gestaltung ihrer Arbeit* ein. Innerhalb der Grenzen der politischen Grundüberzeugung werden unterschiedliche Auffassungen ermutigt. Der Prozeß der freien Meinungsbildung wird auch im Verlag durch die Delegation der Programmverantwortung auf die einzelnen Unternehmenszweige gefördert. . . Wir vertrauen auf die Initiative des einzelnen als der stärksten Kraft der Gesellschaft. . ."

Hehre Grundsätze — aber schwammig. Die Süddeutsche Zeitung in einem Kommentar:

„. . . in der neuen Unternehmensverfassung gibt man sich eher romantisch, dabei wortreich. . . Insgesamt sind das aber kaum neue Töne, sondern „Fortschreibungen'. In Gütersloh, dem Hauptsitz des Bertelsmann-Konzerns, regiert unterschwellig immer noch die alte ‚evangelische Ethik' des Stammhauses, und eine Begrifflichkeit wie ‚liberal und fortschrittlich' hat keinen unmittelbaren politischen Bezug. . . Für den tatsächlichen politischen Kurs des Konzerns bedeutet die Unternehmensverfassung nur grobe Richtlinie; sie ist juristisch unverbindlich. . . Die eigentliche Bewährungsprobe für die Unternehmensverfassung wie überhaupt für die Gütersloher Konzernspitze wird der Umgang mit der neuen Tochter ‚Gruner und Jahr' sein. Bisher hat man den Eindruck, daß bei Bertelsmann die Eigengesetzlichkeiten der Publizistik eher befremden und als kaum kalkulierbar angestaunt werden. Der selbstgesetzte verbale Anspruch ist einstweilen noch größer als die Möglichkeit, ihn zu erfüllen." (SZ 23.8.73)

In der Tat — die neuen Bande zwischen Hamburg und Gütersloh erwiesen sich zunächst als sehr locker — man mußte beiderseits lernen. Bei den Güterslohern herrschte blankes Erstaunen über die Art der Betriebsführung und über Betriebsgewohnheiten, bei den Hamburgern wollte man erst mal sehen, was die „forschen Jungs von der Gütersloher Weide" denn nun wirklich wollten. Und man wollte sehen, was von der — eben zitierten — Unternehmensverfassung sowie den von Mohn propagierten „*Leitsätzen für die Führung*" des Unternehmens zu halten sei. In diesen Leitsätzen, die man getrost Mohn-Credo für die Betriebsführung bezeichnen kann, heißt es u.a.:

„Jedes Arbeitsgebiet wird von einem Alleinverantwortlichen im Rahmen seiner Befugnisse geführt. . . Die Führung folgt über alle Ebenen dem Prinzip der Delegation. . . Die Koordination erfolgt durch die jeweils übergeordnete Führungsinstanz. Dabei ist die *Interessenlage des Gesamtunternehmens* der Zielsetzung des Einzelbereichs *überzuordnen*."

„Die Interessenlage des Gesamtunternehmens ist überzuordnen" — was aber ist die Interessenlage des Gesamtunternehmens und wer definiert sie. Und wenn der Betrieb nach dem Delegationsprinzip durchorganisiert ist, wer kann dann die Interessenlage des Gesamt-Betriebes richtig einschätzen? Nur der Vorstandsvorsitzende, Reinhard Mohn. Weiter heißt es in den Leitsätzen:

„Führungskräfte müssen sich der besonderen Verantwortung aus ihrem Führungsauftrag bewußt sein und sich durch vorbildliches Verhalten und fachliche Leistung ständig neu qualifizieren... Führungskräfte sollen sich mit den gesellschaftlichen Entwicklungen auseinandersetzen... Führungskräfte sollen die verantwortlichen Mitarbeiter in ihren Aufgabenbereichen selbständig handeln und entscheiden lassen... Anweisungen erteilt der direkte Vorgesetzte. Ist eine sofortige Entscheidung unerläßlich, so sind im Ausnahmefall auch Anweisungen durch höhere Instanzen möglich... Führungskräfte sollen Initiative, Kreativität und Durchsetzungsvermögen entwickeln und in ihrem Bereich ergebnis- und sozialorientiert handeln."

Bertelsmann in Hamburg

Eine Führungskraft wurde relativ schnell nach Hamburg abkommandiert: Dr. Manfred Fischer, der als „rechte Hand" Reinhard Mohns galt. Im Jahr 1973 stieg er als stellvertretender Vorsitzender in den Gruner + Jahr-Vorstand ein, ab 1. Januar 1974 war er bereits Vorsitzender. Die Tageszeitung WELT:

„Aufgrund bereits bestehender Verträge besteht kein Zweifel, daß das Gütersloher Verlagshaus spätestens ab 1975 bestimmenden Einfluß auf die *Geschäftspolitik bei Gruner und Jahr* haben wird" (WELT 12.10.73).

Diesen Einfluß gab und gibt es in der Tat. Unter Fischers Regie wurde die frühere Addition verschiedener Verlage und Unternehmen, die sich den Firmennamen „Gruner + Jahr" gegeben hatte, zu einem nach einheitlichen Gesichtspunkten geführten Betrieb zusammengeschweißt, Investitionen wurden getätigt, neue Blätter herausgegeben und wieder eingestellt — man erinnere sich nur an das Blatt SCHULE oder den mißglückten LEUTE-Versuch —. Und der Umsatz wurde immer größer:

1972	645,1 Millionen Mark
1973	700,4 Millionen Mark
1974	671,5 Millionen Mark (trotz Rezession)
1975	731,8 Millionen Mark
1976	885,0 Millionen Mark
1977	967,0 Millionen Mark
1978	1.012,0 Millionen Mark

Der Anstieg ist nicht zuletzt darauf zurückzuführen, daß immer mehr Anzeigen aufgenommen wurden, ja man hatte sogar im Jahr 1976 Schwierigkeiten bei der Bewältigung der Anzeigenschwemme. Und welche Rolle spielt bei alledem der STERN?

Der STERN ist das Flaggschiff des Verlages. Er allein verbucht von den 885 Millionen Mark Umsatz des Jahres 1976 für sich 340 Millionen Mark, gefolgt von BRIGITTE mit 160 Millionen Mark. Knapp gesagt — der STERN macht etwa 40 % des Gesamtumsatzes dieses Verlages aus. Der STERN ist nicht nur eine publizistische Größe, sondern auch eine wirtschaftliche. Doch mit der wirtschaftlichen Größe wächst die Begehrlichkeit und die Abhängigkeit. Was — wenn der

STERN plötzlich Leser verliert? Was — wenn daraufhin der Verlag weniger Umsatz macht?

Das STERN-Statut

„Die Interessenlage des Gesamtunternehmens ist der Zielsetzung des Einzelbereichs überzuordnen. . .." heißt es in den Leitsätzen des Hauses Bertelsmann und Gruner + Jahr ist da nur ein Einzelbereich. Und im Verlag Gruner + Jahr ist der STERN nur ein Einzelbereich.

„Die Interessenlage des Gesamtunternehmens ist der Zielsetzung des Einzelbereichs überzuordnen. . . " mit diesem Leitsatz war Bertelsmann beim Gruner + Jahr Verlag eingestiegen und damit beim STERN. Und beim STERN gab es das *Redaktionsstatut*, das *nun neugefaßt* wurde, um die Verantwortung der Redakteure gegenüber dem Unternehmen dort zu verankern. Zwar meinte Nannen zur Neufassung: „Was im STERN-Statut festgelegt wurde, verstand sich für uns schon immer von allein" (Vorwärts 25.4.74), aber es war eben doch eine Neufassung. Eine Neufassung zudem, die von 25,1 %-Teilhaber John Jahr abgelehnt wurde:

„Die innere Pressefreiheit. . . muß aber dort ihre Grenze finden, wo die wirtschaftliche Existenz eines Unternehmens auch nur gefährdet erscheint. . . Die Möglichkeit zeichnet sich ab, daß junge akademisch gebildete Radikale mehrheitlich in die politischen Redaktionen eindringen, um dort ihre weltanschaulichen, gesellschaftsverändernden Ziele durchzusetzen. . . Das wäre existenzbedrohend für unser Unternehmen. . . Das nunmehr von uns verabschiedete Statut reduziert im Ergebnis die Einflußnahme des Verlages in personellen Fragen auf ein Mitspracherecht. . . Meine Kollegen im Aufsichtsrat waren der Meinung, im Interesse einer freundlich-friedlichen Zusammenarbeit Kompromisse schließen zu sollen" (text-intern/WELT 5.2.74)

Es geht also um das Problem der inneren Pressefreiheit, ein Rechtsbereich, der in einem Presserechtsrahmengesetzt geregelt werden sollte, der jedoch von der sozialliberalen Koalition in Bonn, die eigentlich ein Interesse daran haben müßte, vernachlässigt wird. Interesse müßte die sozialliberale Koalition deshalb an diesem Presserechtsrahmengesetz haben, weil sich in Umfragen zeigte, daß die Mehrzahl der Verleger der Koalition skeptisch gegenüber steht, während bei den Journalisten dies nicht in dem Maße der Fall ist. Und gerade Zeitungen und Zeitschriften wie STERN, SPIEGEL und FRANKFURTER RUNDSCHAU, die die Koalition im Prinzip unterstützen, können durchaus auch zu jenen Publikationen gehören, bei denen die Anwendung eines Presserechtsrahmengesetzes Unabhängigkeit sichern könnte.

Wie nun ist die innere Pressefreiheit beim STERN geregelt? Die wichtigsten Passagen des Statuts lauten:

„Der STERN ist eine politisch engagierte, von Parteien, Wirtschaftsverbänden und anderen Interessengruppen unabhängige Zeitschrift, die ihre Leser informieren und unterhalten will. Die Redaktion . . . bekennt sich zur freiheitlich-demokratischen Ordnung und zu frotschrittlich-liberalen Grundsätzen. Die Redaktion des STERN verpflichtet sich, nicht gegen die vorgenannten Ziele zu verstoßen und *unter Wahrung ihres journlistischen Auftrags ihrer Verantwortung gegenüber dem Unternehmen* und seinen Mitarbeitern *gerecht* zu *werden* . . . Kein Redakteur oder Mitarbeiter des STERN kann veranlaßt werden, etwas gegen seine Überzeugung zu tun, zu schreiben oder zu verantworten. Aus seiner Weigerung darf ihm kein Nachteil entstehen. . .

Die Redaktion hat den ideellen und damit auch den materiellen Wert des STERN entscheidend mitgeschaffen. Vor einer Veränderung der Eigentums- und/ oder Besitzverhältnisse muß der Beirat rechtzeitig informiert und gehört werden. . ."

Es folgen Regelungen für die Besetzung des Chefredakteurspostens und für die Benennung der stellvertretenden Chefredakteure. Dem Beirat wird weitgehendes Mitspracherecht eingeräumt dadurch, daß er Kandidaten ablehnen kann. Haben also John Jahr und Hans Habe recht? John Jahr: „Das. . . verabschiedete Statut reduziert die Einflußnahme des Verlages in personellen Fragen auf ein Mitspracherecht" Hans Habe: „Haben die Verleger des STERN keinen, aber auch gar keinen Einfluß auf die Zeitungen, die sie herausgeben?"

Wir haben die Frage noch immer nicht beantwortet, sind aber ein Stück weiter gekommen. Wir kennen die Entstehungsgeschichte des STERN, wir wissen um die Entwicklung bei Gruner + Jahr, wir wissen um den Kauf durch Bertelsmann, wir kennen die weitschweifig formulierte Unternehmensverfassung, wir kennen die Gütersloher „Leitsätze für die Führung" mit ihrem Delegationsprinzip und der „Interessenlage des Gesamtunternehmens". Und wir kennen nun auch die wichtigsten Bestimmungen des Redaktionsstatuts, das STERN-Mitarbeitern die innere Pressefreiheit sichern soll.

Wir kennen also die hehren Grundsätze des Unternehmens und ihre Herkunft und wir kennen die kritischen Fragen, die sich daran anschlossen: „Die eigentliche Bewährungsprobe für die Unternehmensverfassung wie überhaupt für die Gütersloher Konzernspitze wird der Umgang mit der neuen Tochter ‚Gruner und Jahr' sein."

Wie also ist der neue Eigentümer mit dem STERN umgegangen? Und: läßt sich das am Blatt ablesen? Dazu muß gleich gesagt werden, daß sich Kriterien schwerlich finden lassen werden, an denen beispielsweise Satz für Satz, Komma für Komma gemessen werden könnten und das für einen Zeitraum von 1972 bis 1978, um Veränderungen in der Linie des Blattes festzustellen. Es kann sich also allenfalls um einen Gesamteindruck handeln, den sich der jeweilige Leser aufgrund seiner spezifischen Bedingung macht. Auch daraus, daß z. B. ein Telefongespräch Kohl-Biedenkopf abgedruckt wurde, schließen zu wollen, daß dieses Blatt der CDU generell ablehnend gegenübersteht, wäre oberflächlich, wenngleich eine eher an linken Positionen orientierter Kurs feststellbar sein dürfte. Versuchen wir eine *Positionsbeschreibung* des STERN durch Pressestimmen:

● „Sie haben den perfekten Cocktail aus Unterleib und Oberklugheit, aus echter Nacktheit und falscher Enthüllung, aus Mammut-Gehältern und sozialem Mitleid, aus Unternehmerbeschimpfung und Inseratengewinnen erfunden, der von einem grauhaarigen Operntenor ohne Stimme ausgeschenkt wird und seine Abnehmer findet" (Hans Habe im Bayernkurier 28.6.75)

- „1956 baute er (Nannen) sein Blatt auf Politik um, er holte sich den Rechtsradikalen William Schlamm als Kolumnisten, er holte sich Strauß für diese Spalte und trennte sich wieder von ihm, er holte den liberalen Sebastian Haffner, er gab Conrad Ahlers einen Platz, er brachte große Interviews, er setzte an das Ende seines Blattes das dicke Paket halb politischer, halb soziologischer, halb gesellschaftskritischer Berichte, die man woanders nicht finden kann. . . Er verkaufte das alles mit Pauken und Trompeten. . . So gab und erhielt er der deutschen Presselandschaft eine Illustrierte, die sich mit „Life" oder „Paris Match" messen konnte. Der STERN war allerdings nicht ganz so seriös wie diese beiden, er hatte nie die kühle, fast wissenschaftliche Langeweile, nie die Perfektion dieser beiden Blätter. Aber er lebt." (Joachim Besser in „Der Journalist")

- „Das Hamburger Magazin STERN ist nach dem Versinken von „Life" und „Paris Match" in seiner Mischung allein auf der Welt. Geschäftlicher Erfolg als Flaggschiff des Verlages Gruner und Jahr sowie internationale Bedeutung wären aber nicht möglich ohne den STERN-Chef Henri Nannen, ohne eine qualitativ gut besetzte, äußerst selbstbewußte Redaktion." (Claus Heinrich Meyer in der Süddeutschen Zeitung)

- „STERN — mit einer wöchentlichen Verkaufsauflage von 1,6 Millionen Exemplaren und einer Reichweite von 8,2 Millionen Lesern (ist) das größte illustrierte Magazin der Welt" (Eine Beschreibung aus dem Bertelsmann-Verlag, abgedruckt in einem Vielfarbprospekt.)

Das also ist der STERN oder zumindest doch das Bild, das sich einige von ihm machen. Hat sich daran etwas geändert, seit Bertelsmann das Sagen hat? Wie gesagt, man wird es schwer feststellen können. Festhalten aber kann man bestimmte Ereignisse in den vergangenen Jahren, in denen sich zeigt, wann, wo und wie Einfluß genommen wurde, wird und werden kann. Nun ist Einfluß schwer meßbar. Wann hat wer zu wem etwas gesagt und wann hat wer auf das, was ihm gesagt wurde, so reagiert, wie er es sollte? Im Zeitalter des Telefons sind solche Vorgänge nicht oder nur mit kriminalistischem Spürsinn nachzuvollziehen. Produkt solcher Vorgänge sind aber häufig genug Akten, Briefe, Interviews, Presseartikel, die auf Indiskretionen beruhen.

Greifen wir also die *Konfliktfälle* heraus, die es in den letzten Jahren zwischen dem Verlag, seinem Vorstand und seinen Eigentümern einerseits und der Redaktion andererseits gegeben hat. Es sind jeweils Konfliktfälle, in denen es klare Regelungen im Redaktionsstatut gibt bzw. in denen darüber hinaus die „Leitsätze für die Führung" oder die Unternehmensverfassung des Hauses Bertelsmann tangiert werden.

Ein Name wird von nun an wiederholt zu nennen sein, nämlich Manfred Bissinger.

Der Bissinger-Konflikt 1. Teil

Manfred Bissinger begann 1967 als Leserbriefredakteur des Ressorts „D 1", wurde bald „normaler" Redakteur in diesem Ressort, dann Reporter, dann Chef des Ressorts „D 1". Nach einiger Zeit wurde er Chef vom Dienst und entwickelte in dieser Funktion maßgeblich die neue Form des aktuellen Magazins. 1975 schließlich wurde er stellvertretender Chefredakteur — auf Nannens Wunsch. Doch diese letzte Stufe in der Karriereleiter Bissingers wurde nicht ohne Probleme erreicht. Es gab Widerstände. So berichtete die WELT (16.9.75) im *Herbst 1975:* „In diesem Zusammenhang wurde bekannt, daß Bertelsmann-Verleger Reinhard Mohn, der am STERN mit der Majorität von 69,9 Prozent beteiligt ist, nicht mit dem linkslastigen Bissinger als potentiellen Nannen-Nachfolger einverstanden sein soll."

Hinzu kam, daß einzelne Redakteure, unter ihnen der geschäftsführende Redakteur Felix Schmidt, heute Fernsehprogrammdirektor des Südwestfunks, angekündigt hatten, daß sie bei einer Ernennung Bissingers zum Stellvertreter Nannens kündigen und den STERN verlassen würden.

So kam es dann auch. Schmidt verließ den STERN, Bissinger wurde einer der drei stellvertretenden Chefredakteure Nannens, Nannen hatte sich mit seinem Wunsch gegenüber dem Verlag durchgesetzt. Woher aber kommt der Ruf Bissingers, „linkslastig" zu sein? Sicherlich auch aus der Zeit, als Bissinger Mitglied des Redaktionsbeirates war und mit Mohn aneinandergeriet. Es war dies in der Zeit der Verkaufsverhandlungen, die schließlich zur Übernahme der Aktienmehrheit durch Bertelsmann führten. Dem Redaktionsbeirat waren Äußerungen Mohns wie die folgenden zur Kenntnis gekommen:

„Die Führung eines Unternehmens auf der Basis paritätischer Mitbestimmung oder nach den Spielregeln der parlamentarischen Demokratie ist für einen Verlag viel zu unwirksam. Solche Formen können das Problem der inneren Pressefreiheit nicht lösen... *Grundsätzlich ist festzuhalten, daß die Forderung nach Demokratisierung der Unternehmensführung ein Mißverstehen sowohl der demokratischen als auch der marktwirtschaftlichen Grundlagen enthüllt...* Der Großverlag (sollte) bei der Definition seiner Unternehmenspolitik die Meinung der Mitarbeiter besonders beachten, die die verlegerische Arbeit letztlich durchführen... Eine Beachtung dieses Grundsatzes ist auch... in statuarischer Form vorstellbar. Nur: Eine solche Form muß immer davon ausgehen, daß die verlegerische Zielsetzung und die lebensnotwendige Flexibilität des Unternehmens in gesundem Verhältnis zueinander stehen..."

Das war starker Tobak für den Redaktionsbeirat, für den Manfred Bissinger sofort an Mohn schrieb: „Wir bitten Sie dringend um eine verbindliche Erklärung, wie Ihre Äußerungen mit dem STERN-Statut, das sie anerkannt haben, in Einklang zu bringen sind".

Wir wissen, daß es damals eine gütliche Einigung mit Zusicherungen Mohns gegeben hat, wir wissen, daß später das Redaktionsstatut neu gefaßt wurde. Hier aber sind Mohn und Bissinger ganz offensichtlich erstmals aneinandergeraten und der erste Eindruck ist oftmals bleibend...

Andererseits ist auch ein Faktum, daß eine Redaktion wie die des STERN aufgrund der offensichtlichen publizistischen und auch wirtschaftlichen Erfolge selbstbewußt auftritt und sich nicht problemlos in einen Mammutkonzern eingliedern läßt. Etwas wehklagend äußerte sich Reinhard Mohn anläßlich einer Auseinandersetzung mit dem Betriebsrat, der das von ihm ersonnene und propagierte Gewinnbeteiligungsmodell abgelehnt hatte:

..Die Geschichte von Gruner und Jahr ist hinsichtlich des Verhältnisses zwischen Gesellschaftern, Management und Arbeitnehmern *sehr konfliktreich* gewesen... Man muß erst wieder gegenseitig *Vertrauen gewinnen* und lernen, *Differenzen in ordentlicher Form auszutragen.* Das wird noch Jahre und vielleicht Jahrzehnte dauern. Wir haben in Gütersloh auch Jahrzehnte gebraucht (ZEIT 13.2.76)."

So spricht ein besorgter Familienvater zu seinen Kindern, wohl wissend, daß sie eines Tages schon zur Ruhe kommen werden. Nur ist die Frage, ob das Gütersloher Grundvertrauen, was ja offensichtlich hergestellt wurde, auf eine Illustrierten-Redaktion übertragbar ist, eine Redaktion, die deshalb Erfolg hat, weil sie überall aneckt, weil sie eben nicht einen konfliktarmen Management-Sachzwang-Kurs steuert. Und es bleibt auch zu fragen, ob nicht gerade Redaktionen, die in einem dauernden Spannungsverhältnis stehen, durchaus publizistisch fruchtbarer sind als Illustrierten-Beamte mit angenehmen Umgangsformen und höflichem Betragen gegenüber dem Management.

Bissinger-Konflikt 2. Teil

Wie auch immer, der nächste Konflikt mußte kommen und er kam 1976 als wieder einmal die Chefredaktionsebene komplettiert werden mußte. Bissinger war laut Impressum ebenso stellvertretender Chefredakteur wie Rolf Gillhausen und Victor Schuller. Aber sie hatten unterschiedliche Verträge, Bissinger war weniger gut dotiert als seine Kollegen. Victor Schuller nun sollte und wollte in Pension gehen, für ihn sollte Rolf Winter nachrücken und bei dieser Gelegenheit sollten alle drei Stellvertreter *gleichlautende Verträge* bekommen. Doch das wollte – offensichtlich – der Vorstandsvorsitzende Manfred Fischer nicht. In Zeitungsberichten jener Zeit liest sich der Vorgang so:

● „STERN-Redakteure vermuten, daß Fischer die politische Richtung dieses Mannes nicht paßt und daß er ihn am liebsten aus der Redaktion heraus haben möchte... Nicht nur Nannen, sondern auch die gesamte Redaktion des Blattes erblickt darin... einen zentralen Zugriff des Vorstandsvorsitzenden auf eine Redaktion, die bisher einen sehr großen Freiraum hatte, der nicht gerade zum Schaden des Unternehmens genutzt wurde... Immerhin sei der STERN die Milchkuh des Unternehmens" (SZ 21.8.76).

● „Mit Bissinger bekämpft der Vorstandsvorsitzende nicht nur einen engagierten linken Journalisten, dem er in Springers ‚WELT AM SONNTAG' ‚die Statur eines Chefredakteurs' aberkennt, sondern er bekämpft gleichzeitig ein ganzes Redaktionsprogramm, das dem konservativen, eher CDU-nahen Westfalen nicht ins schlichte Weltbild paßt. Erhellend ist denn auch, wen sich Fischer statt des Sozialdemokraten Bissinger in die Chefetage des STERN wünscht: den derzeitigen BILD-Chefredakteur Günter Prinz, den Fernsehmann Friedrich Nowottny, den rechtsliberalen ZEIT-Journalisten Diether Stolze oder — wenn es schon ein Sozialdemokrat sein muß — den Dauerkandidaten für Höheres, Jens Feddersen" (Vorwärts 26.8.76)

Nannen drohte mit Rücktritt, die Redakteure sahen das Redakteursstatut verletzt und solidarisierten sich mit Nannen. Es sah damals so aus, als ständen *Chefredakteur und Redaktion* wie ein Mann *gegen die Verlagsleitung*, die sich Kompetenzen anmaßte, die ihr nicht zustanden. Erst ein Artikel von Gerd Bucerius nach der Beilegung der Krise machte offenbar, daß das Redaktions-Statut nur die Hälfte wert war. Bucerius: „Nannen argumentierte wütend, die Ernennung der stellvertretenden Chefredakteure sei — laut STERN-Statut — ausschließlich seine Sache, woran man zweifeln kann, weil Nannens kürzlich erneuerter Vertrag dem Verlag *ein Veto bei jedem Engagement mit mehr als 10 000 Mark Monatsgehalt* gibt." (ZEIT 27.8.76)

Damit war es raus — bevor der Chefredakteur Personalvorschläge machen konnte, mußte er sich mit dem Verlag abstimmen, Nannen war also in seinem Blatt in einer der wichtigsten Fragen nicht mehr unumschränkter Herr. Und *der Verlag ist* nun *immer dabei*, wenns Auseinandersetzungen geben sollte. So auch in diesem Fall — aus Zeitungsberichten jener Tage, die man damals wohl gelesen hat, deren Hintergründe aber erst im Zusammenhang und manchmal eben auch erst aus der Rückschau deutlich werden:

- „Am Freitag verhandelten Nannen und der Gütersloher Bertelsmann Inhaber Reinhard Mohn . . , über eine Beilegung des Konflikts" (FR 21.8.76)
- „Gruner und Jahr-Mehrheitsaktionär Reinhard Mohn. . . und der Redaktionsbeirat der linksliberalen Hamburger Illustrierten bemühten sich in längeren Gesprächen, die Konflikte. . . beizulegen" (FR 23.8.76)
- „Mohn war am Freitagmorgen aus Gütersloh angereist in der Absicht, bestehende Differenzen zu klären und Nannen möglicherweise umzustimmen" (SZ 21.8.76)

Reinhard Mohn, mit seinem Bertelsmann-Konzern *Mehrheitsaktionär* bei Gruner + Jahr und *Aufsichtsratsvorsitzender* mischte also mit. Es ging im Kern darum, daß Bissinger wie die beiden anderen stellvertretenden Chefredakteure bezahlt werden sollte — er erhielt rund 1/3 weniger als seine Kollegen — und daß aus seinem Vertrag eine Klausel entfernt wurde, die eine tägliche Kündigung vorsah für den Fall, daß die Nannen-Nachfolge geregelt würde. Der Verlauf der Auseinandersetzungen ist erhellend: „Der Redaktionsbeirat verlangte von Mohn für die drei stellvertretenden Chefredakteure jeweils fünfjährige Verträge oder zumindest bis zum Ablauf des Nannen-Vertrages. Reinhard Mohn war jedoch nicht bereit, dieses Verlangen zu akzeptieren. Er betonte, er sei überhaupt gegen eine Fixierung einer bestimmten Laufzeit und schlug für alle Verträge die schon im Vertrag von Bissinger enthaltene Klausel der täglichen Kündigung vor. Nach dieser erneuten Eskalation kam es. . . zu einem erneuten Gespräch zwischen Mohn, Fischer und Nannen mit einem Ergebnis, das auch nach Ansicht des Redaktions-

175

beirates akzeptabel ist. In Bissingers Vertrag wurde die Zusatzklausel gestrichen. . . Den stellvertretenden Chefredakteuren wurde deutlich gemacht, daß sie aus ihrer Berufung nicht ableiten könnten, irgendwann auch Chefredakteur des STERN zu werden" (SZ 25.8.76).

Gerd Bucerius, der alte STERN-Verleger, widmete der Affaire ein Nachwort: „Der Streit konnte nur deshalb so plötzlich enden, weil er nie eine vernünftige Ursache gehabt hat. Schwieriger noch, er hatte eine sentimentale Ursache: die hieß Manfred Bissinger. Nannen hatte sich den um 27 Jahre jüngeren als seinen Nachfolger ausgesucht. . . Bissingers redaktioneller Output ist groß, da reicht keiner seiner Kollegen an ihn heran. Mit „sozial-liberal" sind seine Neigungen und Reichweite zu eng umschrieben, daß er dem Verlag zu links gewesen sei, ist Unsinn: er ist es nicht. Aber schon Fischers Vorgänger. . . waren mit Bissinger nicht zurechtgekommen. Schon im Oktober 1972 hatte ich einen zweifelnden Brief an Nannen geschrieben. . . Jedenfalls sah der ‚Gruner + Jahr'-Vorstand Bissinger nicht als Chefredakteur des STERN und Fischer sagte das in der Harmlosigkeit auch jedermann." (ZEIT 27.8.76)

Vielleicht sollten wir uns in einem Nebengedanken daran erinnern, daß just in dem Monat, als Bucerius einen Brief über Bissinger an Nannen schrieb, Bissinger den in Verkaufsverhandlungen stehenden Reinhard Mohn aufforderte, zu seinen Äußerungen Stellung zu nehmen.

Ein Nachwort widmete auch die Zeitschrift „konkret" den Vorgängen: „Der Versuch, den ‚STERN' als letztes Massenblatt in die rechte Mitte zu schieben, ist aufgeschoben. Ende 77 steht das STERN-Statut zur Kündigung an, das den Redakteuren gewisse Mitbestimmungsrechte einräumt. Es ist davon auszugehen, daß der Vorstandsvorsitzende Fischer dieses Statut kündigen und Nannen nicht mehr fragen wird. Bissinger wird dann als erster über die Klinge springen". (Konkret 30.9.76/26.1.78)

Konzerninteressen und Pressefreiheit

Realistische Einschätzung oder Prophetie? Kurz nachdem dieser Konflikt ausgestanden war, gab es bereits den nächsten. Vorstandschef Fischer ließ durch den noch amtierenden stellvertretenden Chefredakteur Schuller einen *Artikel über* den Münchner Filmhändler *Leo Kirch* stoppen. Leo Kirch ist der größte Zwischenhändler im Filmbereich. ARD und ZDF kaufen von ihm bis zu 40 Prozent ihrer Filme. Dabei soll es nach Berichten der Presse zu Unregelmäßigkeiten gekommen sein. Klar, daß auch der STERN sich mit diesem Thema befassen mußte. Doch der Zufall wollte es, daß sich der Bertelsmann-Konzern, genauer ‚Gruner + Jahr' eine Tochterfirma geschaffen hatte: Die Firma ‚Alpha'. Der Name war sicherlich Programm, denn Leo Kirchs wichtigste Firma heißt „Beta". Gruner + Jahr-Vorstandssprecher Hensmann damals zur Absetzung des Berichtes: „Es könnte der Eindruck entstehen, daß wir uns *den Weg für die Aktivitäten unserer Gesellschaft Alpha-Film freischießen* wollen. Ein solcher Eindruck wäre bei einer Veröffentlichung des von der STERN-Redaktion vorgesehenen Artikels unvermeidlich." (WELT 24.9.76)

Nach damals umlaufenden Gerüchten wollte Mohn sich unter Umständen bei der „Beta" einkaufen – es gab also ein doppeltes geschäftliches Interesse des Konzerns, den Artikel zu verhindern. Natürlich gab es heftigste Proteste: „Vorstandsvorsitzender Fischer hatte sich... bei seinem Veto auf ein sogenanntes ‚negatives Einzelanweisungsrecht' des Verlegers gegenüber der Redaktion berufen, das nach Ansicht des Redaktionsbeirates auf den geplanten Bericht über die „Beta"-Film nicht anwendbar sei, weil die Voraussetzungen – unter anderem ein Verstoß gegen Strafgesetze – nicht zuträfen. Vor der Redaktionskonferenz erklärte Bissinger, im Interesse der Unabhängigkeit der Redaktion sei es nicht zu verantworten, einen solchen Bericht nicht zu veröffentlichen" (SZ 22.9.76)

Der Artikel erschien dann in der Tat mit Verspätung, Reinhard Mohn aber gab rasch alle Pläne auf, in den Filmhandel einzusteigen. Er veröffentlichte sogar einen Brief an Beta-Chef Leo Kirch, der an Schärfe den STERN-Artikel stellenweise weit übertrifft, in dem aber ein Eingriffversuch zugegeben wird: „Aus den Publikationen im SPIEGEL und im STERN, die sich mit ihrem Hause befassen, konstruieren Sie dann einen Mißbrauch der Pressefreiheit und unterstellen mir, mit solchen Mitteln den Weg für eigene Aktivitäten frei machen zu wollen. Dazu ist festzustellen, daß *von meiner Seite noch niemals Einfluß auf Publikationen des SPIEGEL und nicht einmal des STERN genommen* worden ist. Ich selbst habe von den Publikationen im SPIEGEL erst durch die Lektüre der betreffenden Hefte erfahren.

Die Tatsache, daß der STERN einen Kirch-Artikel plante, war mir vorher nicht bekannt. *Ich habe dem Verlag Gruner und Jahr geraten, von der Publikation abzusehen, um nicht in falschen Verdacht zu geraten. Bedauerliche Indiskretionen machten solche Zurückhaltung dann gegenstandslos.*

Die Publizierung des Artikels wurde verknüpft mit dem Beschluß unsere eigenen Bemühungen, im Rahmen der Alpha-Film auf dem Gebiet des Filmhandels tätig zu werden, aufzugeben! Die Beschäftigung mit dem Thema Filmhandel mit den Rundfunkanstalten hat mir klar werden lassen, in welchem Umfang es Ihnen gelungen ist, eine quasi Monopolstellung aufzubauen. Ihre Machtstellung und Ihre Geschäftsmethoden lassen konkurrierende Bestrebungen aussichtslos erscheinen. Für die öffentlich-rechtlichen Rundfunkanstalten ist diese Situation ein Skandal". (afd 41/42/1976)

Soweit Reinhard Mohn, der hier die Tendenz des STERN-Artikels bestätigt, aber eben gleichzeitig unmißverständlich klar macht, daß aus seiner Geschäftssicht der Verlag den Artikel hätte nicht publizieren sollen und daß er in dieser Richtung auch agiert hat. Hatte hier also die *„Interessenlage des Gesamtunternehmens"* Vorrang zu haben? *Wann* ist bei Bertelsmann dann die „Interessenlage des Gesamtunternehmens" *nicht berührt?* Bei den weitgestreuten Interessen dieses Konzerns bleibt nur ein schmaler Raum zur Berichterstattung. Ein Mann jedenfalls, der nach Ansicht vieler Redakteure auf die strikte Trennung von Verlag und Redaktion achtete und deswegen geachtet wurde, der Leiter des Zeitschriftenbereichs, *Rolf Poppe*, verließ Anfang 1977 den Verlag. „Wegen unterschiedlicher Auffassungen über die langfristige Entwicklung des Verlages" — wie es offiziell hieß. Der *Betriebsrat*, der sich mit Mitteilungen in Sachen STERN relativ *zurückhaltend gegeben hatte*, wurde nach dem Weggang Poppes *sehr deutlich*:

„Es ist zu befürchten, daß sich durch die sogenannte ‚Harmonisierung des Vorstandes' langfristig entscheidende Veränderungen des Klimas bei Gruner und Jahr ergeben. Der Betriebsrat wird sich mit allen Mitteln dagegen wehren, falls nun bei Gruner und Jahr *der Übergang vom Verlag zum ausschließlich gewinnorientierten Unternehmen* eingeläutet werden soll. Der Betriebsrat begreift Gruner und Jahr immer noch als liberalen und progressiven Verlag, der nicht ausschließlich den Interessen der Gewinnmaximierung verpflichtet ist. Unter diesen Voraussetzungen kommt das Engagement der Mitarbeiter zustande, auf dem der wirtschaftliche Erfolg dieses Hauses basiert. Seit der Auseinandersetzung zwischen STERN-Redaktion und Verlagsleitung im letzten Jahr ist bekannt, daß *einflußreiche Gruppen des Hauses versuchen, den Redaktionskurs des STERN unter Kontrolle zu bringen, um so eine als mißliebig empfundene politische Haltung verändern zu können...* Die Redaktionen des Hauses Gruner und Jahr haben bisher in einem Klima der Liberalität gearbeitet. Jeder Versuch, der liberalen Grundhaltung des Verlages entgegenzuwirken, muß letztlich Arbeitsplätze gefährden." (br-aktuell Nr. 5 5/11.5.77)

Zu diesen Befürchtungen des Betriebsrates, die für ein solches Gremium ungewohnt deutlich formuliert sind und zeigen, wie das Innenleben im Verlag sein muß, kam im Jahr 1977 die Auseinandersetzung um neue Techniken, vor allem im Bereich der Satztechnik die durch Computereinsatz den alten Bleisatz überflüssig macht und bisherige Arbeitsplätze dazu. Es gab Betriebsversammlungen und — wie in anderen Betrieben auch — Streiks. *Henri Nannen*, der nicht nur *Chefredakteur* des Blattes STERN ist, sondern auch *zugleich Mitglied des Vorstandes* von Gruner + Jahr schrieb an 5 000 Mitarbeiter des Betriebes im Dezember einen Brief, der nach Meinung des VORWÄRTS (12.1.78) „einseitiger und plumper" auch nicht vom Arbeitgeberverband (hätte) geschrieben werden können". Der Betriebsrat antwortete Nannen umgehend. Aus diesem Briefwechsel geht hervor, wie es um das Betriebsklima bestellt ist, aber auch, welche Positionen der Chefredakteur des liberal-fortschrittlichen STERN bezieht. Einige wenige Zitate mögen das deutlich machen. Zunächst Brief Nannen:

„Ein guter Betriebsrat vertritt mit Nachdruck die Interessen derer, die ihn gewählt haben. Das sind nicht die Interessen des Unternehmers und nicht immer die Interessen der Gewerkschaft. Aber *es sind in jedem Fall die Interessen des Unternehmers*, von dem alle unsere Arbeitsplätze abhängen."

Antwort des Betriebsrates:

„Ein guter Betriebsrat vertritt *in jedem Fall die Interessen der Kollegen an der Rotation, der Satz- oder der Schreibmaschine*. Dabei bleiben wir, auch wenn Ihnen das nicht paßt."

Zum Schluß heißt es bei Nannen auf Seite sieben des Briefes:

„Der Brief ist lang geworden, zu lang. Aber manchmal platzt einem eben der Papierkragen. Ich hätte es auch mit einem einzigen Satz sagen können: *„Solidarität ist eine feine Sache, aber Solidarität beginnt im eigenen Haus"*.

Antwort des Betriebsrates:
„Dieser Brief ist – mit Ihren Worten – zu lang geworden. Aber manchmal
platzt einem eben der Druck- und Papierkragen. Auch wir hätten es kürzer sagen
können: *„Solidarität ist eine feine Sache. Sie haben 29 Jahre von der Solidarität
anderer gelebt. Und das war gut so und wird hoffentlich so bleiben. Seien Sie
einfach mal solidarisch – im eigenen Haus".*
Solidarität zum Haus, also zum Verlag? Oder zu den Kollegen, also zur Redaktion? Kaum waren die Briefe geschrieben und betriebsintern und -extern bekannt
geworden, sollte sich zeigen, wo Solidarität wie geübt wird.

Der Bissinger-Konflikt 3. Teil

In der Vorweihnachtswoche 1977 erschien im STERN ein Artikel über Steuer-
flüchtlinge und Auslandskapitalanleger unter dem Titel *„und morgen die ganze
Welt".* Der Artikel, über dessen Wert und Einzelheiten wir hier nicht befinden
müssen, nannte auch Namen, auch die Namen von Richard Gruner, dem früheren
Verlagsteilhaber, dessen Name immer noch im Firmennamen Gruner + Jahr
enthalten ist, und Reinhard Mohn, dem Konzernchef.
    Der Artikel erschien in der Abwesenheit Nannens unter der letztlichen Ver-
antwortung von Manfred Bissinger. Sofort nach Erscheinen des Artikels gab es
Anrufe und Briefe bei Verlag und Redaktion. Interessant sind die Absender der
Briefe: Richard Gruner, ehemaliger Teilhaber und Betroffener, John Jahr, 25,1 %-
Teilhaber, und Reinhard Mohn.
    Richard Gruner schrieb an Henri Nannen und verlangte seinen Namen aus dem
Firmennamen zu streichen: „Die Vorstellung, mit dieser Art Presse auch nur
versehentlich identifiziert zu werden, ist mir unerträglich." (Spiegel 1/78)
    John Jahr zu dem Artikel in einem Brief an Nannen: „Als ich vor einiger Zeit
von Ihrer *Rede* anläßlich der Betriebsversammlung hörte, *die auch unsere unternehmerischen Interessen wahrnahm,* und jetzt die *Kopie Ihres eindrucksvollen
Briefes* an die Mitarbeiter erhielt, hoffte ich, daß es doch zu der von Herrn Mohn
so sehr gewünschten und erstrebten Kooperation in der Erreichung gemeinsamer
Ziele kommen würde. Aber die letzten Ausgaben des STERN haben mich wieder
sehr schockiert... Was sich die STERN-Redaktion... unter der Überschrift
„... und morgen die ganze Welt" erlaubt hat, ist *infam, niederträchtig und er-
logen.* ... Ich finde es charakterlos, *einen Mann, der bei uns Partner und Ihnen
weit über zehn Jahre hinaus in enger Freundschaft verbunden war,* in unseren
eigenen Blättern mit nachweisbar unwahren Behautpungen anzugreifen... Wenn
Sie, was ich fast vermute, die „stern"-Redaktion nicht mehr in Ihrem Sinne steuern können, sollten Sie sich auf die Herausgeber-Position zurückziehen... Dieser
Beitrag nimmt mir die Hoffnung, daß Sie noch zu einer *Kooperation, die auch
die Interessen des Verlages berücksichtigt,* fähig sind." (FR 4.1.78)
    Und bei *Reinhard Mohn* hieß es: „Anläßlich unserer letzten Begegnung... haben
wir uns kurz über die letzte Titel-Story... unterhalten. Ich mußte den Artikel
„Deutsche Chefs-Ferkel im Betrieb?" als *jämmerlich primitiv* charakterisieren.

Sie konnten dem nicht widersprechen. Auf meine Frage... erklärten Sie sich selbst für zuständig. Formal war das richtig. Ich vermute aber, daß in Abwesenheit von Herrn Gillhausen und Herrn Winter *real die Dinge anders gelegen haben*... Die heutige Ausgabe des STERN... verblüfft mich. *Die Primitivität setzt sich fort*. In dieser naiven und unterschwellig demagogischen Art sollten Themen... im STERN besser nicht abgehandelt werden. ...In seiner Schlichtheit *und in seiner Tendenz* muß ich die Publizierung eines solchen Artikels bedauern... Es ist mir bekannt, daß dieser Artikel zu einer Zeit ins Blatt gesetzt wurde, da Sie selbst schon verreist waren. Meines Erachtens *stellt sich hier zum wiederholten Male die Frage nach der Qualifikation der Stellvertretung*. Wir haben im Jahre 1977 gelernt, unsere Auffassungen in einem kollegialen Gespräch und im Interesse unserer gemeinsamen Arbeit *eine einheitliche Auffassung* zu erarbeiten. Diese Entwicklung habe ich außerordentlich begrüßt. Ich bin überzeugt, daß wir da auf dem richtigen Wege sind..." (FR 4.1.78)

Die Frage nach der „Qualifikation der Stellvertretung" könnte nur den verantwortlichen Manfred Bissinger meinen. – *Bissinger wurde von Henri Nannen beurlaubt*, wobei Nannen immer wieder sagte, daß er nicht auf Druck oder Geheiß Mohns gehandelt habe, sondern weil der Artikel, um den sich alles dreht, schlampig recherchiert gewesen sei, weil diese schlampige Recherche gegen das STERN-Statut verstoße und vor allem, weil sich Bissinger, mit dem man gerade einen neuen Zweijahresvertrag bis Ende 1979 abgeschlossen hatte, weigerte, von dem Artikel abzurücken.

In der „Affensteige", so wird das Redaktionshaus an der Alster genannt, gab es helle Aufregung. Vor allem versuchte man zu ergründen, was die von Mohn erwähnte „einheitliche Auffassung" bedeutete. In der Zeitschrift ‚Konkret' wurde von einem Treffen zwischen Reinhard Mohn, Verlagschef Fischer und Henri Nannen auf *Mallorca* berichtet, bei dem Mohn Nannen bedrängt haben soll, Bissinger gehen zu lassen. Nannen widersetzte sich – so geht aus dem KONKRET-Bericht (2/78) hervor. Unter dem Versprechen, daß keine „system-feindlichen" Berichte ins Heft kommen würden, wurde schließlich der Bissinger-Vertragsverlängerung zugestimmt. Durch die Artikel aber – so die Zeitschrift KONKRET – ist für Mohn der „Fall klar": „Nannens Schwüre von Mallorca haben nichts gebracht".

Nannen selbst schildert offenbar dem Redaktionsbeirat das „Abkommen von Mallorca" – nun ist offensichtlich, daß der Verlag bzw. der Konzern massiv intervenieren. Und selbst, wenn es diese Hintergrundinformationen nicht gegeben hätte, die *Anwesenheit des Bertelsmannchefs in Hamburg* während der weihnachtlichen Auseinandersetzungen, gab beredtes Zeugnis vom Verlagseinfluß. Mohn redet mit dem Redaktionsbeirat, Nannen redet mit dem Redaktionsbeirat, Gespräche, Konferenzen und Versammlungen jagen sich. Aber an der Beurlaubung wird nicht gerüttelt. Seitenlange Hausmitteilungsbriefe werden geschrieben, sie zu zitieren wäre allein schon interessant, würde aber zuviel Detail-Vor-Informationen voraussetzen.

Es gab und gibt Streit, ob die Beurlaubung nicht das Statut verletzt habe, da der Beirat erst im Nachhinein informiert und trotz einstimmigen Widerspruchs des Beirats die Beurlaubung nicht aufgehoben wurde. Durch einen Richterspruch soll die Verbindlichkeit des Statuts geklärt werden. Der Redaktionsbeirat argumentiert so: „Das *Statut ist die Waffe der wirtschaftlich schwächeren* Redakteure gegenüber den wirtschaftlich mächtigeren Verlegern. . . Es sollte den Gefahren, die aus der Pressekonzentration erwachsen, durch eine Begrenzung der Verlegermacht begegnen. . .

Wäre das Statut ein Vertrag zwischen gleichberechtigten Partnern − nur dann hätte Herr Mohn Recht mit seinem Verlangen, über Inhalt und Wert des Statuts, und damit der STERN-Arbeit, müsse zwischen ihm und der Redaktion ein Konsens bestehen. Das Statut soll ja gerade eine Waffe in der Hand der Redaktion sein, wenn dieser Konsens nicht besteht." (Red-Beirat 5.1.78)

Das Statut hat sich als wenig wirksame Waffe erwiesen und auch das Vertrauen der Redaktion in Henri Nannens Führungskraft ist stark geschwächt, denn in einer Resolution der Redaktionsversammlung heißt es: „Die Chefredaktion wird aufgefordert alles zu tun, um das Vertrauensverhältnis zur Redaktion wiederherzustellen." (RV 5.1.78)

Hatte Manfred Bissinger noch unter anderem zu seiner Verteidigung gesagt, daß der große Unterschied zwischen dem Gruner + Jahr Verlag und dem Springer-Verlag sei, daß „bei uns frei entschieden wird, was wir drucken. Niemand muß bedenken, was würde Axel dazu sagen − und es dann doppelt so schlimm machen, wie Springer es wünscht" (ZEIT 29.12.77) so formulierte sein Reporterkollege Heinrich Jaenicke nach all den Vorgängen im STERN-Haus an der Alster: „Mohn wird nach diesem Triumph keine großen Hemmungen mehr haben, in Gütersloh das Telefon zu nehmen und − sehr konziliant und leise natürlich − ein unangenehmes Bild, einen zu scharfen Witz, einen Bericht über irgendeine Belanglosigkeit, die ihm zuwider ist, zu monieren. Kurz: Der Verleger ist seit dem 22. Dezember 1977 in Hamburg präsent" (SZ 7.1.78).

Neben kurzen, knappen Kommentaren wie: „Weihnachten 1977 ist Nannen vor seinen Brötchengebern in die Knie gegangen" (Welt der Arbeit 19.1.78) oder: „Jetzt hat Westeuropas größter Verleger, Reinhard Mohn. . ., dem STERN das Kreuz gebrochen" (Konkret 2/78) gab es Proteste, Kommentare, Grundsatzerklärungen. Der wichtigste Protest kam von hunderten von Schriftstellern und Publizisten:

„Je mehr Bücher, Zeitungen und Zeitschriften in großen multinationalen Mischkonzernen erscheinen, um so größer ist die Gefahr, daß immer größere Wirklichkeitsbereiche aus der Berichterstattung allein deshalb ausgeklammert werden, weil *die Interessen der Miteigentümer immer rascher tangiert* werden können. Der Trend zu solchen Informationskartellen höhlt Artikel 5 des Grundgesetzes aus" (FR 27.12.77)

Inzwischen hat Manfred Bissinger den STERN verlassen, mit einer Abfindung, die seiner Stellung entsprach, doch Ruhe ist im STERN-Haus noch nicht eingekehrt. Da muß das STERN-Statut durch ein Gerichtsverfahren bewertet werden, da befürchten Redakteure, die sich in der Bissinger-Affäre engagiert haben, daß auch sie − langfristig gesehen − in die Schußlinie kommen und − auch das ist jetzt schon absehbar, ein neuer Chefredakteur wird ebenfalls in absehbarer Zeit gefunden sein müssen.

Die Zukunft des STERN

„Haben die Verleger des STERN keinen, aber auch gar keinen Einfluß auf die Zeitungen, die sie heraugeben"?
Fragte Hans Habe 1975 im Bayernkurier. Seine Frage dürfte 1978 in seinem Sinne beantwortet sein.

„Die Interessenlage des Gesamtunternehmens ist überzuordnen" heißt es in den Leitsätzen für die Führung des Bertelsmann-Konzerns. Und in der Unternehmensverfassung heißt es: „Seinen Mitarbeitern räumt der Verlag das *in einem Unternehmen mögliche Höchstmaß* an individueller Freiheit der Gestaltung ihrer Arbeit ein".

Dieses „Höchstmaß" wurde im Falle Bissingers aus der Sicht derer, die die „Interessenlage des Gesamtunternehmens" zu bestimmen haben, offensichtlich überschritten. Unter Bissingers Einfluß wurde das Blatt

„politischer, war immer öfter dem SPIEGEL eine kritische Qualität voraus, aggressiver, frecher und witziger als die Konkurrenz. Es wurde selbstverständlich, daß, wenn überhaupt ein Massenblatt, dann der STERN Reportagen von Wallraff, Kritik an Säulen der Gesellschaft (wie den Ärzten, den ‚Beutelschneidern' und ihren Standeshierarchen), Proteste gegen den Abbau demokratischer Rechte und Berufsverbote druckte" (Konkret 2/78).

Tendenzwende beim STERN? Der Rausschmiß Bissingers dürfte das erste weithin sichtbare Signal dafür gewesen sein, daß „die Verleger des STERN" durchaus „einen Einfluß auf die Zeitungen haben, die sie herausgeben". Aber: wie sagte das Statut für die Redaktionsmitarbeiter des STERN?:

„Der STERN ist eine politisch engagierte, von Parteien, Wirtschaftsverbänden und anderen Interessengruppen unabhängige Zeitschrift, die ihre Leser informieren und unterhalten will. . . Die Redaktion des STERN verpflichtet sich. . . *unter Wahrung ihres journalistischen Auftrages* ihrer Verantwortung gegenüber dem Unternehmen und seinen Mitarbeitern gerecht zu werden."

Bleibt die Frage, ob die „Interessenlage des Gesamtunternehmens" die „Wahrung des journalistischen Auftrags" überhaupt zuläßt: Am 15. November 1978 kündigte der Vorstand von Gruner + Jahr das Redaktionsstatut zum 31.12.1979 und bot zugleich Neuverhandlungen an. Begründung: Der Prozeß um die Auslegung des Redaktionsstatuts werde zu lang dauern, zudem: sollte das Gericht dem Beirat recht geben – mit einem solchen Statut könne man nicht leben. Wenn der Chefredakteur keine personellen Entscheidungen mehr treffen könne, bedeute das die völlige Paralysierung seiner Arbeit. Der Redaktionsbeirat sieht in der Kündigung des Statuts den Schlußpunkt seiner Entwicklung, ein neues Statut könne nur schlechter sein. . .

Dieter Brumm

Sturmgeschütz der Demokratie?
„Der Spiegel"

● „Man kann heute keine Aufklärung im philosophisch-historischen Sinn mehr treiben, denn das setzt doch den Glauben an die menschliche Vernunft voraus. Es setzt die Annahme voraus, daß der Mensch erzogen, veredelt werden kann, daß sich unter günstigen Umständen großartige Gemeinwesen entwickeln würden. Das alles glauben wir doch heute nicht mehr. Unser politisch-existentielles System zwingt uns aber, diesen Glauben dennoch zu haben. Wir sind also in einer gebrochenen Lage. Wir müssen uns politisch für etwas einsetzen, an das wir philosophisch nicht mehr glauben."

● „Man will ja nicht nur Kassandra sein und das Unglück prophezeien. Natürlich ist der Journalist a priori in so düsteren Zeitläufen, die wir nun einmal heute haben − vielleicht waren sie ja früher nicht weniger düster −, sicher immer auch ein Warner, wenn er seine Funktion richtig auffaßt. Aber darüber hinaus wird er doch auch versuchen, den Lauf der Dinge nicht nur durch Warnungen zu beeinflussen, sondern auch durch gewisse Muster, die er mitwebt."

● „Wenn Einfluß auf die Geister Macht ist, dann hat der Journalist auch Macht. Man mag die Macht für begrenzt halten. Ich halte sie, wie gesagt, für ziemlich begrenzt. Aber zweifellos übt auch der Journalist Macht aus. Und das will er."

● „Wenn Sie auf die Elite Einfluß haben, so werden Sie immer wieder feststellen, daß Sie dann auch in die Massen einsickern, wenn auch vielleicht indirekt. Die indirekte Wirkung eines Journalisten, wenn er ein guter Journalist ist, ist sehr groß, weil viele die Stichworte aufnehmen, die er gibt, und sie weitertragen."

Der dies sagte − einmal in einem Interview mit der „Rheinischen Post", das andere Mal im Dialog mit dem Publizisten Klaus Harpprecht − ist Rudolf Augstein, Herausgeber und Mitbesitzer der Zeitschrift „Der Spiegel". Seit der Gründung dieses Blattes vor 32 Jahren gibt es keine wichtige redaktionspolitische oder verlegerische Entscheidung, die ohne oder gar gegen ihn getroffen worden wäre. Als Journalist hat er außerdem in zahllosen Kommentaren den „Spiegel" zu seinem Sprachrohr gemacht und auch auf die redaktionelle Arbeit Einfluß genommen. Deshalb kann die Beschreibung der Konzeption, der faktischen Rolle und der Arbeitsweise des „Spiegel" nicht auf die Darstellung der Position und Politik Augsteins verzichten. Das unterscheidet den „Spiegel" von allen anderen großen Zeitschriften und Zeitungen in der Bundesrepublik − vielleicht mit Ausnahme des „STERN". Aber seit der STERN vom Bertelsmann-Konzern beherrscht wird, ist der Einfluß seines Chefredakteurs und Minderheitsteilhabers Henri Nannen erkennbar zurückgegangen.

Rudolf Augstein − das haben die wenigen Zitate gezeigt − scheint ein Skeptiker zu sein. Er glaubt im Grunde nicht an die menschliche Vernunft, genauer: er bezweifelt, daß es gelingen kann, den Menschen langfristig zu erziehen, zu „veredeln". Gleichwohl meint er, wir müßten uns politisch für solche Ziele einsetzen – weil „unser politisch-existentielles System" dazu zwinge. Was auch immer das nun konkret sein mag – Augstein möchte dieses System „beeinflussen", möchte „Macht ausüben", obgleich er nicht sagt, warum und in welche Richtung. Hier spricht er nur davon, wie er sich das vorstellt: nämlich durch Einfluß auf die „Elite".

Faßt man das zusammen, dann erscheint Rudolf Augstein eher als jemand, der sich in der Rolle des Skeptikers verbirgt, um sich nicht auf einen präzisen Inhalt oder auf eine Zielprojektion festlegen lassen zu müssen. Die Gesellschaft, oder – wie er sagt – „das Gemeinwesen", kann nach seiner Auffassung auch unter günstigen Umständen nicht optimal entwickelt werden – daraus könnte man schließen, daß sich der Autor mit dem gegenwärtigen Zustand dieser Gesellschaft abgefunden hat. Und daß es ihm allenfalls darum gehen mag, diesen Zustand so zu verändern, daß es sich darin für ihn zu leben lohnt.

Aber manches spricht auch gegen eine solche Deutung. Zeitweise (und vorwiegend in den Jahren vor dem Bonner Machtwechsel von 1969) hat Augstein mit dem „Spiegel" die Regierungspolitik bekämpft und diese Zeitschrift selbst als ein „Sturmgeschütz der Demokratie" bezeichnet. Um die Jahreswende von 1962 auf 1963 hatte er als verantwortlicher Herausgeber wegen einer kritischen Titelgeschichte sogar in Untersuchungshaft gesessen – zu Unrecht, wie sich bald herausstellte. Freilich – sein Eintreten für die Demokratie stieß immer dort an Grenzen, wo sie ihm zu plebiszitär schien. Das einfache Volk ist nicht sein Gesprächspartner; wo es also nur um das Informationsbedürfnis von Lesern geht, deren Bildung zu wünschen übrig läßt, reagiert Augstein nicht selten mit herablassendem Zynismus – so zum Beispiel bei der Beschreibung seiner eigenen Redaktion:

„Die „Spiegel"-Redakteure betrachten sich selbst als Durchschnittsleser. . . das bedeutet, daß „Spiegel"-Redakteure nicht allzu klug sein dürfen."

Zum Kontrast dieser Aussage sei angemerkt, daß damals etwa die Hälfte der „Spiegel"-Journalisten studiert hatte – wenn auch nicht alle ihr Hochschulstudium abschließen konnten. Aber auch wenn Augstein mit scheinbarer Selbstironie die Rolle des Zeitschriften- oder Zeitungsverlegers erläutert, wird dieser Zynismus sichtbar:

„Das kapitalistische Pressesystem beruht auf dem unveräußerlichen Grundrecht jedes Kaufmanns, dumme Käufer aufzusuchen und noch dümmer zu machen."

Muß man solche Bemerkungen überhaupt ernst nehmen? Hat Augstein hier nicht – vielleicht ein wenig leichtfertig – mit kessen Formulierungen hantiert? Auch wenn diese Fragen berechtigt sind – Rudolf Augstein hat solche Sätze immerhin drucken lassen. Noch in ihrer Überspitzung signalisieren sie das gebrochene Verhältnis des „Spiegel"-Herausgebers zur gesellschaftlichen Wirklichkeit: Dumme Käufer können eben nicht klüger gemacht werden, wo die Realität als unveränderbare erscheint. Daß eine derartige Philosophie Folgen für die Konzeption des „Spiegel" hatte, ist nicht weiter erstaunlich – so wenig wie die Tatsache, daß diese Konzeption noch heute umstritten ist, und zwar trotz ihres unbestreitbaren Erfolgs. Hans Magnus Enzensberger zitierte in seinem vor mehr als 20 Jahren veröffentlichten Essay über „Die Sprache des ‚Spiegel' ", eine Reihe von gegensätzlichen Stimmen.

„Ein kommunistischer Parteifunktionär namens Neumann hat die Vermutung geäußert, der „Spiegel" sei ‚ein Organ des britischen Geheimdienstes'. Von katholischer Seite wurde die Frage gestellt, ‚in wessen Auftrag. . . der „Spiegel" den Christenglauben' bekämpfe. Gewerkschaftliche Kreise halten die Zeitung für ein Instrument von kapitalkräftigen Unternehmern; bei der Industrie gilt sie als ‚links'."

Obwohl schon Enzensberger diese Urteile zitierte, weil er sie für verfehlt hielt, kann man ihnen noch heute in mannigfachen Variationen begegnen. Als Bestandteil politischer Auseinandersetzungen geben sie allerdings eher Einblick in die Position der Kritiker als in die der kritisierten Zeitschrift. Das heißt aber nicht, daß solche Kritik als überflüssig zu gelten hätte; zuweilen werden da auch ganz konkret Versäumnisse oder Manipulationen bei der Berichterstattung des „Spiegel" aufgegriffen. Einigermaßen drastisch erklärte Bundeskanzler Helmut Schmidt vor der SPD-Fraktion noch im Februar 1979:

„Aus der Tatsache, daß man nicht jeden Dreck dementiert, muß nicht geschlossen werden, daß jeder Bericht die Wahrheit wiedergibt. Sonst müßten wir jeden Montag allein wegen eines Wochenmagazins mehrere Berichtigungen herausgeben, und wegen des „Vorwärts" auch eine und ein paar andere auch noch."

Gewichtiger ist die Kritik in den zahlreichen mehr oder weniger wissenschaftlichen Analysen, die im Laufe der Jahre über den „Spiegel" publiziert worden sind. Keine andere bundesdeutsche Zeitschrift ist so häufig wie diese zum Thema von Buchveröffentlichungen gemacht worden; sogar über die Sprache des „Spiegels" liegen inzwischen mehrere Untersuchungen vor. Und erst 1977 erschien als Band 3 der Karl-Kraus-Studie über Literatur und Presse (im Münchner Wilhelm Fink Verlag) die umfangreiche Inhaltsanalyse einer einzigen Nummer des Magazins. Einer der sechs Autoren dieses Buches, Helmut Arntzen, kommt zu dem Schluß, daß der „Spiegel" die vorgefundene Wirklichkeit bloß „zum gleichgültigen Material seiner Fähigkeit macht, scheinbar kritisch, und das heißt hier ironisch zu sprechen". Ähnlich hatte auch Enzensberger in seinem schon erwähnten Essay geurteilt:

„Vom Urchristentum bis zum Rock and Roll, von der Poesie bis zum Kartellgesetz, vom Rauschgiftkrawall bis zur minoischen Kunst wird alles über einen Leisten geschlagen. Der allgegenwärtige Jargon überzieht das, vorüber er spricht, also alles und jedes, mit seinem groben Netz: die Welt wird zum Häftling der Masche."

Enzensberger fand den Erfolg der Zeitschrift vor allem darin begründet, daß es ihr gelungen ist, sich eine eigentümliche Sprache zu schaffen: „die Zeitschrift produziert den ‚Spiegel'-Leser als ihre eigene Existenzgrundlage". Ein anderer Autor, der frühere „Spiegel"-Redakteur Bodo Zeuner, sieht da eher eine erfolgreiche Marketing-Strategie zum Ziel kommen. In seinem vor sieben Jahren (bei Hoffmann und Campe) erschienenen Buch „Veto gegen Augstein" stellt er fest, daß der „Spiegel" eine „einzigartige Stellung bei wichtigen Zielgruppen der Werbung" hat: er erreicht nämlich „mehr Leser mit Abitur als jede andere Zeitung oder Zeitschrift und mehr als die drei überregionalen Tageszeitungen „Frankfurter Allgemeine Zeitung", „Süddeutsche Zeitung"und „Die Welt" zusammen". Zeuner weist auf die Konsequenzen hin:

„Der ‚Spiegel' braucht nicht nur Anzeigen, die Hersteller von Gütern des gehobenen Konsums brauchen auch den ‚Spiegel', denn nirgends finden sie ein Publikum dieser Güteklasse, nirgends können sie mit weniger ‚Streuverlusten' inserieren."

Hans Detlev Becker, der Verlagsdirektor des „Spiegel", hat diese Orientierung an Zielgruppen mit dem schönen Satz bestätigt: „Wir machen keinen ‚Spiegel' für Straßenbahnschaffner". Zweifellos hat die Absicht, bestimmte lukrative Leserkreise zu erreichen, Konsequenzen für den Inhalt des Magazins gehabt; Und ob die besondere Sprache dieser Zeitschrift die Voraussetzung für die Gewinnung solcher Leserkreise war, oder ob das die kalkulierte inhaltliche Anpassung leistete, wird ebenfalls zu fragen sein. Unbestritten übt diese „Bildzeitung für den gehobenen Bedarf", wie Enzensberger den „Spiegel" ein wenig plakativ charakterisierte, jedenfalls eine gewisse publizistische Macht in der Bundesrepublik aus – auch wenn diese Macht im Laufe der letzten Jahre eher abgenommen hat. Erstaunlicherweise hat darunter der ökonomische Erfolg des Blattes nicht gelitten – die Vermutung ist erlaubt, daß da ein Zusammenhang besteht. Sollte die geschickte Anpassung – mal an eine als unumgänglich erkannte Opposition zum Bestehenden, mal auch wieder an die traditionellen Strukturen einer überkommenen Gesellschaft – zum Erfolgsrezept geworden sein?

Der ökonomische Faktor

Der „Spiegel" mit dem selbstgewählten Untertitel „Das deutsche Nachrichtenmagazin" wird in einer durchschnittlichen Auflage von knapp 1,1 Millionen Exemplaren gedruckt. Im Jahresdurchschnitt 1978 wurden davon wöchentlich 941 500 Exemplare verkauft – ziemlich genau ein Drittel im Abonnement und in Lesezirkeln und zwei Drittel im Einzelverkauf. Die Auflage hat sich in den letzten zehn Jahren nur unwesentlich erhöht und stagniert praktisch seit 1972 mit geringen Schwankungen. Allerdings hat sich der Umfang der Hefte in dieser Zeit um mehr als 40 % auf durchschnittlich 230 Seiten erhöht. Und im Gegensatz zur bisherigen Geschichte des Blattes wurden 1976 zum erstenmal mehr Seiten mit Anzeigen als mit redaktionellen Beiträgen gefüllt.

Bis sie 1972 auf 1 062 000 eingependelt war, hatte sich die Auflage des Magazins praktisch alle fünf Jahre verdoppelt: von 28 500 Exemplaren der ersten Ausgabe 1947 einmal abgesehen. Denn schon damals hätten mehr „Spiegel"-Nummern verkauft werden können, wenn nur genug Papier vorhanden gewesen wäre; 1952 wurden bereits 134 000 Exemplare gedruckt. Warum sich diese Auflagenbewegung seit 1972 nicht fortgesetzt hat, kann nur vermutet werden. Auffällig ist jedenfalls, daß die Stagnation der Auflage mit dem Beginn der Regierungszeit der sozialliberalen Koalition einsetzte – als ob das Bedürfnis der Leserschaft nach einem regierungskritischen Magazin zu diesem Zeitpunkt abgenommen hätte. Tatsächlich war der „Spiegel" 1972 unter seinem damaligen Chefredakteur Günter Gaus mit sogenannten „Wahl-Spezial"-Nummern massiv zugunsten der Sozialliberalen ins Feld gezogen.

Möglich ist allerdings auch, daß mit der knappen Million Exemplaren wöchentlich ein Sättigungsgrad für diese Art Zeitschrift in der Bundesrepublik erreicht worden ist.

Die Stagnation der Auflage hat den kommerziellen Erfolg kaum beeinträchtigt. Der „Spiegel"-Verlag konnte es sich leisten, seine Anzeigenpreise ständig zu erhöhen; sie haben sich seit 1965 verdoppelt. Heute kostet eine farbige Anzeigenseite in diesem Magazin 50 730,– DM und für eine Schwarz-Weiß-Seite müssen 26 700,– DM bezahlt werden. Aber auch der Verkaufspreis des „Spiegel" wurde in diesem Zeitraum verdoppelt – auf drei DM mittlerweile. Dabei hatte die Zeitschrift ihren Gründungspreis von einer Mark bis 1964 – also mehr als 17 Jahre lang – gehalten. Daß die Erhöhung des Verkaufspreises nicht etwa deshalb notwendig war, um den Verlag aus den roten Zahlen herauszuhalten, beweist die Anhebung des Preises von 1,50 DM auf 1,80 DM im September 1971. Im vorangegangenen Jahr 1970 hatte der Umsatz 160 Millionen DM und der Bruttogewinn des Unternehmens erheblich mehr als 20 Millionen DM betragen – eine Traumrendite, wenn man das mit anderen Firmen vergleicht. Man kann also eher davon ausgehen, daß diese Preiserhöhungen das Absinken des Gewinns unter den gewohnten hohen Standard verhindern sollen. Der „Spiegel" veröffentlicht ebensowenig wie die anderen Presseunternehmen in der Bundesrepublik eine Bilanz; nach allen Informationen, die zur Verfügung stehen, hat sich aber an der überaus günstigen Ertragslage des Unternehmens nichts geändert.

Umso erstaunlicher bleibt, daß der „Spiegel"-Verlag dies Geld bis heute kaum angelegt hat. Die 500 Tonnen Papier, die jede Woche notwendig sind, werden in zwei Druckhäusern des Axel Springer Verlags bedruckt, der „Spiegel" hat von Anfang an auf eine eigene Druckerei verzichtet. Sogar das Verlags- und Redaktionsgebäude an der Hamburger Brandstwiete, unmittelbar vor der Zollgrenze des Freihafens gelegen, ist nur gemietet. Es scheint so, daß Rudolf Augstein seinen erheblichen Anteil am Gewinn dem Privatvermögen einverleibt hat. Denn seine Versuche, neue Zeitungen oder Zeitschriften zu finanzieren, blieben in Ansätzen stecken; die einzige Ausnahme in dieser Reihe, das 1971 aus den USA importierte „Manager-Magazin", hat sich inzwischen zu einem gewinnträchtigen Verlagsbestandteil entwickelt.

Rudolf Augsteins Goldgrube funktioniert nicht zuletzt deshalb so gut, weil sie keine Konkurrenz zu fürchten hat. Der Herausgeber, sein Verlagsdirektor und die Chefredaktion wachen über die gleichbleibende Qualität des Produkts – und das heißt vor allem über die Einhaltung der richtigen Zielgruppen-Strategie. Sie werden dabei von einer ausgeklügelten Redaktionshierarchie unterstützt, die dafür sorgt, daß keine falschen Töne diese Zielgruppe verunsichern. Der Beitrag jedes Redakteurs durchläuft in der Regel mehrere Instanzen und bleibt so gut wie nie unredigiert; nicht selten werden solche Beiträge sogar ein paarmal umgeschrieben, bevor sie dann in Druck gehen. Aber diese Redaktion erlaubt sich auch den Luxus, erheblich mehr Artikel zu produzieren, als veröffentlicht werden können. Der redaktionelle Umfang jedes Heftes wird ohnehin von den Anzeigenseiten bestimmt und nicht von den vorhandenen Beiträgen. Solange die zuweilen delikate Balance zwischen der ausgewogenen Berücksichtigung kommerzieller Verlagsinteressen und den redaktionellen Bedürfnissen gelingt, kann dieses Unternehmen offenbar gar nicht schief gehen.

Dazu gehört freilich auch, daß das „Spiegel"-Management nichts dem Zufall überlassen hat. Um die Abhängigkeit von fremden Quellen möglichst gering zu halten, wurde ein Dokumentationszentrum aufgebaut, das nach Verlagseinschätzung heute bereits „als das größte Pressearchiv Europas" gilt. Etwa 13 Millionen Dokumente – nur ein Bruchteil davon auf Mikrofilmen – und eine Million Fotos oder andere Bilder sind da eingelagert; der weitaus überwiegende Teil dieses Archivs besteht aus Zeitungsausschnitten. Wenn die Redaktion so auch auf die Benutzung fremder Dokumentationen weitgehend verzichten kann, hat sich ihre Abhängigkeit von fremden Quellen doch nur verschoben: es bleibt eine Schwachstelle dieses Archivs, daß es in der Regel nur dazu in der Lage ist, Fakten anhand früher erschienener Zeitungsberichte zu überprüfen. Der Aufwand, mit dem das geschieht, ist allerdings beträchtlich. Gegenwärtig arbeiten 57 Dokumentationsjournalisten und weitere 44 Mitarbeiterinnen und Miatarbeiter – also insgesamt 101 geschulte Kräfte – an diesem Monument archivalischen Fleißes. Kein bundesdeutsches Presseunternehmen leistet sich eine im Verhältnis zur Redaktion derart üppig ausgestattete Dokumentationsabteilung; keine Zeitung oder Zeitschrift hierzulande unterzieht ihre Berichte aber auch so wie der „Spiegel" Wort für Wort einer hauseigenen Fakten-Kontrolle. Das ist – neben der Informationsbeschaffung – die Hauptaufgabe dieses Archivs: nach Möglichkeit soll jede Kritik abgesichert, soll Betroffenen wie Lesern der Eindruck vermittelt werden, daß der „Spiegel" eine unangreifbare Instanz darstellt.

Opulent ist auch die Redaktion des Nachrichtenmagazins ausgestattet. Eine ähnliche Zahl von Journalisten findet sich in der deutschen Presselandschaft allenfalls beim „STERN", aber diese Illustrierte hat eine doppelt so hohe Auflage. Die fest angestellten 202 „Spiegel"-Journalisten zählen zu den bestbezahlten der Branche und sind überdies auch noch mit der goldenen Kette eines schwer durchschaubaren Beteiligungsmodells an das Unternehmen gebunden. Die meisten von ihnen hat der Verlag bei anderen Blättern abgeworben; sie wurden dann in die besondere Produktionsweise des Magazins eingearbeitet. Den Versuch einer eigenen Journalisten-Ausbildung hat der „Spiegel" dagegen nie gemacht.

Die scheinbare Unabhängigkeit der Redaktion von Inserenten oder anderen Verlagsinteressen wurde schon frühzeitig zu einer Art „Spiegel"-Mythos stilisiert; so nannte ihn die französische Zeitung „Le Monde" in den 50er Jahren das „Blatt des militanten Nonkonformismus". Aber diese Einschätzung hält keiner genaueren Überprüfung stand. Mindestens bis zur Großen Koalition von 1966 ließ die redaktionelle Linie kaum Zweifel an der dominierenden Marktwirtschaft zu; sozialistische oder gar kommunistische Konzepte und die Politik der Gewerkschaften wurden allenfalls ironisch gewürdigt. Ein unverdächtiger Zeuge, der ehemalige „Spiegel"-Redakteur Günter Gaus, schrieb 1970 im Rückblick auf diese Zeit:

„Was ist das für ein Blatt gewesen, in den Perioden, an die wir schwärmerisch denken. Augstein formulierte brillant, aber wir dämmerten dahin wie die ganze Gesellschaft."

Und der „Spiegel"-Kritiker Bodo Zeuner notierte in seinem schon erwähnten Buch „Veto gegen Augstein", daß „der ‚Spiegel' nur deshalb den Schein der Unabhängigkeit von Kapitalinteressen wahren konnte, weil er diese Interessen – jedenfalls bis 1969 – nicht verletzte." Unabhängigkeit – das war in den Augen der Redaktionsleitung offenbar lange Zeit identisch mit Positionslosigkeit. Es gehörte für sie zu den Kennzeichen der fortgeschrittenen Industriegesellschaft, daß Ideologien gleich welcher Richtung überholt seien und daß die gesellschaftliche Entwicklung am besten von Experten und Technokraten gesteuert werde. Das naive Dogma vom Ende aller Ideologien selbst wieder als ideologische Position zu durchschauen, war ihnen nicht gegeben. Claus Jacobi, von 1961 bis 1968 einer der beiden Chefredakteure des Blattes, hat das einmal in frappierender Schlichtheit ausgedrückt:

„Es gibt für mich keinen wichtigeren politischen Auftrag, als den deutschen Wählern zu sagen, was ist. Hier liegt die Stärke des ‚Spiegel' und zugleich der Schlüssel zu seinem Erfolg. Der ‚Spiegel' war früher in weiten Passagen ein polemisches Blatt mit negativen Akzenten. Seit Herr Engel und ich im Frühjahr 1961 die Chefredaktion übernahm, hat er sich zu einem echten Nachrichtenmagazin entwickelt und seine Auflage weit mehr als verdoppelt. Wenn der ‚Spiegel' heute als politisch einflußreichste Publikation der Bundesrepublik angesehen wird, dann ist dies auf die Qualität seiner Berichterstattung und nicht auf die politischen Ansichten seiner Redakteure zurückzuführen."

Tatsächlich hatte Jacobi in der praktischen Redaktionsarbeit keine Hemmungen, den Sinn oder die Tendenz ganzer Berichte durch Streichungen und den Austausch von Schlüsselwörtern ins Gegenteil zu verkehren. War die Redaktion unter Jacobi, war sie in den Jahren danach „im Zweifelsfall eine linke Redaktion", wie das der Herausgeber Rudolf Augstein einmal gesagt hat? Ein großer Teil der veröffentlichten Meinung in der Bundesrepublik hat diese Zeitschrift jedenfalls langehin und ebenso hartnäckig wie oberflächlich dem linken Spektrum zugeordnet. Andererseits ergeben sich aus den vielen Analysen des Nachrichtenmagazins, die inzwischen vorliegen, daß da durchaus differenziertere Urteile angebracht wären. Aber das Stigma, das der damalige Bundeskanzler Konrad Adenauer dem „Spiegel" 1962 mit der Behauptung aufgedrückt hatte, es gebe „einen Abgrund von Landesverrat im Lande" und es werde von diesem Blatt „systematisch, um Geld zu verdienen, Landesverrat getrieben", dies Stigma hat lange nachgewirkt – auch wenn die Haltlosigkeit solcher Behauptungen später bewiesen wurde.

Rückblende

Schon das Erscheinen der ersten „Spiegel"-Nummer am 4. Januar 1947 ging auf einen Konflikt zurück. Ein Major der britischen Besatzungsmacht in Hannover,

John Chaloner, hatte die Idee, nach dem Vorbild angelsächsischer Zeitschriften wie „Time" und „News Review" ein deutsches Nachrichtenmagazin zu gründen. Am 16. November 1946 erschien die erste Nummer unter dem Titel „Diese Woche" in einer Auflage von 15 000 unter den Fittichen der Militärregierung; der erste deutsche Angestellte war der damals 23jährige Rudolf Augstein. Obgleich bereits in dieser Ausgabe die Deutschlandpolitik der Westalliierten und der Sowjets heftig attackiert wurde, zeigten die britischen Behörden zunächst Toleranz. Aber nach der fünften Woche hatten sie es satt, solche Kritik auch noch selbst verantworten zu müssen und übergaben die Zeitschrift den deutschen Mitarbeitern. Daß die Redaktion nicht einfach geschlossen wurde, war wohl Rücksichten auf die britischen Gründer zu verdanken.

Rudolf Augstein formulierte den neuen Titel „Der Spiegel" und erhielt zusammen mit Roman Stempka und Gerhard Barsch die Lizenz für das Blatt. Und obwohl er später erklärte: „Ich war nicht darauf vorbereitet, eine Zeitung zu leiten; ich wollte keine Zeitung leiten", ließ er sich bereits in der ersten Nummer als ‚Herausgeber' ins Impressum setzen. Er war es, der fortan die Richtlinien der Redaktionspolitik bestimmte. Der Abiturient Rudolf Augstein hatte eigentlich Schriftsteller werden wollen. Außer einem Feuilleton mit dem Titel „Die Einberufung", das im November 1941 in der Goebbels — Wochenzeitung „Das Reich" erschien, sind einige Gedichte mit stark religiösen Bezügen bekannt geworden:
„O Gott, ich habe das Große gewollt,
Ich wollte den Himmel offenbaren,
der über den dunkelsten Tiefen schwebt,
ich wollte die weite Welt durchfahren
und das Schöne preisen, das darin lebt,
wie im Stein das Gold.
Ich wollte Dein glühendster Herold sein. . ."
Ende 1947 wurde auf einer Hannoverschen Bühne Augsteins Theaterstück „Die Zeit ist nahe" uraufgeführt; die Kritiken waren freilich so schlecht, daß es zu keiner weiteren Darbietung kam. Und Augstein war selbstkritisch genug, keine Poesien mehr zu veröffentlichen, falls er noch welche schrieb. Statt dessen intensivierte er die Arbeit beim „Spiegel", redigierte alle Manuskripte und verfaßte die wichtigsten Beiträge selbst. Daneben suchte er geradezu lesewütig nachzuholen, was ihm verwehrt geblieben war: ein historisches Studium. Hans Dieter Jaene, Augstein-Mitarbeiter der ersten Stunde und späterer Redakteur des Blattes, hat in einem 1968 im Fischer-Verlag erschienenen Buch über den „Spiegel" preisgegeben, daß Rudolf Augstein damals an zwei Universitäten nachfragen ließ, ob man ihn sozusagen nebenberuflich studieren lassen würde — mit entsprechendem Abschluß, versteht sich, und ohne die Arbeit in der Redaktion zu unterbrechen. Die Hochschulen winkten ab. Jaene sieht in dieser Entwicklung eine Stimulans für den Erfolg des Nachrichtenmagazins: die autodidaktischen Studien und das Interesse des Herausgebers am Aufhellen von Hintergrundthemen schlugen sich in aufwendigen Recherchen und der Veröffentlichung ganzer Serien nieder. Der „Spiegel" wurde zu Augsteins Universität — das ging freilich nicht ohne Ressentiments gegenüber den Hochschulen und ihren Studenten ab. Ein anderer Autor,

der eine Dissertation und ein Buch über den „Spiegel" geschrieben hat, Dieter Just, zitiert den Publizisten Erich Kuby zur Gründerzeit des Magazins:

„Der demokratische Affekt äußerte sich im „Spiegel" formal; er zeigte sich. . . in der Art und Weise, wie das journalistische Handwerk nach amerikanischem Vorbild ausgeübt wurde, angefangen von der Härte und Direktheit der Recherche bis zur gespiegelten Kälte und Keßheit der Wiedergabe. Eine bis zur Grausamkeit unbestechliche Objektivität schien im „Spiegel" zu walten; scharfen, aber finsteren Blickes schien er die Welt zu mustern und vorauszusetzen, sie sei eine miese Welt."

Das war zweifellos übertrieben und auch wohl eine Projektion späterer „Spiegel"-Entwicklungen. Immerhin: Augsteins Pessimismus und untergründige Weltverdrossenheit spiegelten sich nicht nur in seinen Kommentaren, sondern gingen auch in die Berichterstattung ein. Aber dem zuweilen durchaus leidenschaftlichen politischen Engagement dieses Autors tat das keinen Abbruch − im Gegenteil: Ekel an der Welt verschärfte nur seine Attacken auf bornierte Politiker und uneinsichtige Administrationen. Dieter Just hat die 150 politischen Kommentare analysiert, die Augstein in den 14 Jahren zwischen 1948 und 1962 unter dem Pseudonym Jens Daniel schrieb: 60 Prozent dieser Beiträge befaßten sich mit den Problemen der deutschen Wiedervereinigung. Positiv zur Politik der Bundesregierung unter dem CDU-Kanzler Adenauer äußerten sich fünf Kommentare, 17 hielten sich neutral zurück; alle übrigen 128 lehnten die politische und militärische West-Integration der Bundesrepublik als Gefährdung der Wiedervereinigung schroff ab oder zeigten kritisch Alternativen auf. Dabei spielte auch der Kampf gegen den Plan einer atomaren Bewaffnung der Bundeswehr eine große Rolle, wie sie vom damaligen Bundesverteidigungsminister Franz Josef Strauß vertreten wurde.

Die „Spiegel-Affäre"

Ein Jahr vor dem Ende der Kanzlerschaft Konrad Adenauers, am 10. Oktober 1962, erschien im „Spiegel" der Artikel „Bedingt abwehrbereit". Das Magazin berichtete darin kritisch über die militärpolitischen Differenzen innerhalb der NATO und bezog dabei mehr oder weniger den Standpunkt der amerikanischen Militärs. In seiner Analyse des Herbstmanövers ‚Fallex 62' kam das Blatt zu der Auffassung, das Konzept von Strauß − nämlich auf Kosten der konventionellen Rüstung die NATO mit Atomwaffen für einen „vorbeugenden Schlag" auszurüsten − sei politisch gescheitert. Der Schlußsatz lautete:

„Das Ergebnis von ‚Fallex 62' besagt: Mit Raketen an Stelle von Brigaden und mit Atom-Granatwerfern an Stelle von Soldaten ist eine Vorwärtsverteidigung der Bundeswehr nicht möglich, eine wirksame Abschreckung bleibt fraglich."

Die so häufig vom „Spiegel" angegriffene Bundesregierung und vor allem ihr Verteidigungsminister Strauß meinten endlich eine Gelegenheit zu sehen, die unbequeme Publikation mundtot zu machen.

Am 26. Oktober, also 16 Tage nach dem Erscheinen des ‚Falles'-Artikels, erschien eine Einsatzgruppe des Bundeskriminalamts im Hamburger Pressehaus mit einem Durchsuchungs- und mehreren Haftbefehlen. Schreibmaschinen, Druckfahnen der gerade in Arbeit befindlichen „Spiegel"-Nummer und Archivmaterial wurden beschlagnahmt und die Redaktionsräume wochenlang besetzt gehalten und durchsucht. Etwas außerhalb der Legalität wurden auch Observationsgruppen des Militärischen Abschirmdienstes gegen das unbotmäßige Presseunternehmen eingesetzt; fünf seiner leitenden Mitarbeiter waren zwischen 18 und 81 Tagen in Haft — am längsten Rudolf Augstein selbst, der erst nach 103 Tagen aus dem Gefängnis freigelassen wurde.

Ausgelöst wurde die Staatsaktion durch einen guten Bekannten von Strauß, den ultrakonservativen Würzburger Professor Friedrich August von der Heydte. Dieser Strafrechtslehrer hatte am 1. Oktober unter Bezug auf sechs verschiedene Ausgaben Anzeige wegen Landesverrat gegen den „Spiegel" erstattet und nach dem Erscheinen des ‚Fallex'-Artikels eine weitere Anzeige nachgeschoben. Wie durch Zufall wurde er zur gleichen Zeit zum Brigadegeneral der Reserve befördert. Strauß, so sagte der damalige Justizminister Wolfgang Stammberger, habe „die Dinge bis ins Letzte in der Hand" gehabt.

Zu diesem Schluß kommen auch die Autoren eines 1966 (im Walter-Verlag erschienenen) zweibändigen Werks über die „Spiegel-Affäre". Die umfangreiche Dokumentation zahlloser in- und ausländischer Proteste und Kommentare, Demonstrationen und Debatten zeigt nach ihrer Auffassung, daß „die Aktion gegen das Nachrichtenmagazin ‚Der Spiegel'... und die nachfolgenden politischen Vorgänge breiteres Interesse als je ein politisches Ereignis in der Geschichte der Bundesrepublik gefunden haben". Drei Stimmen mögen hier zitiert werden, zunächst ein Manifest von 49 Schriftstellern und Künstlern der „Gruppe 47":

„In einer Zeit, die den Krieg als Mittel der Politik unbrauchbar gemacht hat, halten (die Unterzeichner) die Unterrichtung der Öffentlichkeit über sogenannte militärische Geheimnisse für eine sittliche Pflicht, die sie jederzeit erfüllen würden. Die Unterzeichneten bedauern es, daß die Politik des Verteidigungsministers der Bundesrepublik sie zu einem so scharfen Konflikt mit den Anschauungen der staatlichen Macht zwingt."

In einer Entschließung des Deutschen Gewerkschaftsbundes hieß es:
„Die ‚Spiegel'-Affäre hat entscheidende Schwächen unserer jungen Demokratie enthüllt. Sie hat dem Ansehen der Bundesrepublik im Ausland schweren Schaden zugefügt und den Befürchtungen neuen Auftrieb gegeben, daß die Periode der demokratischen Bewußtseinsbildung nach 1945 bei manchen verantwortlichen Stellen zu kurz war, um einen sicheren Umgang mit den demokratischen Spielregeln zu gewährleisten."

Distanzierter und auch kritischer gegenüber dem „Spiegel" urteilte der französische Publizist Alfred Grosser:
„Beim ‚Spiegel' kann man den Eindruck haben, daß es zumindest einen Konflikt gibt zwischen dem Willen, der Wahrheit und dem Staate zu dienen und dem Geschmack an der Sensation, den er nicht mit den Zeitungen, die eine Wächterrolle spielen, teilt, sondern mit denjenigen, die das Bürgerbewußtsein durch

Aufregung über Unwesentliches zerstören... Es ging bei der Affäre um Umfang und Grenzen des Grundrechts der Pressefreiheit. Viele derjenigen, die sich damals für eine Verteidigung des Kontrollrechts der Presse engagierten, taten es, obwohl der „Spiegel" die Kontrollfunktion der Presse nur teilweise erfüllt."

Das verdeckte Zusammenspiel von Bundesanwaltschaft und Verteidigungsministerium, von Polizei und MAD löste zunächst eine ungeahnte Welle der Solidarität und Sympathie mit dem „Spiegel" aus. Hätten nicht andere Hamburger Zeitungen und Zeitschriften den Redakteuren des Nachrichtenmagazins Räume zur Verfügung gestellt und Arbeitsmittel beschafft – der Untergang des Blattes wäre ziemlich sicher gewesen. Denn die Bundesanwaltschaft hatte – angeblich um „Verdunklungshandlungen" auszuschließen – in sehr weiter Auslegung des Durchsuchungsbefehls die Redaktion samt Fernsprechzentrale und Fernschreibern besetzt und jede Weiterarbeit an der Zeitschrift unterbunden. Daß der „Spiegel" gleichwohl – und mit rapide steigender Auflage – erschien, war ein organisatorisches Glanzstück der verbliebenen Mitarbeiter.

Die Folgen für das Adenauer-Kabinett glichen einer Staatskrise. Ein Bericht der oppositionellen SPD warf der Regierung fünf Rechts- und Verfahrensverstöße vor und stellte fest, daß Adenauer, Höcherl (als Innenminister) und Strauß in 15 Fällen die Unwahrheit gesagt hatten. Strauß trat zurück; Adenauer mußte die Regierung umbilden. Jahre später stellte das vom „Spiegel" angerufene Bundesverfassungsgericht fest, daß der vom Bundesgerichtshof bestätigte Durchsuchungsbefehl das Grundrecht der Pressefreiheit außer acht gelassen hatte und das solche militärpolitischen Fragen, wie sie der „Spiegel" veröffentlicht hatte, „in der gesamten westlichen Welt in aller Offenheit diskutiert werden."

Die Staats-Affäre um den „Spiegel" trug in der bundesdeutschen Öffentlichkeit viel dazu bei, dem Magazin die Rolle radikaler Opposition und destruktiver Intelligenz zuzuschreiben. Dabei wurde aber übersehen, daß sich die Kritik Augsteins vor allem an der Außen- und Verteidigungspolitik Adenauers entzündete, andere Bereiche aber ziemlich ungeschoren ließ. Bis weit in die 60er Jahre fungierte der „Spiegel" geradezu als neokapitalistischer Gralshüter der herrschenden Marktwirtschaft und behandelte die wirtschaftspolitischen Reformvorstellungen der SPD oder der Gewerkschaften mit ironischer Herablassung. Marxistische oder kommunistische Positionen hatten ohnehin keine Chance, ernst genommen zu werden. Der janusköpfige „Spiegel"-Kurs garantierte trotz gelegentlicher kritischer Berichte über einzelne Industrieunternehmen volle Kassen; die Anzeigenaufträge liefen weiter.

Rudolf Augstein besaß zu diesem Zeitpunkt die Hälfte der Anteile des „Spiegel"-Verlags. Seine beiden Gesellschafter hatte er schon frühzeitig abgefunden und statt dessen den Verlag John Jahr als Partner aufgenommen, nachdem Axel Cäsar Springer das Angebot einer Beteiligung abgelehnt hatte. 1962 trat an die Stelle Jahrs der Druckereibesitzer Richard Gruner, der aber nur noch 25 % der Anteile hielt und 1969 ebenfalls ausschied. Von da an bis Mitte 1971 war Augstein Alleininhaber des Unternehmens, dann übernahm der Gruner und Jahr-Verlag wiederum 25 % am „Spiegel". Augsteins Richtlinienkompetenz blieb damit in allen diesen Jahren unbestritten.

Der „Spiegel"-Herausgeber, das haben viele Beobachter bestätigt, kam im Frühjahr 1963 gewandelt aus dem Gefängnis zurück. Zwar fand er sich, wie er sagte, „um das berühmte Hafterlebnis gewissermaßen geprellt", weil die Leute zu ihm „als einer Art Staatsgefangenem" sehr nett waren, stellte aber doch die „große Erniedrigung" der Durchsuchungsprozedur heraus. Die Kommentare, die er nun wieder unter seinem richtigen Namen veröffentlichte, fielen zurückhaltender und abgeklärter aus; der „Spiegel" büßte überhaupt ein gut Teil Aggressivität ein. Das ging freilich auch auf das Konzept der neuen, im Grunde unpolitischen Chefredaktion zurück, das schon erwähnt wurde. 1966 würdigte die Zeitschrift „Capital" die auffällige Wandlung des einst so rabiaten Nachrichtenmaganzins:

„Fast wundersam parallel – dank einer klugen Geschäfts-, Verlags- und Redaktionsleitung – mit dem Bedürfnis der Bürger nach politischer Enthüllung verschwand das Bedürfnis des ‚Spiegel', zu enthüllen. Aus dem ‚Spiegel', der einst den Zeitgeist spiegelte, wurde ein Magazin im alten Wortsinn (von arabisch machzan = Vorratshaus), in dem der Geist der Zeit spukt; an die Stelle der engagierten Geschichte rückte die – kürzere – interessante Story".

Zur gleichen Zeit bekannte Rudolf Augstein in einem Interview:

„Man weiß eigentlich auch gar nicht, ... worauf man in der journalistischen Arbeit noch schießen soll."

Zwanzig Jahre nach seinem mißglückten Debut als Theaterautor versuchte er wiederum, aus der Journalistenrolle auszubrechen. 1968 erschien sein Buch „Preußens Friedrich und die Deutschen" – ein antipreußisches Pamphlet, das Hermann Kesten „eines der nützlichsten Bücher des Jahres" nannte. Und als Rudolf Augstein dann noch ein Buch über Jesus veröffentlichte, prophezeiten Spötter, der fehlende dritte Teil zur Triologie werde Augsteins Autobiographie sein.

Aber der „Spiegel"-Herausgeber wollte zunächst lieber in die Politik – so, wie ihm das ein französischer Kollege Jacques Servan-Schreiber vorgemacht hatte. Als langjähriges und wohltätiges Mitglied der FDP verschaffte er sich den Wahlkreis Paderborn sowie einen sicheren Listenplatz und führte recht und schlecht seinen Wahlkampf; schließlich zog er im Herbst 1972 in den neugewählten Bundestag ein. Aber schon nach kurzer Zeit gab er sein Mandat zurück; sei es, weil ihm das Dasein eines parlamentarischen Hinterbänklers dann doch nicht attraktiv genug vorkam, sei es – und so lautete die offizielle Begründung – weil einer der beiden Chefredakteure das Blatt verlassen hatte und nicht so schnell zu ersetzen sei.

„Spiegel" und „ApO"

Die politische Szene hatte sich inzwischen rapide verändert. Mit Beginn der großen Koalition 1966 gab es keine parlamentarische Opposition mehr; die SPD hatte ja ohnehin mit dem Godesberger Programm ihr Bekenntnis zur Marktwirtschaft abgelegt. Diese Marktwirtschaft steckte Mitte der 60er Jahre in einer ersten ökonomischen Krise; zusammen mit dem Immobilismus der Parteien entstand daraus wachsende Unzufriedenheit — besonders in einer Jugend, die für sich keine verlockenden Perspektiven mehr entdecken konnte.

Der Funke sprang an den Hochschulen über — in einem Bereich also, den die Politiker aller Parteien jahrzehntelang vernachlässigt hatten und in dem die Zustände mittlerweile unerträglich geworden waren. Mit neuen Demonstrationsformen wie Go-ins und Sit-ins versuchten die Studenten eine teils selbstzufriedene, teils resignierte Gesellschaft an ihre Verantwortung für die Bildungspolitik zu erinnern. Und weil die Medien diese Proteste durchweg verzerrt darboten, entwickelte sich die Strukturkrise schnell zu einer antiautoritären Rebellion großer Teile der Jugend und führte damit unversehens zur Legitimationskrise der bundesdeutschen Demokratie. Die ApO — außerparlamentarische Opposition — zwang zur Auseinandersetzung auf ungewohntem Terrain und mit ungewohnten Ideen.

Der „Spiegel" zeigte sich dieser Herausforderung zunächst ebensowenig gewachsen, wie viele andere Zeitschriften und Zeitungen auch. Was der Studentenführer Rudi Dutschke als „gesamtgesellschaftliche Bewußtlosigkeit" geißelte, hatte sich auch in der Redaktionshierarchie dieses Blattes ausgebreitet. Der ehemalige „Spiegel"-Redakteur Bodo Zeuner schrieb in seinem schon erwähnten Buch „Veto gegen Augstein":

„In der Jacobi-Ära sanken die ‚Spiegel'-Macher selbst auf jenes unpolitische Bewußtsein ab, das sie ihren Lesern wöchentlich vermittelten. Sie glaubten selbst an die Ideologie der Objektivität, der antitotalitären Mitte und der wertfreien handwerklichen Kriterien. . . Jacobi bewies, daß er die durch die ApO veränderte politische Landschaft nicht mehr begriff."

Augstein hingegen begriff die Zeichen der Zeit sehr wohl. Er ließ die Protokolle seiner Diskussionen mit ApO-Sprechern im „Spiegel" veröffentlichen und löste 1968 den Vertrag mit Jacobi, bevor sich die Masse der jüngeren Leser und damit potentielle Zielgruppen seiner Anzeigenkunden endgültig abgewandt hatten. 1969 schrieb er in einer selbstkritischen „Spiegel"-Kolumne, die ApO habe „das Selbstverständnis bei jenen Publikationsmenschen (gründlich) geschüttelt und gerüttelt, die überhaupt noch bereit waren, ihre eigene Rolle und ihre Interessen zu überdenken (den autoritär geführten und verkrusteten „Spiegel" nicht ausgenommen)."

Zu diesem Zeitpunkt war bereits deutlich geworden, daß der von der ApO provozierte Konflikt über die Legitimation von Herrschaft auch vor den „verkrusteten" Strukturen im „Spiegel" nicht haltmachte, denn — wie Zeuner schrieb — „progressiv-liberale Attitüde nach außen und autoritäre Herrschaft in der Redaktion, konnte nicht mehr einfach nebeneinander stehenbleiben". Eine Gruppe von Redakteuren hatte sich zusammengefunden, um Mitbestimmungsforderungen zu diskutieren und ein Redaktionsstatut zu entwerfen. Ohne Rückhalt durch Gewerkschaften, Betriebsrat oder auch nur durch leitende Redakteure legten die sieben „Spiegel"-Journalisten am 20. November 1969 ihren Entwurf der Redaktion vor. Wichtigste Forderung war das Vetorecht gegen Entscheidungen der Geschäftsleitung, das einer gewählten Redaktionsvertretung zustehen sollte: bei strukturellen Änderungen in der Redaktion, bei der Berufung von Chefredakteuren oder leitenden Redakteuren, bei Kündigung von Redakteuren und schließlich bei wichtigen unternehmerischen Maßnahmen. Bis Anfang Dezember forderten 146 von 198 Redaktionsmitgliedern mit ihrer Unterschrift eine Vollversammlung, auf der über diesen Entwurf diskutiert und abgestimmt werden sollte.

Augstein reagierte flexibel. In einer Rede vor der Betriebsversammlung erklärte er einerseits, ein Redaktionsstatut könne „zweckdienlich" sein – jedenfalls dann, wenn es vorher mit der Geschäftsleitung ausgehandelt werde –; auf der anderen Seite bot er den Mitarbeitern Verhandlungen über die Beteiligung am „Spiegel"-Verlag an. Er fühle sich „wenig anders als der erste Redakteur dieses Blattes" und sehe in dem Unternehmen deshalb auch „keinen Familienbetrieb", sondern die „publizistische Potenz". Zum Schluß wurde er deutlich: die Befugnisse der Redaktionsleitung und der Geschäftsleitung dürften nicht eingeschränkt werden. Mit der Lockung einer Beteiligung am Gewinn suchte er den Mitbestimmungsforderungen die Zähne zu ziehen.

Die Taktik des „Spiegel"-Herausgebers hatte zunächst Erfolg. Es dauerte mehr als ein Jahr, bis ein inzwischen erweiterter Arbeitskreis von Redakteuren im Sommer 1970 einen neuen Entwurf für ein Redaktionsstatut vorlegte; 120 Redakteure erklärten sich durch ihre Unterschrift mit dem Inhalt der Forderungen einverstanden. Als damit und durch die Wahl einer Verhandlungskommission klar war, daß die Mehrheit der „Spiegel"-Redaktion sich nicht von der Mitbestimmung abbringen lassen wollte, drohte Augstein, das Angebot zur Gewinnbeteiligung zurückzuziehen. Ein Vetorecht sei undenkbar: „Abgesehen davon, daß ich es nicht will, geht es auch nicht. Die Banken würden das nicht mitmachen." Dabei verschwieg er, daß es beim „STERN" bereits ein solches Statut gab – die Banken hatten nichts dagegen gehabt.

In einer Art Doppelstrategie offerierte Augstein wenig später eine neue Variante seines Beteiligungsmodells mit mehr Mitbestimmungsrechten. Ein erster Erfolg der Mitarbeiter schien sichtbar, der drohende Konflikt schien abgewendet. Das neue Modell sah vor, daß die Mitarbeiter 50 % der Anteile am Verlag erhalten, darüber aber nicht frei verfügen sollten, sondern vielmehr den Gewinn der nächsten drei Jahre an Augstein zurückzuzahlen hatten – zur Tilgung seiner Bankschulden. Gleichzeitig verkaufte Augstein gegen die offen erhobenen Bedenken der „Spiegel"-Mitarbeiter 25 % seines Anteils an den Verlag Gruner und Jahr und erlöste dafür knapp 40 Millionen DM.

Rudolf Augstein hatte auf diese Weise gleich mehrere Fliegen mit einer Klappe geschlagen: in der Öffentlichkeit erschien er als Wohltäter, der die Hälfte seines Unternehmens an die Mitarbeiter verschenkt – gleichzeitig kassierte er aber den vollen Gewinn und verhinderte ein weiteres Mal akute Forderungen nach Mitbestimmung. Immerhin hatten diese Auseinandersetzungen auch unerwartet positive Folgen: die Redaktionshierarchie zeigte sich verunsichert und war bereit, Freiräume in der Berichterstattung auszuweiten und ausweiten zu lassen – altgediente Redakteure haben später bestätigt, daß nie zuvor im „Spiegel" soviel und so offen diskutiert worden ist. Ohnehin hatte sich mit der Bestellung von Günter Gaus als neuem Chefredakteur das politische Klima der Redaktion gewandelt: das Magazin engagierte sich nicht nur deutlich für einen Sieg der

SPD im Bundestagswahlkampf 1969, sondern auch für eine Demokratisierung der Wirtschaft und für weitreichende Reformen der bundesdeutschen Gesellschaft. So bestätigte eine umfangreiche, auch als Buch erschienene Analyse der Hochschulsituation fast in allen Punkten die Kritik der studentischen ApO, die zwei Jahre zuvor noch verhöhnt worden war.

Das neue Engagement des schon längst zum publizistischen Establishment gezählten „Spiegel" und die in der Öffentlichkeit bekannt gewordene Auseinandersetzung um Mitbestimmung stellten das Unternehmen aber vor ein neues Problem. Industrie- und arbeitgeber-freundliche Blätter forderten ganz unverhohlen zum Anzeigenboykott auf – in einem Wirtschaftsdienst hieß es: „Die deutschen Unternehmer liefern das Geld, mit dem sie liquidiert werden." Tatsächlich ging die Belegung mit Anzeigen 1971 und 1972 zurück und zuweilen ließ sich auch nachweisen, daß Aufträge aus politischen Gründen storniert wurden. Auf der anderen Seite hatten aber auch konservative Zeitschriften in diesem Zeitraum unter Anzeigeneinbußen zu leiden; überdies blieben die „Spiegel"-Leser die interessanteste geschlossene Zielgruppe auf dem Werbemarkt.

Für Rudolf Augstein und seine leitenden Mitarbeiter schienen freilich geschäftliche Einbußen, Boybottaufrufe und die ungebrochene Forderung nach redaktioneller Mitbestimmung in direktem Zusammenhang zu stehen. Als die Redaktion im Juni 1971 auch noch ausschließlich Vertreter des Mitbestimmungs-Flügels in den Treuhänderrat für die Beteiligung der Mitarbeiter wählte, sah der einst so liberale Herausgeber nur noch den Ausweg, seine Hausmacht durch Kündigungen zu retten. In einer beispiellosen Aktion wurden von Herbst 1971 bis Januar 1972 fünf Wortführer der Mitbestimmung entlassen. Dabei nutzte Augstein den Umstand, daß Redakteure einen erheblich schlechteren gesetzlichen Kündigungsschutz haben, als andere Arbeitnehmen. In einer Rede vor den Ressortchefs des Blattes begründete er die Kündigung; die Zeitschrift „konkret" nannte diese Ansprache treffend eine „Grabrede auf die eigene Legende". Augstein sagte unter anderem:

„Meine Herren, wir sind uns wohl einig, daß der ‚Spiegel' aus den Schlagzeilen wieder heraus muß... Wer sich zum ‚Widerstandskämpfer' hochstilisiert, muß auch für die Folgen – eventueller Ruin des Unternehmens – einstehen... Demokratie bedeutet nicht, daß jeder überall Bescheid wissen und über alles mitbestimmen muß... Um das notwendige Verständnis wollen wir werben, auch wenn wir unseren Standpunkt mit Festigkeit vertreten... Eine Nacht der langen Messer findet nicht statt. Mitbestimmung, vollverantwortliche Selbst- und Mitbestimmung aus den bestehenden Institutionen heraus, bleibt unser Ziel, ebenso ein funktionsfähiger Redaktionsrat... Wir sind und bleiben eine liberale, eine im Zweifelsfall linke Redaktion."

Die zweite „Spiegel"-Affäre demontierte das „Sturmgeschütz der Demokratie" – wenn es denn je eines gewesen war – bis auf seine realen, eher kommerziellen Dimensionen. Als sich der Rauch dieses Rohrkrepierers verzogen hatte, tauchten die alten, autoritären Strukturen wieder auf und von einem Redaktionsrat war seither nicht mehr die Rede. Umso mehr dagegen von einem Punktesystem, das die Gewinnbeteiligung der Mitarbeiter reguliert: die meisten Punkte erhält, wer sowieso viel verdient, oder wer dem Betrieb lange angehört. Freilich: die Gewinne müssen nach einem bestimmten Schlüssel für die Altersversorgung angelegt werden. Aber der Verlag belohnt Leistung und Treue ohnehin individuell mit 13. oder 14. Gehältern oder höchst unterschiedlichen Tantiemen; die Bindung ans Blatt ist für die Redakteure längst schon zur denkbar besten Bankverbindung geworden. Und das Thema Mitbestimmung spielt auch aus anderen Gründen keine große Rolle mehr. Obwohl die „Spiegel"-Mitarbeiter nämlich nominell 50 % der Anteile des Unternehmens halten und Rudolf Augstein nur noch 25 %, sorgt ein ausgeklügelter Gesellschaftsvertrag dafür, daß er in keiner wichtigen Frage überstimmt werden kann. Die Mitarbeiter vermögen ihren Einfluß dagegen nur sehr indirekt geltend zu machen – und bleiben überdies Angestellte des Verlags. Die meisten von ihnen scheinen sich damit abgefunden zu haben, daß ihre Goldgrube doch wohl auch eine Fallgrube ist.

Von den Anzeigenkunden wurden die Signale aus dem „Spiegel"-Haus genau registriert. Das alte „Spiegel"-Rezept, den journalistischen Konsumartikeln gelegentlich kritische oder für die Betroffenen unbequeme Zutaten beizumischen, gleichzeitig aber in der Wirtschaftspolitik hartnäckig dem offenen Markt und damit den Interessen der Industrie und des Großkapitals das Wort zu reden, ging erneut auf: die Anzeigenbelegung ist inzwischen so stark gestiegen, daß 1976 zum erstenmal die Anzeigenseiten den redaktionellen Teil überflügelt haben. Am Jahresende durfte Redakteurin Renate Merklein unter dem schönen Titel: „Rettung von Arbeitsplätzen macht arm" geradezu programmatisch ihre Abneigung gegen den Sozialismus laut werden lassen und die zynische These vorbringen, die Marktwirtschaft sei der „Garant dafür, daß jeder für seinen Arbeits- oder Kapitaleinsatz jenes Bündel an Gütern und Diensten bekommt, das er selber möchte". Mit anderen Worten: wer sich seine Wünsche nicht erfüllen kann, oder seinen Arbeitsplatz verliert, hat selber schuld.

Freilich kommt es noch vor, daß der „Spiegel" Affären aufdeckt; wie im Fall der illegalen Lauschoperation gegen den Atomwissenschaftler Klaus Traube bleiben das aber wie auch die ,Spiegel'-Reports meist Episoden, die der heilen Konsumwelt auf den Anzeigenseiten keinen Abbruch tun. Und wenn das Magazin auch nicht gerade ein unkritischer Beobachter bundesdeutscher Politik ist, so bleibt die skeptische Antwort von Alfred Grosser auf die Frage nach einer – wie immer motivierten – Kontrollfunktion des Blattes doch realistisch. Rudolf Augstein und seine Chefredaktion würden im Zweifelsfall eine solche Kontrollfunktion ohnehin dementieren.

Andererseits ist kaum zu bestreiten, daß der kritische Impuls des „Spiegels" in den letzten Jahren immer mehr erlahmt ist. So bleibt zum Beispiel die zeitweise geradezu ausufernde Terrorismus-Berichterstattung erstaunlich zurückhaltend gegenüber staatlichen Fehlern oder Übergriffen – es gibt Vermutungen, daß die Fahndungsbehörden diese Zurückhaltung mit besonders reichhaltigen Informationen honoriert hätten. Über die ständig zunehmenden neonazistischen Aktivitäten fand sich dagegen vergleichsweise wenig und kaum Neues in der Zeitschrift. Ein anderes Beispiel ist die Medienpolitik; die „Spiegel"-Redaktion hielt es bis April 79 nicht für angebracht, ihre Leser über den im November 78 erschienenen

dritten „Bericht der Bundesregierung über die Lage von Presse und Rundfunk"
zu informieren, in dem zum erstenmal amtliche Zahlen zur Konzentration und
Wettbewerbslage der Presse vorgelegt und analysiert worden waren. Aber auch
die Auseinandersetzungen um die Redaktion der Illustrierten „STERN" wurden
verschwiegen: „Spiegel"-Leser wissen auf diesem Gebiet nicht mehr, sondern
eher weniger als die Leser anderer Organe. Daß solche Defizite in der Berichterstattung keine bloßen Versäumnisse zu sein brauchen, hat schon Bodo Zeuner
mit zahlreichen Hinweisen auf zensurähnliche Eingriffe in die Arbeit der Redaktion dargelegt.

So kommt denn auch die schon erwähnte, 1977 veröffentlichte Studie von
sechs Autoren über ein einziges „Spiegel"-Heft (die Nummer 28 aus dem Jahre
1972) zu sehr kritischen Ergebnissen. Helmut Arntzen, der Herausgeber des Buches,
sieht die zentrale Manipulation des Nachrichtenmagazins in der Vorspiegelung
eines Sinn-Zusammenhangs, den es in der Wirklichkeit nicht gibt:

„Während die traditionelle Presse noch im Neben- als Durcheinander von Nachrichten und Meinungen das Chaos eingesteht, das sie von einer in ihre Informa-
tionspartikel zerstückten Welt übrig gelassen hat, sorgt der ‚Spiegel' dafür, daß an
die Stelle des kümmerlichen Registers ein Inhaltsverzeichnis tritt, das die wöchentliche Weltherstellung nach Kapiteln besorgt... für den ‚Spiegel' muß, was geschieht, eine ‚story' werden, um geschehen zu sein... So ist dem Sinn suchenden
Leser ein Surrogat gegeben: ... nichts ist erfunden, alles arrangiert."

Andere Autoren des Bandes kommen zu dem Schluß, daß bei diesem Nach-
richtenmagazin „an die Stelle von Aufklärung Überredung tritt". Dabei wird der
‚Spiegel' sicherlich mit der Unterstellung dämonisiert, alles was da erscheine, sei
Teil einer einheitlichen Strategie zur Manipulation der Realität. Aber Arntzens
Zweifel am kritischen Image des Blattes sind berechtigt:

„Dies alles läßt nur den Schluß zu, daß der Sprachgebrauch des ‚Spiegel' niemals spezifisch kritisch, das heißt in bezug auf den jeweiligen Textzusammen-
hang funktionieren soll, sondern immer dazu dient, dem Ganzen des Heftes den
Anschein kritischen Verhaltens des ‚Spiegel' mitzuteilen... Der ‚Spiegel' macht
(die vorgefundene Wirklichkeit) in einem jeden Bericht zum gleichgültigen Material seiner Fähigkeit, scheinbar kritisch, und das heißt hier ironisch zu sprechen."

Enzensberger kam in seiner Sprachanalyse des Magazins zu ähnlichen Folge-
rungen. Die Positionslosigkeit des „Spiegel" sieht er als Ideologie, als eine „skeptische Allwissenheit, die an allem zweifelt außer an sich selbst," kurz: als „tak-
tischen Realismus" und schreibt:

„Damit ist bereits gesagt, daß der ‚Spiegel' Kritik nicht zu leisten vermag, sondern nur deren Surrogat... Zwar gibt er vor, die Welt verändern zu wollen, doch
er weiß nicht, zu welchem Ende:... seine Kritik ist ohne Perspektive, sie ist blind".
Der „Spiegel"-Leser, so Enzensberger, „wird nicht orientiert, sondern desorien-
tiert". Gleichwohl unterlag auch der Schriftsteller Enzensberger noch dem Mythos
von der Unabhängigkeit dieses Nachrichtenmagazins; er glaubte, das Blatt nähme
keine Rücksicht auf seine Inserenten und sei sogar das „einzige, das zu keiner
Form jener freiwilligen Selbstzensur bereit" sei, „die in der westdeutschen Publizistik gang und gäbe ist". Daß es vielleicht diesem Mythos mit zuzuschreiben

war, wenn ApO-Studenten ihren „Enteignet Springer"-Kampagne nicht auch auf Augstein ausgedehnt haben, bleibt eine Spekulation. Der „Spiegel", soviel ist sicher, konnte − und kann − sich wohl dem Druck einzelner Inserenten entziehen; die Marktwirtschaft als gemeinsame Geschäftsgrundlage darf er nicht ungestraft in Frage stellen. So gesehen besteht die Desorientierung des Lesers nicht nur in der undurchschauten dramaturgischen Zurichtung oder den Versäumnissen der Berichterstattung, sondern vor allem in der undiskutierten Festlegung auf ein wirtschaftspolitisches Weltbild mit all seinen Folgen. Oder, wie Rudolf Augstein das blumig genug formuliert hat:

„Es ist selbstverständlich, daß die Zeitung sich den atmosphärischen Bedingungen anpassen muß, auf die sie eine Antwort geben soll."

Heute ist der Mythos des „Spiegel" − ob „Sturmgeschütz der Demokratie", ob angebliche Unabhängigkeit von den Interessen der Anzeigenkunden − verblaßt. Was geblieben ist, ist ein schon nicht mehr ganz junges kulinarisch gestaltetes Blatt mit recht erfolgreicher Zielgruppenstrategie, trotz umfangreicher Berichterstattung über Politik und mancher Phasen des Engagements in der eigenen Haltung eher unpolitisch − kurz: ein deutsches Magazin − und im Zweifelsfall gewiß kein linkes. Hans Magnus Enzensberger hat in seinem Essay begründet, warum er diese Zeitschrift vor zwanzig Jahren für unentbehrlich hielt:

„Daß wir ein Magazin vom Schlage des „Spiegel" nötig haben spricht nicht für das Blatt, das die Masche zu seiner Moral gemacht hat − es spricht gegen unsere Presse im ganzen, gegen den Zustand unserer Gesellschaft überhaupt: es spricht, mit einem Wort, gegen uns."

Michael Wolf Thomas

Eine Zeitschrift mit Programm
„HÖR ZU"

Sie ist ganz einfach *die größte*: Sie ist die meistgekaufte Zeitschrift der EG-Länder; sie ist die meistgekaufte Zeitschrift in der Bundesrepublik; sie ist die drittgrößte Abonnementszeitschrift; sie hat eine verkaufte Auflage von knapp über 4 Millionen Exemplaren; ihr Image ist das der Ruhe, der Entspannung, der Zuverlässigkeit und der Seriosität. Kurz: Die Rede ist von der HÖR ZU – Deutschlands größter Programmzeitschrift. Außer ihr nennen sich ebenfalls Programmzeitschriften: die zweitgrößte Zeitschrift: „Fernsehwoche" mit knapp 2,5 Millionen Auflage, die drittgrößte Zeitschrift der Bundesrepublik, „TV Hören und Sehen" mit ebenfalls 2,5 Millionen Auflage, die siebtgrößte Zeitschrift „Funk-Uhr" mit etwa 2,2 Millionen Auflage, die Zeitschrift „Bild und Funk" mit etwas über 1,5 Millionen, sowie die Zeitschrift „Gong" mit ebenfalls etwas über 1,05 Millionen Exemplaren. Und da gibt es noch mehr Superlative aufzuzählen:
– die HÖR ZU ist die Zeitschrift mit der größten Reichweite – sie erreicht fast
  13 Millionen Bundesbürger – in weitem Abstand gefolgt von „Bild am Sonntag", „ADAC-Motorwelt" und „Stern"
– 28 % aller Frauen, 25 % aller Männer, 33 % aller Jugendlichen lesen HÖR ZU
– die HÖR ZU hatte 1978 nach dem STERN und dem SPIEGEL den drittgrößten Anzeigenumfang.
Die HÖR ZU ist also „wer" im deutschen Medienmarkt. Ihre Position ist stabil, ihre Anteile sind nahezu unverrückbar: Alle Programmzeitschriften zusammen stellen etwa ein Drittel des bundesdeutschen Zeitschriftenmarktes. Ein Drittel davon stellt allein die HÖR ZU. Anders ausgedrückt: Die HÖR ZU repräsentiert mehr als ein Zehntel des deutschen Zeitschriftenmarktes. Die HÖR ZU kommt aus dem Axel Springer Verlag, der mit der „Funk-Uhr" eine weitere Programmzeitschrift herausgibt und mit beiden Zeitschriften auf dem Programmzeitschriftenmarkt 45 % abdeckt. Die restliche Markthälfte teilen sich der Bauer-Verlag mit „TV-Hören und Sehen" und der „Fernsehwoche" – zusammen über 35 % –, der Burda Verlag mit seiner Publikation „Bild und Funk" – Anteil unter 10 % – sowie der „Gong".
Alles dies zeigt, welchen Erfolg die HÖR ZU hatte und hat. Eine Zeitschrift, die sich Programmzeitschrift nennt und als solche groß geworden ist, die sich aber von dem ursprünglichen Konzept immer mehr entfernt, die immer mehr zu einer Zeitschrift mit Programm wird. Die *Voraussetzungen*, um mit einer Programmzeitschrift erfolgreich zu sein, sind recht gut: 95 % aller Haushalte haben ein Fernsehgerät, das Fernsehen ist mit über zwei Stunden täglich des Deutschen liebste Freizeitbeschäftigung. Wen wundert's da, daß von den 18 Millionen Haushalten der Bundesrepublik sich 12 Millionen eine Programmzeitschrift kaufen?

Zwar sind inzwischen die Fernsehinformationen der Tageszeitungen zu einer Informationskonkurrenz geworden – sie sind in aller Regel sachlicher, informativer, politischer und aktueller. Der Deutsche hat sich jedoch an seine Programmzeitschrift gewöhnt – er mag sie nicht mehr missen.

Veränderungen wie das Absacken der HÖR ZU von einst über 50 % Marktanteil auf etwas mehr als ein Drittel sind schon fast sensationell, aber auch erklärlich: Zeitweilig war die HÖR ZU viel zu betulich und langweilig – und vor allem: zu teuer. Die Billiganbieter „Funk-Uhr" und „Fernsehwoche" holten innerhalb kürzester Zeit mit massiver Werbung entscheidende Marktanteile. Viel Luft ist in dem Markt allerdings nicht mehr drin. Zwar gibt es noch Millionen Haushalte ohne Programmzeitschrift, doch ist fraglich, ob man diesen Haushalten, die bisher ohne Programmzeitschrift zurechtkamen, wirklich noch eine HÖR ZU, eine „Funkuhr" oder was auch immer verkaufen kann.

Die Aufmerksamkeit sollte daher nicht so sehr dem Marktgeschehen als vielmehr den Konzepten und inhaltlichen Angeboten der Programmzeitschriften gewidmet werden. Und dabei vor allem dem Konzept des Marktführers, der HÖR ZU. Wichtig scheint dies nicht nur für die Gegenwart zu sein – jedermann weiß, wie sehr Programmzeitschriften Einfluß auf die Vorauswahl der Zuschauer haben –, sondern auch im Hinblick auf künftige Entwicklungen im Fernsehbereich.

HÖR ZU und der Programmauftrag des Rundfunks

Sollte eines Tages das Satelliten-Fernsehen Wirklichkeit werden, müßten die Programmzeitschriften auch darüber informieren. Und wenn es, eines Tages Kabelfernsehen gibt, wird es wichtig sein, wie Programmzeitschriften dieses Angebot berücksichtigen, wie die eigenen Interessen der Zeitschriften und ihrer Verlage zulassen das Programmangebot adäquat wiederzugeben oder gegebenenfalls zu konterkarieren.

Denn dies ist der *Grundwiderspruch*, der bis heute nicht aufgelöst wurde: Programmzeitschriften werden von privaten Verlagen gemacht, Fernsehprogramme und Hörfunkprogramme werden von öffentlich-rechtlichen Rundfunkanstalten produziert.

Für die *Verlage* ist die oberste Maxime: Geld verdienen. Das heißt: alles, was dazu führt, daß man viel Geld mit der Zeitschrift machen kann, ist willkommen, alles andere wird, wenn es nicht gerade schadet, mitgenommen bzw. wenn es schadet, ganz weggelassen. Verkäuflichkeit ist die Hauptsache.

Für die *Rundfunkanstalten* hingegen ist die oberste Maxime nicht so einfach. Beispielsweise ist es Aufgabe des WDR, für die Allgemeinheit „Nachrichten und Darbietungen in Wort, Ton und Bild" zu verbreiten. Dabei hat der WDR seine Sendungen... „... im Rahmen der verfassungsmäßigen Ordnung zu halten. Er hat die weltanschaulichen, wissenschaftlichen und künstlerischen Richtungen zu berücksichtigen. Die sittlichen und religiösen Überzeugungen der Bevölkerung sind zu achten. Der landsmannschaftlichen Gliederung ist Rechnung zu tragen. Die Nachrichtengebung muß allgemein, unabhängig und objektiv sein. Der WDR soll die internationale Verständigung fördern, zum Frieden und zur sozialen Gerechtigkeit mahnen, die demokratischen Freiheiten verteidigen und nur der Wahrheit verpflichtet sein. Er darf nicht einseitig einer politischen Partei oder Gruppe, einer Interessengemeinschaft, einem Bekenntnis oder einer Weltanschauung dienen."

Das, was Hörfunk und Fernsehen in der Bundesrepublik an Programmen anbieten, muß diesen Grundsätzen entsprechen. Das, was die Programmzeitschriften aus diesen Programmen in den Vorankündigungen machen, muß nicht mehr diesen Grundsätzen entsprechen. Für die HÖR ZU beispielsweise gelten zunächst einmal die vier Grundsätze des Hauses Springer, die für alle Verlagspublikationen des Hauses gelten:

- Eintreten für die Wiedervereinigung Deutschlands
- Aussöhnung zwischen Juden und Deutschen
- Ablehnung jeder Art von Totalitarismus
- Förderung der sozialen Marktwirtschaft.

Was aus diesem Gegensatz zweier Grundkonzeptionen und dem Gegensatz zwischen öffentlich-rechtlichem Rundfunk mit seinem Minderheitsschutz und privatwirtschaftlicher Zeitung herauskommt, hat der Kritiker Jörn Kraft kurz und präzise beschrieben: ,,Via Programmzeitschrift erfährt das Angebot der öffentlich-rechtlichen Anstalten eine *kommerziell bestimmte Profilierung*. Es verwandelt sich unter den Händen seiner Vermittler in genau der Weise, die von einem privatwirtschaftlich sozusagen kongenial betriebenen Sender zu erwarten wäre... Das Programm hat (für die Programmzeitschrift) keinen Eigenwert, sondern nur eine Wertigkeit als Faktor in der Erfolgsrechnung".

Die ,,Linie" der HÖR ZU

Gerade die HÖR ZU bietet dafür eine Fülle von Beispielen. So hat der 1974 von ,,Bild am Sonntag" zur HÖR ZU als Chefredakteur herübergewechselte Peter Bachér in einem Interview für die ,,Springer-Nachrichten" geäußert: ,,Der Impuls, HÖR ZU am Kiosk zu kaufen, geht zweifellos vom Programm aus. Die Käufer wollen eine Zeitschrift, die übersichtlich und gebrauchsfertig das Fernsehprogramm anbietet. Andererseits muß HÖR ZU aufpassen, nicht zu sehr in die gefährliche Nähe eines Programms zu rücken, das die Zuschauer immer weniger goutieren. Das Problem ist der ideelle Standort der Zeitschrift, Bezugspunkt ist das Programm. Die Formel lautet: Programm plus x = HÖR ZU. Es kommt darauf an, dieses x stärker zu betonen. X sind alle Elemente, die HÖR ZU vom Programm – und von den anderen Programmzeitschriften – abheben. Diese Elemente sind es auch, die die Zeitschrift, weg vom Programm wieder in die Nähe des Lesers rücken. Deshalb ist es unser Ziel, über die das Fernsehen begleitende Berichterstattung hinaus Informationen zu bieten in Bereichen – oft nur mit minimalem TV-Bezug – auf denen das Fernsehen selbst nicht tätig ist. Und dort sozusagen mit eigener Handschrift zu schreiben."

Die Tendenz ist also bei der HÖR ZU eindeutig: Weg von der allzu großen Nähe zum Programm, die sich bei einer Unzufriedenheit mit dem Programm ja unter Umständen auch auf die Verkaufszahlen auswirken könnte. Weg also von dem Image einer einen Programmzeitschrift, *hin zu einer Zeitschrift mit Programm*. Peter Bachér: „Eine Zeitschrift ist wie ein Mensch. Sie hat Charakter. Sie signalisiert etwas. Sie kann — wie ein Mensch — dreist, herausfordernd, aggressiv, böse, zersetzend und verletzend sein, aber auch vertrauenswürdig, ehrlich, behutsam, human, fröhlich. Eine Untersuchung unseres Hauses hat Image und Funktion von Zeitschriften im Bewußtsein der Leser festgestellt. Danach wird das Profil von HÖR ZU eingeordnet im Feld zwischen Ruhe/Entspannung und Zuverlässigkeit/Seriosität. Es ist eine Frage des Atmosphärischen."

Diese so gute, vertrauenerweckende Atmosphäre der HÖR ZU wird von den Redakteuren — es gibt insgesamt über 100 — und dem Verlag immer wieder zur Propagierung der Verlags-Weltanschauung und zur Propagierung eigener Produkte ausgenutzt. Otmar Ernst von der Abteilung Marktforschung und Planung des Springer-Verlages führte in einem Aufsatz den Erfolg der Programmzeitschriften insgesamt auf ihre drei Funktionen zurück: nämlich Fahrplan, Reiseführer und Illustrierte in einem zu sein.

Beginnen wir mit der Funktion der HÖR ZU als *Fahrplan*. Wie alle anderen Programmzeitschriften, Zeitungen und sonstigen Publikationen bekommt die HÖR ZU die Programmfahnen der Rundfunkanstalten kostenlos. Der erste redaktionelle Einfluß besteht zunächst einmal darin, daß die angebotenen Informationen über Titel, Sendebeginn, Mitwirkende etc. in die vorhandene Grundkonzeption, sprich Seitengröße, Spaltenbreite, Schrifttypen und so fort umgesetzt und dabei in aller Regel reduziert werden müssen. Die HÖR ZU hat für das tägliche, durchschnittlich über zwei Stunden konsumierte Fernsehprogramm fast vier Seiten reserviert, bis zum Beginn des Abendprogramms zwei, für das Abendprogramm zwei. Sehr ausführlich werden in der reinen Programmankündigung das 1. und 2. Programm bedacht, nur knapp das 3. Programm. Natürlich gibt es auch hier Anzeigen, die Werbung im Programm, die von den Anzeigenwerbern kurz WIP genannt wird. So wird in der WIP damit geworben, daß um diese oder jene Uhrzeit diese oder jene Fernsehwerbung in ARD oder ZDF zu sehen ist.

Für den Hörfunk gibt es seit der Ende September 76 erfolgten Umstellung des Heftformats auf Internationales Magazinformat pro Tag 1 1/2 Seiten mit insgesamt 10 Spalten, von denen 6 beispielsweise den drei NDR-Hörfunk-Programmen und der Rest Nachbarprogrammen gewidmet sind. Das ist für das Hörfunkprogramm nicht einmal so viel Platz wie für das Nachmittags- und Frühabendprogramm des Fernsehens. Nur einmal — sonnabends — sind dem Hörfunk volle zwei Seiten gewidmet: 10 Spalten Programme, der Rest redaktionelle Hintergrundinformation. Ansonsten gibt es neben den 10 Programmspalten: sonntags das Horoskop, montags gibt es was zum ausschneiden, dienstags „Briefmarken aktuell", mittwochs Rätsel, donnerstags Anzeigen — auch schon mal für „Bild am Sonntag" oder „Welt am Sonntag", freitags Informationen über deutsche Popmusik.

Die zweite Funktion der HÖR ZU ist die des *Reiseführers*, also die des „den-Leser-an-die-Hand-nehmens-und-ihm-sagens-was-er-sehen-soll." Peter Bachér: „Journalismus ist Dienstleistung. Die Verantwortung des Journalisten ist enorm. Wenn HÖR ZU eine Sendung anpreist, gibt es eine Million Zuschauer mehr. Erfüllt das Programm nicht die Erwartungen des Zuschauers, kommen die Anrufe ‚Sagen Sie doch mal dem Intendanten. . .' Das ist wie gesagt, die gefährliche Nähe zum Programm."

Gefilterte Programminformationen

Eine Million Zuschauer mehr für eine Sendung – ob diese Zahl stimmt, läßt sich nicht nachweisen. Sicher ist aber, daß die Heraushebung, die ausführliche Ankündigung einer Sendung Folgen hat. Und was wird herausgehoben? Eben das, was für die fast 13 Millionen HÖR ZU-Leser insgesamt vor allem interessant sein dürfte. Minderheiteninteressen werden, wenn überhaupt, knapp abgefunden. So hat sich die HÖR ZU bis heute nicht dazu aufraffen können, die dritten Programme ausführlicher zu dokumentieren – sie fristen nach wie vor ein Randspalten-Dasein, mit bedingt durch drucktechnische Probleme: Die HÖR ZU ist eine bundesweite Zeitschrift mit Regionalausgaben. Die Dritten Programme sind regional gegliedert, ebenso wie die Regionalprogramme des Vorabendprogramms. Es wäre aber – so die HÖR ZU heute – ein unvergleichlich größerer Aufwand, die Regionalprogramme und die 3. Programme ausführlicher darzustellen und zu drucken.

Auch hier kollidiert der Auftrag der Rundfunkanstalten, beispielsweise landsmannschaftlichen Gegebenheiten Rechnung zu tragen, mit den Interessen der Programmzeitschriften. Nur einige Wenige, z. B. „Gong" haben die Gleichrangigkeit der Regional- und 3. Programme und ihrer Funktionen begriffen und drucken sie entsprechend.

Von der Nutzung her gesehen mögen die HÖR ZU-Redakteure Recht haben, die 3. Programme zu vernachlässigen. Eine Sendung im 1. oder 2. Fernsehprogramm hat zweifellos mehr Zuschauer als eine Sendung im 3. Programm. Dies ist aber andererseits auch eine Folge der HÖR ZU-Vernachlässigung. Der HÖR ZU-lesende Zuschauer ist durch die von den HÖR ZU-Redakteuren getroffene Auswahl und damit Rangfolge in bestimmten Bereichen bei seiner Vorinformation unterinformiert. So banal es ist: Jeder Zuschauer gehört als Individuum zu verschiedenen Zielgruppen – weltanschaulich, religiös, wissenschaftlich, künstlerisch, landsmannschaftlich, im Kaufverhalten, im Sozialverhalten. In der HÖR ZU werden seine Interessen, die vom Angebot an Sendungen im Fernsehprogramm her durchaus befriedigt werden könnten, nicht berücksichtigt. Hier zählt nur der niedrigste gemeinsame Nenner. Vor allem eben: Entspannung, Feierabend, Politik, wenn sie Polittheater ist. Nicht aber Fortbildung, Weiterbildung, Minderheitenprogramme, Spezialangebote. Gewiß: der „Fahrplan" stimmt, die zusätzliche eigenständige redaktionelle Information aber, also der „Reiseführer" reduziert die Interessen der Fernsehzuschauer auf einige wenige Bedürfnisse, die sich vermarkten lassen.

Dies gilt auch für den Hörfunk. Zwar hat die HÖR ZU ihren Hörfunkteil mit der Umstellung ein wenig erweitert, nachdem er jahrelang immer mehr geschrumpft und im Verhältnis zu früheren Jahren kaum noch wiederzuerkennen war. Zweifellos ist der Hörfunk ein vorwiegend sekundär genutztes Medium, vor allem seit der Umstellung der Hauptprogramme auf Magazinsendungen, Verkehrshinweise und Dauerberieselung. Doch könnte man sich durchaus mehr wünschen, als die knappe Wiedergabe der Sendefolge, illustriert von ein oder zwei Bildern pro Tag. Zudem ist der Hörfunkteil noch immer vom Fernsehteil separiert – sinnvoller wäre es, jeden Tag das Hörfunk- und das Fernsehprogramm direkt hintereinander abzudrucken, wenn schon nicht nebeneinander. An ein und demselben Tag haben Hörfunk und Fernsehen einander ergänzende Funktionen, die Informationen über beide Medien zu trennen, ist nicht nur unpraktisch, sondern widersinnig.

Begründet wird dies natürlich damit, daß die regionale Aufsplitterung des Hörfunks drucktechnische Probleme aufwirft. Das mag sein. Aber Fernsehen (mit Ausnahme des ZDF) und Hörfunk sind nur einmal regional, haben nun einmal derartige Aufgaben und Strukturen – Programmzeitschriften, die ihren Namen wirklich verdienen, weil sie sich am Programm orientieren, müßten sich diesen Strukturen anpassen. Immerhin hätte die HÖR ZU mit 6 Regionalausgaben viele Möglichkeiten. Die Frage bleibt, ob sich die HÖR ZU bei weiterer Regionalisierung der Programme von Hörfunk und Fernsehen die drucktechnischen Ausreden noch leisten kann.

Die *Rundfunkanstalten* schlucken die Veränderungen, Verfälschungen ihres Auftrages leise murrend. Zwar überlegt man sich hin und wieder, ob man nicht doch eine eigene Zeitschrift machen sollte, etwa nach dem Vorbild der „Radio Times" in Großbritannien, aber meist verschwinden diese Gedanken schnell wieder in der Schublade: Man will mit den Verlegern keinen Ärger haben, zumal nicht mit dem Axel Springer-Verlag. Man will die Zweiteilung der Medien – hier öffentlich-rechtlicher Rundfunk, dort privatwirtschaftliche Presse – nicht antasten. Die Springer-Zeitungen lassen, wenn es um Rundfunkpolitik geht, an ARD und ZDF kein gutes Haar – insbesondere WELT und BILD betätigen sich als Dauerkämpfer gegen das vermeintliche „öffentlich-rechtliche Monopol" und für ein Privatfernsehen und damit für die Abschaffung oder Einschränkung des Prinzips „gesellschaftlicher Kontrolle des Rundfunks" zugunsten von Profiten mit Programmen ARD und ZDF sind offenbar nicht in der Lage, sich gegen die zunehmende Veränderung der Programmzeitschriften zu Zeitschriften mit Programmen zu wehren. Peter Bachér gibt sich auf die Frage nach dem Verhältnis zu den Anstalten sehr bescheiden: „Das Verhältnis ist ausgesprochen gut. Wir sind – schon aufgrund der Auflage – wichtige Gesprächspartner. Mehr nicht. Mehr wollen wir auch nicht sein. Einen Einfluß auf das Programm haben wir nicht. Wir fühlen uns als Anwalt der Zuschauer, aber auch als Dolmetscher bei Verständigungsschwierigkeiten zwischen Fernsehen und Publikum."

„Einen Einfluß auf das Programm haben wir nicht" – das mag schon sein, einen direkten Einfluß gibt es sicherlich nicht. Aber einen indirekten. Peter Bachér: „Wenn HÖR ZU eine Sendung anpreist, gibt es eine Million Zuschauer mehr." Und wenn es eine Million Zuschauer mehr gibt, dann war das in der Regel eine „erfolgreiche" Sendung und dann haben die Anstalten die Pflicht, weiterhin solche „erfolgreichen" Sendungen zu machen. . .

Jörn Kraft über das Verhältnis der Rundfunkanstalten zu den Programmzeitschriften und ihrer Reiseführerfunktion: „Es dürfte hierzulande kaum einen zweiten Warenproduzenten geben, der die Vorteile seiner Monopolstellung so uneigennützig oder soll man sagen, so töricht verschenkt. . . Man stelle sich vor, was ein solcher Monopolist in der Privatwirtschaft an Konditionen durchsetzen würde. Wenn schon die Rundfunkanstalten aus ihrer konkurrenzlosen Verteilerrolle kein Kapital schlagen, dann sollten sie wenigstens an den Bezug ihrer Ware Bedingungen knüpfen, die ihrem Programmauftrag zugute kommen."

Unnötig zu sagen, daß dies eine utopische Forderung ist. Die Programmzeitschriften – allen voran HÖR ZU – haben heute eine Machtposition, die zu erschüttern kein Intendant wagt. Dies hat sicherlich medienpolitische Gründe, resultiert aber auch auf Ängstlichkeit. Schon bei geringsten kritischen Äußerungen über die HÖR ZU zucken so manche Funkhauschefs zusammen und fragen sich, ob eine Kritik an der HÖR ZU nicht Folgen haben könnte, die den Anstalten unangenehm sind. Ein derart geringes Selbstbewußtsein, eine solche Konfliktscheu, eine derartige Ängstlichkeit im Umgang mit der Presse ist mit ein Grund für die heutige Position der Programmzeitschriften.

Dabei hat man gar keinen Grund, die Gegenseite zu schonen. Sie tut es umgekehrt ja auch nicht. So angewiesen, wie allgemein angenommen, sind die Rundfunkanstalten auf die Programmzeitschriften nicht. Vielmehr sind diese auf das Programm angewiesen, denn ohne dies wäre eine, wenn nicht die wesentliche Voraussetzung für ihren Markterfolg entfallen. Kurz: die Anstalten sollten durch ihre Pressestellen notfalls Tag für Tag deutlich machen, wo Programmzeitschriften durch redaktionelle Zusatzinformationen, durch unnötig aufwendige Bildseiten von anderen genauso zum Auftrag der Rundfunkanstalten gehörenden Sendungen ablenken.

Die HÖR ZU macht täglich Meinung über ARD und ZDF. Was aber machen ARD und ZDF? Bis heute gibt es in beiden Systemen, von kleinen Ausnahmen abgesehen, keine systematische Pressekritik, obwohl sie von verschiedenen Direktoren und Intendanten angeregt worden war. Wenn also beispielsweise die HÖR ZU Aktionen macht wie „Fangt früher an" oder „für ein besseres Fernsehprogramm" oder „Gegen Schleichwerbung" – dann müßte es Aufgabe der Anstalten sein, gegebenenfalls hart zu kontern. Beispielsweise beim Kampf gegen die Schleichwerbung. Hier hat die HÖR ZU selbst inzwischen derart skandalöse Maßstäbe gesetzt, daß es einen wundert, daß Funk und Fernsehen kaum darauf eingehen.

Wir kommen zur dritten Funktion der HÖR ZU, zum *Illustriertenteil*, der weiter ausgedehnt wurde. Auszüge aus einem Interview von Peter Bachér mit den Springer-Nachrichten:

„Wir haben die Rat- und Tatelemente verstärkt, obwohl der Spielraum für Veränderungen ziemlich. beschränkt ist. Viele Stoffe bei der Blattaufteilung sind vorgegeben: Das Programm Fernsehen und Rundfunk allein auf 40 Seiten. Dann die Seite 3, die „lustigste Seite, die es weit und breit gibt" – so der Branchendienst Kress-Report. Dann der Roman, die Kritik, die „Bunte Palette", Hitliste, Horoskop,Mode,Rätsel, „Original und Fälschung", Rat und Tat. Unser Ziel ist, daß der Leser seine Freunde, seine Arbeitskollegen fragt: Hast Du schon in HÖR ZU gelesen, was Beckenbauer über seinen Trainer sagt? Ein zweiter Teil ist die Ausweitung der Themen – weg vom Programm. So haben wir Interviews gebracht mit Artur Rubinstein, der Kaiserin Farah Dibah, der Frau des amerikanischen Präsidenten, Betty Ford; einen Roman von Christian Barnard, von Francois Sagan. Sie haben nur minimalen Bezug zum Fernsehen. Sie machen jedoch den Leser satt. Das Fernsehen ist ja auch nur ein Spiegel des Lebens, warum soll HÖR ZU denn nur ein Spiegel des Spiegels sein? Wir müssen selber in das Leben hineingehen, das bringt die Faszination."

Nun kann man sich durchaus vorstellen, daß sich eine Programmzeitschrift intensiv mit den Wirkungen dieses „Spiegels" Fernsehen beschäftigt, denn das Fernsehen ist ja mittendrin „im Leben" der Zuschauer. Aber damit ist dann eben auch nicht genug Geld zu machen, Farah Dibah und Betty Ford bringen da einfach mehr. Und immerhin – nicht vergessen: 2/3, wenn nicht die Hälfte des Heftes müssen so gestaltet sein, daß das restliche Drittel, nämlich die Anzeigen, auch,tatsächlich hereinkommen – denn diese finanzieren das Blatt zu einem erheblichen Teil.

Im Grunde genommen ist der redaktionelle Teil zum großen Teil das Anzeigenumfeld, nur eine Anzeigen-Verwaltung. So wurden beispielsweise Inserenten aufgefordert, für folgende 1978er Seiten im Familien-Journal Anzeigenraum zu belegen:

Heft 5	Urlaub und Reise
Heft 7	Diät, Gesundheit, Kuren
Heft 10	Garten
Heft 11	Auto
Heft 12	Geld
Heft 14	Garten
Heft 19	Kosmetik, Körperpflege
Heft 20	Gastlichkeit
Heft 22	Tiere
Heft 37	Urlaub und Reise
Heft 39	Mode
Heft 41	Wohnen und Einrichten
Heft 44	Geld

Außerdem gibt es noch Sonderhefte von HÖR ZU: ‚Lecker zubereitet' oder das ‚HÖR ZU-Rätsel'. Und es gibt „HÖR ZU"-Sammelalben für Beiträge der HÖR ZU, z. B. über „unsere Hunde", zu finden montags neben dem Hörfunkprogramm (wo für keine einzige Sendung derart viel Platz für Text und Bild reserviert wird).

Außerordentlich günstig für Anzeigen in der HÖR ZU ist es, daß das Heft bereits eine Woche vor dem eigentlichen Programmbeginn erscheint – der potentielle Käufer und Leser von Anzeigen kommt so über eine ungewöhnlich lange Zeit mit den Anzeigen in Kontakt.

Die Fernseh- und Hörfunkprogramm-Macher haben das Nachsehen. Sie müssen — der Programmzeitschriften wegen, die einen frühen Redaktionsschluß haben — die Programmplanung so frühzeitig abschließen, daß aktuelle Änderungen, die im Interesse der Sache eine große Ankündigung verdienen, unberücksichtigt bleiben. Wie überhaupt politische Sendungen durch diese Terminierung benachteiligt werden.

HÖR ZU und die Information des Lesers

„Anzeigenverwaltung" im redaktionellen Teil gibt es auch in anderen Variationen. Vor allem für *Platten* und *Bücher*, aber auch für die *eigene Werbung*. Beginnen wir mit dem Kuriosum, der Werbung für die eigene Werbung.

Gemeinsam mit dem Saarländischen Rundfunk gestaltete die HÖR ZU lange Jahre die sogenannte „Europa-Elf", wenn man so will eine europäische Hitparade. Sie wurde freitags über die Europawelle Saar ausgestrahlt. Moderator war Willem F. Dincklage. Im normalen Hörfunkprogrammteil der HÖR ZU wurde diese Sendung unter dem Stichwort „Saar" auch angeführt, wie es sich gehört. Dazu der kleine, in sonst keinem Programm zu findende Hinweis: „Siehe Popseite". Dort fand man einen deutlich herausgehobenen Kasten, der etwa 1/5 der gesamten Popseite einnahm. Der einen Sendung „Europa-Elf" stand damit soviel Platz zur Verfügung wie am gleichen Tag beispielsweise NDR 2 mit all seinen Sendungen von 6.00 Uhr bis 0.00 Uhr — 8mal 13 Zentimeter (Ausgabe 39/76).

Deutlicher als durch diesen Vergleich kann wohl kaum gezeigt werden, wie sehr kommerzielle Interessen in die redaktionelle Gestaltung der Zeitung hineinspielen. Wer mitmachen wollte, mußte seine Karte nicht an den Saarländischen Rundfunk, sondern an eine Postfachadresse in Hamburg, dem Redaktionssitz der HÖR ZU schicken! Unter den Einsendern wurde jedesmal eine Platte verlost. Häufig waren es eine Platte mit dem HÖR ZU-Label.

Damit war der Kreis geschlossen. Dieses inzwischen eingestellte Geschäft auf Gegenseitigkeit zwischen Saarländischem Rundfunk und HÖR ZU schlug sich somit auch noch als Werbung für das Label „HÖR ZU-Langspielplatte" nieder. Denn auch diese wurde ja in der Sendung genannt und bei der HÖR ZU wärmstens empfohlen. Der Leser der HÖR ZU als Mitspieler bei der Werbung für HÖR ZU und als geköderter potentieller Käufer der HÖR ZU-Langspielplatte.

Die Werbung der HÖR ZU auf ihren Seiten für die „HÖR ZU-Langspielplatte" ist ein Kapitel für sich und lehrt all jene das Fürchten, die sich früher auf der Seite der HÖR ZU gegen Schleichwerbung stark gemacht haben. Zwar wird manchmal für die HÖR ZU-Langspielplatte, wie sich's gehört, im Anzeigenraum geworben. Meist aber sind Informationen über die HÖR ZU-Langspielplatten ein redaktioneller Teil — wie andere redaktionelle Teile auch, ordentlich eingerahmt, gleiche Schrifttype, gleiche Aufmachung, wie jeder andere redaktionelle Text auch. Darüber steht dann schlicht „HÖR ZU-Langspielplatte" und in dem Text wird dann empfohlen, gelobt, informiert und jubiliert. Und dann gab es zuweilen auch die Empfehlung: „Übrigens: Radio Luxemburg stellt in folgenden Sendungen neue HÖR ZU-Langspielplatten vor: montags „Mister Morning": Rainer Holbe — 8.30 Uhr; mittwochs Mister Morning 8.30 Uhr, freitags ‚LP-Show mit Helga' 15.00 Uhr"; und — man höre und staune — „sonntags ‚Wunschkonzert mit Helga', 16.00 Uhr"! Wer sich da wohl was gewünscht hat?

Neben der reinen und ehrlichen Anzeigenwerbung und neben der quasi redaktionellen Verpackung der Werbung fürs eigene Plattenprodukt gibt es eine dritte Variante, die subtiler, aber wohl auch wirksamer ist: die redaktionelle Präsentation von Stars, die, wenn überhaupt, allenfalls in einem Nebensatz auf die selbst herausgebrachte Platte hinweist, also auf die kommerzielle Absicht. Ein Beispiel: Sammy Davis jr. war 1976 auf Tournee in der Bundesrepublik; In der Ausgabe von HÖR ZU Ende September 76 wird diese Tournee auf den Seiten 32 und 33 im redaktionellen Teil deutlich angekündigt.

HÖR ZU-Mitarbeiter Ernst Haubrock bekam — laut Ankündigung — ein „Exklusivinterview" mit Sammy Davis: „In Berlin lernte ich die Deutschen lieben." Zum Schluß des Artikels der schöne, klare und einleuchtende, weil den Artikel begründende Hinweis: „Achtung, Sammy Davis-Fans. HÖR ZU bringt die schönsten Lieder des Stars auf der neuen LP..." Und so weiter. Da man aber mit dem vergeßlichen Leser rechnen muß, wird von der Redaktion mitten in die Programmankündigung für das 3. Programm auf Seite 43 der Norddeutschen Ausgabe ohne jeden sachlichen Zusammenhang eingerückt: „Sammy Davis kommt. HÖR ZU holte den besten Entertainer der Welt nach Deutschland. Mit seiner international erfolgreichen Bühnenshow." Natürlich wurde auch in den folgenden Heften immer wieder auf die Sammy Davis-Platten hingewiesen — hier allerdings unter der Rubrik HÖR ZU-Langspielplatte — mal mit vielen, mal mit wenigen Zeilen: „Die LP des Weltstars gehört ganz selbstverständlich in *jede* Plattensammlung".

Bei der HÖR ZU-Langspielplatte ist es wie mit dem Fernsehprogramm. Die Redaktion möchte gern den Reiseführer spielen, möchte anleiten. In einer Mitteilung des Springer-Verlages aus dem Jahr 74 hieß es zur HÖR ZU-Langspielplatte, die damals im 11. Jahr bereits über 500 Titel und 126 Musikkassetten veröffentlicht hatte: „HÖR ZU-Langspielplatte ist eine selbständige Abteilung innerhalb des Geschäftsbereichs Zeitschriften. Am Anfang stand die Idee: Im Angebot von jährlich mindestens 3 000 Langspielplatten-Neuerscheinungen auf dem deutschen Markt finden sich Händler und Käufer nicht mehr zurecht. HÖR ZU, die dieses Angebot im redaktionellen Teil prüft, wollte die so erworbenen Erfahrungen auch in der Praxis nutzen. So brachte die Programmzeitschrift eine Ausleseserie auf den Markt. Es galt, permanente Repertoire-Erwartungen mit gleicher Sorgfalt zu erfassen wie zeitbezogene Trends, insbesondere in der Popmusik."

Die HÖR ZU ist nicht die einzige Zeitschrift, die diese Art der Plattenpromotion betreibt: auch der STERN und die „Funk-Uhr" beispielsweise bringen eigene Platten (STERN-Musik/rotation) heraus, die sie im redaktionellen Teil vorstellen. Aber die Perfektion, mit der dies bei der HÖR ZU betrieben wurde und wird, ist schon einmalig:

Beispielsweise Heft 10/1976. Auf der Seite 86 wird bei der Europa-Elf angekündigt, daß eine Salvatore Adamo-LP verlost werden wird. Für den, der nicht weiß, wer Adamo ist, gibt's im Vorderteil des Heftes auf den Seiten 20/21 eine Personality-Story unter dem Rubrum „Das aktuelle Portrait". Am Schluß des Artikels der diskrete, aber deutliche Hinweis auf die neue LP.

Der große Medienverbund

Neben dieser eher harmlosen Werbung sollte doch auch an eine Werbung erinnert werden, die im Frühjahr 1974 die Gemüter erhitzte, zumindest die Gemüter derer, die den Sachverhalt durchschauten:

HÖR ZU Nr. 17/1974. Titelblatt: Schlagersängerin Gitte mit Maiglöckchen. Darunter: „Was eine Frau im Frühling singt. Gitte Show am 1. Mai". In derselben Ausgabe der HÖR ZU die Seiten 20 und 21. HÖR ZU-Redakteure besuchten Gitte in Kopenhagen. Dazu Bilder aus den Jahren 1954 und 1974 unter der Überschrift: „So hat sie's von Papa gelernt". Dem Bericht über Gittes Werdegang wird der zweite Programmhinweis zugefügt: „Mittwoch, 1. Programm, 20.20 Uhr". Dieselbe Ausgabe der HÖR ZU fünf Seiten weiter: Seite 26. Text: „HÖR ZU-Langspielplatte stellt vor: Die drei Neuen". Im linken unteren Viertel dieser nicht als Anzeige kenntlich gemachten Seite ist zu lesen: „Begegnung mit Gitte". Darunter das Bild der Plattenhülle.

Darunter der Text: „Am 1. Mai präsentiert Gitte im Programm der ARD ihre erste Personality Show. Musikalische Höhepunkte aus der Show erklingen auf dieser neuen Gitte-LP." Dieselbe Ausgabe der HÖR ZU, knapp 40 Seiten weiter, die Seiten 68 und 69, die jedermann geläufigen Programmseiten, diesmal für den 1. Mai. In der ARD-Programmspalte für die Gitte-Show die üblichen Programmangaben. Im danebenstehenden redaktionellen Feld sind 60 % des verfügbaren Platzes nur der Gitte-Show gewidmet. In der Programmspaltenankündigung und im redaktionellen Teil: Kein Hinweis auf die Gitte-Platte.

Den braucht man dann wohl auch nicht mehr. Nicht begriffen aber hat ein Leser der HÖR ZU, der das Spiel soweit noch durchschaut hat, daß es sich hier um eine Platte handelt, die die HÖR ZU in Zusammenarbeit mit EMI-Elektrola herausgibt, bei der Gitte damals unter Vertrag stand, und daß eine Schwesterfirma dieser Plattenfirma, die EMI-AV ganz „zufällig" eben diese Gitte-Show für den Bayerischen Rundfunk produziert hatte. Er hat nicht durchschaut, daß Show und Platte gleichzeitig gemacht wurden, er hat nicht durchschaut, daß er – und sein Geldbeutel – als HÖR ZU-Leser und Fernsehzuschauer doppelt umworben war.

Natürlich gibt's auch Schallplattenständer über die HÖR ZU zu beziehen und daß es beim „Preisrätsel der Woche" vielfach auch HÖR ZU-Platten gibt, dürfte klar sein.

Wie raffiniert und sorgsam aufeinander abgestimmt die Werbung für HÖR ZU-Langspielplatten läuft, läßt sich auch am Beispiel einer James Last-Platte veranschaulichen, die HÖR ZU zusammen mit Polydor im März 79 herausbrachte. In der Händler-Fachzeitschrift MUSIKMARKT wird auf diese Platte in einer doppelseitigen Anzeige aufmerksam gemacht. Zu lesen ist dort:

„Ein heißes Geschäft, bei dem Sie keine kalten Füße bekommen. . .
James Last bekommt ungewöhnliche Unterstützung:
— Anzeigen in der HÖR ZU — Deutschlands größter Familienzeitschrift —
— Anzeigen im Musik-Joker und SIEHSTE
— HÖR ZU-Reportagen".
Und was das für eine HÖR ZU-Reportage war — Titelbild und Riesenfarbfoto
im Heft mit entsprechender Geschichte — über die „— Verleihung der Goldenen
Kamera — den Auftritt in der Royal Albert Hall". Dazu kommt „Fernsehpromo-
tion 15. März ZDF-Starparade". Wobei natürlich an diesem Tag im Programmteil
der HÖR ZU auch eine kleine Reklame eingerückt ist: „James Last Copacabana
— Jetzt in der ZDF-Starparade, ab Montag im Handel: Die neue HÖR ZU-Langspielplatte und Musikcassette".

Die Welt der HÖR ZU

Es wird nichts ausgelassen, was den HÖR ZU-Leser dazu bringen könnte, neue
HÖR ZU-Langspielplatten zu kaufen. Und der Leser wird politisch und seelisch
umworben. Mit Chefredakteur Bachér hat eine schwülstige Sprache Einzug in
die HÖR ZU gehalten. War sein Vorgänger Bluhm eher nüchtern, so kann Bachér
seinen bei der „Bild am Sonntag" gepflegten pastoralen, gefühlsduseligen, Emo-
tionen anrührenden Stil nun auch bei der HÖR ZU unterbringen. Wenn man so
will, ist die HÖR ZU seither gewöhnlicher geworden. Effekthascherei wird wesentlich stärker als früher betrieben. Eine Probe der Bachér'schen Formulierungskunst
aus dem Sommer 1976:
„Autobahnen in diesen Tagen sind mehr als nur Straßen, Verbindungsstücke
zwischen Wunsch und Wirklichkeit — Autobahnen in diesen Tagen sind Spiegel
unserer Existenz. Während wir in irgendeinem Stau drin hängen, gefangen wie
Tiere, umgeben von Blech und Qualm, dürfen die Gedanke, die bekanntlich frei
sind, durchs Schiebedach hinausteigen in einen Himmel, der wenigstens noch so
aussieht, als sei er von allem hier unten völlig unberührt."(33/76)
So geht das weiter, Satz für Satz, Allgemeinplatz für Allgemeinplatz. Und
gleich nebendran wurde damit geworben, daß bei der „HÖR ZU-Aktion Kinder-
hilfe" drei Autos (!) zu gewinnen sind.
Die HÖR ZU-Aktionen sind ein Kapitel für sich. Es ist seit je eine Spezialität
des Springer-Verlages, Aktionen zu starten. Im Jahre 1975 waren es u. a. beispiels-
weise folgende Aktionen:
— HAMBURGER ABENDBLATT: „Schafft mehr Ausbildungsplätze"
— BILD-ZEITUNG: ‚Lehrlings-Service und Steuer-Aktion'
— BERLINER MORGENPOST: „Fragen Sie Ihre Kandidaten"
— DIE WELT: „Kinder, die ein Zuhause suchen"
— HÖR ZU: „Aktion Kinderhilfe".
Am 12. Februar 1975 konnte nach nur drei Monaten der Aktion für die von
Mildred Scheel initiierte „Deutsche Krebshilfe" ein Scheck über 1 Million Mark
überreicht werden. Ein Jahr später gab es einen weiteren Scheck. In der Dort-

munder Westfalenhalle überreichte Peter Bachér Frau Scheel einen Scheck über 1 Millionen Mark.

Zuvor hatte die HÖR ZU wie vielfach zuvor und danach ihre „Goldenen Kameras" verliehen: An Doris Kunstmann, Gustav Knuth, Michael Verhoeven, Helmut Bendt und den Springer-Autoren (und SFB-Chefkommentatoren) Matthias Walden. Für den musikalischen Rahmen sorgten unter anderen Gitte und Adamo, die mit HÖR ZU-Langspielplatten ja zur großen HÖR ZU-Gemeinde zählen. So wäscht eine Hand die andere.

Übrigens: Papst Johannes Paul II. hat auch eine goldene Kamera bekommen – für die eindrucksvollste Fernsehsendung 1978 – nämlich die Inaugurationsmesse. Peter Bachér: „Es war einer der großartigen und leider so seltenen Augenblicke, in denen das Fernsehen die Herzen der Menschen ergreift."

Wer wollte da schon kritisieren. Wo doch das Edle und Gute so offensichtlich nur um seiner selbst willen gefördert wird. Kritik an einer anderen, mit Bachérs Amtsantritt eingeführten Institution anzubringen, fällt da schon leichter. Die Institution des sogenannten „Fernsehprofessors". Peter Bachér zu dessen Aufgaben:

„Wir haben Professor Heribert Heinrichs als ständigen wissenschaftlichen Berater verpflichtet. Ordinarius für Massenmedien und audiovisuelle Bildungsmittel an der Pädagogischen Hochschule in Hildesheim."

Der „wissenschaftliche" Berater

Dagegen ist nichts einzuwenden. Doch die Praxis dieses Fernsehprofessors und die Auswertung seiner Arbeit durch die HÖR ZU läßt einen schaudern. Da wurde zunächst im Sommer 75 für den Herbst 75 ein Wissenschaftler-Treff anberaumt zum Thema „Wie hat das Fernsehen das Verhalten der Menschen in den großen Industrienationen verändert". Was dabei herauskam, war von vornherein klar, denn Peter Bachér wußte bereits drei Monate vor der Tagung zu verkünden: „Die Ergebnisse sind, das kann ich heute schon sagen, erstaunlich." Erstaunlich waren die Ergebnisse, die von der HÖR ZU unter allgemeinem Geschmunzel von Medienfachleuten groß herausgestellt wurden, überhaupt nicht. Es war schlicht „kalter Kaffee". Aber HÖR ZU setzte auf den wissenschaftlichen Trip. Professor Heinrichs hat laut Peter Bachér weitere Funktionen: „Er ist Kritiker des Blattes. Insbesondere sieht er Kindersendungen vor ihrer Ausstrahlung an und gibt den Eltern ‚Tips'." Und – so muß man hinzufügen - er betätigte sich als Fragebogenauswerter. Die HÖR ZU druckte bald nach dem Professoren-Meeting einen ganzseitigen Fragebogen ab: „Fragebogen für alle HÖR ZU-Leser: Helfen Sie uns bei der Fernsehforschung."

Gestellt wurden Fragen wie: „Wieviel Zeit verbringen Sie täglich vor dem Bildschirm? In welcher Körperhaltung sehen Sie fern? Was belastet Sie körperlich beim Fernsehen? Welche Sendungen lassen Sie nie aus?" Und so fort. Im April 76 kamen die ersten Auswertungen: „Das Echo war überwältigend: 38 432 Bogen und über 6 000 persönliche Stellungnahmen kamen zurück." Um die Relationen herzustellen: Die HÖR ZU verkaufte damals vier Millionen Exemplare, nur 38 432 Bogen kamen zurück, also nicht einmal 1 %. Die Auswertung nahm Professor Heribert Heinrichs mit seinem Team vor. Und das sind die Ergebnisse: „Wer viel fernsieht, hat mehr Erfolg! Der Bildschirm hält länger geistig jung. Intelligenzabbau im Alter wird abgebremst! Ein für die Fernsehforschung wirklich neues Ergebnis brachte die Auswertung der Antworten auf die Frage: „Glauben Sie, daß das Fernsehen klüger macht?" 86 % der 38 432 HÖR ZU-Leser, die auf unsere Fragebogenaktion reagierten, antworteten mit JA."

Zwar ist die Prozentangabe korrekt, nur der Schluß, der daraus gezogen wird, nämlich, daß es sich hier um ein wirklich neues Ergebnis der Fernsehforschung handele, ist einfach Unsinn. Anscheinend hatte Fernseh-Professor Heinrichs noch nie etwas von repräsentativen Umfragen gehört. Und der HÖR ZU-Leser und Fragebogeneinsender wurde für dumm verkauft, als man ihm suggerierte: „.. .Ihre Mühe wird dazu beitragen, daß die Fernsehforschung in Deutschland ein entscheidendes Stück weiterkommt." Das Gegenteil ist der Fall; so naiv war man nicht einmal in den Anfängen der Fernsehforschung.

Damit sind die Aktivitäten von Professor Heinrichs jedoch noch nicht erschöpft. Er weiß auch Rat, „wenn das Zeugnis schlecht ist", weiß über Dänikens Jesustheorie zu berichten und weiß, wie man sich bei Erkältungen verhalten muß. Hier wird Wissenschaftlichkeit suggeriert, wo es um simple Lebensweisheiten geht.

„SIEHSTE" – die HÖR-ZU-Vorschule

Lebensweisheiten à la HÖR ZU gab es natürlich auch in einem Produkt, das recht kurzfristig, gewissermaßen aus dem Stand zum „Jahr des Kindes" herausgebracht wurde. Das Kind hieß SIEHSTE und war alles in allem ein getreuer Abklatsch von HÖR ZU, die es sich nicht nehmen läßt, auf die vielfältigste Weise für das Kind zu werben:

Da gab es am 6. März 1979, dem „Tag des Kindes im ZDF" den diskreten Hinweis in der ZDF-Programmspalte, daß sich ZDF-Programmdirektor Stolte das erste Mal von jungen Zuschauern ausfragen ließ... „Zu lesen in Heft 9 von SIEHSTE". Da gibt es in der Werbungsspalte unter den Fernsehprogrammankündigungen für den Nachmittag viele, viele Kleinanzeigen:

● „Nicht für Erwachsene – sondern eine eigene HÖR ZU für Kinder"
● „Holt Euch Euer neues Programm"
● „Was lieste – klarer Fall, natürlich SIEHSTE"
● „Wer SIEHSTE liest, hat vielmehr Spaß"
    Werbung für das Verlagskind überall. Auf einer Seite für Kinder, auf der deutschen Popseite...
● „Willems Bericht über Winnetou steht nächste Woche in SIEHSTE"
    ...Anzeigen innerhalb der Popseite International und natürlich auch ganzseitig und kunterbunt, mit knappen Inhaltsangaben:
● „auf SIEHSTE sind wir ganz versessen"

- „23 x 2 Funkgeräte zu gewinnen"
- „Formel I – Die Stars, die Wagen, die Startnummern"

Was sich mit all diesen Ankündigungen an Vorstellungen verbindet, wird durch das SIEHSTE-Heft bestätigt. Besonders stolz war man, daß es in SIEHSTE keine Anzeigen gab, daß Kinder also nicht der direkten Werbung ausgesetzt sind. Das ist auch viel einfacher und wirksamer ohne direkte Werbung zu machen. Von der Machart her ist SIEHSTE die nahtlose Vorstufe zur großen HÖR ZU: Die Spalte „Popmusik" hat das gleiche Signum wie die Popseite in der HÖR ZU, auch hier gibt es eine LP-Besprechung.

Auch in SIEHSTE gab es die Seite „Original und Fälschung", nur daß es sich zum Beispiel um ein Foto von John Travolta und Olivia Newton-John oder um das Bild einer Langspielplattenhülle handelt. Die Rubrik „Quietsch und Quatsch" der Zeitschrift SIEHSTE entsprach in der Aufmachung der Seite 3 der HÖR ZU. Und wie HÖR ZU nahm SIEHSTE seinen Leser an die Hand und sagte ihm, was gut ist:
- „Schon gesehen? SIEHSTE ging für Euch ins Kino"
- „Schon gehört? Diese Titel werden HITs"

Nicht zu vergessen – die Starfotos und die Stargeschichten:
- „Den find ich riesig – Supermann"
- „Die find ich riesig – Luisa Fernandez"
- „James Dean – für ihn sprangen Mädchen aus dem Hochhaus"

Starkult, Konsumwerbung par excellence – das wurde in SIEHSTE nicht anders betrieben als in HÖR ZU, erfolglos, „Siehste" wurde eingestellt.

Natürlich sind kommerzielle Verlage an kommerziellem Erfolg interessiert – es bleibt die Frage nach Quantität und Qualität. Was einem mit der HÖR ZU wöchentlich auf den Tisch kommt, ist der Bestandteil eines kommerziellen Medienverbunds, der vergleichbar sonst nirgendwo zu finden ist. Doch die HÖR ZU hat nicht nur eine zunehmende Kommerzialisierung zu verzeichnen. Früher hatte sich die HÖR ZU stark von anderen Publikationen des Springer-Verlages abgehoben.

„Eine Zeitschrift ist wie ein Mensch. . ."

In den letzten Jahren wurde HÖR ZU mehr und mehr zu einem Produkt, dem man die Herkunft aus dem Hause Springer sofort anmerkt. Die Neutralität, die durchaus nicht Langeweile bedeutete, ist verschwunden, das politische und journalistische Niveau der Zeitschrift liegt zwischen „Welt" und „Bild am Sonntag". Die Auswahl der Kommentatoren und Kritiker läßt in den letzten Jahren einen deutlichen Rechtsschwenk erkennen. Kurz: Das Flaggschiff des Illustriertenbereichs wird stärker in den Verband der Springer-Flotte integriert. Wie sagte doch Peter Bachér: „Eine Zeitschrift ist wie ein Mensch. Sie hat Charakter. Sie signalisiert etwas. Sie kann – wie ein Mensch – dreist, herausfordernd, aggressiv, böse, zersetzend und verletzend sein, aber auch vertrauenswürdig, ehrlich, behutsam, human, fröhlich."

Zweifellos sieht Bachér seine Zeitschrift als „vertrauenswürdig, ehrlich, behutsam, human, fröhlich" an. Ist eine Zeitschrift vertrauenswürdig, wenn sie dem Leser mit allen nur erdenklichen Mitteln suggeriert, daß die HÖR ZU-Langspielplatten besonders gut sind? Ist eine Zeitschrift ehrlich, die mit dem Begriff Wissenschaft bedenkenlos operiert?

Ist es ehrlich, wenn man den Leser über eigene kommerzielle Interessen im Unklaren läßt? Über Worte wie „behutsam, human, fröhlich" läßt sich sicherlich streiten, nicht aber über „vertrauenswürdig" und „ehrlich", zumal dann nicht, wenn sie vom Chefredakteur selbst gebraucht werden, von dem übrigens auch folgender Satz stammt: „Das ist überhaupt das ganze Geheimnis des Journalismus: die tiefen Bedürfnisse des Lesers aufzuspüren und zu befriedigen."

Wenn es den HÖR ZU-Leuten gelingt, diese Bedürfnisse aufzuspüren, wird die HÖR ZU weiterhin die größte bleiben. Oder, um es mit den Worten von Hans Dieter Müller, dem Autor einer kritischen Studie des Springer-Verlages zu sagen:

„Man wird der qualifizierten Informationsillustrierten mit erweitertem Fernsehteil heute die größeren Zukunftschancen geben. Gleichwohl wird das Konzept der „Familienzeitschrift mit Programmanhang" noch eine Weile unverwüstlich sein, dazu ist der Anpassungsmechanismus, nun auch mit dem Instrumentarium eines modernen computer-bestückten Marketing ausgestattet, inzwischen zu perfekt. Es wird das „Denken und Fühlen" der zuverlässig errechneten 12 Millionen Leser, dem der Inhalt von HÖR ZU nach einer Verlagsmitteilung genau entspricht, rechtzeitig wahrnehmen und in Gedanken, Empfindungen und Entschlüsse umsetzen; die von Millionen genauso gedacht, empfunden und beschlossen werden."

Vergessen könnte man darüber, wie die HÖR ZU einmal, als es noch kein Fernsehen gab, angefangen hat, nämlich als Programmzeitschrift:

„HÖR ZU will nicht eine Illustrierte ersetzen, nicht eine Gartenlaube mit Häkelmuster und Rundfunkprogramm sein, nicht mit der Bühne und dem Film kokettieren. HÖR ZU will zur reinen Urform der Rundfunkzeitung zurückführen und sich deshalb ausschließlich mit dem Rundfunk beschäftigen: mit seinen Künstlern, Technikern, Organisatoren, mit den Problemen seiner Programmgestaltung."

Heidi Dürr

Information als Werbung — Werbung als Information
Buchzeitschriften

Mitte 1979 veröffentlichte die „Frankfurter Allgemeine", die zweitgrößte überregionale Tageszeitung der Bundesrepublik, in ihrer Wochenend-Beilage eine Re-
zension von Gerhard Schulz über das neueste Buch von Gerhard Zwerenz, eine
Biographie seines Schriftsteller-Kollegen Kurt Tucholsky. Unter der Überschrift
„Mit Kurt Tucholsky wird Schindluder getrieben" ist dort eine Kritik zu lesen, die
an Inhalt und Form des Zwerenzschen Werks kein gutes Haar läßt:
   „Wo historisch Gegebenes enge Grenzen setzt, kommt es bei Zwerenz zu Einsichten und Verständnis. Das Kapitel über Tucholsky und die ,Weltbühne', über
sein Verhältnis zu Carl von Ossietzky und über dessen Passion unter den Händen
der Nazis ist ein Beispiel dafür. Literarischen Texten wiederum steht er hilflos
gegenüber, was sich in einem Buch über einen Schriftsteller als kein geringes
Handicap ausweist. Meist kommen Paraphrasen heraus oder nutzlose Beifalls-
kundgebungen . . . So wird Tucholsky immer wieder auf Übergröße stilisiert und
gleichzeitig Seite für Seite durch einen Stil beleidigt, der seinesgleichen sucht.
Dieses Buch über einen der besten deutschen Stilisten steckt derart voll sprach-
licher Schludrigkeiten, daß es sich stellenweise wie eine Stilblütensammlung aus
Schulaufsätzen liest."
   Deutlicher kann ein Kritiker seine Meinung kaum zum Ausdruck bringen. In
der Branche nennt man so etwas einen totalen Verriß — übrigens nicht der ein-
zige, den Gerhard Zwerenz für seine Tucholsky-Biographie einstecken mußte.
Der Leser wird hier ausführlich und mit konkreten Beispielen über Inhalt und
Qualität einer Neuerscheinung auf dem Buchmarkt unterrichtet. Kritik also als
Information. Aber enthält diese Information nicht auch Werbung, ist die Tat-
sache, daß die Kritik — noch dazu vierspaltig aufgemacht — überhaupt erscheint,
nicht schon ein Stück Reklame für dieses Buch?
   Ein anderes Beispiel. In einer der letzten Ausgaben des Werbemagazins „buch
aktuell" heißt es zu dem Roman „Die kurze Stunde zwischen Tag und Nacht"
von Angelika Schrobsdorff:
   „Geprägt von konzentrierter weiblicher Aufmerksamkeit, charakteristischem
Witz und scharfer Ironie, hat Angelika Schrobsdorff den autobiographischen
Roman „Die kurze Stunde zwischen Tag und Nacht" bei Claassen vorgelegt — die
literarische Bestandsaufnahme einer Frau unserer Zeit. . . Das ist nicht nur mei-
sterhaft geschrieben, das ist auch das Glaubensbekenntnis einer Frau, die in der
Welt herumgeirrt ist — auf der Suche nach einer neuen Identität."
   Am Schluß dieser mit Inhaltsangabe und längeren Zitaten angereicherten Darstellung steht noch einmal ein kräftiges Lob für die Autorin: „Selten . . . hat in
den letzten Jahren eine deutschsprachige Schriftstellerin mit solcher Meisterschaft

geschrieben – eines der unzweifelhaft literarischen wie auch unbestechlichsten Bücher unserer Zeit."

Daß diese Kritik in Anführungszeichen als Werbung gemeint ist, geht für den aufmerksamen Beobachter aus dem Untertitel des Magazins „buch aktuell" hervor, das zahlreiche Buchhändler in der Bundesrepublik und im Ausland kostenlos für ihre Kunden bereithalten. Der Verlag hat dafür bezahlt, daß der Leser dieser Zeitschrift mit dem Thema des Romans bekannt gemacht, von seiner Qualität überzeugt und – im besten Fall – zum Kauf des Buches animiert wird. Die Werbung enthält aber auch Informationen. Durch die Lektüre des Beitrags erhält der Leser zumindest Kenntnisse über den Inhalt des Buches, seinen Umfang und seinen Preis und über die Autorin. Er erfährt, daß es in der für den einzelnen nicht übersehbaren Flut von mehr als 40 000 Neuerscheinungen jährlich auch den romanhaften Bericht einer Frau gibt, die nach Israel einwandert und in diesem Land ihre Identität findet. Das freilich ist nur ein Teil der Information, die der Leser für die Entscheidung brauchte, ob er Geld und Zeit in dieses Buch investieren soll oder nicht. Die kritische Distanz, das unabhängige Urteil fehlen, denn schließlich bezahlt kein Verleger dafür, daß über seine Bücher schlechte Meinungen verbreitet werden.

Daß Werbung auch Nachrichten übermitteln kann, im Sinne der Information des Bürgers, über ein bestimmtes Produkt oder eine bestimmte Dienstleistung, wird heute nur noch von denen bestritten, die Werbung für den Sündenfall der westlichen Zivilisation halten. Daß andererseits Informationen, selbst bei bewußtem Bemühen um größtmögliche Objektivität, indirekt auch Werbung für eine Ware oder eine Person enthalten können, wagen nur noch die ewig Naiven unter den Informationsvermittlern zu behaupten. Die Frage ist nur, wo im Einzelfall die Werbung aufhört und die Information beginnt, beziehungsweise umgekehrt, wo die Information in die Werbung übergeht. Und die Frage ist auch, ob der angesprochene Bürger die Grenzen jeweils erkennen kann.

Am leichtesten ist die Unterscheidung bei klar deklarierter Werbung – also bei Anzeigen, Plakaten oder Fernseh-Spots. Der Konsument nimmt die Aussage wahr und weiß zugleich, daß es sich hier um eine Aussage in eigener Sache handelt. Viel schwieriger wird die Sache bei redaktionellen Beiträgen. Ob eine Sendung in Rundfunk oder Fernsehen oder ein Presse-Artikel einen Sachverhalt objektiv oder einseitig zugunsten bestimmter Interessen darstellt, ob die Auswahl von Nachrichten von möglichst sachlichen oder vorwiegend von persönlichen Kriterien bestimmt wird – das alles kann der Bürger in der Regel nur beurteilen, wenn er selbst Fachmann ist. Und das ist er in den seltensten Fällen.

Hervorragende Beispiele für die Wechselbeziehungen zwischen Information und Werbung bietet seit einigen Jahren der Markt der Buchzeitschriften, jener Publikationsorgane, die über Bücher und Verlage, Verleger und Buchhändler berichten. Es ist ein Markt, der noch vor 15 Jahren winzig war und erst im letzten Jahrzehnt beträchtlich ausgeweitet wurde. Den Anstoß dazu gab das Bestreben vieler bundesdeutscher Verlage, ihren traditionellen Kundenkreis, nämlich das Bildungsbürgertum, zu erweitern und neue Schichten an Buch und Buchhandel heranzuführen. Der verbreitende Buchhandel, beunruhigt durch das zunehmende

Buch-Angebot in Kaufhäusern, Supermärkten und verschiedenen Fachgeschäften wie Kaffee-, Haushaltswaren- oder Sportläden, suchte seinerseits nach Möglichkeiten, sein Image als teueres, elitäres Fachgeschäft loszuwerden und durch ein attraktiveres, leistungsgerechtes Bild zu ersetzen. Beides zusammen weckte das Bedürfnis nach mehr Information — für die Mitglieder der Branche und für ihre Kunden.

Bevor die neue Entwicklung begann, die in bisher unbekanntem Maße modernen Marketing-Methoden folgte, hatte es zwischen Verlagen und Buchhandel einerseits und Buchkäufern andererseits im wesentlichen zwei Formen des Kontakts gegeben. Die eine umfaßte verschiedene Arten herkömmlicher Werbung — von Plakaten und Zeitungsanzeigen über Lesereisen von Autoren bis hin zu Prospekten für einzelne Verlage oder Buchhandlungen, bestimmte Sachthemen wie etwa Kunst und Antiquitäten oder spezielle Geschenk-Gelegenheiten wie Kommunion, Konfirmation oder Weihnachten. Außerdem setzten vor allem die Verlage auf ihre Kontakte zu den Medien, zu Fernsehen und Rundfunk, Tages- und Wochenpresse, Publikums- und Fachzeitschriften. Buchkritiken, Buchreportagen oder auch einfach nur Kurzanzeigen neu erschienener Titel galten und gelten in den Verlagen immer noch als wichtige Wege zum Kunden. Vor allem können diese Wege kostenlos benutzt werden — wenn man einmal von dem Aufwand für eine Presse-Abteilung absieht. Keiner anderen Branche wird soviel Gratis-Publizität zuteil wie dem Buchhandel. Dabei können die Verlage häufig sogar selber bestimmen, was sie veröffentlicht haben wollen. Denn viele kleine und mittlere Zeitungen leisten sich zwar einen Literatur-Teil, aber keine entsprechend qualifizierten Redakteure — mit der Folge, daß so manche Buchkritik, die dem Leser als redaktionelle Leistung erscheinen muß, nichts anderes ist als der Abdruck eines Waschzettels. Unabhängige Rezensionen werden von vielen Verlegern selbst dann geschätzt, wenn sie negativ ausfallen. So mancher Verleger ist nämlich der Ansicht, daß eine schlechte Kritik besser ist als gar keine. Die schlechte Besprechung bringt ein Buch immerhin ins Gespräch.

Für die Information und Diskussion innerhalb der Buchbranche hatte bis in die Mitte der sechziger Jahre eine Zeitschrift ein Monopol — das bereits 1834 gegründete, zweimal wöchentlich erscheinende „Börsenblatt für den Deutschen Buchhandel", das offizielle Organ des Bundesverbandes der Verleger und Buchhändler. Es war bis vor wenigen Jahren ein betulich gemachtes Blatt, dessen zentraler Teil — die Verlagsanzeigen — mit Verbandsnachrichten und mehr oder weniger langweiligen Artikeln garniert wurde. Aktualität war da ebensowenig gefragt wie Kritik — es sei denn, sie kam von den ehrenamtlichen Funktionären des Börsenvereins des Deutschen Buchhandels. Zwei zufällig herausgegriffene Ausgaben aus den Jahren 1972 und 1973 mögen die thematische Spannbreite des „Börsenblatts" verdeutlichen. Heft 73 vom 12. September 1972 enthielt u. a.:

— eine erläuterte Auswahl-Bibliographie der Werke des Friedenspreisträgers Janusz Korczak
— einen Beitrag zu der Frage, wer im Buchhandel ausbilden darf
— eine Dokumentation besonders geglückter Schaufenster
— Hinweise zum Arbeitgeberanteil für versicherungspflichtige Ersatzkassenmitglieder sowie

- eine Vorschau auf Lehrprogramme im Fernsehen.
  Das Heft 36 vom 8. Mai 1973 sah nicht viel anders aus. Ein paar Überschriften:
- Buchhandelspartner Ungarn. Über die Beziehungen zwischen dem Buchhandel
  Ungarns und der BRD
- Das Klingspor-Museum in Offenbach
- Schulgeldfreiheit – aber wie? Drei Meinungen zu Fragen buchhändlerischer
  Ausbildung
- Berlin war vielen eine Reise wert. Hauptversammlung des Verbandes deut-
  scher Bahnhofsbuchhändler
- Buchmarkt-Nachrichten aus Großbritannien, Spanien und den USA.

Konkurrenz bekam das „Börsenblatt" erstmals im Jahre 1966, als Klaus
Werner, der Mitinhaber des gleichnamigen Düsseldorfer Baufachverlags, unter
dem Titel „buchmarkt" eine neue Fachzeitschrift gründete. Ihre Redakteure
konnten ihre Themen ohne Rücksicht auf die unterschiedlichen Interessen der
Verbandsmitglieder wählen, Akzente setzen, Meinungen drucken. Von Anfang
an offerierte „buchmarkt" eine wesentlich farbigere Palette. Im ersten Heft fanden sich zum Beispiel eine Kolumne über die Bestseller-Liste, ein Porträt des damals jungen Verlags Klaus Wagenbach, Beiträge über Lyrik und nicht zuletzt be-
triebswirtschaftliche Ratschläge für die buchhändlerische Praxis.
Der „buchmarkt" sorgte zwar für frischen Wind in der Buchhandelspublizistik,
einen Wetterumschwung verursachte er jedoch nicht. Das Klima änderte sich erst
entscheidend, als ein Außenseiter die Szene betrat, der nach eigenem Eingeständ-
nis zunächst von der Branche keine Ahnung hatte. Durch unermüdliche Arbeit
schaffte er es jedoch, dem Buchhandel innerhalb kurzer Zeit einen Stempel auf-
zudrücken. Durch ihn ist der Buchhandel zu einem jener Wirtschaftszweige geworden, in deren Publizistik die Grenzen zwischen Information und Werbung,
zwischen Journalismus und Interessen-Vertretung systematisch verwischt werden.
Der Mann, der von seinen Freunden als Retter des Buchhandels, von seinen Fein-
den als Hecht im Karpfenteich bezeichnet wird, heißt Bodo Harenberg, ist 41
Jahre alt, stammt aus Magdeburg und lebt in Dortmund. Im anderen Teil Deutschlands studierte Harenberg zunächst vier Semester Schwermaschinenbau, nach
dem Grenzwechsel erlernte er bei den Dortmunder „Ruhr-Nachrichten" das
journalistische Handwerk und bei einer Benzin-Firma erwarb er schließlich das
Rüstzeug zum Marketing-Fachmann. Nach einem kurzen redaktionellen Zwischen-
spiel, wiederum bei den „Ruhr-Nachrichten", machte er sich als Sport-Journalist
selbständig. Mit kritischen Berichten, u. a. über die Fußball-Bundesliga, erschrieb
er sich sehr schnell einen guten Namen. Für das Psychogramm eines Boxers bekam er zum Beispiel den begehrten Theodor-Wolff-Preis. Daneben entwickelte
Harenberg als Marketing-Berater Werbe-Konzeptionen für Firmen wie „Aral"
und die Bundesbahn.
Zum Buchhandel kam der Dortmunder indirekt, nämlich als Autor eines Welt-
meisterschafts-Buches für den Düsseldorfer Econ-Verlag. Als der Autor seinen
Verleger Erwin Barth von Wehrenalp schriftlich fragte, wie er für sein Buch werben wolle, bekam er als Antwort eine Anzeige aus dem „Börsenblatt des Deutschen

Buchhandels" zugeschickt. Harenberg fand, dieser Einsatz sei zu dürftig für sein Buch. Als er beim Verleger reklamierte, schrieb dieser ihm jedoch nur:
„Wenn Ihnen das nicht gefällt, dann müssen Sie sich Ihr Börsenblatt selber machen."

Der stets aktive Harenberg ließ sich das nicht zweimal sagen. Obwohl er zu jener Zeit eingestandenermaßen nichts von Verlagswesen und Buchhandel verstand, brachte er zur Frankfurter Buchmesse 1970 unter dem Titel „Buchreport" einen gehefteten Informationsdienst heraus, der durch seinen salopp-schnoddrigen Stil neue Töne in die buchhändlerische Fachpresse brachte und trotz seiner zahlreichen inhaltlichen Mängel sehr bald zum Erfolg wurde. Dem Neuling kam dabei nicht zuletzt zugute, daß zahlreiche Verleger und Buchhändler damals mit dem an modernem Marketing wenig interessierten Börsenverein und mit dem altväterlichen „Börsenblatt" unzufrieden waren. So fand Harenberg sowohl unter Verlegern wie unter Buchhändlern schnell Förderer, die ihr Engagement zum Teil ganz bewußt als Demonstration gegen ihre Frankfurter Standesvertretung auffaßt. Econ-Verleger Erwin Barth von Wehrenalp beispielsweise sagt dem „Buchreport" im voraus Anzeigen für ein halbes Jahr zu.

Harenbergs Sternstunde kam freilich erst, als das Nachrichtenmagazin „Der Spiegel" aus Unzufriedenheit mit Elisabeth Noelle-Neumanns Allensbacher Institut für Demoskopie einen neuen Produzenten für seine Bestseller-Liste suchte. Das Hamburger Blatt, zu dessen langjährigen Redakteuren Harenberg-Bruder Werner zählte, holte mehrere Angebote ein und entschied sich dann für Harenberg – weil er der billigste war und weil er als Basis der wöchentlichen Erhebung die Beteiligung von 500 Buchhandlungen bot.

Der ehemalige Sportjournalist dürfte ganz genau gewußt haben, warum er die Listen zu einem Preis verkaufte und noch verkauft, der die wirklichen Kosten nur teilweise deckt. Die Erarbeitung des Bücher-Barometers, das mittlerweile durch eine Taschenbuch-Liste ergänzt wurde, sichert ihm nämlich bundesweite Publizität. Durch die Umfrage bei den Buchhändlern, die als Entgelt für ihre ständige Mitarbeit den „Buchreport" zu einer erheblich ermäßigten Gebühr beziehen können, verschaffte er seiner Zeitschrift außerdem ein festes Standbein in den Sortimentsbuchhandlungen. Und schließlich konnte er durch den Vorabdruck der erweiterten „Spiegel"-Liste im „Buchreport" auch die Verlage als Abonnenten ködern.

Der „Buchreport", der nach der Aquisition der „Spiegel"-Liste auf wöchentliches Erscheinen umgestellt und in ein gebundenes Fachmagazin verwandelt wurde, ist seitdem zum Grundstein eines kleinen Konzerns der Buchhandelswerbung und Buchhandels-Information geworden. Die Zeitschrift, die Harenberg nach eigener Aussage in vergangenen Jahren 75 Prozent des Umsatzes und 25 Prozent des Unternehmensgewinns brachte, erwies sich nicht nur als finanziell einträgliches Objekt, sondern auch als publizistisch nützliches Instrument in eigener Sache. Harenberg nutzte und nutzt den redaktionellen Teil immer wieder zu nicht gerade schamhafter Eigenwerbung.

„ ‚Buchreport' ", „(wird) von seinen Empfängern in aller Regel noch vor der üblichen Post gelesen."

Auch zur Polemik gegen die Konkurrenz-Blätter wird der „Buchreport" gerne eingesetzt. In Heft 14 des Jahres 1977 etwa, in dem Harenberg sich eines immerwährenden Generalstabsplans bei aktuellen Ereignissen rühmt, ist dann zu lesen: „Diese Extra-Informationen, allen Abonnenten kostenfrei ins Haus geliefert, verschaffen Buchreport-Leser gegenüber Tagespresse, Funk und Fernsehen einen Informationsvorsprung von Tagen, gegenüber den übrigen Blättern der buchhändlerischen Fachpresse gar von Wochen und Wochen."

Zuweilen verlangt Harenbergs Selbstverständnis nach noch mehr Polemik: „. . . das verbandsabhängige Börsenblatt und der monatliche kreißende Buchmarkt (haben sich) ein Prinzip geschustert, mit dem sie eigene Probleme vergessen machen wollen: Dort wird im Nachhinein verbrämt und neidisch verfälscht, was im Buchreport zuerst gestanden hat."

Ähnlich ungehemmt wird die Zeitschrift auch eingesetzt, wenn es um die Propagierung und Durchsetzung rein kommerzieller Harenberg-Interessen geht. Und da gibt es mittlerweile eine ganze Menge durchzusetzen und zu propagieren.

Um den „Buchreport" herum hat Harenberg im Laufe der Jahre ein bunt gemischtes Angebot von Werbematerial, Dienstleistungen und eigenen Büchern arrangiert. Da ist zunächst das dreimal jährlich in einer Auflage von gut 600 000 Exemplaren erscheinende Werbemagazin „buch aktuell". Wie alles, was Harenberg in seine Hände nimmt, ist auch dieses vierfarbig gedruckte Blatt im „Spiegel"-Format professionell gemacht. Im Gegensatz zu so manchem buchhändlerischen Werbemittel der Vergangenheit wirkt da nichts mehr handgestrickt.

„buch aktuell" enthält neben zahlreichen traditionellen Anzeigen Artikel über Neuerscheinungen aus den gängigsten Buchgruppen. Über Romane und Sachbücher ist da ebenso etwas zu finden wie über Lexika, Bildbände, Kochbücher, Reiseführer und Kinder-Literatur. Auch die eigene Produktion wird natürlich berücksichtigt. Harenbergs Taschenbücher, die sich bibliophil nennen, dies aber keineswegs sind, werden beispielsweise als vorzüglich ausgestattete Reihe gepriesen. Derart direkt lobende Äußerungen kommen freilich in „buch aktuell" nicht allzu häufig vor; über sie könnte der Leser stolpern. Die Texte zeichnen sich vielmehr durch eine raffinierte Mischung aus sachlichem, scheinbar objektivem Magazin-Stil und positiven Urteilen aus. Der Schein der Objektivität aber trügt. In Wahrheit gilt, was Rudolf Walter Leonhardt in der Wochenzeitung „Die Zeit" einmal über einen von Harenberg selber verfaßten Reiseführer geschrieben hat:

„Eine kritische Intelligenz, die sich um unterscheidende Urteile bemüht hätte, war dabei unbeteiligt."

Das ist natürlich kein Wunder, denn die Texte beruhen nicht nur auf Informationsmaterial der Verlage, sie werden auch von ihnen bezahlt. Die scheinbaren Rezensionen in „buch aktuell" haben also mit Journalismus nichts, mit Werbung alles zu tun. Das hätte dem Leser eigentlich auch von Anfang an deutlich gemacht werden müssen. Bodo Harenberg jedoch mußte erst gerichtlich gezwungen werden, sein Werbemagazin auch deutlich als solches zu kennzeichnen. Inzwischen steht das Wort „Werbemagazin" unübersehbar auf der Titelseite und auf der ersten Innenseite heißt es klein gedruckt:

„ ,buch aktuell' enthält ausschließlich von Verlagen finanzierte Beiträge und wird als kostenloses Informationsmagazin an Buchinteressenten abgegeben."

Auf jeder Textseite ist in Mini-Schrift noch einmal der Hinweis zu lesen, daß es sich um Informationen handelt, die von den Verlagen zur Verfügung gestellt wurden.

Mit dem Begriff Information geht der Dortmunder Publizistik- und Werbungs-Unternehmer in „buch aktuell" ebenso großzügig um wie in seinen anderen Organen. Von dem Erfolg von „buch aktuell" auf den Geschmack gebracht, suchte Harenberg nach Möglichkeiten, etwas Ähnliches auch für andere Buchgruppen herauszubringen. So entstand das kleinformatige „Taschenbuchmagazin", das viermal jährlich in einer Auflage von inzwischen 1,3 Millionen Exemplaren erscheint und ebenfalls kostenlos von Buchhändlern an Kunden abgegeben wird, sowie die einmal jährlich edierte „Bücherkiste", in der neue Kinder- und Jugendbücher vorgestellt werden.

Für diese und andere Objekte aus der Dortmunder Werkstatt wird die Fachzeitschrift „buchreport" ständig und offenbar völlig bedenkenlos als Werbeträger benutzt. Das wäre legitim, wenn Harenberg sich in regulären Anzeigen für seine Produkte einsetzte. Das ist jedoch nicht der Fall. Er nutzt vielmehr den Textteil, um – meist auch noch an prominenter Stelle – für sich selber zu werben. Das Taschenbuch-Magazin beispielsweise wurde schon vor Erscheinen zum Bestseller erklärt. Und zu Harenbergs Jugendbuch-Werbemagazin meinte „buchreport" anmerken zu müssen:

„Die ,Bücherkiste' ist zum wichtigsten Werbemittel für Kinder- und Jugendbücher geworden."

Auch in einem anderen Fall erwies sich das Blatt als nützlich. Nachdem Harenberg monatelang gegen sogenannte buchhandelsfremde Billigbuch-Anbieter, wie Kaffeeröster und Lebensmittelmärkte mit Formulierungen wie:

„Die Kaffeeröster rüsten zum Büchersturm" oder

„Eduscho bringt Bücher wie Kaninchen zur Welt"

zu Felde gezogen war, bot er sich als Heilsbringer an und offerierte dem Buchhandel eine eigene Billigbuch-Aktion mit umfangreichen flankierenden Werbe-Maßnahmen. Im „buchreport" wurde die Kampagne mit dem Titel

„Öfter mal zum Buchhändler. Das lohnt sich"

angeboten und redaktionell hochgelobt:

„Sortimenter sprechen vom größten Erfolg seit Pasternak und Solschenizyn."

Die Grenzen zwischen Information und Werbung werden in dieser Fachzeitschrift systematisch verwischt. Da ist es dann kaum noch verwunderlich, daß Harenberg bei diesen sogenannten Informationen in eigener Sache die Akzente so setzt, wie es ihm genehm ist. Zuweilen nimmt diese Selbstdarstellungspolitik fast schon groteske Formen an. Ein solcher Fall findet sich beispielsweise in einem der jüngsten Hefte von „buchreport".

Es geht dabei um eine neue Werbe-Kampagne mit dem Namen „Buch Partner", die Harenberg nach intensiver und kostspieliger Vorbereitung Anfang 1979 mit großem Aufwand überall in der Bundesrepublik präsentiert hatte. Wichtigste Aufgabe der sogenannten Marketing-Gemeinschaft, die Buchhändlern Mitgliedsbeiträge bis zu 625 Mark monatlich abforderte, sollte eine breit angelegte, monatlich wechselnde Anzeigenaktion für jeweils drei „Büchern des Monats" und zweimal jährlich für ein besonders preisgünstiges „Buch des Monats" sein. Die ganz- oder mehrseitigen Inserate sollten in den auflagenstärksten überregionalen Tages- und Wochenblättern erscheinen und jeden Monat 17 Millionen potentieller Käufer erreichen. Finanziert werden sollte die von mehreren Service-Leistungen dekorierte Kampagne von den Mitgliedsbeiträgen der Buchhändler und einer nicht gerade kleinen Titelgebühr der Verlage für die Bücher des Monats. Harenberg hatte an 60 000 Mark pro Titel gedacht.

Sein professioneller Optimismus trug Harenberg diesmal nicht allzu weit. Buchhändler rechneten ihm öffentlich vor, daß sie für zuviel Geld zuwenig Leistung bekämen, und Verleger meinten, daß eine derartige Werbeaktion für jeweils nur drei Titel zu einer weiteren unerwünschten Kommerzialisierung des Buchmarktes führen müsse. Einige Kritiker trugen das berechtigte Argument vor, der Buchhandel schaufele sich selber sein Grab, wenn er − statt auf das tatsächlich riesige Angebot − mit so großem Aufwand nur auf einen winzigen Ausschnitt der Buchproduktion aufmerksam mache. Als dann noch ein prominenter Verleger in der Zeitschrift „Buchmarkt" ausrechnete, daß die Aktion Harenberg einen Rohgewinn von 700 000 Mark bringen dürfte − also eine Summe, die die meisten Buchhändler im Jahr nicht einmal umsetzen, geschweige denn verdienen − da mußte Harenbergs Neugeborenes in den Brutkasten. Der Vater päppelte es hoch, und heraus kam ein gesunder Achtpfünder.

So zumindest möchte es Harenberg gerne sehen. Nachdem er den wichtigsten Teil der Kampagne, die Bücher des Monats, ersatzlos gestrichen und beschlossen hatte, künftig viermal statt − wie bisher vorgesehen − zweimal jährlich preiswerte Sonderausgaben anzubieten und außerdem sowohl die Verpflichtungen wie die Beiträge der Mitglieder drastisch zu senken, war im „buchreport" zu lesen:

„Die Zielsetzung der Marketinggemeinschaft ist geblieben, das Konzept indes ist wesentlich straffer und deshalb übersichtlicher geworden. Leitlinie der modifizierten Fassung: Die Marketinggemeinschaft soll ihrem Namen alle Ehre machen, so daß die Betonung ganz auf dem Wort Marketing liegt."

Damit niemand auf die Idee kommt, die Sonderausgaben seien vielleicht eine Notlösung, um das teure Projekt nicht ganz abschreiben zu müssen, enthält das gleiche Heft nach dem langen Beitrag eines Professors über den neuen Stellenwert von Sonderangeboten:

„ ‚Im Zeitalter weit verbreiteter Sonderangebote haben die Verbraucher . . . überall gelernt, daß niedrige Preise sehr wohl mit guten Qualitäten vereinbar sind, sobald der Charakter des Sonderangebots verstanden wird. Sein Image hat den Haut-gout der Inferiorität verloren."

Ein Kommentar ist da wohl überflüssig. Wer so eigenwillig mit der Wahrheit umgeht, kann nicht mehr allzuviel Vertrauen in die Objektivität und Unabhängigkeit seiner übrigen Berichterstattung erwarten. So haben denn manche Leser auch den Eindruck, daß die Auswahl der Beiträge im Buchreport sehr oft mehr von Subjektivismen als dem Wunsch nach umfassender Information geprägt wird.

„Von den mehr als 2 200 Verlagen in der Bundesrepublik," schreibt beispielsweise die Illustrierte „Stern" in einer Harenberg-Story, die von dem ehemaligen
Geschäftsführenden Redakteur des „buchreport" mitverfaßt war, „hat in den
bald zehn Jahren „buchreport" nicht einmal die Hälfte Erwähnung und Beachtung gefunden."

Eine Abhängigkeit zwischen der redaktionellen Berücksichtigung von Verlagen
und deren Anzeigen-Vergabe an „buchreport", „buch aktuell" oder andere Dortmunder Werbeträger läßt sich schwer feststellen und schon gar nicht beweisen.
Von Bobo Harenberg selber, der bei jeder Gelegenheit auf sein Journalistentum
und seine Unabhängigkeit pocht, wird sie strikt zurückgewiesen. Immerhin lassen
sich merkwürdige Verzerrungen zugunsten guter Anzeigenkunden registrieren.

In der Reihe „Ich über mich" beispielsweise, in der lange Zeit Autoren über
sich selbst schrieben, waren Schriftsteller der Verlagsgruppen Bertelsmann und
Econ, des Fleissner-Konzerns und der Häuser Droemer, Molden und Piper außer-
gewöhnlich oft vertreten, ein literarisch führender Verlag wie Suhrkamp dagegen
nur ganz selten. Auch die Bewertung von Verlagen entbehrt oft nicht bemerkenswerter Eigenwilligkeit. In einer redaktionellen Vorschau auf das Frühjahrspro-
gramm der Verlage etwa zählte „buchreport" die zur Fleissner-Gruppe zählenden,
vergleichsweise unwichtigen Häuser Amalthea und Wirtschaftsverlag Langen-
Müller zu den „wichtigsten Publikumsverlagen". Der Kochbuch-Verlag Mary
Hahn, ebenfalls dem guten Harenberg-Kunden Dr. Herbert Fleissner gehörend,
wurde genannt, nicht jedoch der weitaus bedeutendere Verlag Gräfe und Unzer.
Und der „Stern" zählte auf, daß Herbert Fleissner innerhalb eines Jahres 21mal,
Econ-Verleger Barth von Wehrenalp 16 mal und Willy Droemer 15mal abgebildet
worden seien. Die Schlußfolgerung der Illustrierten: „Gerade von dort flossen der
Harenberg-Kommunikation dicke Anzeigenetats zu."

In jedem Fall schließt sich hier der Kreis: Verleger, über die soviel berichtet
wird, müssen bedeutende Vertreter ihres Berufsstandes sein. Bedeutende Verleger,
so soll der Buchhändler denken, machen auch wichtige Bücher, die man − da
sie meist auch besonders gut rabattiert sind − besonders gut verkaufen muß.
Wenn die Bücher gut verkauft werden, kann der Verleger auch Geld für Werbung
ausgeben. Und warum sollte von dem Werbegeld nicht auch das Blatt kräftig profitieren, daß so häufig über den Verleger berichtet hat?

Wenn in der Bundesrepublik von Information als Werbung und Werbung als
Information die Rede ist, gibt es wohl kaum ein besseres Beispiel als den gelern-
ten Sportjournalisten Bodo Harenberg. Wie der Fussball-Fan bei der Übertragung
eines Bundesliga-Spiels nicht darum herumkommt, die Werbung für bestimmte
Markenartikel zur Kenntnis zu nehmen, so ist auch der Konsument von Haren-
berg-Produkten sehr häufig gezwungen, mit der Information auch indirekte oder
direkte Werbung aufzunehmen. Dabei ist es wie überall leichter, die Information
in der Werbung als die Werbung in der Information zu erkennen. Die verpackte
Werbung erkennt hier wie überall nur der Fachmann. Experte auf dem Buchmarkt
ist aber häufig schon der Fachbuch-Verleger nicht mehr, wenn von Taschen-
büchern die Rede ist. Die meisten Leser des „buchreport" sind also gezwungen,

sich auch dann informiert zu fühlen, wenn sie in Wahrheit umworben werden. Es sei denn, sie bestellten das Blatt einfach ab.

Doch dazu sind offenbar nur wenige bereit. Zwar werden die von Harenberg genannten Auflagenzahlen des „buchreport" von Kennern des Marktes bezweifelt, aber insgesamt gesehen läßt sich nicht leugnen, daß Harenbergs Rezept Erfolg gehabt hat. Nach und nach hat er sich mit Publikations- und Werbemitteln ein kleines Imperium erarbeitet. Sein Umsatz wird von ihm selber mit fünf Millionen Mark angegeben, von Branchenkennern jedoch auf etwa das Doppelte geschätzt. Und zehn Millionen Mark sind in dieser Branche, in der nur 20 Buchhändler und nur gut 100 Verleger diese Marke überschreiten, eine stolze Zahl.

Die Basis des ganzen Unternehmens war und ist der „buchreport". Ohne ihn könnte Harenberg seine vielfältigen Interessen lange nicht so effektiv und vor allem nicht so billig durchsetzen. Daß dies überhaupt möglich war, spricht für den cleveren Geschäftsmann Bodo Harenberg, nicht aber für eine Branche, die gelernt haben sollte, Gedrucktes von Gedrucktem zu unterscheiden.

Barbara Hildebrandt

Information als Werbung — Werbung als Information
Musikzeitschriften

Mit den von Jahr zu Jahr steigenden Umsätzen der Tonträgerindustrie schwillt auch die Zahl der entsprechenden Zeitschriften immer mehr an. Von dem zunehmenden Trend, in der Freizeit Musik zu konsumieren, profitieren Jugendmusikzeitschriften, Stereo- und Hifi-Magazine, brancheninterne Fachzeitschriften und Musiknachrichtendienste.

Jugendmusikzeitschriften

„Alles was Du über John Travolta wissen mußt!" — „Nur die Liebe kann mich vor der Hölle und dem Teufel retten!" — „Olivia, Du warst wundervoll!" — „Leif erstmals Goldjunge!" — „Meine Synthesizer sprechen mit mir!".

Mit solchen Schlagzeilen werben Deutschlands *Jugendmusikzeitschriften* von BRAVO bis POP und von MUSIKEXPRESS bis MUSIKJOKER um ihre meist jungen Leser. Die Blätter dieses Genres quellen über vor Superlativen und bunten Bildern. In mehr oder weniger reißerischer Aufmachung befassen sich alle mehr oder minder gleichzeitig mit den jeweils modischen Stars und Popgruppen. Die Zeitschriften kosten 1,20 DM bis 3,50 DM, und ihre Auflagen reichen von 37 000 verkauften Exemplaren bei der Zeitschrift SOUNDS, die eine rühmliche Ausnahme bildet, bis zu 1 300 000 bei der viel geschmähten BRAVO, dem absoluten Renner unter den Jugendmusikmagazinen.

Die im Heinrich-Bauer-Verlag erscheinende BRAVO ist mit Abstand die älteste und erfolgreichste Publikation und steht völlig konkurrenzlos da. Die seit 1956 bestehende Zeitschrift erscheint wöchentlich und fängt mit dröhnenden Superlativen ihre meist jugendlichen Leser ein, die vorwiegend zwischen 11 und 16 sind. Denn in welchem Alter sonst ist man so empfänglich für Idole und Starkult, Pop- und Schlagermusik, Hitparaden, Aufklärungsserien, empfängnisverhütende Mittel und Spezialcremes gegen Pickel und Mitesser? BRAVO nimmt sich der unartikulierten Fragen und Gefühle der Heranwachsenden geschickt an. Mit Starkult. . . „BRAVO stellt das neue Traumpaar der Popfilm-Szene vor" . . . und sexueller Aufklärung. . . „Wie Dich die Liebe verändert". . . .trifft die Zeitschrift offensichtlich ins Schwarze. Mit „Christa Privat" werden Stars von der sogenannten menschlichen Seite gezeigt. Mit Foto-Fortsetzungsromanen wie „Mord nach heißer Liebe" kommt auch der bewährte Sex-and-Crime-Touch ins Heft. Einsam soll kein junger Mensch sein! Flugs wird eine Rubrik „Treffpunkt" eingerichtet, wo vierzehnjährige Skorpion-Jungen Brieffreundinnen suchen. Hauptinteresse: John Travolta und Abba. Oder: Dreizehnjähriges Girl sucht Brieffreund. Hobby: „John Travolta und die Rockband Status Quo, Tanzen und Tiere!" Hoffentlich melden sich viele Jungen aus ganz Europa, steht noch dabei.

BRAVO ist offensichtlich der Meinung, daß der Teenager im grauen Alltag lebt, und will ihn ein bißchen vom Glanz der großen Welt abkriegen lassen. Er darf seinen Lieblingsstar selbst küren. Unter Star fällt bei BRAVO jeder, vom Anfänger der gerade ein Mikrophon in der Hand halten kann bis zum arrivierten Popsänger.

„Von Euch gewählt: BRAVO präsentiert die Sieger der Otto-Wahl 1978. Bronzene Otto-Siegerin 1978 Amanda Lear 6 659 Stimmen." Verführerisch sitzt Amanda Lear mit ihren schwaren Strapsen auf einem Stuhl, und die Zeitschrift suggeriert ihren Lesern: Euer Star ist Euch ganz nah. „Traumreisen" zu „Superstars" werden verlost. Ein „Traumtreff" soll stattfinden. Dabei erlebt man als Branchenkenner oft, daß die Stars von der Anhimmelei ihrer Fans angewidert sind. Die Fans auch noch offiziell empfangen zu müssen, weil BRAVO ihnen eine Reise versprochen hat, gehört zu den allerlästigsten Pflichten. Namen und Adresse der Gewinner werden veröffentlicht, die Reise wird gemacht, und mühsam wird eine Autogrammstunde (aber lieber nur eine halbe!) arrangiert, wobei sich der sogenannte Star und sein aufgeregter Fan nichts mitzuteilen haben.

BRAVO's Leserbriefonkel Dr. Sommer beantwortet alle kniffligen Lebensfragen: „Warum fangen nicht mal die Mädchen an?" „Was steht im polizeilichen Führungszeugnis?". Preisausschreiben, Fortsetzungsromane, Horoskop und Poster der verehrten Lieblinge runden das Blatt ab. Die Anzeigen sind dem Stil angepaßt: Pickelstifte, Schwangerschaftstests, T-Shirts und Pop-Gürtel. BRAVO hat zweifellos ein wirksames Rezept dafür, wie man die Jugendlichen in der Pubertät anspricht. 1 306 883 Leser wöchentlich beweisen es den Redakteuren im Heinrich-Bauer-Verlag.

Die nächsthöchsten Auflagenzahlen nach BRAVO erreichen die beiden Burda-Zeitschriften FREIZEITMAGAZIN und ROCKY. Das wöchentlich erscheinende FREIZEITMAGAZIN wurde 1972 gegründet. Zum Preis von 1,20 DM erhält man ein Heft in ähnlicher Aufmachung wie BRAVO, nur nicht ganz zu schreiend. Es gliedert sich in die Rubriken: Reportagen, Triff Deinen Traumstar, Serien, Starposter, Treffpunkt Schönheit, Mode, Preisausschreiben, Rätsel und natürlich auch den Leser-Service. Unter Serien läuft zum Beispiel: „Die Hollywoodstars von morgen: Robby Benson", der Roman „Starfieber", das Motor-Magazin und die Abteilung Sex: „Der kleine Unterschied." Unter Leser-Service wird Horoskop, Kummerkasten und Aktion Herz geboten. Hier kann man schon wieder einen Partner finden. Und bei den Anzeigen: Pickelstifte und Mittel gegen Schüchternheit und Erröten.

Der kleinere und jüngere Bruder aus dem Burda-Verlag ist der erfolgreiche Senkrechtstarter ROCKY. Erst 1977 gegründet, bringt er es bereits zu einer Auflage von rund 300 000 Exemplaren. Erscheinungsweise wie bei BRAVO und FREIZEITMAGAZIN wöchentlich. ROCKY und BRAVO gleichen sich wie ein Ei dem anderen. Travolta-Arien, Reportagen über Pop-Gruppen. Sogar dieselben

Gruppen werden gleichzeitig gleichgroß herausgebracht. In den Januar-Heften des Jahres 79 zum Beispiel die Gruppe „Devo" im Zukunftslook. Auch der jeweils doppelseitige Filmbericht befaßt sich im Januar mit demselben Film, nämlich „Speedfever". Weiter geht's, wie gehabt, mit Horoskop, Partnersuche und Witzseiten. Zusätzlich ein Reiseteil, den BRAVO nicht hat. Reisevorschlag: Mit dem Motorrad auf die Lofoten, Inselgruppe vor Nordnorwegen. Leider − ein kleines Versehen der Redaktion − gibt es dort keine Diskotheken und höchstwahrscheinlich auch keine ROCKY zu kaufen, dafür sind aber die Hotels besonders teuer. Für ROCKY-Fans wohl *zu* teuer.

Auch die Zeitschrift MELANIE POPCORN bastelt mit an der von BRAVO so erfolgreich vorfabrizierten Traumwelt. Inhalt und Gestaltung sind geringfügig anders, aber von der realen Wirklichkeit eines elfjährigen Hauptschülers oder eines sechzehnjährigen Schlosserlehrlings findet sich ebenso wenig wie bei den anderen Zeitschriften. Suggeriert wird stattdessen die Nähe und Erreichbarkeit der sogenannten Stars und ihres Ruhms. Wenn zum Beispiel Petra S., (14), Kehlheim, fragt, ob die Gruppe „Sweet" Brian Conolly feuern will, antwortet Andy Scott von der Gruppe „Sweet" der Petra scheinbar ganz persönlich: „Diese Trennungsgerüchte sind totaler Quatsch!" Das mag er in einer Pressekonferenz einmal gesagt haben, aber als persönliche Antwort an Petra S. hat er es sicherlich nicht formuliert. Und auf die Frage von Iris T. (13), Berlin, ob Bonnie Tyler mit Paul MacCartney eine Platte macht, antwortet ihr Bonnie wie eine alte Freundin: „Bei den Aufnahmen zu meiner letzten Single habe ich Paul zufällig im Abbey Road Studio in London getroffen. . ." Weiter bietet MELANIE POPCORN seinen jungen Lesern eine Hitparadenaufstellung, das übliche Poster und ein Horoskop für jeden Tag des Monats. Mit Riesengetöse werden Belanglosigkeiten zu sogenannten Exklusivberichten aufgeblasen. Offensichtlich traut die Redaktion von MELANIE POPCORN ihren Lesern auch noch nicht mal einfachste Grundkenntnisse des Hauptschul-Pflichtfachs Englisch zu. Da wird noch der einfältigste Liedertext übersetzt:

„Fahrrad, Fahrrad, Fahrrad, ich möchte mit meinem Fahrrad, Fahrrad, Fahrrad fahren. Ich möchte mit meinem Fahrrad fahren, ich möchte mit meinem Rad fahren, ich möchte mit meinem Fahrrad fahren, ich möchte es fahren, wo ich will.
Du sagst schwarz, ich sag weiß, du sagst hell, ich sag beiß, du sagst Hei, ich sag hey. Mann, der weiße Hai war nie mein Fall und ich mag auch den Krieg der Sterne nicht. Du sagst rosa, ich sag Rolls Royce, du sagst Gott, gibt mir die Wahl, du sagst Herr, ich sag Christ, ich glaube nicht an Peter Pan, Frankenstein oder Supermann, alles was ich will ist
Fahrrad, Fahrrad, Fahrrad. . ."

Die Zeitschrift FAN-MAGAZIN ist das einzige Jugendmagazin, das nur jeden zweiten Monat erscheint. Mit seinem Preis von 3,50 DM ist es das teuerste Popmagazin. Durch den Inhalt wird dieser Preisunterschied nicht gerechtfertigt, denn auch hier der übliche Starkult: auf acht Seiten, das ist fast ein Viertel des Heftes, erfährt der Leser Neues über den Kassenmagneten John Travolta. Die Zeitschrift hat den Ehrgeiz, ihre verkappten PR-Geschichten im Foto-Romanstil auf dem Niveau simpler Comic-Strips zu erzählen. Und wieder das übliche Poster. Zusätzlich bietet das FAN-MAGAZIN auch noch Steckbriefposter. Ein Steckbriefposter zum Beispiel ist das Foto eines Gitarristen aus der bundesrepublikanischen Band mit dem schönen deutschen Namen „The Teens". Auf dem Randstreifen des Fotos steht dann der Steckbrief mit folgenden aufschlußreichen Charakteristika: Geboren 1964, Lieblingsfarbe: blutrot, Traumauto: Pontiac, Transam, Lieblingsessen: Whopper.

Nach Auskunft von Absatzstrategen einer Jugendmusikzeitschrift zeigen Marktanalysen deutlich, daß gerade diese Starposter für den Verkauf entscheidend sind. Der Leser möchte sich sein Idol zuhause möglichst lebensgroß über's Bett hängen.

Das Hamburger Magazin POPFOTO und die Zeitschrift POP aus Zürich, beide 1968 gegründet, schwimmen ebenfalls im BRAVO-Fahrwasser mit. Im Untertitel führt POP die Bezeichnung MELODY MAKER, die offensichtlich den Verkauf fördern soll, denn MELODY MAKER ist der Name einer großen und erfolgreichen englischen Popzeitschrift, allerdings ganz anderen Charakters. Auch nach Auskunft des Verlages hat POP mit MELODY MAKER nichts gemeinsam.

Hingegen hat die Zeitschrift MUSIKJOKER mit der renomierten amerikanischen Popzeitung ROLLING STONE wirklich einen Vertrag, der berechtigt, die brandneuen Nachrichten aus dem Mutterland des Rock and Roll vollständig auszuwerten. Schon allein diese Tatsache, sollte man denken, müßte reichen, um eine überaus erfolgreiche Zeitung auf dem Popsektor zu machen. Zudem verfügt der MUSIKJOKER noch über ein Netz von gutfunktionierenden Redaktionsteams an allen für die Popmusik wichtigen Punkten der Welt, außerdem über alle Vorteile und Erfahrungen eines Großverlages, denn er gehört zum Axel-Springer-Konzern. Mit dem 1975 gegründeten MUSIKJOKER wollte der Verlag Springer am lukrativen Geschäft auf dem Musikmarkt teilhaben. Der Versuch ist trotz aller sichtbaren Vorteile noch nicht ganz gelungen. Denn trotz optimaler Bedingungen ist die Auflage von rund 85 000 Stück vergleichsweise niedrig.

Der MUSIKJOKER ist in seiner Aufmachung seriöser als BRAVO und seine Imitatoren. Mit mehr Schwarz-Weiß und weniger Farbe wendet sich der MUSIKJOKER zudem an ein etwas älteres Publikum. Die Hauptgruppe der Leser ist, nach Marktanalysen, zwischen 16 und 19 Jahren alt. 70 Prozent des Heftes gehören der Musik, der Rest Film und Fernsehen. Die Reportagen über Musiker sind ausführlich. Im Gegensatz zu anderen Zeitschriften werden auch Konzerte besprochen. Lokale Veranstaltungskalender, die Kneipen, Kinos und andere Treffs aufführen, sind den Berlin- und Hamburg-Ausgaben beigeheftet. In der Rubrik „Memories" werden Popnachrichten aus den sechziger Jahren abgedruckt und so auch das Nostalgie-Bedürfnis abgedeckt. Eine Seite gehört der Technik. Dort berichtet etwa Jean Michael Jarre, wie er es macht, daß sein Synthesizer mit ihm sprechen. Auf Lebenshilfe, Liebe, Triebe, Sex und Poster wird bewußt verzichtet. Diese relativ ernsthafte Konzeption von MUSIKJOKER zahlt sich offensichtlich im Auflagenrennen nicht aus, wichtiger als alle diese Anstrengungen scheint dem Käufer immer das Poster zu sein. Dieses Handicap versucht die

Redaktion mit einem sogenannten „Special" aufzuholen, das alle sechs Wochen erscheint und *ausschließlich* aus Postern besteht.

Der in Hamburg erscheinende MUSIKEXPRESS bemüht sich, ähnlich wie der MUSIKJOKER, um seriösere Berichterstattung. Die Auflage ist entsprechend. Mit rund 90 000 Auflage gehört er zu den kleineren Jugendmusikzeitschriften.

Die kleinste Musikzeitschrift schließlich ist SOUND. In „Stil" und „Scheibe" wahrt SOUNDS deutlich Abstand von allen vorgenannten Musikmagazinen. Zu einem Preis von 3 DM bietet es intelligent und witzig verpackte Informationen aus der Welt der Rockmusik. Deutscher Schlager und Teeny-Pop haben hier keinen Platz. Rockmusik hingegen wird ernstgenommen und einfallsreich, oft im Jargon der jugendlichen Szene, besprochen. Die Musiker werden nicht in einer Glamour-Welt, sondern in ihrer alltäglichen Umgebung und bei ihrer Arbeit gezeigt. Textprobe aus einer Reportage über Eddie Money, den der Redakteur im Studio in Oakland, Kalifornien besuchte: „Ich blicke auf die Uhr und wir beschließen, mit einer Truppe von Leuten auf einen Drink zu „Mc Nally's Pub" zu fahren. „Mc Nally's Irish Pub" sieht aus wie eine Kneipe, die sich die Amerikaner nach dem Besuch des Films „Ryan's Tochter" eingerichtet haben, aber sehr locker, sehr honky tonk – da kann man von 12 Uhr mittags bis zum Tod rumhängen. Dolly Parton jubelt aus der Jukebox, daß es ne Party gibt. Eddie wird von der Stammkundschaft mit lautem Hallo begrüßt. Wenn er auch ne Goldene über der Wohnzimmercouch hängen hat und unter einem proppevollen Terminkalender leidet: hier ist er immer noch good old Eddie."

Die Hintergrundinformationen aus Plattenfirmen, Studios und Konzertsälen von Los Angeles über New York bis London sind aus erster Hand und daher interessant, die Film- und Buchbesprechungen kritisch, die Leserbriefe amüsant. Größere Reportagen über jeweils Modisches wie etwa Emanzipation, Psychologie oder alternatives Reisen sind oft erfrischend unkonventionell und angenehm respektlos. Das 1968 gegründete Rockmagazin wäre zwischenzeitlich beinahe wegen Auflagenschwund eingegangen, hat sich aber seit einigen Jahren von seiner wirtschaftlichen Misere erholt.

HiFi und STEREO-Magazine

Im Gegensatz zu den Teenager- und Twenn-Magazinen geben sich Deutschlands *Hifi- und Stereo-Magazine* seriös, qualitätsbewußt und „cool". Das Layout ist elegant, die Fotos sind zumeist schwarz-weiß. Das Bild beherrschen große Anzeigen der Hifi-Industrie, deren raffinierte Apparate hier vom Intermodulationsfaktor bis zur Sinusleistung getestet werden. In diesen, meist auf schwerem Glanzpapier gedruckten Zeitschriften, wird neben der Popmusik auch auf die klassische Musik und den Jazz eingegangen. Das gut verdienende Publikum wird angesprochen, das schon mal ein paar Tausender für eine Stereo-Anlage hinblättern kann.

Alle fünf Stereo- und Hifi-Magazine erscheinen monatlich und kosten 5 oder 6 DM. Im Prinzip sind sie, wie die Jugendmusikzeitschriften, an jedem Kiosk zu haben, manche allerdings nur an jedem zweiten, denn von diesen Magazinen wird gezielt nur ein kleiner Kreis angesprochen. 82 000 verkaufte Hefte sind bei den Jugendmusikmagazinen eine geringe Auflage, bei den Hifi- und Stereo-Magazinen aber zählt STEREOPLAY damit bereits zu den Branchenführern.

STEREOPLAY bringt aktuelle Informationen über Musik und Technik, Hifi-Geräte-Tests, Marktübersichten und Plattenbesprechungen. Alle Musikbereiche von Klassik über Jazz bis Rock und Pop werden in Reportagen und Kolumnen „gecovert". Die zukunftsträchtige Video-Branche hat natürlich auch schon ihren festen Platz im Heft. Geräte werden nicht nur beschrieben, sondern Konkurrenzmodelle miteinander verglichen, Vor- und Nachteile deutlich genannt, oder es wird auf Preisunterschiede aufmerksam gemacht – also ein Service für den sich in der Fülle der Geräte kaum noch zurechtfindenden Laien. Auch bemüht sich STEREOPLAY bei der Beschreibung der komplizierten Technik um verständliche Darstellung.

Die nächsthöchste Auflage, wenn auch nur halb so hoch wie STEREOPLAY, hat die Zeitschrift STEREO. Auch hier kommen Klassik, Jazz und Rock in Reportagen, Berichten und Interviews gleichermaßen zur Geltung. Am Ende jeder Plattenkritik findet sich eine Kurzbewertung der Schallplatte. Mit 1–5 Sternen wird der künstlerische Wert der Aufnahme, also Musikqualität, Interpretation und Repertoirewert bezeichnet. Eine Anzahl von 1–5 Kreisen bewertet die technische Plattenqualität, also Aufnahme, Schnitt und Pressung. Für die künstlerische Beurteilung sind die Musikkritiker zuständig, für die Technik eigens Toningenieure und Spezialisten verschiedener Fachgebiete. Die Hälfte der Zeitschrift STEREO nehmen Beschreibungen der Gerätetechnik ein. Unter den ständigen freien Mitarbeitern finden sich Jazz-Experte Joachim-Ernst Behrend und Rockspezialist Franz Schöler.

Extrem elitär und distinguiert gibt sich das drittgrößte Magazin dieser Art: „HIFI-STEREOPHONIE", „das offizielle Organ des deutschen High Fidelity Instituts e.V." Das seit 1962 erscheinende Blatt bringt überwiegend Aufsätze, die sich mit Spezialthemen, insbesondere der klassischen Musik, befassen. Kostprobe aus den Themen des Januar-Heftes: „Annäherung an einen Torso – zum Finale der neunten Symphonie", „Mahlers Zehnte – noch alles offen?" oder „Darf man Alban Bergs Oper ‚Lulu' vollenden? – Zu einem aktuellen Rechtsstreit." Auch hier ein reichhaltiges Angebot von Plattenkritiken, die rund ein Drittel des Blattes einnehmen. Wieder wird eingegangen auf Interpretation, Repertoirewert, Aufnahme- und Klangbild sowie Pressqualität der Plattenoberfläche. Das verquaste Fachchinesisch feiert Triumphe: „Barenboims Debussy ist einschichtig und statisch, um nicht zu sagen ereignislos. Für ihn sind diese Stücke eine reine Klangangelegenheit, also das, was landläufig unter Impressionismus verstanden wird. Was diesen Interpretationen völlig abgeht, ist die Hörbarmachung und Dynamisierung der Binnenstrukturen." An anderer Stelle heißt es: „Das Klavier klingt etwas verwaschen und für meine Begriffe im Timbre leicht denaturiert." Und den Technikern entgeht nichts: „Die Pressung des Rezensionsexemplares produziert recht häufig ein leichtes Knistern." „Das häßliche Knistern und Kratzen der A-Seite war auch mit Naßfahren nicht zu beseitigen." „Gute Aufnahmetechnik, aber einige deutliche Vorechos."

Man merkt, hier handelt es sich um so trainierte Ohren, daß der Laie nur noch staunend den Kopf schüttelt. Protzig stellt die Zeitschrift jeden Kritiker mit den stolzen Daten seiner imposanten Anlage – Schätzwert nicht unter 12 000 DM – vor, auf der die Platte angehört wurde. Nicht anders ist es bei den Tests und Beschreibungen der hochkomplizierten Hifi-Anlagen, denen der Laie ohne Physik-Diplom nicht mehr folgen kann. Spezialisten auf dem musikalischen und technischen Gebiet sind hier am Werk und lassen es den Normalverbraucher auch deutlich merken.

Diesem Spezialisten-Magazin setzt die Zeitschrift AUDIO ein populäres Konzept entgegen. Erst 1977 gegründet, bringt sie im Prinzip das gleiche wie HIFI-STEREOPHONIE, nur in gefälligerer und allgemeinverständlicherer Form. Konsequenterweise ist auch das Layout lockerer und farbiger als das von STEREOPLAY. Für eine Zeitschrift, die wie AUDIO so jung auf dem Markt ist und sich mit so alteingesessenen Konkurrenten messen muß, sind 35 000 Exemplare pro Monat bereits eine erstaunliche Auflage. Nach ähnlichem Konzept aufgebaut wie AUDIO ist die Zeitschrift FONOFORUM. Mit einer Auflage von rund 20 000 Stück ist sie die kleinste unter den Stereo-Magazinen. Sie erscheint in der Bielefelder Verlagsanstalt, die neben anderen Fachzeitschriften auch die jährlichen Gesamtkataloge für Klassik- und Jazzplatten herausbringt.

Alle fünf Hifi- und Stereo-Magazine sind natürlich ideale Werbeträger für die Hifi-Industrie, die mit ganz- und doppelseitigen Anzeigen für die Geräte der teuren Spitzenklasse wirbt. Manchmal ist kaum noch festzustellen, wo hier der redaktionelle Teil in Werbung übergeht und umgekehrt. Denn die Werbung besteht oft aus langen Fachtexten. Hier wird nicht mit leeren Slogans, sondern mit technischen Daten geworben.

Diese Zeitschriften stellen sich auf das Konsumverhalten ihrer Leser ein und schüren es gleichzeitig nach Kräften. Wer einmal die horrende Summe für eine Stereo-Anlage ausgegeben hat, wird unterschwellig immer weiter ermuntert, dieses oder jenes Teil wieder gegen ein moderneres auszutauschen.

Branchenzeitschriften

Neben den Jugendmusikmagazinen und Hifi-Blättern gibt es eine dritte Gruppe von Musikzeitschriften, die aber nicht zu den Publikumszeitschriften gehören. Es sind die *brancheninternen Blätter*. Sie sind nur durch Abonnement zu beziehen. Abnehmer sind Plattengeschäfte, Tonträgerfirmen, Konzertveranstalter, Unterhaltungsabteilungen von Hörfunk und Fernsehen, Künstler, Manager und Musikjournalisten. Aus diesem begrenzten Interessentenkreis ergibt sich automatisch eine geringere Auflagenhöhe.

Besondere Bedeutung hat die vierzehntägig erscheinende Zeitschrift MUSIK-MARKT. Als einziger veröffentlicht der MUSIKMARKT seit einiger Zeit eine verbindliche Hitparade der erfolgreichsten Singles und LP's, nach der sich die Branche richtet. Dieser Hitparade liegen die konkreten Verkaufszahlen der Platten zugrunde. Nachdem der ZDF-Sendung „Hitparade" ständig unterstellt worden war, daß nicht die richtigen Künstler zum Zuge kämen und angeblich ständig gemauschelt werde, haben der Bundesverband der Phonographischen Wirtschaft, das ZDF und die Fachzeitschrift MUSIKMARKT zusammen die Firma „Media Control" beauftragt, korrekte Zahlen zu liefern. „Media Control" wird ihrerseits wieder von einer unparteiischen Kommission überwacht, so daß die Branche jetzt endlich eine zuverlässige Grundlage besitzt.

Hat sich ein Künstler zusammen mit seiner Plattenfirma einmal einen guten Platz auf der Hitparade erkämpft, nimmt seine Popularität weiter rapide zu. Fernsehauftritte sind ihm sicher und damit gehen auch die Plattenverkäufe weiter in die Höhe, denn nichts ist so erfolgreich wie der Erfolg.

In einer Zeitschrift wie dem MUSIKMARKT stellen sich die Firmen selbst dar mit Jahresberichten, Verkaufszahlen, Promotionkampagnen und Neuerscheinungen. Die Berichte sollen Hintergrundinformationen für die Fachvertreter der Plattenfirmen sowie für den Plattenhändler liefern. Es werden konkrete Verkaufstips bis hin zur Schaufensterdekoration gegeben. Hinweisen auf Auftritte im Fernsehen ist eine eigene Rubrik gewidmet. Die Plattenfirmen beauftragen ihre Presseabteilungen, die entsprechenden Berichte und verkaufsfördernden Strategien zu Papier zu bringen und im MUSIKMARKT abdrucken zu lassen. Letztlich buhlen die verschiedenen Firmen darum, wer den meisten Platz im Heft bekommt. So steht denn auch im Impressum der Satz: „Gezeichnete Beiträge stellen nicht unbedingt die Meinung der Redaktion dar." Das Heft ist mit ganz- und doppelseitigen Anzeigen der Plattenfirmen und Musikverlage reich gesegnet. Von dem Ziel des Blattes, mit Produkt-, Künstler- und Firmeninformation den Fachvertreter und den Händler zu besseren Verkäufen zu motivieren, profitieren inzwischen auch viele andere Gruppen der Branche.

Fast die gleiche Rolle wie der MUSIKMARKT spielt die Zeitschrift MUSIK-INFORMATIONEN, die mit ihrer Redaktion vor einigen Jahren aus dem abgelegenen Braunschweig in die Medienstadt Hamburg gezogen ist. Wie der MUSIK-MARKT erscheint die Zeitschrift seit ca. 20 Jahren. Beide bringen es zu einer Auflage von 6 000 Stück. Der MUSIKMARKT vertritt die Interessen des Einzelhandels und ist stärker am LP-Geschäft interessiert. MUSIKINFORMATIONEN hingegen ist das Fachblatt für den Großhandel. Diese Zeitschrift ist ein Ableger der im gleichen Verlag erscheinenden Zeitschrift DER AUTOMATENMARKT. So erklärt sich das spezielle Interesse der Redaktion für die Musikboxindustrie und den Diskothekenmarkt, wo das kurzlebige Geschäft mit Singles blüht.

Branchendienste

Eine vierte und letzte Kategorie unter den Musikzeitschriften, äußerlich an der Loseblattform zu erkennen, sind die sogenannten *unabhängigen Dienste*. Sie werden von Journalisten herausgegeben, die sich in allen Bereich der Musikwirtschaft auskennen. Ähnlich wie die brancheninternen Zeitschriften für den Fachhandel werden die unabhängigen Dienste ausschließlich von Schallplattenfirmen, Unterhaltungsabteilungen der Hörfunk- und Fernsehanstalten, von Künstlern, Konzertveranstaltern und Musikjournalisten abonniert. Sie sind keine Publikumszeitschriften. Sie bringen Nachrichten aus allen Bereichen der Musikwirtschaft, machen gezielt Meinung und können durchaus als „Trendmacher" wirken. Ihre Auflagen bewegen sich um 1 000 Stück. Ein Jahresabonnement kostet zwischen 100 und 250 DM.

Von Dieter Liffers kommt der Dienst namens SHOW, ein Brancheninformationsblatt für Deutschland, Österreich und die Schweiz. Liffers hängt seine Informationen zum großen Teil an Namen auf. Zum Beispiel veröffentlicht er reichlich Geburtstage Musikschaffender mit Personalien. Im Dienst genannt zu sein, bedeutet Promotion für die Person, die Firma und die Sache, an der man arbeitet. Da Liffers immer eher bereit ist, sich für den deutschen Schlager zu engagieren anstatt für die internationale Popmusik, ist die folgende Nachricht typisch für seinen Dienst: „Deutsche Schlager sind bei den Bundesbürgern dreimal so beliebt wie Rock- und Popmusik! Deutschsprachige Volkslieder haben den siebenfachen Beliebtheitsgrad des Jazz. Tanz- und leichte Unterhaltungsmusik sowie Operetten werden lieber gehört als Marsch- und Blasmusik. Das sind nur einige der erstaunlichen Ergebnisse aus einer soeben in den GEMA-Nachrichten veröffentlichten repräsentativen Umfragen des „Instituts für angewandte Sozialwissenschaft". Die im Juni durchgeführte Erhebung brachte reihenweise überraschende Erkenntnisse zu Tage; Resultate, die vielfach in keiner Weise mit dem Musikangebot deutscher Rundfunksender übereinstimmen. SHOW möchte hier allerdings nicht polemisieren, sondern lediglich informieren. . ."

In früheren Jahren, als der Musikmarkt noch national in sich geschlossen und nicht wie heute international ausgeweitet war, galt Dieter Liffers mit seinem Dienst als *die* wichtige Größe im deutschen Showgeschäft. Der neuen internationalen Tendenz tragen seine hektografierten Blätter nun insoweit Rechnung, als sich Liffers besonders auf die holländische und belgische Popszene spezialisiert hat.

Der einzige unabhängige Dienst, dessen Beiträge nicht honorarfrei abgedruckt werden dürfen, ist RUNDY. RUNDY gilt als der meinungsfreudigste unter den Diensten. Herausgeber Reginald Rudorf, mithilfe des Show-Magnaten Hans R. Beierlein zu Ruhm gelangt und dem Verlagshaus Axel Springer nahestehend, wagt Behauptungen, Meinungen und Enthüllungen, die von der Branche stets zur Kenntnis genommen, oft gefürchtet und oft auch widerlegt werden und sei es vor Gericht. Auf diese Weise ist er immer im Gespräch. Sein Dienst wird praktisch von allen deutschen Tonträgerfirmen, Veranstaltern, Musikverlagen, aber auch großen Tageszeitungen von BILD bis zur FRANKFURTER ALLGEMEINEN und von STERN bis SPIEGEL bezogen. Rudorf legt Wert auf die Feststellung, daß auch alle Fernseh- und Hörfunkanstalten seinen Dienst beziehen – außer dem Norddeutschen Rundfunk.

Der dritte Musikdienst, herausgegeben von Wolfgang Spahr, liegt im Stil ungefähr in der Mitte zwischen Liffer's SHOW und Rudorf's RUNDY. Er heißt MUSIK und berichtet in sachlichem Stil, distanziert bis trocken. Der seit 20 Jahren bestehende Dienst erreicht denselben Abonnentenkreis wie die anderen Nachrichtenblätter und bringt wöchentlich Analysen, Kommentare, Trendmeldungen,

Firmeninformationen, Personalien und nach eigenen Angaben: „Ein bißchen Klatsch".

In allen drei Diensten wie in den zuvorgenannten Zeitschriften ist die Schallplattenindustrie natürlich mit Anzeigen vertreten. Und Anzeigen sind bekanntlich die eine Hälfte des Marktes, bei den Musikzeitschriften sicherlich der wichtigere. Die andere Hälfte des Marktes ist der Verkauf am Kiosk. Ob der Käufer am Kiosk immer durchschauen wird, in welchem Blatt Industrie und Redaktion Hand in Hand arbeiten bzw. in welchem Blatt die Redaktion wirklich unabhängig arbeitet?

Peter Hertel

„Die Wacht am Rhein?"
Der „Rheinische Merkur"

Als sich der „Rheinische Merkur" 1962 äußerlich änderte, ein modernes Titelblatt erhielt und den Umfang erweiterte, begleiteten ihn die guten Wünsche des CDU-Vorsitzenden, Bundeskanzler Konrad Adenauer:

„Aufrichtig freue ich mich über das neue Gewand – wie Sie es nennen – des „Rheinischen Merkur". Daß er nun in erweitertem Umfang erscheint, freut mich ganz besonders. Sie wissen, wie sehr ich Ihre Zeitung schätze. Vor Jahren wurde mir einmal gesagt, daß der „Rheinische Merkur" wegen seiner besonderen Eigenart trotz der ausgezeichneten Artikel nicht über 70.000 Exemplare herauskommen würde. Ich wünsche Ihnen und uns, daß er in seinem neuen Gewand und seinen neuen Umfang sehr bald die 100.000-Grenze überschreiten wird."

Der „Rheinische Merkur" hat keine der beiden Hürden überspringen können. Aber er ist der ersten – den 70.000 Exemplaren – nähergekommen. Um 1962 lag er noch unter 50.000, heute verkauft er knapp 64.000 Exemplare. Vor kurzem hat er erneut sein Gewand verändert. Er bekam ein lebendigeres Druckbild und erweiterte den redaktionellen Teil zum Beispiel um eine evangelische Seite. Auch diesmal hofft – wie 1962 – ein prominenter Kölner, daß sich die Wochenzeitung „beträchtlich ausweitet". Allerdings ist es kein Parteiführer, sondern ein Kirchenführer, nämlich der Kölner Erzbischof Kardinalnal Joseph Höffner, der den „Merkur" 1974 mehrheitlich in kirchliche Trägerschaft überführt hat. Die Änderungen im Erscheinungsbild der Zeitung sind Teil eines Entwicklungsplans, der im Auftrag der Deutschen Bischofskonferenz und ihres Vorsitzenden Höffner erarbeitet worden ist. Dadurch soll der „Merkur" an die Schallmauer von 100.000 Exemplaren herangeführt werden.

Mit dem Ausbau verbinden die Bischöfe ein pastorales – seelsorgliches – Anliegen. Zum Beispiel soll der neue „Rheinische Merkur" gezielter in die Diskussion um die gesellschaftlichen Grundwerte eingreifen. Die Redaktion versteht ihre Zeitung, die sich stets mehr an der CDU als an der Kirche orientierte, als christlich. Dagegen sieht die Bischofskonferenz den „Merkur" als katholisch orientiert an. Ihr Ziel läßt sie sich einiges kosten: Bisher hat die katholische Kirche über 20 Millionen Mark für den „Merkur" locker gemacht und bis auf einen Restbetrag ausgezahlt.

Um auf den anvisierten Höhenflug zu kommen, muß der „Rheinische Merkur" mehr jüngere und mehr protestantische Leser gewinnen. In Schleswig-Holstein, Hamburg und Niedersachsen ist er am schwächsten vertreten. Nur knapp 20 Prozent seiner Leser sind evangelisch. Unter anderem wird der „Rheinische Merkur" die verbreitete Meinung ändern müssen. Es gibt da eine Pension im Bayerischen Wald, die dem Vertrieb des „Rheinischen Merkur" jedes Jahr zu schreiben pflegt: „Bitte schicken Sie uns jetzt wieder für drei Monate fünf Exemplare Ihrer Zeitung, weil die Rheinländer auf Urlaub kommen." In Wirklichkeit ist der „Rheinische Merkur" überregional. Das Vorurteil ließe sich durch eine Namensänderung abschwächen. Aber dazu mögen sich die Merkurianer nicht durchringen. Denn der Titel hat eine 160-jährige Tradition. Schon Napoleon bezog sich auf den „Rheinischen Merkur", als er die Presse als fünfte der Großmächte einstufte, die gegen ihn zu Felde zogen.

Das Vorurteil, der „Rheinische Merkur" sei eine Regionalzeitung, läßt sich für Herwig Gückelhorn, den Chefredakteur, aber noch eher verschmerzen, als die Vermutung, der „Rheinische Merkur" sei ein katholisches CDU-Blatt. Dagegen wehrt er sich sehr entschieden.

„Der „Rheinische Merkur" begegnet natürlich noch eine Menge Vorurteilen, die an seiner Tradition oder an einer Tradition, wie man sie von außen versteht, sich aufhängen. Das geht also zurück bis zu dem berühmten Gründer Görres, der ja auch verschiedenen Phasen in seinem Leben durchlaufen hat, die zum Teil durchaus konträr zueinander standen. Das gilt aber auch für den Nachkriegs-Merkur, der also gern in die Ecke gestellt wurde: Adenauer-Blatt, CDU-Blatt, tiefschwarzes Blatt. Ich erinnere mich, daß im Bundestag mal die Äußerung fiel gegenüber unserem Bonner Redakteur Wenger. Er sei ein tiefschwarzer Wegelagerer auf dem Wege zur deutschen Einheit. Also dieses alles hängt uns natürlich an. Wir bemühten uns in den letzten Jahren, den „Merkur" offener zu machen, und es dringt jetzt allmählich durch. Seit etwa einem Jahr wird der „Merkur" doch von einer ganzen Reihe von Leuten anders berurteilt als früher."

Die Ansicht, daß der „Rheinische Merkur" tiefschwarz sei, ist durch das Engagement der Kölner Kirche noch verstärkt worden. Es verfestigte drei Begriffe: rheinisch, katholisch, CDU.

Diese gewissermaßen chemische Verbindung, aus der sich für viele ein schwarzes Produkt ergibt, ist der Ausbreitung des „Rheinischen Merkur" besonders hinderlich. Die Redaktion bemüht sich, das Bild aufzuhellen. Zwar sieht sie es nicht ungern, daß die Bischöfe die roten Zahlen in schwarze verwandeln. Aber sie möchte deshalb nicht selbst als schwarz erscheinen. Aber als der Besucher in der Kölner Chefredaktion ans Fenster tritt und sein Blick auf den nahegelegenen Kölner Dom fällt, bemerkt Chefredakteur Gückelhorn:

„Jetzt können Sie Ihren Hörern berichten, daß die Redakteure auf den Kölner Dom sehen, wenn sie ihre Kommentare schreiben!" Natürlich meint er das ironisch und fügt deshalb sogleich hinzu:

„Eine Kirchenzeitung, ein Bischofsblatt — nein, das sind wir nicht." „Was sind Sie dann?" kommt die Nachfrage. „Was am ,Rheinischen Merkur' ist Ihnen am wichtigsten?"

„Der „Rheinische Merkur" ist uns wertvoll als politische Zeitung, als politische Wochenzeitung mit eigenem Standpunkt, und diesen Standpunkt fechten wir durch. Den können Sie einmal sehr katholisch orten, wie z.B. in der Diskussion um 218. Sie können ihn ein anderes Mal sehr europäisch-freiheitlich orten, wenn es also darum geht, die Kollektivbestrebungen, die man überall hat — Gewerkschafts-Europa usw. —, entgegenzutreten. Das ist also die Stimme der Meinungsbildung im Sinne eines freien – und ich sag' es also bewußt, obwohl es mißverstanden werden kann – auch abendländischen Verständnisses von Europa, das wir uns bewahrt haben und auch in Zukunft bewahren wollen."

„Guten Morgen, Abendland" hieß 1978 die pfiffige Überschrift einer Anzeige. Sie informierte die Leser der „Welt" und der „Wirtschaftswoche", daß der damalige belgische Ministerpräsident Tindemans das Morgen des Abendlandes optimistisch sehe – nachlesbar im „Rheinischen Merkur".

Die Anzeige war Teil einer großangelegten Werbekampagne, die von der „Mediendienstleistungsgesellschaft" – einer Einrichtung der Bischofskonferenz – in fast allen großen deutschen Zeitungen durchgeführt wurde. Ihr Ziel war es, dem „Rheinischen Merkur" in der Öffentlichkeit den Ruf eines argumentativen Konservativismus zu vermitteln. Chefredakteur Gückelhorn:

„Der „Merkur" hat da eigentlich von Anfang an sein Profil gehabt. Dieses Profil war christlich in einem sehr weitgefaßten Sinn. Es war europäisch von Anfang an und ohne Wenn und Aber. Es war freiheitlich, wobei ich das durchaus von dem Begriff Liberal abgrenzen möchte. Es war in vernünftigem Maß föderalistisch, und es war und ist werterhaltend oder fortschrittlich-konservativ, wie immer Sie diesen sehr umstrittenen Schachtelbegriff einordnen mögen. Das ist in etwa die Grundlinie des „Merkur". Natürlich deckt es nur einen Teil unseres Spektrums ab. Und wir haben uns daher bemüht, vor allem seit ein, zwei Jahren, einen Großteil der relevanten Meinungen, die ja über dieses Spektrum weit hinausgehen in der deutschen Gesellschaft, auch mit in den „Merkur" hereinzubringen. Das kann sogar sehr kontroverse Meinungen betreffen. Wir hatten also z.B. die Namen Ehmke oder Schuchardt im Blatt, oder Steffen im letzten Jahr. Die Voraussetzung für uns ist also eigentlich nur a) ist es interessant, b) ist es intelligent argumentiert. Und damit können wir dann schon was anfangen.

Zu dieser Änderung ist es gekommen, indem wir uns entschlossen haben, ein bißchen aus dieser Art elitärer Ghetto-Existenz herauszugehen, die da sagt, na, reines Abonnement-Blatt zum ersten, und zum zweiten etwa 70% Akademiker, das ist das, was wir haben und was wir brauchen. Und damit sind wir so nach der Methode ‚klein aber fein' eigentlich relativ zufrieden. Dieses war uns dann doch zu wenig, weil wir doch erkannt haben, wenn man die Wirkung des Blattes, die nicht unerheblich ist, steigern will, und wenn man also die Ansichten, die man selbst vertritt, wie man so schön sagt, unters Volk bringen will, dann muß man aus diesem Ghetto und aus dieser Selbstbeschränkung raus, und das wiederum verlangt zwingend, daß man im Themen-Spektrum breiter wird, aber auch in der dargebrachten Breite der Ansichten."

Blick in die Geschichte

„Rheinischer Merkur" – ein Name, bald zwei Jahrhunderte alt. Am Anfang war die freiheitliche und geradlinige Gesinnung eines katholischen Publizisten. Er wollte seine Überzeugungen offen und unverbogen vertreten, ohne staatliche

Zensur, bloß den allgemeinen Gesetzen und seinem Gewissen verantwortlich. Es war Joseph von Görres, der Gründer des „Rheinischen Merkurs":

„Ich werde nur die Sprache meiner Überzeugung reden, eine andere habe ich nicht gelernt. Mein Geist, aufgewachsen in Unabhängigkeit, ist unbiegsam geworden für die Ansprüche der Schranzenkonvenienz . . . Ich habe ein heiliges Amt zu verwalten, ich muß es nach meinem Gewissen führen oder völlig niederlegen."

1814 hatte Görres den „Rheinischen Merkur" in Koblenz gegründet. Aber nur zwei Jahre durfte das Blatt erscheinen. Eine kurze Spanne, für Görres jedoch lang genug, um dem „Merkur" als erster deutschen Zeitung europäisches Ansehen zu erwerben. Selbst Napoleon hatte — wie gesagt — großen Respekt vor ihm, wie das Wort von der Fünften Großmacht beweist. Der „Merkur" war geduldet, solange er gegen Napoleon kämpfte. Nachdem der Kaiser verschwunden, das Rheinland preußisch und der Polizeistaat restauriert war, ließ die politische Exekution nicht auf sich warten: am 3. Januar 1816 wurde der „Rheinische Merkur" verboten.

130 Jahre später, Anfang 1946, knüpfte der Publizist Franz Albert Kramer an Görres an und gründete erneut einen „Rheinischen Merkur". In der ersten Nummer schrieb er überschwenglich:

Es gibt keinen größeren Namen, zu dem wir greifen könnten. Mit der Ursprünglichkeit seines Denkens, mit der Kraft seiner Sprache, mit der ganzen hinreißenden Leidenschaftlichkeit seines Geistes hat Görres dem „Rheinischen Merkur" den höchsten Rang gesichert, den eine Zeitung deutscher Zunge je erreicht hat. In dieser Unerschrockenheit des Herzens soll Görres uns heute Vorbild sein.

Mit der Lizenz der Besatzungsbehörde war Franz Albert Kramer nach Koblenz gekommen, nachdem er im Schweizer Exil über ein wegweisendes Blatt nachgesonnen hatte, das er nach dem Zusammenbruch des Dritten Reiches gründen wollte. Am 15. März 1946 lag tatsächlich die erste Nummer seiner Zeitung auf dem Tisch, ganze acht Seiten stark. Einer der verantwortlichen Redakteure, Georg Krieger, erinnerte sich später im „Merkur" an die Vorgeschichte:

„Ich trug gerade einen Aluminiumtopf in der einen und in der anderen Hand das Magermilchkärtchen; ich war auf dem Weg zum Schlangenstehen . . . (Da) aber stand vor mir ein alter Kollege, der von einer neuen Zeitung mit ziemlicher Begeisterung sprach. Er trug noch den feldgrauen Mantel, er ging noch am schweren Knotenstock, der gleichnishaften Krücke einer kriegerischen Vergangenheit, an der ein Heer von Landsern durch Lager und Camps geduldig einer zivilen Zukunft entgegengehumpelt war. In meiner Hand aber befanden sich die beredten Zeichen der Gegenwart: die Lebensmittelkarte und der Topf. So waren wir uns begegnet, um von der Zukunft, um von einer Zeitung zu sprechen. Wir standen auf dem geborstenen und ausgekochten Asphalt eines Bürgersteigs, vor den rauchgeschwärzten Fassaden eines ausgebrannten Häuserblocks, . . . dann vor der Druckerei. Sie ragte unversehrt mitten aus einem riesigen Trümmerfeld wie der Kern einer mit Sorgfalt aufgebrochenen Frucht. Man hörte Maschinen laufen. Im Treppenhaus lagen Stapel an Stapel rosarote, bedruckte Bogen . . .

Die Redaktionsräume des werdenden Blattes lagen im zweiten Stock der Druckerei. In diesem Raum gab es nur ein Fester, in dem Glas mit Pappe wechselte. Im zweiten Zimmer war die Welt schon vollkommener. Es stand ein gänzlich nackter Schreibtisch darin und ein Stuhl. Auf ihm saß der erste Redakteur, der schon im Amt war. Er kannte uns von früheren Jahren her und hieß uns von der einzigen Sitzgelegenheit, dem Schreibtisch, Gebrauch zu machen . . .

Nichtsdestotrotz erschien die erste Ausgabe des „Rheinischen Merkur" zum festgesetzten Tag, am 15. März 1946. Schon bis zu diesem Datum hatte die Redaktion erhebliche Fortschritte gemacht. Sie hatte einen Chefredakteur und etwas Atmosphäre bekommen. Denn zu der Keimzelle des Inventars, dem alten Schreibtisch und dem lahmen Stuhl, war nun noch ein alter Sessel hinzugetreten. Tagsüber stand er grundsätzlich allen Ressorts zur Verfügung, nachts aber war er dem Chefredakteur vorbehalten, der zwar eine achtbare Stellung, aber noch keine Herberge gefunden hatte. Bequem sitzen und ruhig schlafen aber konnte man in diesem ehrwürdigen Ohrenstuhl erst, als der erste „Rheinische Merkur" gedruckt war. Es bedurfte eines Teiles der Auflage, um die schlaffe Wölbung im Sitz des Polstermöbels prall auszufüllen. Nun ließen sich sogar Leitartikel in ihm ersinnen, konzipieren und diktieren. Ein weiterer Teil der ersten Auflage mußte zur Inthronisation des Feuilletonisten herhalten. Er hatte einen aus Kistenbrettern gezimmerten Tisch, aber keinen Sitz. Nun verhalf ihm ein Stapel Zeitungen dazu. Der Rest der Auflage ging hinaus in die Öffentlichkeit."

Die große Stunde des „Rheinischen Merkur" schlug 1947, als der Parlamentarische Rat einberufen wurde. Woche für Woche schaltete sich die Zeitung in die Debatten um das Grundgesetz ein. In der Dritten Lesung, kurz vor der Schlußabstimmung, bemerkte der Freie Demokrat Theodor Heuss, der spätere Bundespräsident, daß drei Mächte von außen her in die Arbeit des Parlamentarischen Rates eingegriffen hätten, nämlich die Odeonstraße in Hannover — das war das Parteihauptquartier der SPD mit Kurt Schumacher —, die Kölner Kurie — dort regierte Joseph Kardinal Frings, der Vorsitzende der katholischen Bischofskonferenz — und: „Der Rheinische Merkur". Als Theodor Heuss mit einer Betrachtung fortfuhr, wurde er schließlich von einem Zwischenruf des Kommunisten Heinz Renner unterbrochen, und dann ergriff auch noch Ratspräsident Konrad Adenauer das Wort. Zunächst sagte Heuss:

„. . . Darf ich persönlich werden: Es ist zum erstenmal in meinem Leben, daß ich längere Zeit in der Atmosphäre des rheinischen Katholizismus geweilt habe. Sehr nett, sehr liebenswürdig! Ich habe dann auch den „Rheinischen Merkur" zu lesen begonnen, der übrigens nichts mit dem jungen Görres zu tun hat, vielleicht mit dem alten Görres, dem Münchener. Der Koblenzer Feuergeist verflog. Dieser „Rheinische Merkur" ist ein Organ, über das ich mich nicht beklagen dürfte; denn er hat mich persönlich von Anfang an sehr nett und gut behandelt und gesagt, ich sei wer. Aber es ist nun so, daß in dem „Rheinischen Merkur" für unsere innere Situation eine schlechte Atmosphäre geschaffen wurde. Ich möchte den Herren von der CDU die Anregung geben, aus ihrer Fraktionskasse ein Neues Testament für die Redaktionsbibliothek des „Rheinischen Merkur" zu stiften. (Heiterkeit) Und in diesem Neuen Testament durch den Buchbinder ein

Dauerlesezeichen bei Matthäus 23 anbringen zu lassen, wo nämlich die Rede Jesu über die Pharisäer steht." (Große Heiterkeit) (Abg. Renner): „Da müßten Sie für jede CDU-Redaktion ein Neues Testament bestellen. Mit einem kommen Sie nicht aus."

„In diesem Blatt ist zum ersten Mal der Begriff der „Christlichen Parteien" erschienen."

(Abg. Renner) Christliche Partei, deren Führer lauter Pharisäer sind!

„Renner, halten Sie mal eine Zeit Ihr Mund und seien Sie ruhig (Große Heiterkeit und Beifall. – Glocke des Präsidenten.)

(Präsident Dr. Adenauer): Herr Heuss, ich nehme an, Herr Renner hat Ihnen das nicht übelgenommen.

(Abg. Dr. Heuss – FDP –): Er hat sich darüber gefreut."

Ursprünglich war der „Rheinische Merkur" eine Tageszeitung. Wegen der knappen Papierzuteilung konnte er aber nur zweimal wöchentlich erscheinen. 1947 wandelte ihn Kramer in eine Wochenzeitung um. So hoffte er, noch höheres Niveau erreichen zu können. Er wünschte sich einen neuen Zeitungstyp, der ernsthaft, gründlich und sachlich beobachten und kommentieren sollte. 1948 schrieb er:

„Der Hörer und Leser will heute keine Nachrichtenfetzen vorgeworfen erhalten, die schon mit der Bruchstückhaftigkeit ihres Inhaltes die Gesetze von Proportion und Perspektive verletzen, sondern er will die Vorgänge in ihren Zusammenhang eingeordnet sehen. . . Er will das Einzelne im Ganzen sehen, zum Bild gerundet."

Kramer starb 1950. Kurz darauf siedelte die Redaktion von Koblenz nach Köln über, während der Verlag in Koblenz blieb. In den folgenden Jahren formte der „Rheinische Merkur" zwei wichtige moralische Themen aus: die Versöhnung mit Frankreich und den Versuch, die schreckliche Vergangenheit des Dritten Reiches aufzuarbeiten. Entschieden forderte er eine Wiedergutmachung am jüdischen Volk, die wenigstens materiell sein müsse. Argwöhnisch beobachtete er, daß mancherorts in Europa altes Mißtrauen gegen Deutschland wieder bestärkt wurde. 1958 erregte Chefredakteur Otto B. Roegele großes Aufsehen, als er den Bundesverteidigungsminister Strauß und den Marine-Inspekteur Ruge abkanzelte. Sie hätten versucht, Dänemark dem Nato-Kommando Europa Mitte zu unterstellen. Doch Deutsche hätten allen Anlaß, die gemischten Gefühle zu respektieren, mit denen die Dänen die deutsche Wiederaufrüstung beobachteten. Roegele in beißender Kritik:

„Solange Dönitz in der Bundesmarine als eine Art Halbgott verehrt werden kann, braucht man nicht zu hoffen, daß sich an alldem viel ändert."

Nach 1963, dem Jahr, in dem Konrad Adenauer als Bundeskanzler zurückgetreten war, begann eine neue Phase in der Geschichte des „Rheinischen Merkurs". Er geriet in Opposition zum außenpolitischen, insbesondere zum europa-politischen Kurs der Bundesregierung unter Ludwig Erhard. Elf Monate nach Adenauers Rücktritt versuchte er, die Ablösung von Bundesaußenminister Gerhard Schröder zu erreichen. Sein Vorwurf: Schröder hat die deutsche Außenpolitik an den Rand des Abgrunds gebracht. Das deutsch-französische Verhältnis ist systematisch vereist worden, was für die Deutschen lebensgefährlich ist. Außerdem verlangte der „Merkur": die Einladung, die der sowjetische Ministerpräsident Nikita Chruschtschow nach Bonn erhalten hat, muß wieder rückgängig gemacht werden. Keinesfalls aber darf Chruschtschow nach Bonn kommen, bevor eine „Europäische Politische Union" gegründet worden ist. Wenn er vorher kommt, ist das die Katastrophe deutscher Außenpolitik schlechthin und das Ende der Wiedervereinigung.

Zwei Jahre später griff der „Rheinische Merkur" die Bundesregierung sogar in ihrer innersten Substanz an. Adenauer, so schrieb er, habe eine Politik betrieben, die weder machtpolitisch noch nur wirtschaftlich orientiert gewesen sei. Sie habe sich auf einer moralischen Grundlage bewährt. Aber jetzt herrsche politisches Kalkül vor.

Der Streit drehte sich unter anderem um die Frage: Wie soll das neue Europa aussehen? Muß Westeuropa nicht ein christliches Bollwerk gegen den atheistischen Ansturm aus dem Osten werden, – und damit auch gegen die Sozialisten, die es sogar in der Bundesrepublik gibt? Hier nennen sie sich zwar demokratisch, aber im Ernstfall werden sie es zulassen, daß Europa zu einem sowjetischen Satelliten wird.

Es war eine Zeit, in der die deutsche Politik zu neuen Ufern aufbrach. Zunächst, nach dem Zweiten Weltkrieg, war das Christentum vielen als Verteidigerin des Abendlandes erschienen. Die großen Drei der Nachkriegszeit, drei katholische Staatsmänner, der Deutsche Adenauer, der Italiener de Gasperi und der Franzose Schuman hatten nichts dagegen, daß ihre Europapolitik vom abendländischen Pathos mitgetragen wurde, obwohl ihrer Einigungspolitik nüchterne Erkenntnisse zugrunde lagen. Man interpretierte den westeuropäischen Zusammenschluß auch als so etwas wie eine Neu-Auflage des europäischen Reichs Karls des Großen. Manchem schien es möglich, aus dem Trümmerhaufen, den der Zweite Weltkrieg aus Europa gemacht hatte, einen christlichen Kontinent zu formen.

Nun schrieb man 1964. Sollte jetzt das abendländische Einigungswerk der drei großen katholischen Europäer in Zweifel gezogen oder sogar zerstört werden? So fragte man sich besorgt im deutschen Katholizismus, der weitgehend noch als geschlossener Block erschien, mit einer einheitlichen Theologie und einer christlich firmierenden, vornehmlich katholisch geprägten Partei. Im Protestantismus dagegen dachte man differenzierter. Die Idee eines christlichen Abendlandes hat dort nie so starke Wurzeln geschlagen wie im Katholizismus – was sich übrigens heutzutage erneut in der Europa-Diskussion zeigt.

Verschiedenartige Ansätze also, die sich aus den unterschiedlichen theologischen und politischen Traditionen der beiden großen Konfessionen in Deutschland erklären. Hinzu kam, daß nun nicht mehr der Katholik Adenauer, sondern der Protestant Erhard regierte, und daß Außenminister Schröder, der eine vorsichtige Öffnung der Ostpolitik einleitete, ebenfalls nicht katholisch war, sondern sogar Vorsitzender des Evangelischen Arbeitskreises in der CDU/CSU.

Katholisch-rechtskonservativ

Von jener Zeit an entwickelte sich der „Merkur" mehr und mehr zum Sprachrohr eines Oppositionskurses in der CDU/CSU, oder – in der üblichen politischen Gesäßgeographie – zu einem rechtskonservativen Blatt. Er verteidigte die politischen Positionen der Adenauer-Ära. Er wurde zur Wacht am Rhein. Als die Union 1969 auf die Oppositionsbank des Bundestages gehen mußte, zog er sich noch tiefer in den Turm zurück.

Vor allem zwei der schon genannten Autoren haben das Gesicht der Zeitung geprägt, nämlich Otto B. Roegele und Paul Wilhelm Wenger. Sie sind – wie der „Rheinische Merkur" selbst schrieb – die beiden Koryphäen der Zeitung. Vor allem Otto B. Roegele ist eine Art Institution geworden: er war Chefredakteur, ist Herausgeber und einer der drei Gesellschafter. An ihn richtet sich die Frage: Sie haben den Weg des „Rheinischen Merkurs" von 1947 an miterlebt. Gibt es eine Wegstrecke, von der Sie sagen: „Die kommt dem Ziel, das wir verfolgen, am nächsten." Und: wie fügt sich das Neue ein, das heute versucht wird?

„Ein solches abschließendes und rückblickendes Urteil kann ich nicht abgeben; ich bin ja noch mittendrin und nehme aktiv und passiv an diesen Prozessen der Neugestaltung teil. Aber vielleicht war die Zeit, in der der „Rheinische Merkur" die Phase des raschesten inneren Wachstums durchgemacht hat und sich zugleich auch am schärfsten profiliert hat, die des Parlamentarischen Rats, als es um die Formulierung des Grundgesetzes ging und sehr wichtige Bestandteile christlicher Soziallehre, christlicher Lebenserfahrung in dieses Grundgesetz eingebracht werden mußten: der Föderalismus, Teil des Grundgesetzes, auch vieles, was die staatliche Ordnung der Bundesrepublik sonst angeht, ist durch Männer, wie zum Beispiel Adolf Süsterhenn, der damals einer der wichtigsten Mitarbeiter des „Rheinischen Merkur" war, ganz erheblich beeinflußt worden. Es gibt ja auch Äußerungen, die im Protokoll des Parlamentarischen Rats festgehalten sind, so etwa von Theodor Heuss, die die Rolle des „Rheinischen Merkur" zum Teil sehr drastisch hervorheben.

Ich finde eigentlich nicht, um es negativ auszudrücken, daß das, was jetzt geschieht oder versucht wird, ein Bruch der Knick der Entwicklungslinie sei, sondern eigentlich eine konsequente Weiterführung der Veränderungen, die eine Zeitung, die mit der Zeit gehen muß, ja ständig vornimmt, wenn sie am Publikum bleiben will."

Daß Otto B. Roegele aktiv im Geschäft bleiben wird, macht er fast jede Woche deutlich. Donnerstags um elf, wenn im Bibliothekszimmer des „Rheinischen Merkurs" die große Konferenz aller 17 Redakteure eröffnet wird, sitzt Chefredakteur Gückelhorn an der Stirnseite eines langen Tisches. Zwei Kollegen flankieren ihn, links sein Vorgänger Anton Böhm und rechts Otto B. Roegele. Wenn Roegele abwesend ist, bleibt sein Stuhl leer, so daß er – das meint jedenfalls ein ehemaliger Redakteur – symbolisch doch irgendwie dabei ist. Ohnehin pflegte er in den Konferenzen nicht viel zu sagen. Aber er verfolge die Diskussion sehr wachsam, und wenn er in die Runde blicke, wisse jeder, was er von dem jeweiligen Gesprächsbeitrag halte. Roegele habe eine ausgeprägte Fähigkeit, eine Diskussion zusammenzufassen, dabei eigene Schwerpunkte zu setzen, das Ganze in unerbittlicher Logik zu entwickeln und es gleichzeitig fast druckreif zu formulieren.

Ursprünglich hatte Dr. phil. und Dr. med. Roegele als Arzt gearbeitet. Franz Albert Kramer gewann ihn bald nach Gründung des „Merkurs" für medizinische, feuilletonistische und kulturpolitische Beiträge. 1946 übernahm Roegele zehn Prozent der Anteile am „Rheinischen Merkur". Heute besitzt er sieben Prozent. Von 1949 bis 1963 war er Chefredakteur. Dann ging er als Professor für Zeitungswissenschaft nach München und wurde Herausgeber des „Merkurs". Seinen Wohnsitz behielt er in der Nähe von Köln, unweit der Redaktion.

Ein Reformator, der den „Rheinischen Merkur" verändern will, kann an Otto Bernhard Roegele nicht vorbei, selbst dann nicht, wenn es die katholische Bischofskonferenz ist. Nicht grundlos wird der 59-jährige scherzhaft als katholischer Medienpapst etikettiert:

„Roegele steht dem ‚Opus Dei' nahe, auch wenn er ihm nicht angehört. In Zeitungsartikeln und in einem Sammelband hat er religiöse Sympathien für das ‚Opus Dei' erkennen lassen. Er ist auch Ehrendoktor der spanischen Universität von Navarra in Pamplona, die dem ‚Opus Dei' gehört. Das von ihm geleitete Münchner Universitätsinstitut war Vorbild für das entsprechende Institut der Universität von Navarra. Opus Dei hat ein streng hierarchisches Kirchenbild, das auf Ordnung und Geschlossenheit sieht. Der Gründer des Opus Dei stellte das traditionelle Bild des Priesters stark in den Vordergrund. Die Ehe, so schrieb er, sei für das Fußvolk da, nicht aber für die Caudillos – die Führer.

Auch Otto B. Roegele, der schon vor Priestern des Opus Dei referierte, kehrt gern eine besondere Rolle des Priesters heraus. Anfang 1979 griff er im „Rheinischen Merkur" eine angebliche Mahnung des Papstes auf, daß Priester, Jesuiten und Schwestern sich nur in der traditionellen Kleidung zeigen sollten. Nach dem Zweiten Vatikanischen Konzil, so Roegele, habe sich keine überzeugende Lösung herausgebildet. Selbst auf dem Petersplatz in Rom entdeckte er Priester in fransig ausgerissenen Jeans-Hosen. Nun müsse der Wildwuchs der letzten Jahre aufhören. Unter der fetten Zeile „Der Papst wird deutlich – weshalb die Frage der Priesterkleidung nicht nebensächlich ist", meinte Roegele:

„Wie Kirchtürme auch heute nicht funktionslos sind, weil sie auf den Himmel zeigen, hat die Priesterkleidung die Aufgabe, an das Höhere zu erinnern, dem die Träger dieser Kleidung ihre Dienste geweiht haben."

Wenn die Kirche darauf verzichtete, ihre Priester und Ordensleute kenntlich zu machen, begäbe sie sich eines wichtigen, ja unersetzlichen Mittels ihrer Selbstdarstellung.

In seinem sehr traditionellen Kirchenbild traf sich Roegele mit dem verstorbenen Kölner Generalvikar Josef Teusch, der sogar im exklusiven Kölner Opus-Dei-Verlag publizierte. Gleich ihm empfand Roegele einige Zeit lang offen gewisse Sympathien für den französischen Rebellenbischof Marcel Lefebvre. Als 1975 kirchlicherseits angeordnet wurde, Lefebvres Priesterseminar in Econe sei zu schließen, bemängelte Roegele im bayerischen „Klerusblatt", daß kein rechtsförmiges Verfahren stattgefunden habe. Dann fragte er:

„Was hat es zu bedeuten, daß sich in Econe mehr Anwärter auf das Priesteramt einfanden als in allen Dözesen der Hälfte Frankreichs zusammen?"

Teusch ging darüber insofern noch hinaus, als er gegenüber Lefebvre auch eine finanzielle Aufgeschlossenheit erkennen ließ.

„Unter Teusch begann das kirchliche Finanz-Engagement für den ‚Rheinischen Merkur'. 1970 erhielt die Wochenzeitung erstmalig einen Zuschuß von der Erzdiözese Köln. Mit 2,1 Millionen Mark wurden bis 1974 die beiden Seiten ‚Aus der katholischen Welt' finanziert. 1971 übernahm die Erzdiözese, um ihre Ansprüche zu sichern, 13 Prozent der Anteile des ‚Rheinischen Merkur'.

Eine Zeitlang hofften Teusch und Roegele, daß die Bischofskonferenz, als sie sich auf die Suche nach einer neuen katholischen Wochenzeitung machte, den „Merkur" ausbauen würde. Doch 1966 entschied eine bischöfliche Sonderkommission:

„Der Rheinische Merkur" kann nur mit Einschränkungen als katholische Wochenzeitung bezeichnet werden. Zudem besteht bei diesem Blatt keine Gewähr, daß es auf die Dauer erhalten bleibt.

Die Bischöfe beschlossen, die Wochenzeitung „Publik" zu gründen. Ein Jahr später hob Roegele hervor, daß der „Merkur" im Gegensatz zu „Publik" nicht von bischöflichem Geld abhängig sei:

„Der „Rheinische Merkur" hat eine eigene klare Meinung, weil er wirklich frei ist. Weil hinter der Redaktion keine grauen Eminenzen oder Gremien stehen, die Meinungen dirigieren oder korrigieren durch Geld oder durch andere Mittel."

Zwei Jahre danach, 1969, beantragte Roegele jedoch zwei Millionen Mark von der Bischofskonferenz. Das wurde abgelehnt. Trotzdem war das Thema „Rheinischer Merkur — Publik" nicht vom Tisch. Im selben Jahr — 1969 — beschäftigte sich die Bischofs-Kommission mit der Überlegung, beide Zeitungen zusammenzulegen. Der Vorschlag wurde abgelehnt, „Publik" weiter finanziert. Als „Publik" 1971 wieder Zuschüsse benötigte, kam eine Zusammenlegung erneut ins Gespräch. In einem Hintergrundbericht der „Stuttgarter Zeitung" hieß es:

„Weihbischof Kampe aus Limburg hatte einige führende Herren der katholischen Publizistik zu einem Gespräch gebeten. Für die als progressiv geltende Wochenzeitung „Publik" war Chefredakteur Alois Schardt erschienen, für den „Rheinischen Merkur" kamen dessen Herausgeber Professor Otto B. Roegele und Chefredakteur Anton Böhm. Das Thema, um das es ging, mag dem Außenstehenden als der Versuch erscheinen, Feuer und Wasser zu mischen. Konkret gesprochen ging es dem Weihbischof darum, einmal zu sondieren, ob die beiden so unterschiedlichen Wochenblätter nicht zusammengelegt werden könnten. Der „Merkur", das konservative, der rheinischen CDU und dem rheinischen Klerus nahestehende Traditionsblatt, stagniert seit längerem bei einer Druckauflage von etwa 55.000 Exemplaren, während das liberale Wochenblatt „Publik", ein erst wenige Jahre altes Kind der Bischofskonferenz, entgegen allen Erwartungen der Fachleute auf die Traumgrenze von 100.000 Exemplaren Auflage zumarschiert.

Theoretisch wäre denkbar, daß die Bischöfe den zum Hamburger Vierjahres-zeiten-Verlag gehörenden „Merkur" aufkaufen und mit „Publik" fusionieren. Dem scheinen aber politische Kräfte, voran die nordrhein-westfälische CDU, zu widersprechen. Sie und wohl auch die Mehrzahl der Bischöfe sind mit dem politischen liberaleren und kirchenpolitisch fortschrittlichen Kurs von „Publik" nicht mehr einverstanden. So zeichnet sich also die Möglichkeit ab, daß nicht das kleinere vom großen, sondern das große vom kleineren Blatt „geschluckt" wird . . . Es besteht, wie gesagt, Grund, politische Hintergründe zu vermuten, für die sich die tatsächlich vorhandenen finanziellen Schwierigkeiten von „Publik" nur als Deckmantel anbieten."

Die Kirche kauft

Wenig später liquidierten die Bischöfe „Publik". Das war Ende 1971. Drei Jahre danach übernahm die Erzdiözese Köln – vertreten durch den Treuhänder Lemmens – mehrheitlich den „Rheinischen Merkur", finanziell unterstützt von den Diözesen Aachen, Essen, Freiburg, Hildesheim, Münster, Paderborn – darunter auch Diözesen, die drei Jahre zuvor kein Geld hatten, um „Publik" am Leben zu erhalten. Die Aktion erregte großes Aufsehen. Selbst die sowjetische Regierungszeitung „Isvestija" berichtete darüber: die deutschen Bischöfe wollten nicht zusehen, daß katholische Zeitungen sterben:

„Sie setzen nun große Hoffnungen auf den „Rheinischen Merkur", das rechtsstehende einstige Lieblingskind von Konrad Adenauer. Bevor sie ihn kauften, war er mit seinem unversöhnlichen rechten Kurs wirtschaftlich am Ende. „Alles ist in Gottes Hand" kommentierte der Kölner Kardinal Joseph Höffner den Erwerb der kranken Zeitung. Er ist überzeugt, daß sich die Zeitung wieder hocharbeiten wird."

Schärfer als die kommunistische Sowjet-Zeitung reagierte Norbert Blüm, der damalige Hauptgeschäftsführer der CDU-Sozialausschüsse. Er bezeichnete den Kauf des „Merkurs" als einen Akt kirchenfürstlicher Anmaßung.

„Dies ist ein Schlag ins Gesicht all jener, welche die kirchliche Konfrontation abzubauen versuchen . . . Jetzt wird also offensichtlich, was der geistig offenen und sozial-engagierten Wochenzeitschrift „Publik" den Todesstoß versetzt hat: die ganze Richtung paßte einigen Bischöfen – allen voran dem Kölner – nicht. Nicht Pluralität wurde, wie behauptet, vermißt, sondern Kurswechsel war gefordert. Unter Führung der Kölner Kurie soll jetzt offenbar der Rückzug ins geistige Ghetto geprobt werden."

Die Kölner Kurie hatte, wie gesagt, schon zuvor 13 Prozent der Anteile am „Rheinischen Merkur", 80 Prozent hatte der Hamburger Jahreszeiten-Verlag, sieben Prozent Roegele. Die Kirche übernahm 70 Prozent vom Jahreszeiten-Verlag, hat damit 83 Prozent, während zehn Prozent noch beim Jahreszeiten-Verlag sind. Für die 70 Prozent zahlte die Kirche etwa 8,6 Millionen Mark. Dieser Preis erregte in der Branche allenthalben Kopfschütteln. Denn der Objektwert für die 70 Prozent betrug nach einer groben, nachträglichen vorgenommenen Schätzung, basierend auf dem etwaigen Jahresumsatz, nicht ganz vier Millionen Mark. Die Kirche hätte demnach mehr als das Doppelte des wirklichen Wertes bezahlt.

Der Kölner Kardinal Höffner nannte mehrere Gründe für den Kauf: erstens das allgemeine Zeitungssterben, das zu einer Vermachtung des Pressewesens führe; zweitens den Rückgang der katholischen Zeitungen; drittens den möglichen Verlust eines guten theologischen Teils im „Rheinischen Merkur":

„Die letzte Entscheidung mußte in wenigen Tagen getroffen werden. Es blieben nur zwei Möglichkeiten: entweder übernahmen die sieben Bistümer die Verantwortung für den „Rheinischen Merkur", oder der Name „Rheinischer Merkur" wäre über kurz oder lang aus der Öffentlichkeit verschwunden."

Nach dem Kauf wurden vielerorts Zweifel daran laut, daß die Kirche unter Zeitdruck gestanden habe. Der Jahreszeiten-Verlag jedenfalls setzte einen anderen Akzent als der Kardinal. Politische Wochenzeitungen, so meinte einer seiner Geschäftsführer, seien zwar immer eine Belastung. Außerdem hätten aber „kirchliche Stellen ein Interesse an einem stärkeren Einfluß" bekundet.

Vor dem Untergang gerettet, begann der „Rheinische Merkur" eine weitere Phase seiner Geschichte. 1976 beschloß die Bischofskonferenz auf Antrag der Kölner Diözese, die sieben Diözesen nicht länger allein zu lassen, sondern gemeinsam den „Rheinischen Merkur" als katholisch orientierte Wochenzeitung auszubauen. Das Projekt, das zunächst auf drei Jahre befristet ist, kostet sechs Millionen Mark. Den Auftrag erhielt die Medien-Dienstleistungs-Gesellschaft, kurz MDG genannt. Sie ist 1975 im Auftrag der Bischofskonferenz gegründet worden. Die MDG soll dazu beitragen, daß die wirtschaftliche Zukunft der katholischen Medien gesichert und ihre publizistische Wirksamkeit gestärkt wird. Sie soll die ganze Bandbreite katholischer Medien berücksichtigen und bietet ihre Dienste deshalb den katholischen Verlagen an.

Doch eines der zahlreichen Objekte wurde zum Schwerpunktprojekt, nämlich der „Rheinische Merkur". Wie es dazu kam, schildert Raimund Brehm, der Geschäftsführer der MDG:

„Wir sind an den „Rheinischen Merkur" im Rahmen unseres gesamten Arbeitsprogrammes gekommen. Dabei wurden wir gebeten, uns mit dem Thema Katholische Wochenzeitung zu beschäftigen bzw. darüber nachzudenken. Beim Nachdenken gab es für uns eigentlich zwei Alternativen: Erstens: Die Gründung einer neuen Katholischen Wochenzeitung oder die Entwicklung eines bereits im Markt verankerten Blattes, das die Aufgabenstellung ebenfalls erfüllen könnte. Die Gründung einer neuen, derart gestalteten Wochenzeitung erschien uns finanziell zu riskant, und was den Erfolg betrifft, nicht kalkulierbar, weil es hier ja schon in den letzten Jahren Erfahrungen gegeben hat, die im Endeffekt gar nicht so erfreulich waren. Bei Durchsicht des Marktes bzw. der vorhandenen Situation haben wir dann festgestellt, daß es bereits eine Wochenzeitung gibt, die sich schwerpunktmäßig an die meinungsbildenden Mittel- und Oberschichten wendet.

Wir haben dann die Situation des „Rheinischen Merkur" untersucht und haben gleichzeitig – damit zusammenhängend – den gesamten Wochenzeitungsmarkt untersucht, um festzustellen, ob in diesem Markt eine Nische, ein Potential für die Fortentwicklung einer Wochenzeitung dieser Art vorhanden ist. Die Ergebnisse haben gezeigt, daß hier tatsächlich ein, wenn auch kleines Marktpotential noch erschlossen werden kann. Auf Grund der Ergebnisse haben wir dann einen Vorschlag entwickelt und ihn den entsprechenden Stellen zugeleitet. Dieser Vorschlag ist dann bekannt geworden als ein Drei-Jahres-Programm. Dieses Drei-Jahres-Programm sieht vor, innerhalb dieses Zeitraumes die Wochenzeitung „Rheinischer Merkur", die eine verkaufte Auflage von 60.000 Exemplaren hatte, auf eine mögliche Zielauflage von 90 bis 100.000 zu steigern. Dabei war unserer Ansicht nach eine Reihe von flankierenden Maßnahmen notwendig, die im vertrieblichen, im werblichen, sicher auch in gewisser Beziehung im redaktionellen Bereich notwendig sind."

Um die erhofften 100.000 Exemplare anpeilen zu können, ist es notwendig, das Blatt aus der rechten Ecke herauszubringen, es redaktionell zu öffnen.

„Die Ergebnisse unserer Untersuchungen haben gezeigt, daß im Markt die Chance für eine Wochenzeitung konservativer Prägung vorhanden ist, allerdings – und dies ist eine Frage der Definition –, ich will mal sagen: eines sogenannten argumentativen Konservativismus, das heißt: eine Haltung, die auch Raum und Platz läßt für andere Meinungen, für andere Ansichten, die dem Leser die Möglichkeit gibt, seine eigene Meinung und seine eigene Grundhaltung an anderen Meinungen zu messen, damit zu vergleichen und letztendlich durch diesen Vergleich auch durch das Abwägen, entweder den eigenen Standpunkt zu festigen, wenn es sein muß, zu revidieren oder ihn zu ergänzen. Diese und ähnliche Überlegungen haben wir in einem Papier formuliert, haben es in der Redaktion diskutiert und mit den zuständigen Stellen. Auf eines muß ich allerdings hinweisen: Unsere Aufgabe ist es nicht, der Redaktion inhaltliche und konzeptionelle Vorgaben zu geben oder Vorschriften oder Leitlinien, nach denen sie sich zu richten hat. Wir allerdings haben im Sinne einer Auflagensteigerung, die ja nur wieder erreichbar ist durch die Heranführung neuer Lesergruppen und durch die Heranführung neuer Zielgruppen, unsere Aufgabe gesehen, gewisse marketing-orientierte Zielsetzungen, Vorgaben hierfür in die Diskussion einzubringen."

Der neue „Merkur"

Der „Rheinische Merkur" bleibt seinem konservativen Standpunkt treu, aber er läßt jetzt in einzelnen, wohldosierten Gastartikeln andere Positionen zu – Ehmke, Steffen und Schuchardt, wie es der Chefredakteur vorhin sagte. Das ist ein Element des veränderten Erscheinungsbildes der Zeitung. Ein weiteres ist die Erweiterung der Herausgeberschaft. Angeregt durch die MDG und auf kirchlichen Rat hin, stimmte ihr der langjährige Alleinherausgeber Roegele zu. Er gewann den bayerischen Kultusminister Hans Maier hinzu, den Präsidenten des Zentralkomitees der Deutschen Katholiken, den er schon lange kennt – nicht nur aus der gemeinsamen Tätigkeit an der Münchener Universität, sondern auch aus gemeinsamer publizistischer Arbeit – als Mitbegründer und Herausgeber der Internationalen Theologischen Zeitschrift „Communio", die auf Anregung des

Kölner Kardinals Höffner und des Essener Bischofs Franz Hengsbach gegründet wurde. Sie ist das konservative Gegenstück zur progressiven Zeitschrift „Concilium", an der Karl Rahner, Hans Küng und Johann Baptist Metz mitarbeiten.

Roegele und Maier baten eine Protestantin, die Psychagogin Christa Meves aus Uelzen, dem neuen Bund der Merkur-Herausgeber beizutreten. Alle drei haben seit Ostern 1978 die Verantwortung für den Kurs des Blattes. Allerdings steht Roegele an erster Stelle im Impressum, er ist zwar nicht mehr Alleinherausgeber, aber — wie es der ehemalige Chefredakteur Böhm herausgefunden hat — der „Hauptherausgeber". Daß den beiden Mitherausgebern nicht nur inhaltliche, sondern auch strategische Aufgaben zufallen, macht Hans Maier deutlich:

„Zunächst einmal kam es uns darauf an, regional-territorial nach Norden und nach Süden aufzuschließen, denn die Achse und das Hauptverbreitungsgebiet des „Rheinischen Merkur" liegt nun einmal im Rheinland. Das ist seine historische Herkunft nach dem Zweiten Weltkrieg, und in der Zeit, in der die deutsche Politik ganz stark in dieser Achse konzentriert war, also im wesentlichen zur Zeit Adenauers, hatte ja auch der „Rheinische Merkur" beinahe den Ruf eines Regierungsblattes, mindestens erfuhr man dort vieles, was die Regierung, was Adenauer bewegte. Inzwischen ist Bayern, ist der Süden sehr viel gewichtiger geworden in der deutschen Politik. Inzwischen haben wir eine starke ökumenische Bewegung und neben der katholischen auch eine evangelische Seite. Also, es gilt nach Norden und zum evangelischen Leserteil ebenso aufzuschließen wie nach Süden, zum bayerischen und fränkischen Leserteil, und das eben wird repräsentiert durch Christa Meves und durch mich. Das bedeutet zunächst einmal eine territoriale, eine regionale Verstärkung. Und daneben ist natürlich auch ein Generationsproblem zu lösen. Jene Erstleser des „Rheinischen Merkur" in den fünfziger Jahren sind nahezu identisch mit der Gründergeneration unserer zweiten Republik nach dem Zweiten Weltkrieg. Heute ist es notwendig, den Anschluß an die nächste Generation zu gewinnen, und wir versuchen, durch das „Forum der Jungen" und durch verschiedene Beiträge, die speziell für junge Leser wichtig sind, auch hier dem „Rheinischen Merkur" allmählich eine größere Leserschaft in der Jugend zu schließen."

Der „Rheinische Merkur" soll — wie Gremien der Bischofkonferenz vorschlagen — einen argumentativen Konservativismus entwickeln. Was bedeutet das?

„Argumentativ war das Blatt immer. Ich betone, daß ja im „Rheinischen Merkur" schon in den fünfziger Jahren auch durchaus kontroverse Standpunkte zu Wort gekommen sind. Herr Roegele hat verschiedentlich darauf hingewiesen, daß Nell Breuning, daß Wilfried Schreiber mit ihren damals durchaus unkonventionellen Ideen sehr früh im „Rheinischen Merkur" geschrieben haben. Die Rentenreform ist geistig auf der Linie von Schreiber, von Höffner, von Achinger und anderen im „Rheinischen Merkur" grundgelegt und vorbereitet worden, auch der Gedanke der Dynamisierung der Renten. Die ganze Reform von 1957 wurde hier in einer breiten sozialwissenschaftlichen, volkswirtschaftlichen und in der christlichen Soziallehre gegründeten Auseinandersetzung vorbereitet. Also es gab das immer schon. Vielleicht ist es etwas in Vergessenheit geraten. Wir wollen diesen Stil der offenen Auseinandersetzung wiederaufnehmen, und insofern versteht sich der „Rheinische Merkur" durchaus als ein Marktplatz der Ideen, wo um Lösungen gerungen wird und wo auch kontroverse Standpunkte zu Wort kommen. Und wenn ich etwas weiter zurückgehen darf, argumentativ war ja wohl auch der Urmerkur, der „Rheinische Merkur", den Görres seinerzeit gegründet hat. Der „Rheinische Merkur" hat ganz bewußt diesen Namen nach dem Zweiten Weltkrieg unter seinem ersten Herausgeber aufgenommen, um damit eine Traditionslinie sichtbar zu machen, die von den Anfängen der Demokratie in Deutschland und der katholischen Publizistik in Deutschland — beides ist ja in Görres eins — bis zu der Zeit des Neuaufbaus unserer Republik nach dem Zweiten Weltkrieg reicht. Argumentativ ist dieser Konservatismus selbstverständlich auch darin, daß er sich nicht scheut, das Gespräch mit dem Gegner mit in sein Redaktionsprogramm einzubeziehen, weil wir glauben, mit einer gewissen selbstbewußten und selbstsicheren Äußerung auch unser Leserpublikum zu bestärken; und ich glaube, eine Zeitung, die sich nur auf eine Seite schlägt, die Vergangenheit oder die Zukunft, das Konservative oder das Progressive, die wäre schlecht beraten, sie muß führen, sie muß versuchen Geländer anzubieten in einer Zeit, die nach Orientierung sucht."

Die Neugestaltung des „Rheinischen Merkurs" und die so erhoffte Ausweitung haben einen handfesten finanziellen Hintergrund. Durch Auflagensteigerung soll erreicht werden, daß der Zuschuß, den sechs der sieben genannten Diözesen jährlich aufbringen, niedriger wird. Die Diözese Hildesheim, die den Erwerb der Anteilsmehrheit mitfinanzierte, beteiligt sich an diesem Zuschuß nicht. Die sechs Diözesen beziffern die Zuschüsse, die sie zwischen 1974 und 1976 geleistet haben, offiziell auf jährlich 600.000 Mark, 1977 und 1978 auf je 800.000 Mark. Eine andere Zahl teilte die Katholische Nachrichtenagentur — KNA — mit. Sie informierte im März 1978 über einen Bericht des „Rheinischen Merkurs", der in der Osterausgabe erschienen sei. Danach habe 1977 der Zuschuß der Diözesen 1,5 Millionen Mark betragen — also fast doppelt soviel. Doch der Bericht, den KNA vorab erhalten hatte, ist im „Rheinischen Merkur" nicht erschienen. Er ist wohl in letzter Minute zurückgezogen worden.

Soviel ist sicher: Bischofskonferenz und Diözesen haben in den vergangenen fünf Jahren 18 Millionen Mark und von 1970 an gerechnet sogar über 20 Millionen Mark für den „Rheinischen Merkur" aufgebracht. Glaubt man darüber hinaus der KNA und legt die Zahl, die sie für 1977 vom „Rheinischen Merkur" erhalten habe, für die vergangenen Jahre zugrunde, dann kommt man auf knapp 25 Millionen Mark. Zum Vergleich: für die Wochenzeitung „Publik", für deren Erhalt kein Geld mehr vorhanden war, haben die Bischöfe in vier Jahren insgesamt 28 Millionen Mark gezahlt.

Wie hoch die roten Zahlen des „Rheinischen Merkurs" sind, darüber schweigt sich der Verlag aus. Sie dürften jährlich bei einem vergleichbaren Objekt dieser Größe und dieses Anzeigen-Aufkommens zwischen vier und sechs Millionen jährlich liegen. Dieser Betrag entspricht aber nach Angaben des „Rheinischen Merkurs" nicht einmal „annähernd der Realität". Ohne Zweifel der „Rheinische Merkur" wirtschaftete ausgesprochen sparsam, fast asketisch. Die Redaktion beispielsweise ist nicht einmal über einen Fernschreiber an einen aktuellen Pressedienst angeschlossen, und im Archiv hat sie eine Halbtagskraft.

Trotzdem steht fest, daß die Kirche Millionen in den „Rheinischen Merkur" investiert. Warum? Will sie über das Blatt ihre Botschaft verkünden? Prälat Wilhelm Schätzler verneint diese Frage. Er ist Leiter der Zentralstelle Medien in Bonn, einer Abteilung im Sekretariat der Bischofskonferenz. Die Bischofskonferenz wolle, daß bestimmte Vorstellungen, die es innerhalb der Kirche gebe, in das Gespräch zwischen Kirche und Gesellschaft eingebracht würden. Heißt das, daß die Kirche im „Rheinischen Merkur" stärker als in anderen politischen Wochenzeitungen in Erscheinung treten soll? Prälat Schätzler:

„Nicht unbedingt, sondern daß eine gesellschaftspolitische Position, die beim „Rheinischen Merkur" mehr konservativer Natur ist, die ja auch in der Kirche u. a. vorhanden ist, daß darüber hinaus auch eine theologische Position dargestellt wird und so bekanntgemacht wird, wobei das sicherlich jeweils nicht die einzige Position ist, die ausschließlich dargestellt werden kann, sondern es gibt andere Positionen auch innerhalb der Kirche, aber es ist hier eine legitime kirchliche Position, die über ein solches Publikationsorgan vorgestellt werden kann."

Aus einem Richtlinienpapier, das zwischen den Beteiligten abgestimmt wurde und unter Verschluß gehalten wird, geht hervor:

Der „Rheinische Merkur" soll eine politische Wochenzeitung mit einem konservativen Standpunkt sein. Als solcher soll er in der politischen Mitte des deutschen Katholizismus angesiedelt werden. Er soll aber nicht eng sein, sondern andere Positionen ehrlich und fair zur Geltung bringen. In allen Fragen, in denen nach Meinung der Beteiligten verschiedene politische Lösungen möglich sind, können die Probleme aus allgemein-christlicher Grundhaltung beleuchtet werden. Da ist auch eine Pluralität der Meinungen möglich. In Fragen der Grundwerte jedoch ist Geschlossenheit zu zeigen.

Müssen die Redakteure kirchliche Standpunkte vertreten? Noch einmal Prälat Schätzler:

„Redakteure müssen die Standpunkte vertreten, die sie selber vertreten können: nicht daß sie irgendwelche fremden kirchlichen Standpunkte nun einfach als Sprachrohr vermitteln müssen, sondern daß sie ihren kirchlichen Standpunkt argumentativ offen darlegen, denn ihr kirchlicher Standpunkt — denn sie sind ja auch ein Teil der Kirche, diese Redakteure — ist ja gefragt; gesetzt den Fall, ein Redakteur hätte ein ganz gegenteiliges Verhältnis zu irgend einer bestimmten Position, dann würde er wohl nicht Mitglied dieser Redaktion werden. So ist das ja überall."

Die Bischöfe verstehen den „Merkur" als katholisch orientiert, die Redaktion aber versteht ihn als christlich orientiert. Was geschieht wenn ein Redakteur christliche Überzeugungen vertritt, die zwar von der evangelischen Kirche, nicht aber von der katholischen akzeptiert werden. Zum Beispiel in der Frage, ob eine Ehe geschieden werden darf? Für die katholischen Bischöfe ist die Unauflöslichkeit der Ehe ein unverzichtbarer Grundwert, dem auch politisch, gesetzlich Geltung zu verschaffen ist. Das zeigt sich in der Auseinandersetzung um das neue Scheidungsrecht. In der katholischen Kirche werden Geschiedene die wiedergeheiratet haben, sogar von den Sakramenten ausgeschlossen. Die evangelische Kirche dagegen nimmt die Heirat Geschiedener ohne Strafen hin. Welchen Standpunkt soll die Redaktion des „Rheinischen Merkurs" nun vertreten, den christlich-katholischen oder den christlich-evangelischen. Der Chefredakteur sagt, die Redaktion bekenne sich in dieser Frage zu einem offenen christlichen Standpunkt. Es wäre aber sehr überraschend, wenn der Mehrheitsgesellschafter des „Rheinischen Merkurs", die Erzdiözese Köln, sich längerfristig damit abfinden würde, daß ein von der katholischen Kirche getragenes und finanziertes Blatt in Grundwertfragen nicht die katholischen Positionen vertreten würde, um gleichzeitig deutlich zu machen, was sie politisch bedeuten. In Fragen der Grundwerte soll der „Merkur" ja Geschlossenheit zeigen.

Christa Meves sagt, der „Rheinische Merkur" stehe auf dem Boden christlicher Grundwerte. Was sie mit „christlich" meint, ist nicht schwer herauszufinden. Denn sie ist katholischen Auffassungen sehr nahe, obwohl sie eine konservative Protestantin ist. Andererseits unterscheidet sie sich durch ihre Aufgeschlossenheit gegenüber den Katholiken von der konservativen Evangelikalen, die im Grunde anti-ökumenisch sind, also von der Zusammenarbeit zwischen Katholiken und Protestanten, wie sie der „Rheinische Merkur" schon immer vorbildlich gepflegt hat, nichts halten. Sie ist aber ebensowenig für die liberalere Mehrheit des Protestantismus repräsentativ. Für neue evangelische Lesergruppen, die sich die Zeitung erschließen muß, wenn sie die beträchtliche Ausweitung erreichen will, ist Christa Meves kein Lockvogel. Das ist die protestantische Schwelle vor der sich der „Merkur" sieht. Die 2. Schwelle die der „Merkur" überwinden müßte, wenn die erhoffte Ausweitung gelingen soll, ist die Konkurrenz auf dem Markt der Wochenzeitungen, der von der Hamburger „Zeit" beherrscht wird. Unter den wichtigsten Wochenblättern, der „Zeit" und den evangelischen Blättern „Deutsche Zeitung" und „Deutsches Allgemeines Sonntagsblatt" ist der „Rheinische Merkur" die kleinste. Je weiter er zur Mitte hinstrebt, umso schärfer wird die Konkurrenz werden. Dabei muß er auf der anderen Seite fürchten, einen nicht geringen Teil seiner älteren Stammleser zu gefährden. Jeder zweite Käufer des „Merkurs" ist älter als 50 Jahre. Wie schmal der Grat ist, auf den sich der „Merkur" begeben hat, zeigt eine Verlagsnotiz, die im März 1979 auf Seite 2 erschien:

„Wie auch sonst in der deutschen Presse unterliegen in unserer Zeitung der redaktionelle Teil und der Anzeigenteil verschiedenen Bestimmungen. Wir sind gewiß, daß unsere Leser zwischen beiden zu unterscheiden wissen."

Ein ungewöhnlicher Hinweis auf Gepflogenheiten, die in fast allen deutschen Zeitungen üblich sind. Er zeigt, wie groß die Sorge ist, die treuen alten Stammleser zu verschrecken. Der Grund: zum erstenmal brachte der „Merkur" eine Anzeige der SPD. Indes hat sich sein Kurs keineswegs geändert. Als er zu Ostern 1978 die beiden neuen Mit-Herausgeber erhielt, schrieb er:

Liberalerer Kurs?

„Wer den „Rheinischen Merkur" in den letzten Monaten aufmerksam gelesen hat, stellte eine ganze Reihe von Veränderungen fest. Das typographische Bild, das „Gesicht" des Blattes, hat sich allmählich verändert, andere Schriften wurden eingeführt, Spaltenlinien erleichtern die Lektüre. Neue Sparten sind hinzugekommen. Die so wichtig, so mächtig gewordenen Massenmedien wurden in hellere Beleuchtung gerückt. Probleme von existentieller Bedeutung – wie die Energiepolitik, die Vermögensbildung, die künftige Sozialordnung – wurden in kontroversen Diskussionen erörtert.

Wer daraus schließen wollte, der „Rheinische Merkur" habe seine klare Linie preisgegeben oder wolle zu einem neutralen Forum beliebig gleichwertiger Meinungen werden, der irrt sich. In den redaktionellen Kommentaren in Leitartikeln und Glossen wird jeder Leser ohne Mühe entdecken können, welches die wohlerwogenen Meinungen der Redaktion sind ... Keiner aus dem Kreis der Stammleser braucht zu fürchten, daß der erneuerte „Rheinische Merkur" eine andere Linie einschlagen werde. Keiner braucht sich zu sorgen, daß ihm künftig etwas vorenthalten würde, was er bisher von ihm zu empfangen gewohnt war. Der Vorstoß in neue Leserschichten soll durch ein Mehr an Ressorts, einen zusätzlichen Aufwand an redaktioneller Leistung, eine Erweiterung des Themenprogramms versucht werden."

Wenn es dem „Rheinischen Merkur" gelingen sollte, zur Stimme eines argumentativen Konservativismus zu werden, dessen Argumente auch von politischen Gegnern gehört und erwogen werden, ohne daß sie einfach als erzkonservativ abgetan werden können, dann würde das auch der politischen Demokratie in dieser Republik nutzen. Vorerst aber sind die wesentlichen Neuerungen, mit denen sich der argumentative Konservativismus vorstellt, gelegentliche Gastartikel andersdenkender Autoren, die freilich bei anderen nicht-parteigebundenen Wochenzeitungen längst gang und gäbe sind. Da holt der „Rheinische Merkur" Versäumtes nach. Die Redaktion selbst ist noch schwankend, wie sie mit dem Neuen umgehen soll. Beispielsweise kommt es vor, daß der Hauptherausgeber auf der Titelseite das Wort DDR mit Gänsefüßchen schreibt. Der Chefredakteur hält das für ein Zeichen der Meinungsvielfalt im „Merkur". In Wirklichkeit aber spiegelt es interne Uneinigkeit und Unsicherheit wieder.

Signale, daß sich auch die Redaktion wandeln will, gibt es also durchaus schon. So sind die katholischen Seiten, die sogenannten frommen Seiten des „Merkur", mit denen er gezielt katholische Leser anspricht, in der letzten Zeit offener geworden. Ihr Redakteur Jürgen Hoeren mußte aber auch erfahren, daß sein bescheidener Versuch nicht gleich das Image abbaut, das sich in langen Jahren verfestigt hat.

„Ich glaube, daß der „Rheinische Merkur" in den letzten zwei Jahren durchaus sein Image geändert hat, zumindest auf den katholischen Seiten. Aber dieser Prozeß der Annahme des Bekanntwerdens, daß sich etwas geändert hat, dauert sehr lange. Das ist ein langwieriger Prozeß. Und der „Rheinische Merkur" hat da an Image-Pflicht einiges gutzumachen. Es ist allerdings schwierig, gerade auch für Themen, die die Bundesrepublik Deutschland betreffen, auch solche Autoren zu finden, die kontroverse Standpunkte wiedergeben. Der „Rheinische Merkur" hat bei den deutschen Theologen zum großen Teil ein festgefügtes Image. Es ist daher nicht leicht, Professoren wie Metz oder Küng auch dafür zu gewinnen, mal ihre Meinung im „Rheinischen Merkur" prononziert zum Ausdruck zu bringen. Darunter leiden die katholischen Seiten."

Aber es gibt auch Zeitgenossen, die bereits positive Perspektiven gewonnen haben: Norbert Blüm zum Beispiel, den Vorsitzenden der CDU-Sozialausschüsse, der den kirchlichen Erwerb des „Merkurs" und die Richtung des Blattes scharf attackiert hatte. Er hat inzwischen an einer Redaktionskonferenz teilgenommen und schreibt manchmal im „Merkur":

„Wenn ich die Entwicklung des „Rheinischen Merkur" gerade im letzten Jahr oder vielleicht sogar in den letzten beiden Jahren richtig verfolge, hat der „Rheinische Merkur", und das halte ich für erfreulich, sich doch sehr viel stärker der Konzeption, die damals „Publik" vertreten hatte, angenähert. Der „Rheinische Merkur" hat der christlichen Soziallehre auch in den letzten Jahren größeren Raum angegeben, aber sie selbst versteht sich als konservatives Blatt, und man müßte wahrscheinlich den Spannungsbogen zur christlich-sozialen Tradition, die mir nichts dir nichts konservativ ist, doch etwas stärker problematisieren und darstellen. Ich muß zwei Dinge sagen: Ich sehe eine in meinem Sinne positive – es ist immer alles subjektiv – Entwicklung des „Rheinischen Merkur", und ich möchte jetzt nicht – diese Entwicklung sozusagen – den Eindruck erwecken, als würde ich sie nicht zur Kenntnis nehmen, als würde ich sie nicht begrüßen. Ich finde, diese Entwicklung sollte fortgesetzt und verstärkt werden; die Entwicklung zu einer größeren Öffnung, die Entwicklung, das Christliche nicht einfach mit konservativ zu übersetzen, sondern jenes soziale Engagement, das verpflichtet zu einer Solidarität mit den jeweils Schwachen, das sind wechselnde Gruppen, die Sensibilität für Unterdrückung, die Sensibilität für Benachteiligung und Diskriminierung, das ist ja die politische Übersetzung der Nächstenliebe, der biblischen Nächstenliebe. Dieser Tradition ... von der wünsche ich mir, daß sie noch stärker im „Rheinischen Merkur" zum Vorschein kommt. Ich will nur immer wieder dazusagen, ich bemerke, daß der „Rheinische Merkur" von seiner ehemals sehr doktrinären Form der konservativen Verkündigung abrückt."

Solches Lob des katholischen CDU-Abgeordneten Blüm überrascht nicht. Denn der „Merkur" will sich ja von rechts auf die politische Mitte des Katholizismus hin bewegen, die der CDU-Mitte ziemlich ähnlich ist.

Nur, die Gruppe, die sich neuerdings angesprochen fühlt, ist nicht sehr breit. Die erhoffte Auflagensteigerung läßt auf sich warten. In kirchlichen Kreisen werden 100.000 Exemplare als Ziel für 1981 genannt, in der kirchlichen Arbeitskonferenz Medien wurde vor gut einem Jahr sogar von 100.000 bis 120.000 gesprochen. Mindestens 110.000 zu erreichen, wäre wichtig, weil ein Zeitung erst dann für die Anzeigen-Agenturen der Konsumgüter-Industrie interessant wird. Doch an solche Zahlen denkt Karlheinz Röthemeyer, Angestellter der kirchlichen MDG und gleichzeitig Geschäftsführer des „Rheinischen Merkurs" vorerst nicht:

„Wenn wir zu Beginn unserer Maßnahmen uns ein auflagenbezogenes Ziel von ca. 90 bis 100.000 Exemplaren gesetzt haben, so muß man gleichzeitig natürlich unterstellen, daß dies den Idealfall beinhaltet. Das setzt voraus, daß alle Einflüsse sowohl des Marktes als auch des Verlages und der Redaktion hundertprozentig funktionieren. Auszuschließen sind dabei Einflüsse, die man nicht unter Kontrolle halten kann bzw. die von außen an den Markt und an die gesamte Mediensituation herangetragen werden. Wenn wir heute nach neun Monaten eine Bewertung dieser Entwicklung anstellen müssen, so ist ganz eindeutig zu sehen, daß wir keinesfalls eine lineare Auflagenentwicklung sehen und auch erwarten können, denn wir müssen ausgehen von einer Zeitung, die jahrzehntelang sich im Markt etabliert hat und deren Aktivierung und Veränderung sich nicht sprunghaft abzeichnen kann. So schließt sich der Kreis unserer bescheidenen Auflagenerwartungen während der Startphase, wo es primär darum ging, diese etappenweise Umsetzung und Orientierung in vorsichtiger Dosierung dem Markt nahezubringen."

Die groß angelegte Werbekampagne und die anderen Maßnahmen haben bisher eine Steigerung um 3.700 Exemplare gebracht. Im ersten Quartal 1979 betrug die verkaufte Auflage 63.908. Ohne noch größeres finanzielles Engagement der Kirche wird der „Rheinische Merkur" wohl kaum durch jene Traumgrenze der 100.000 stoßen, die sich schon Konrad Adenauer wünschte. Aber daß er demnächst die erste Hürde überspringt, von der Adenauer gehört hatte, daß er sie nicht schaffen werde – nämlich die 70.000 –, ist nicht mehr auszuschließen.

Wie weit der „Merkur" darüber hinauskommt und ob er eines Tages gar auf die ersehnten 100.000 zumarschiert, wird nicht allein durch die kirchliche Finanzspritzen entschieden. Es hängt auch davon ab, ob die Redaktion von innen her eine konservative Position zu entwickeln vermag, die mehr ist als doktrinärer Konservatismus, durch kosmetische Korrekturen aufpoliert. Es müßte ein Konservativismus sein, der offen und argumentativ ist und somit glaubwürdig für jene Gruppen, die der „Merkur" gewinnen möchte.

Ergänzung:
(Am 19.10.1979 wurde bekannt, daß der Verlag des „Rheinischen Merkur" zum 1.1.1980 die evangelische „Deutsche Zeitung – Christ und Welt" (130.000 Auflage) kauft. Neuer Chefredakteur der fusionierten Blätter wurde zunächst Ludolf Herrmann.

Hans Janke

Parteilich oder parteiisch?
Der „Vorwärts"

„Das Central-Organ ist die Seele der Partei; in ihm und durch dasselbe wird die
Einheit der Partei sich zu zeigen haben. Also noch einmal: Wird das Central-
Organ vor allem anderen hochgehalten, dann wird auch die Partei vor allen et-
waigen Versuchen, ihre Einheit zu lockern, bewahrt bleiben!"

Die Bezeichnung „Central-Organ" meint den „Vorwärts", und der pathe-
tische Appell, besagtes Central-Organ hochzuhalten, entstammt einer Verlaut-
barung des Vorstandes der Sozialdemokratischen Partei Deutschlands zur Gründung eben dieses „Vorwärts" im Oktober 1876.

Einhundert Jahre später schreibt der sozialdemokratische Kanzler der Bundesrepublik Deutschland, Helmut Schmidt, zum Jubiläum des „Vorwärts":

„Heute gestalten Sozialdemokraten die Zukunft Deutschlands in der Parla-
mentmehrheit und in der Bundesregierung. Diese Regierung wünscht sich den
Vorwärts weiterhin als Mitstreiter. Sie erwartet *nicht* nur ein Bekenntnisblatt,
sondern auch *konstruktive* Beiträge und Anregungen zur Bewältigung künftiger
Aufgaben. Eine sozialdemokratische Zeitung darf vorausdenken und abmahnen,
eine Regierung muß beim politischen Handeln den vorgegebenen Spielraum beachten. In diesem Sinne wünsche ich dem Vorwärts weiterhin erfolgreiche
Arbeit."

1876 bis 1979 — wer den „Vorwärts", eine sozialdemokratische Wochenzeitung, Erscheinungsort Bonn, porträtieren will, kommt um eine nun hundert-
jährige Geschichte nicht herum. Der „Vorwärts" — so die erste Erkenntnis —
ist eben nicht ein beliebiges Blatt. Er hat, was man unzureichend eine *Tradition*
nennt. Und er hat eine besondere *Problematik*. Und beides ist miteinander ver-
schränkt: Die Problematik, mit der es der „Vorwärts" *heute* zu tun hat — nämlich: sich für ein ausreichendes Publikum als eine sozialdemokratische Publikation plausibel zu machen und dergestalt zu überleben —, diese zentrale Problematik ist untrennbar verknüpft mit dem *historischen* Charakter des „Vorwärts"
als Parteiorgan. Dieser historische Charakter *belastet* und *befördert* den „Vorwärts" nicht, so lange es ihn auch schon gäbe, wer dächte daran, ihn heute zu
etablieren? —, und er ist sein *Handicap:* auf einem Markt unabhängig *erscheinen-
der* Presse- und Funkmedien als parteigelenkt, parteihörig, parteieigen, partei-
offiziell oder -offiziös angesehen und *verworfen* zu werden. Und, noch einmal
andererseits, vom Parteiinteresse, das heißt von jenen, die es kraft des Amtes und
der Macht definieren können, bestimmt zu werden. Denn, daß der „Vorwärts"
eine *sozialdemokratische* Zeitung ist, daran hat ja alle ändernde Reform an diesem Blatt über die Jahre nichts geändert, nichts ändern *wollen.*

Blicken wir also zunächst zurück auf den historischen „Vorwärts". Wilhelm Liebknecht notiert 1876:

„Unser gefährlichster Feind ist nicht das stehende Heer der Soldaten, sondern das stehende Heer der feindlichen Presse. Unsere beste und einzige Waffe gegen die Reptilienorgane ist *unsere* Presse: Solange wir sie haben, wird sie die Fahne sein, um die wir uns scharen können, selbst wenn die Organisation aufgelöst würde."

Und der Pressehistoriker Kurt Koszyk resümiert heute:

„Die Geschichte der Arbeiterbewegung in Deutschland ist auch die Geschichte ihrer Zeitungen. Ohne die zahlreichen Blätter, die seit Mitte des vergangenen Jahrhunderts sozialistisches Gedankengut vor allem in der Arbeiterschaft verbreiteten, hätten ihre ersten politischen Vereinigungen nicht entstehen können. Nach Gründung sozialdemokratischer Parteien in den sechziger Jahren des 19. Jahrhunderts stellten ihre Zeitungen das Rückgrat der Organisation dar. Das gilt vor allem für den 1876 gegründeten *Vorwärts*, das Zentralorgan der ein Jahr zuvor vereinigten Partei. Aber er bot auch immer Anlaß für innerparteiliche Auseinandersetzungen."

Das heißt: Die Geschichte des „Vorwärts" ist auch eine Geschichte fortwährenden Konflikts: einer Partei mit ihrer eigenen Publizistik.

Der Gothaer Parteikongreß vom Mai 1875 führte zur Vereinigung des „Allgemeinen Deutschen Arbeitervereins" mit der „Sozialdemokratischen Arbeiterpartei". Und dieser Kongreß legte auch den Vorrang der Partei gegenüber ihrer Presse fest. Deren Auftrag:

„Den geistigen Kampf zu führen und über das sozialistische Prinzip Aufklärung in die Massen zu bringen, andererseits ein unlösbares geistiges Band zwischen den Anhängern des Sozialismus herzustellen."

Blick in die Geschichte

Dies wurde vornehmlich einem *Zentralorgan* zugetraut. Deswegen 1876 — nach der Parteienvereinigung — auch die Zusammenlegung der jeweiligen Parteiorgane: der Berliner „Neue Sozialdemokrat" und der in Leipzig erscheinende „Volksstaat" nun unter dem gemeinsamen Titel „Vorwärts". Dessen erste Redakteure — und ihre Namen stehen noch heute auf der „Vorwärts"-Titel-Seite — Wilhelm Liebknecht und Wilhelm Hasenclever, Marxist der eine, Lasalleaner der andere.

Der „Vorwärts" erschien also seit dem 1. Oktober dreimal wöchentlich in Leipzig. Als — so der Parteivorstand — „der geistige Repräsentant der Partei", als „Quelle, welche der Partei die Mittel liefert, um mit denselben für die weitere Verbreitung der Parteigrundsätze" zu wirken. 1877 zählte der „Vorwärts" mehr als zwölftausend Abonnenten.

Die Zitate zeigen: Der „Vorwärts" jener Jahre war vor allem ein Instrument der ideologisch-politischen Selbstvergewisserung der Sozialdemokraten. Sein Anspruch: „Vollständig auf der Höhe der sozialistischen Anschauung zu stehen". Mit theoretischen Grundsatzdebatten lang und breit bot er eine Art politischer

Erbauungslektüre und war bei allem zugleich so etwas wie ein sozialdemokratischer Katechismus. Verständliche und naheliegende publizistische Praxis unter den Bedingungen des wilhelminischen Obrigkeitsstaates, der die Sozialdemokratie mit allen Mitteln der Repression verfolgte. Auch für den „Vorwärts" gilt, was Kurt Koszyk vermerkt:

„Schwergewichtige Seriosität und magere Information bei breitestem Theoretisieren bestimmten das Bild der Parteipresse."

Der „Vorwärts" war eben zwei Jahre alt, da machte Bismarcks „Gesetz gegen die gemeingefährlichen Bestrebungen der Sozialdemokratie" der Zeitung für zwölf Jahre ein Ende. Erst 1891 erschien der „Vorwärts" wieder, nunmehr als Nachfolger des 1884 gegründeten „Berliner Volksblattes". Und damit zugleich als Zentralorgan *und* als lokale Parteizeitung. Diese Doppelfunktion verdient Beachtung, weil sie den „Vorwärts" einer mehrfachen und konfliktträchtigen Kontrolle durch *divergente* Parteiinstitutionen unterwarf, also institutionelle Vorkehrungen zur Folge hatte, auf die redaktionelle Linie des „Vorwärts" Einfluß zu nehmen:

„Neben dem Parteivorstand, der die Redakteure anstellte und Anspruch auf Abdruck seiner Bekanntmachungen hatte, kontrollierte den Vorwärts seit 1891 eine von den Berliner Sozialdemokraten gewählte Pressekommission, die 1899 durch Parteitagsbeschluß bei der Berufung der Redakteure gleiche Rechte wie der Parteivorstand erhielt. Bei Streitigkeiten sollte eine vom Parteitag gewählte Kontrollkommission vermitteln. Letztlich blieb der Parteitag Berufungsinstanz."

So noch einmal der Zeitungshistoriker Koszyk. Sein Bericht zeigt: der „Vorwärts" wurde zum *Forum* und zum *Faktor* innerparteilicher Richtungskämpfe. Und das ist deswegen von mehr als historischer Bedeutung, weil *schon damals* die Stärke des Blattes als Vehikel innerparteilicher Auseinandersetzung seiner gesamtpublizistischen Wirksamkeit umgekehrt proportional schien.

Bis zu seinem Tod im Jahre 1900 leitete übrigens Wilhelm Liebknecht selbst den „Vorwärts". Er arbeitete mit sechs Redakteuren. Darunter Adolf Braun, Kurt Eisner und Bruno Schönlank. Nach der Jahrhundertwende tat die Sozialdemokratie insgesamt kräftige Schritte nach vorn. Die Partei bildete den „Verein Arbeiterpresse" – eine Mitgliedschaft in bürgerlichen Journalistenorganisationen kam damals noch nicht in Frage. 1904 gab es mehr als 150 Parteiredakteure. Die Partei verdreifachte zwischen 1906 und 1914 ihre Mitgliederzahl auf über eine Million. Die Zahl ihrer Wähler stieg auf 4,25 Millionen. Die SPD stellte schließlich 28 % aller Reichstagssitze. Die Parteipresse hatte an diesen Erfolgen ihren freilich schwer meßbaren Anteil. Und dem „Vorwärts" kam bei alledem die Aufgabe zu, sozialdemokratische Tagespolitik *theoretisch* zu fundieren.

Seit 1899 – der Parteidenker Eduard Bernstein hatte begonnen gegen den traditionellen Marxismus als theoretische Grundlage der Sozialdemokratie zu polemisieren – seit 1899 wurde – Stichwort: Revisionismusstreit – eine Debatte um *Ziele und Methoden sozialdemokratischer Politik* geführt. Und dies in einer auch für heutige Verhältnisse unerhörten Offenheit.

Die lebhafte Parteipublizistik erhielt währenddessen wirtschaftliche, organisatorische Grundlagen. 1890 hatte die SPD ihren „Vorwärts" auch verlegerisch übernommen. 1902 gründete der Parteivorstand die Offene Handelsgesellschaft „Vorwärts Buchdruckerei und Verlagsanstalt Paul Singer & Co." mit eigener Druckerei. Inhaber waren Paul Singer, August Bebel und Eugen Ernst. Die Gesellschaft hatte ihre Gewinne an die SPD abzuführen. Damals war der „Vorwärts" noch ein profitables Unternehmen. Seine Auflage stieg bis zum 1. Weltkrieg stetig an: 1894 lag sie bei 43.000, zwanzig Jahre später, 1914 bei über 150.000. Der „Vorwärts" allein bestritt damit zehn Prozent der Gesamtauflage der SPD-Presse. Im Krieg ging die Auflage zurück – 1916 betrug sie noch 80.000 Exemplare.

In die Zeit des verlegerischen Aufstiegs des „Vorwärts" fiel der erste der schärfsten „Vorwärts"-Konflikte.

„Nach dem Tod Wilhelm Liebknechts war die Leitung der Redaktion an ein Kollegialgremium übergangen. Kurt Eisner, der neue politische Redakteur, tendierte zu den Vorstellungen Eduard Bernsteins, während sich eine Minderheit der Redakteure gegen den Revisionismus wandte. Die sich daraus ergebenden Auseinandersetzungen wurden in der Zeitung ausgetragen, so daß der Parteivorstand und die Pressekommission eingriffen. Der Absicht, allen Redakteuren zu kündigen, um durch Neueinstellung eine einheitliche Tendenz zu sichern, kam die Gruppe um Eisner durch demonstrative Kündigung zuvor. Die Vorgänge verursachten in der Parteiorganisation große Unruhe. In einer 1905 in München veröffentlichen Dokumentation ,Der Vorwärts-Konflikt' stellten sich die gemaßregelten Redakteure als ,unschuldige Opfer unternehmerischer Willkür' dar. Heinrich Ströbel wurde Nachfolger Kurt Eisners . . ."

Dieser „Vorwärts"-Konflikt von 1905 war also *theoretisch-ideologisch* motiviert, aber: bei einem theoretisch-ideologischen Parteiorgan aktualisierte er erst recht die Frage nach der redaktionellen Verpflichtung des Blattes auf herrschenden Parteikurs – eine Frage von anhaltender Aktualität, wie sich immer wieder zeigt.

Gravierender noch und folgenreicher vor allem die zweite „Vorwärts"-Krise der Kriegsjahre 1914 bis 1916. Die Historikerin Susanne Miller schreibt:

„Obwohl durch die Militärbehörden wiederholt verboten und durch die im Krieg geltenden Zensurbestimmungen in ihren Meinungsäußerungen stark eingeschränkt, machte die ,Vorwärts'-Redaktion keinen Hehl daraus, daß sie mit jener Minderheit innerhalb der Reichstagsfraktion und der Partei sympathisierte, die eine Unterstützung des Krieges durch Gewährung von Kriegskrediten und andere Beweise patriotischer Gesinnung ablehnte."

Die „Vorwärts"-Redaktion unter Führung von Rudolf Hilferding opponierte also öffentlich gegen Parteileitung und Reichstagsfraktion der SPD, weil diese den Kriegskrediten zugestimmt hatten. Während die meisten sozialdemokratischen Zeitungen der Burgfriedenspolitik der SPD-Fraktion folgten und die Kriegskredite guthießen, beharrte das Zentralorgan auf seiner kritischen Position. Dieser elementare Streit endete „Vorwärts"-*intern* mit der personellen Neubesetzung der Redaktion. Im November 1916 entließ der Parteivorstand die Mehrzahl der zwölf Redakteure und bestellte Friedrich Stampfer zum neuen Chefredakteur. Die Partei selbst aber brach über diesem Konflikt auseinander.

Für unser Thema ist hier dies von Bedeutung: Die Frage nach dem *Verhältnis* von *Partei* und Partei*organ,* die Frage nach der redaktionellen Unabhängigkeit einer parteieigenen Zeitung wurde restriktiv behandelt. Die Partei, genauer: ihre Spitzenrepräsentanten hielten einen kritischen „Vorwärts" nicht aus. Dazu noch einmal Susanne Miller:

„Der Vorwärts-Konflikt im ersten Weltkrieg war nicht ein simpler Partei-Krakeel. Er hat einen allgemeinen grundsätzlichen Aspekt: Kann es eine Parteiführung zulassen, daß in ihrem Zentralorgan unterschiedliche Standpunkte in Fragen vertreten werden, die an die tiefsten politischen und moralischen Überzeugungen ihrer Mitglieder rühren? Gerade im Hinblick auf die geschichtliche Erfahrung sollte die Frage bejaht werden. Im Falle des „Vorwärts" zeigte sich im ersten Weltkrieg weder die Parteimehrheit noch die Parteiminderheit fähig, Toleranz zu üben und Kompromisse zu schließen. So kam es zu einer Kraftprobe, die der Parteivorstand gewann. Aber dieser Sieg wurde bezahlt mit einer weiteren Verhärtung der Fronten innerhalb der Arbeiterbewegung. Auf längere Sicht gesehen war es ein Pyrrhussieg."

Der Rückblick zeigt also je länger, desto deutlicher: eine Parteizeitung, wenn sie mehr will als Parteitage protokollieren, ist in hohem Maße mit dem beschäftigt, was man heute Innere Pressefreiheit nennt. Allerdings war dieses Problem zuzeiten ein pur parteipolitisches. Es hatte – beim „Vorwärts" – damals noch nicht *Marktfunktion.* Will sagen: Noch entschied die publizistische Qualität eines Parteiblattes nicht über dessen Fortexistenz auf einem erbarmungslosen Medienmarkt.

In der Weimarer Republik entwickelte sich der „Vorwärts" zu einer bedeutenden sozialdemokratischen *Tages*zeitung. Seit dem 15. November 1918 erschien er zweimal täglich. Seine Auflage zeitweilig: 400.000 Exemplare. Und selbst in der Wirtschaftskrise fiel die Auflage nicht unter 100.000.

Eine weit wesentlichere Neuerung: Der „Vorwärts" wurde für eine Zeitlang sozusagen Regierungsblatt. Hinter ihm lag, wie sein Chefredakteur Friedrich Stampfer formulierte, „das glückliche Kinderland der Opposition". Und hinter ihm lag auch eine Revolutionsepisode: Am 6. Januar 1919 wurde der „Vorwärts" von Kommunisten besetzt. Eine Gratis-Ausgabe erschien unter dem Titel:
„Vorwärts – Organ der revolutionären Arbeiterschaft Groß-Berlins".
Die Schlagzeile:
„Auf zum Generalstreik! Auf zu den Waffen! Arbeiter! Genossen! Soldaten!"
Nach fünf Tagen wurde das „Vorwärts"-Gebäude gestürmt – von Freiwilligen-Einheiten unter Führung des nachmaligen Wehrministers Gustav Noske. Der alte Zustand wurde wiederhergestellt – ebenfalls mit Gewalt.

Nach der Wahl zur Weimarer Nationalversammlung hatte der „Vorwärts" wie alle sozialdemokratischen Zeitungen außer der Politik der Partei auch die Politik der Regierung zu interpretieren. Der „Vorwärts" schrieb:
„Wir haben heute nicht zur Opposition zu treiben, sondern wir haben eine große Summe gesetzlich gewordener Dinge zu verteidigen, die der Arbeiterschaft ungeheure Vorteile sichern. Wir lehnen es ab, nur um Opposition zu machen, der Radautaktik der linksradikalen Blätter zu folgen. Wir wollen die Arbeiterschaft

zu positiver Arbeit und zu der Fähigkeit erziehen, als vollwertige Staatsbürger aus eigener Kraft das zu leisten, wonach ihre Hoffnungen streben."

In dieser selbstverordneten Funktion, die Republik zu festigen – was hieß: sie gegen rechts zu verteidigen –, erstarkte der „Vorwärts". 1922 wurden SPD und USPD auf dem Nürnberger Parteitag wiedervereinigt. Der „Vorwärts" danach: ein konsolidiertes sozialdemokratisches, republikanisches Kampfblatt. In Stil und Aufmachung – im Anzeigenteil nicht zuletzt – der bürgerlichen Presse ein wenig nähergebracht. Kampfblatt gleichwohl – im besten Sinne, wenn auch am Ende nicht mit der erhofften Wirkung, die Republik vor der Okkupation durch den Nationalsozialismus zu retten.

Dennoch: in den „Vorwärts"-Ausgaben jener zwanziger und ersten dreißiger Jahre wurde – ungeachtet strategischer und taktischer Irrtümer im einzelnen – mit einer *zähen Vernunft*, mit *Tapferkeit* und *Mut* und *Ausdauer*, in wirklich unbeirrter demokratischer Gesinnung die Republik vor den scharf wahrgenommenen Gefahren gewarnt und in Schutz genommen. Man liest das heute, da die Bundesrepublik eben dreißig geworden ist, nicht ohne Stolz – in dem Bewußtsein, daß dieses Land eben doch und trotz allem auch eine *demokratische* Überlieferung hat. Der „Vorwärts" am 30. Januar 1929, während die letzte sozialdemokratisch geführte Reichsregierung Hermann Müllers unter großen Nöten amtiert:

„Wir Sozialdemokraten wollen die Demokratie und würden sie wieder wollen in dem Augenblick, in dem sie verlorenginge. Kämen wir aber wider Willen in die Zwangslage, entscheiden zu müssen, ob wir Subjekt oder Objekt einer Diktatur, Hammer oder Amboß sein wollen, so würden wir die Rolle des Hammers wählen – zur Wiederherstellung der Demokratie."

Solche Verteidigungsbereitschaft bestand freilich bis zuletzt strikt auf der Legalität. Schon in der Notverordnungsära des Zentrumskanzlers Brüning und erst recht unter dem Reichskanzler von Papen – der „Vorwärts" bescheinigte ihm ein politisches „Programm des Verfassungsbruchs" – trafen das Blatt staatliche Unterdrückungsmaßnahmen. Der „Vorwärts" wurde für Tage verboten – mal wegen einer Karikatur auf die Wiederzulassung der SA, mal wegen eines Kommentars. Die Sozialdemokratie und mit ihr das Zentralorgan rechneten für den Fall der Machtübernahme durch die Nazis nur mit einer kurzen Dauer des Regimes. Sie beharrten auf der Legalität. Der „Vorwärts" am 30. Januar 1933 nach Hitlers Berufung zum Reichskanzler:

„Gegenüber dieser Regierung der Staatsstreichsdrohung stellt sich die Sozialdemokratie mit beiden Füßen auf den Boden der Verfassung und der Gesetzlichkeit. Sie wird den ersten Schritt von diesem Boden nicht tun."

Am 3. Februar 1933 wurde der „Vorwärts" für vier Tage verboten wegen eines antifaschistischen Aufrufs der Parteileitung. In Deutschland war das Ende der Pressefreiheit gekommen – mit der Verordnung des Reichspräsidenten „zum Schutze des deutschen Volkes". Gegen sozialdemokratische Funktionäre und Journalisten, und nicht nur gegen sie, wütete der Terror der SA. Am 14. Februar erneut ein „Vorwärts"-Verbot für eine Woche. Am 23. Februar erschien die Zeitung mit der Schlagzeile:

„Wieder in Front! Der Vorwärts bleibt das Kampfblatt der Sozialdemokratie!"
Der Reichstagsbrand am 27. Feburar 1933 lieferte dem preußischen Innenminister Göring den Vorwand, die sozialdemokratische Presse ganz auszuschalten. Zum letztenmal erschien der „Vorwärts" am 28. Februar 1933. Danach zerschlugen die Nationalsozialisten die Sozialdemokratie, konfiszierten das Parteivermögen, besetzten sozialdemokratische Druck- und Verlagshäuser, verfolgten und verhafteten Sozialdemokraten, trieben sie in's Exil . . .

Der „Vorwärts" erschien weiter — veröffentlicht vom Exil-Vorstand der SPD unter den Titeln „Neuer Vorwärts" und „Sozialistische Aktion" zunächst in Karlsbad, dann — 1938 bis 1940 — in Paris, bis Frankreich von deutschen Truppen besetzt wurde. Fünftausend Exemplare des „Neuen Vorwärts" wurden unter schwierigsten Bedingungen als Informationsmittel des antifaschistischen Widerstandes verbreitet: in's Deutsche Reich geschmuggelt, unter Lebensgefahr verteilt, unter Lebensgefahr gelesen:

„Zerbrecht die Ketten! Die Geschlagenen von heute werden die Sieger von morgen sein!"

Man muß an diese Geschichte der blutigen Unterdrückung und des leidenschaftlichen Widerstands erinnern, weil es ein besseres politisches Erbe für unseren Staat nicht gibt und weil das entschiedene Zeugnis für die Demokratie den „Vorwärts" *historisch unabweisbar rechtfertigt, ja kanonisiert.* Der „Vorwärts" von damals: jederzeit geeignet zum Nachdruck in Schulbüchern, Stoff in Fülle für Gedenktagsreden nicht nur vor Sozialdemokraten, die sich ihrer Herkunft ja gar nicht entschieden genug vergewissern können — zum Beispiel zwecks Abwehr jener Verdächtigung, die sich auf die fixe Formel bringt: „Freiheit oder Sozialismus".

Nur, das *historische* Verdienst des „Vorwärts" oder, anders ausgedrückt, seine sozialdemokratische Purität — wie er sie gegen rechts unter Opfern verteidigt und gegen links eisern durchgehalten hat — garantierten eben diesem „Vorwärts" als Fortsetzung sozialdemokratischer Politik mit publizistischen Mitteln nicht fraglos Existenzberechtigung und Wirkung. Die Nachkriegsgeschichte des „Vorwärts" und seine augenblickliche Lage beweisen es.

Der neue Vorwärts

„Neuer Vorwärts. Zentralorgan der Sozialdemokratischen Partei Deutschlands. Veröffentlicht unter Lizenz Nr. 1 der Niedersächsischen Staatsregierung. Nr. 1, Jahrgang 1. Sonnabend 11. September 1948, Preis: 0,30 DM."

Nach achtjähriger Unterbrechung erschien der „Vorwärts" von neuem. Auf der Seite 1 ein Leitartikel von Erich Ollenhauer „Zum Parteitag der SPD in Düsseldorf — von der Bewährung zur Mündigkeit". Lizenzträger der Zeitung waren Kurt Schumacher, Fritz Heine und Alfred Nau, der auch heute noch neben Egon Bahr und dem verstorbenen Wilhelm Dröscher als Herausgeber im „Vorwärts"-Impressum steht. Der erste „Vorwärts"-Chefredakteur nach dem Krieg wurde Gerhard Gleißberg. Das Blatt erschien wöchentlich in Hannover, dem Sitz des SPD-Vorstands.

Von Beginn an war dieser „Neue Vorwärts" ein Zeitungsunternehmen ohne Fortüne, ein wenig geliebtes Kind der Partei, belastet mit finanziellen, verlegerischen, vertriebstechnischen Schwierigkeiten, laborierend an Auflagenschwund und hadernd mit Verlagsleitungen und Druckereien: anfangs wurde der „Neue Vorwärts" bei der SPD-*nahen*, nicht SPD-*eigenen* „Hannoverschen Presse" hergestellt. Als deren Verlagsleitung sich wiederholt in die redaktionelle Gestaltung der Zeitung einmischte, verlangten die Redakteure von den Herausgebern eine grundsätzliche Kompetenzregelung. Vor der Bundestagswahl 1953 forderte der Chefredakteur von seiner Partei, den Druckort des „Neuen Vorwärts" in die Nähe Bonns zu verlegen. Bei eben diesen Wahlen 1953 mußte die SPD eine schlimme Niederlage hinnehmen. Die nachfolgende Reorganisation der Partei versuchte auch eine kleine Reform am Zentralorgan. Vorschläge dazu, rührend, naiv, aber ernst gemeint:

„Der zu lange und unbeholfene Titel „Neuer Vorwärts" sollte durch einen kürzeren und einprägsameren ersetzt werden – man könnte zu dem einfachen ‚Vorwärts' zurückkehren: die Unterzeile ‚Zentralorgan der Sozialdemokratischen Partei Deutschlands' könnte ersetzt werden durch ‚Wochenzeitung der deutschen Sozialdemokratie'; der Vorsitzende der SPD braucht nicht mehr als Herausgeber genannt zu werden. Manche Kritik am ‚Neuen Vorwärts' ist nur geübt worden, um damit zugleich die Parteispitze zu treffen, und manche Beleidigungsklagen gegen den ‚Neuen Vorwärts' sind nur erhoben worden, um den SPD-Vorsitzenden in die Rolle des Beklagten zu bringen."

Derlei kosmetische Ratschläge verweisen in aller Unschuld doch auf das grundlegende Problem des „Neuen Vorwärts": eine *Genossenzeitung* geblieben zu sein, ganz und gar identifiziert mit der offiziellen Parteilinie, ein Verlautbarungsorgan noch in seinen eigenen Beiträgen und nicht nur beim Abdruck parteiamtlicher Stellungnahme. Der „Neue Vorwärts" bediente ein Publikum, von dem er außer dem Merkmal Parteizugehörigkeit nichts wußte, in überkommener Form mit sozialdemokratischer Frömmelei nach innen und großspuriger Polemik nach außen. Wer das noch lesen sollte oder wollte – diese Frage schien damals wohl noch als schlechterdings unanständig.

Immerhin gab es Korrekturen – solche und solche:
Der Chefredakteur Gleißberg verließ den „Vorwärts" 1955 – nach sieben Jahren. Als eher linker Sozialdemokrat überkreuz mit der SPD-Führung, die die Klassenpartei SPD zur Volkspartei SPD verändern wollte, gründete Gleißberg in Hamburg „Die Andere Zeitung" – ein Blatt auf Volksfrontkurs gewissermaßen.

Seit 1955 auch hieß der „Vorwärts" wieder nur „Vorwärts" und firmierte nicht länger als Zentralorgan. Fortan genügte der Vermerk „Sozialdemokratische Wochenzeitung". Im selben Jahr verlegte das Blatt seinen Druckort nach Köln. Gleißbergs Nachfolger Josef Felder wollte den „Vorwärts" so haben:

„Bindung an die Partei, aber mit einem möglichst erweiterten redaktionellen Spielraum. Er soll die Entscheidungsfreiheit der Redaktion möglichst verstärken. Ihre innere Freiheit gestattet die Kritik auch an der Partei und ihren Funktionären, ja auch an ihren Beschlüssen, findet jedoch selbstverständlich ihre Grenze bei allen grundsätzlichen Entscheidungen, die nach Parteiprogramm, Parteitags-

und Vorstandbeschluß, eben nach demokratischem Mehrheitswillen gefällt werden."

Felder markierte damit sozusagen die publizistische Sollbruchstelle für einen behutsam-kritischen redaktionellen Kurs des „Vorwärts". Noch immer aber war eine partei*interne* „Vorwärts"-Publizistik beabsichtigt, noch immer ein „Vorwärts"-Leser imaginiert, der sich politisch gleichsam die Meinung sagen ließ. Ob es diesen Leser noch gab, blieb offen.

1957 ging Felder in den Bundestag. Unter der Chefredaktion des Bonner Journalisten Horst Flügge wurde die „Vorwärts"-Redaktion erweitert. Das Blatt erschien nun im repräsentativen Rheinischen Format als „Sozialdemokratische Wochenzeitung für Politik, Wirtschaft und Kultur". Flügge, *kein* alter Sozialdemokrat, tat seinen Dienst nur für kurze Zeit. Zuerst kommissarisch, dann — 1959 — in aller Form übernahm Jesco von Puttkamer, nachmaliger Bonner Botschafter in Israel, die Chefredaktion des „Vorwärts".

In dessen Amtszeit bis 1971 nun liegen entscheidende Stationen sozialdemokratischer Politik in der Bundesrepublik: Der heute unbestritten historische Godesberger Parteitag der SPD 1959 — die Öffnung der Sozialdemokratie zur Volkspartei der linken Mitte, die für alle wählbar werden sollte. Der Eintritt dieser regierungsfähig gewordenen SPD in die Große Koalition mit CDU und CSU 1966. Schließlich das sozialliberale Bündnis nach der Bundestagswahl 1969, die Regierung Brandt-Scheel. In dieser Phase gelang dem „Vorwärts" — Auflage 1962: 60.000 — laut Jahrbuch der SPD „erstmals ein Einbruch in Leserkreise außerhalb der Partei". Die Zeitung war, wie sagt man?, *anspruchsvoller* geworden. Von eher intellektuellem Zuschnitt, stilistisch und nach Tonlage und Temperament ein wenig abgerückt von der akklamatorischen Ergebenheitsadresse — kein Blatt mehr, das seiner Partei Kränze flicht, weil es sonst niemand tut —, und abgerückt auch von jener agitatorischen Militanz, mit der noch ein alter honoriger Kämpfer wie Gleißberg den „Vorwärts" gegen die politische Rechte geführt hatte. Der „Vorwärts" nun ein konsensbewußtes Parteiblatt, gediegen und betulich. Jesco von Puttkamer, dessen Leitartikel dennoch, wie man hört, stets höheren Orts gegengelesen wurden:

„Die Parteizeitung von heute kann nicht mehr nur Sprachrohr der Parteiführung und ihrer Organe sein. Deshalb hat sich der ‚Vorwärts' dafür entschieden, einen *Mittelweg* zu gehen. Eine politische Wochenzeitung wie er braucht eine gewisse journalistische Unabhängigkeit, um glaubwürdig zu sein . . ."

Eine „gewisse journalistische Unabhängigkeit" — die vage Formulierung trifft gleichwohl den Nerv: *Unabhängigkeit* und *Journalismus* — nimmt man beide Begriffe umfassend, so bezeichnen sie exakt die Problematik des „Vorwärts", betreffen sie den „Vorwärts", wie es ihn heute gibt, *noch* gibt. Unabhängigkeit, das heißt doch wohl: Souveränität gegenüber der sozialdemokratischen Partei und ihrer Politik, ein Verhältnis, zeitgemäß formuliert, *kritischer Loyalität*. Unabhängigkeit aber ist, wie wir wissen, keine abstrakte Größe. Sie ist ökonomisch mitbestimmt. Der „Vorwärts" als Wirtschaftsbetrieb aber ist *seit 1948* nicht rentabel. Er liegt dem Verlag, zu dem er gehört — heute: „Neuer Vorwärts Verlag Nau & Co." — mit jährlichen Verlusten von einer Million Mark aufwärts auf der Tasche. Seine Unabhängigkeit ist schon qua Existenz insofern immer nur gestundet. In dem Augenblick, da die Partei selbst aus ihrer hochverschuldeten Kasse den „Vorwärts" stützen müßte, stünde das Blatt mit Sicherheit zur Disposition. Denn: so klar und vor allem so unumstößlich ist das Interesse dieser Partei an diesem ihrem Blatt eben nicht.

Unabhängigkeit und *Journalismus*. Journalismus meint hier, daß auch der „Vorwärts" zuerst eine redaktionell gemachte, von Journalisten für ihre Leser geschriebene Zeitung zu sein hätte. Professionelle Blattmacher fertigen eine interessante politische Wochenzeitung, die sich zwar nach Couleur und politischem Profil von anderen Blättern auf dem Zeitungsmarkt unterscheidet, *nicht* aber in ihrem Niveau – oder allenfalls positiv – *nicht* in der Qualität ihrer Analyse, nicht in der Solidität ihrer Recherchen, nicht in der Schärfe und Unbekümmertheit ihrer Kritik.

Unabhängigkeit und Journalismus – die Rede ist nun von einem „Vorwärts", wie er seit 1971 bis heute versucht wird – unter Schwierigkeiten, mit wechselndem Erfolg und gewiß nicht mit besten Aussichten. Seit 1971 nämlich macht der „Vorwärts" Anstrengung, eine *sozial-demokratische* Zeitung zu sein und doch keine Parteizeitung. Ein Blatt *in* der Partei und doch auch eines für ein breiteres, wenn auch spezielles, politisch interessiertes und informiertes Publikum. Welche Gestalt er dabei annimmt, wovon diese Gestalt bestimmt wird, was das Besondere dieses „Vorwärts" ist – seine besondere Tugend und seine besondere Not, das sei hier als „Vorwärts"-Porträt skizziert. Im Praesens nunmehr. Das Vorherige war Geschichte.

Im Sommer 1971 wählt der Parteivorstand der SPD – keineswegs einmütig übrigens – den „Stern"-Korrespondenten Gerhard Gründler zum Chefredakteur des „Vorwärts". Gründler, SPD-Mitglied seit 1957 und noch länger Gewerkschafter, nach eigenem Bekunden „kein Linker, nur ein Linksbürgerlicher", will, gelernter Journalist, der er ist, ganz klar einen anderen „Vorwärts" als den bisherigen. Gründlers Wahl ist folglich auch ein Programm. Sie signalisiert: die Partei will sich einen neuen „Vorwärts" gestatten, einen durch „Unabhängigkeit und Journalismus" vielleicht *konkurrenzfähigen,* jedenfalls attraktiven „Vorwärts".

Gründler schreibt:

„Der SPD nützt nur ein Vorwärts, der interessant ist, der ihr Ehre macht, eben weil er ihr nicht nur Freude macht. 'Hofberichte' schaden dem Ansehen des Blattes, ohne das Ansehen der Partei zu mehren. Keinesfalls kann der Vorwärts von dem mageren Wohlwollen all jener Sozialdemokraten leben, die sich noch niemals über ihn geärgert haben. Findet er keinen Wiederspruch aus den eigenen Reihen, weil er allzusehr auf die Linie und zu wenig auf sein Profil achtet, wird er nicht weiterkommen. Diejenigen, die nichts gegen ihn haben und froh sind, wenn er nur nicht aneckt, sind nicht seine wahren Freunde. Ach, wären sie wenigstens alle seine Abonnenten."

Konzept und Richtung sind klar: der „Vorwärts" soll eine Wochenzeitung sein, die vor den Augen eines Lesepublikums durch politische Kommentierung, Analyse und Berichterstattung *ohne Ärmelschoner* bestehen kann. Die optimistische Rechnung: ein endlich *lesenswerter* „Vorwärts" wird auch ein weniger defizitärer „Vorwärts" sein. und — *kommunikationspolitisch* gerichtet: in der intellektuellen politischen Debatte der Bundesrepublik kann — neben „Spiegel", „Zeit" und „Stern" — ein Blatt entschiedenerer linker Option nicht nur nicht schaden, es ist nötig und es wird Leser, sprich Käufer finden. Sicher zuerst in der Partei selbst, aber auch darüber hinaus bei Sympathisanten der SPD und bei solchen, die sich für die Sozialdemokratie interessieren.

Ein neuer „Vorwärts", wie ihn Gründler 1971 konzipiert, ist auch Reflex auf eine bestimmte innenpolitische Situation in der Bundesrepublik. Im Gefolge jener abebbenden, aber wirkungsvollen linken Studentenbewegung erfährt Reformpolitik, wofür Willy Brandt als Symbolfigur steht, starken Zuspruch — auch aus nicht SPD-gebundenen Gruppen. Die realistische Ostpolitik der Regierung Brandt-Scheel ist populär. 1972 steht Brandt als glänzender Wahlsieger da. Und mit ihm siegen Wähler-Initiativen, in denen sich ein bürgerliches politisches Interesse lebhaft und unorthodox artikuliert. Eine Gnaden-Zeit für eine „Vorwärts"-Publizistik, wie Gründler sie will. Oder, nüchterner betrachtet: ein eher kritischer „Vorwärts" kann auch der Partei, der er gehört, in den frühen siebziger Jahren nur opportun erscheinen.

Gründler beansprucht also für die „Vorwärts"-Redaktion einen bislang unbekannten Spielraum und erhält ihn, *behält* ihn. Das Blatt wird zu einer Autorenzeitung. Journalisten, Kommentatoren mit Rang und Namen beliefern ihn: Carola Stern, Joachim Besser, Peter Bender, Klaus Harpprecht, Immanuel Geiss und viele andere. Parteimitgliedschaft ist nicht erfordert. Das Spektrum: Sozialdemokraten, Radikalliberale, Linksliberale, demokratische Sozialisten. Konsequent verficht der „Vorwärts" die Deutschland- und Ostpolitik der Entspannung — darin durchaus nicht immer d'accord mit der Gesamt-SPD. Innenpolitisch gilt ein entschlossener Reformkurs. In Fragen der Inneren Sicherheit, der Verteidigungspolitik und der Wirtschaftspolitik werden Positionen bezogen und durchgehalten, die denen der linken SPD und der linken FDP zuneigen, was nicht heißt: der „Vorwärts" wird Juso-Organ. Zugleich und unvermeidlicherweise klingt der Ton sozialdemokratischer Parteifrömmigkeit ab. Der „Vorwärts" verliert jenen „Stallgeruch", den man auch Mief nennen könnte. Er ist auf dem Weg, eine *normale* Zeitung zu werden. Daß diese Zeitung an Stelle eines allmächtigen, gewinnorientierten Verlegers eine Partei zum Herrn hat, macht zunächst keinen *wesentlichen* Unterschied.

Der Weg zur normalen Zeitung ist gleichwohl überaus beschwerlich.

Aus vielerlei Gründen. Das neue „Vorwärts"-Programm festigt zwar die Auflage, bringt sie aber nicht in die Rentabilitätszone. Wirtschaftlich bleibt der „Vorwärts" ein Zuschußunternehmen, ein Subventionsbetrieb. Ältere Sünden rächen sich bitter, jahrzehntelang unterlassene Investititonen, eine materielle personelle Ausstattung, wie sie, so Gründler seinerzeit, etwa einem „Kreisanzeiger" entspricht. Dazu ein Wochenpressemarkt, auf dem überhaupt schlecht zu überleben ist: Sämtliche vergleichbaren Blätter werden künstlich ernährt — von der Gewerkschaft: „Welt der Arbeit", von den Kirchen: „Deutsches Allgemeines Sonntagsblatt" und „Rheinischer Merkur", von einem Verleger,

Holtzbrink: „Deutsche Zeitung – Christ und Welt", von einer Partei: „Bayernkurier". Nur „Die Zeit" scheint besser dazustehen, aber auch sie hat über Jahre vom „Stern" gelebt und bleibt wirtschaftlich trotz allem ein unsicherer Kantonist.

Als 1973 nach dem Ölschock die allgemeine Kostenexplosion auch den „Vorwärts" nicht verschont, wird ein vielversprechender Aufschwung drastisch gebremst. Wirtschaftlich bleibt der „Vorwärts" nach wie vor Kostgänger. Käme sein Verlag in die Not, die „Vorwärts"-Verluste nicht anderweitig kompensieren zu können, müßte die Partei selbst aushelfen. Schwer vorstellbar, daß dies überhaupt geschähe, schwer vorstellbar erst recht, daß der „Vorwärts" wie jetzt an langer Leine weiterlaufen dürfte.

Der Weg zur normalen Zeitung ist beschwerlich, wie gesagt. Auch wegen dieser Leine notabene. Der „Vorwärts", wie ihn zuerst Gründler, später dessen Nachfolger Friedhelm Merz verstehen, dieser „Vorwärts" nämlich kommt zustande unter Aufbietung aller Konfliktbereitschaft, aller Frustrationstoleranz, aller Equilibiristik, die es erfordert, wenn man eine Parteizeitung macht und doch keine Parteizeitung und dies auch noch gut.

Gründlers redaktionelle Faustregel – Kritik am Parteivorsitzenden wird vorher besprochen, und Alfred Nau, weiland Schatzmeister der SPD und noch immer „Vorwärts"-Herausgeber, ist tabu –, diese Faustregel beschreibt einen Minimalkomment, der doch auf breiterer, unausgesprochener Verabredung ausruht. Denn: der „Vorwärts" wird, wann immer es dem politischen Gegner der SPD paßt, eben doch als Parteiorgan genommen. CDU und CSU zitieren ihn, wenn es ihnen gelegen kommt. Der „Vorwärts" wird so zu einem für seine Partei unberechenbaren politischen Faktor im Tagesgeschäft. Und eben dies nährt die Neigung betroffener Politiker, die Zeitung unter Kuratel zu stellen.

Beispiel: Das Blatt warnt im Zusammenhang mit der Terroristenbekämpfung vor überzogenen, rechtsstaatgefährdenden Maßnahmen – schon dient es, sagen wir dem Herrn Zimmermann von der CSU, dazu, jenen Sympathisantenverdacht auf die Partei auszudehnen, die diesen „Vorwärts" doch unterhhält, die SPD. Wann immer also der „Vorwärts" regierungskritisch sich äußert, wird er für die Opposition zum gefundenen Fressen. Und: Parteiobere, Minister, Kanzler gar wittern Dolchstoß, sagen Parteischädigung und denken an Sanktionen. Immer nach dem Motto: Warum sollen wir uns aus den eigenen Reihen mit Dreck bewerfen lassen oder: Wer die Musik bezahlt, bestimmt, was gespielt wird.

Der „Vorwärts" von 1971 folgende hat mit Interventionsversuchen einflußreicher Genossen jederzeit, mit der erklärten Liberalität nicht minder einflußreicher Genossen sehr viel seltener zu rechnen. Der „Vorwärts"-Chefredakteur hat das zweifelhafte Privileg, an den Sitzungen des Parteivorstandes teilzunehmen. Ohne Stimm- und Rederecht allerdings. Für Gründler zeitweilig ein Spießrutenlaufen. Der Chefredakteur und sein Blatt in Ungnade – da werden auch schon mal Handschlag und Blickkontakt verweigert, da wird einer wie ein Feind behandelt. Und da wird der Kasus „Vorwärts" verhandelt, ohne daß der Betroffene, obgleich anwesend, sich wehren kann.

Nicht immer natürlich erreicht diese problematische Beziehung das Stadium des offenen und auch öffentlich gemachten Konflikts. Manches bleibt im Vorfeld hängen, geht auf im Versuch, Stimmung zu machen. Kein Zufall jedoch, daß solche Kontroversen, auch persönlich gefärbte Kontroversen seit 1971 gewissermaßen „Spiegel"-notorisch werden. Es gibt da nämlich eine klare Korrelation: Je interessanter der „Vorwärts" wird, je mehr seine Stimme im Zeitgespräch zählt, desto unbequemer wird er – kurzsichtig betrachtet – für seine Partei, desto mehr verlangt er ihr ab an Toleranz und Gelassenheit. Und im nur scheinbaren Paradox: Je eigenständiger der „Vorwärts" ist, desto nötiger braucht er Beschützer, Bündnispartner in der Partei. Ob es die in ausreichender Zahl und hinlänglichem Interesse gibt, erscheint vorderhand zweifelhaft.

Der vorerst letzte Versuch, den „Vorwärts" zu erhalten und womöglich auszubauen, datiert vom Herbst 1976. Gründler verläßt das Blatt, kehrt zum „Stern" zurück. Nicht im politischen Hader mit der Partei – da hätte er, an rabiate Verleger gewöhnt, noch länger durchgehalten, wie er sagt –, vielmehr in der Überzeugung, den „Vorwärts" a la longue nicht retten zu können, also auf verlorenem Posten zu stehen. Auf Gründler folgt Friedhelm Merz, vormals Redakteur der eingestellten progressiven katholischen Wochenzeitung „Publik", danach Chefredakteur des SPD-Mitgliedermagazins. Merz stellt mit seinen Redaktionskollegen eine politische und publizistische Neukonzeption für den „Vorwärts" auf die Beine. Zum Parteitag der SPD 1976 erscheint eine Probenummer: ein „Vorwärts" im halben „norddeutschen Format" – etwa DIN A 3 –, 32 Seiten stark, klar strukturiert, übersichtlich umbrochen.

Ein neuer Versuch

Der Wechsel von Gründler zum Merz bedeutet nun kein politisches roll-back für den „Vorwärts", die Zeitung wird nicht eingefangen und gezähmt, wohl aber inhaltlich neu akzentuiert und – was ihr Zielpublikum anlangt – anders *adressiert*. Merz schreibt:

„Das neue Blatt will sich mehr auf – im Wortsinn – ‚Vorwärts'-Themen konzentrieren. Der Anspruch der traditionellen Wochenzeitung, Woche für Woche lückenlos über aktuelle Themen aus Politik, Wirtschaft und Kultur zu berichten, stammt aus dem vorigen Jahrhundert und ist durch neue Formen der Publizistik längst überholt und zum Fetisch geworden. Der neue Vorwärts wird darum noch entschiedener versuchen, diesen Fetisch Fetisch sein zu lassen, und statt dessen *politische Trends* aufspüren und ihre Breitenwirkung ausloten: auf Innen- und Außenpolitik, auf Praxis und Programmatik der Parteien, auf das Geschehen in der Wirtschaft und im Kulturbetrieb bis hin zur Umsetzung in den Medien."

Das heißt: der „Vorwärts" probiert sich seit etwa drei Jahren als themenorientierte Wochenschrift aus. Eine Infratest-Studie – *erstmals* hat sich der „Vorwärts" über seinen potentiellen Empfänger empirisch vergewissert – weist ihm nämlich eine Nische zu, in der ein eher jüngeres, überdurchschnittlich interessiertes und informiertes Publikum nach zusätzlicher Information und entschiedener kritischer Kommentierung verlangt. Ein „Vorwärts" für Leser also, die „Stern", „Spiegel" und „Die Zeit" benutzen, aber deutlichere, wenn man so will entschieden sozialdemokratische Stellungnahmen erwarten und – vor allem! – *alternative* Unterrichtung aus solchen Bereichen, die in der bürgerlichen Pressepublizistik wie in den ausgewogenabsichernden Funkmedien vernachlässigt und verschoben werden: der Nord-Süd-Konflikt etwa, das Jahrhundertthema Ökologie und Politik, der Rechtsstaat und seine Gefährdungen, die Arbeitswelt als vordemokratischer Sektor, die sozialen und politischen Bewegungen in Europa und in der Dritten Welt. Der „Vorwärts" will damit – jenseits der Tagesaktualität, die er freilich auch berücksichtigen muß – die politischen *Themen* auf der Tagesordnung halten, die, einerseits, ein kurzatmiger politischer Pragmatismus gern verdrängt und die, andererseits, eine typisch deutsche provinzielle Publizistik nicht genügend ernstnimmt.

Dem Programm entspricht der „Vorwärts" mit einer plausiblen Disposition: Hinter dem Titelblatt mit kurzen Leitartikeln und großer Karikatur als Blickfang die Rubriken: „Politik" – innere und äußere –, dann „Parteien und Programme":

„Hier wird kontinuierlich über die programmatischen und praktischen Entwicklungen der gesellschaftlichen Gruppierungen berichtet. Als ständige Auseinandersetzung mit der Sozialdemokratie, mit Ostblock- und Eurokommunisten, mit Liberalen und Konservativen."

Dann das „Vorwärts-Thema": Wöchentlich auf den mittleren Seiten und durchgearbeitetes, dokumentiertes Schwerpunktthema. Bei der „Zeit" heißt das „Dossier". Eine weitere Sparte: „Arbeit und Kapital". Dazu der Werbetext:

„Mit Konsequenz macht der Vorwärts in jeder Ausgabe deutlich, wo die Interessen der sozialen Gruppen liegen. Dies bedeutet: Darstellung wirtschaftlichen Handelns nicht aus der Sicht der Vorstandsetage, sondern aus dem Blickwinkel des Arbeitnehmers, der Mieter, der Verbraucher und ihrer Organisationen."

Der „Vorwärts" sieht sich dabei einem sozialdemokratischen Grundprinzip verpflichtet: Demokratisierung aller Lebensbereiche, also auch der Wirtschaft. Ein ähnliches Verständnis gilt auch für das Ressort „Kultur":

Kultur meint beim „Vorwärts" weniger das klassische Feuilleton mit Rezensionsbetrieb. Faktisch muß aber doch die Kulturszene der Bundesrepublik in herkömmlicher Manier abbilden, bereichert da und dort um solche Betrachtungen und Berichte, die den Kulturbegriff gesellschaftspolitisch erweitern: *Jugendarbeitslosigkeit* als *verordnete kulturelle Verödung* kann folglich dort durchaus ressortieren.

Überdurchschnittliche Aufmerksamkeit schenkt der „Vorwärts" den „Medien". Werbetext:

„Zwei Seiten sind dafür reserviert. Denn bei der täglichen Informationsflut möchte der Vorwärts ein Orientierungsangebot machen. Die Presse analysieren. Und den Rundfunk. Die Programmgestaltung beobachten. Wer entscheidet über welche Sendungen? Welche Personen, welche parteipolitischen Gruppierungen üben Einfluß aus oder Druck?"

Der „Vorwärts" verteidigt dabei offensiv die Innere Rundfunk- und Pressefreiheit und das Prinzip öffentlich-rechtlich für die Funkmedien. Er macht eine Menge Pressionen und Unterwerfungen auf diesem Gebiet aktenkundig. Und er kümmert sich auch um die strukturellen Defekte des Medienbetriebs in der Bundesrepublik. Sein Problem dabei ist, diese wichtigen Informationen über den Kreis von Medien-Insidern hinaus zu streuen, mithin für den gewöhnlichen Leser relevant zu machen. Und dann leistet sich der „Vorwärts" noch die Seite „Rückwärts". Es ist die letzte, und sie treibt politische Satire − mit Cartoons von Marie Marcks etwa und mit Glossen, kleinen Spitzen, fiktiven Briefwechseln. Eher milder Spott, aber mit einem Schuß schöner Selbstironie, kaum je eine scharfe, böse Attacke, alles vielmehr im Gestus des „Halb so wild".

Dieses redaktionelle Programm muß nun − wie stets bei der *Partei*zeitung „Vorwärts" − auf zwei Fragen, *mindestens* zwei Fragen antworten. Erstens: Wie läßt sich ein solches Unternehmen sozialdemokratisch definieren? Zweitens: Welche Erfolgschancen hat es und welche Voraussetzungen braucht es dazu? Der „Vorwärts"-Chefredakteur Merz ist sich der Lage exakt bewußt:

„Die Auseinandersetzung darüber, welche Aufgaben die sozialdemokratische Presse heute hat, wenn sie schon nicht mehr Kampfpresse sein soll, *gab und gibt es nicht;* es sei denn, man begnügt sich damit, die Konflikte über diese und jene Veröffentlichung, wie sie immer wieder auftreten, für eine solche Auseinandersetzung zu halten. Lediglich die im Dienste der Partei stehenden Journalisten haben von Zeit zu Zeit versucht, eine inhaltsorientierte Diskussion über Standort und Aufgaben der Parteipresse in Gang zu setzen. Widerhall fanden diese Versuche jedoch kaum. Das ist der Führung der Partei nicht allein anzulasten. Ausschlaggebend ist vielmehr, daß die Mitgliedschaft − anders als vor 1933 − an diesen Fragen wenig mehr als ein oberflächliches Interesse hat. Oft geht das Desinteresse sogar so weit, daß die Frage berechtigt erscheint: Braucht die SPD überhaupt noch eine sozialdemokratische Presse?"

Merz und seine fünfzehn Kollegen in der „Vorwärts"-Redaktion bejahen dies einstweilen. Und haben doch mit denselben Problemen zu tun, die den „Vorwärts" und seine Macher seit je drücken: Forcierte Werbung, verbesserter Vertrieb, organisatorische Neuerungen − der „Vorwärts" war in alldem seit langem museal − *und* jene *begründete* Blattkonzeption, die die unterbesetzte Redaktion mit Fleiß und Engagement zu erfüllen versucht, dies alles hat dem „Vorwärts" seit 1976 zunächst einen Abonnenten- und Käufer-Zuwachs beschert − von 44.000 auf 56.000, aber die verkaufte Auflage schließlich doch nicht darüber hinausgebracht. Sie stagniert, und die Akzeptanz des „Vorwärts" beim Publikum ist weiterhin kärglich.

Noch immer nämlich lastet da ein fatales Image. Wer den „Vorwärts" am Kiosk kauft, sieht sich leicht als „Sozi" identifiziert. Diese Zeitung läßt man nicht − wie die „Zeit" − auf dem Sideboard liegen, sie könnte als Etikett gelten, nicht als Dekor. Auf der anderen Seite, spiegelbildlich, das Dilemma der „Vorwärts"-Macher, als „Parteijournalisten" zu gelten − auch bei solchen Kollegen, die den Verlegern *ihrer* Blätter jederzeit die Wünsche von den Augen ablesen. Parteijournalisten, die − Qualifikation einerlei − für gewöhnlich eine Art Quarantäne durchlaufen müssen, ehe sie nach ihrer Arbeit beim „Vorwärts" für Zeitungen und Rundfunkanstalten als festangestellte Mitarbeiter wieder in Betracht kommen . . .

Parteijournalismus – die despektierliche Benennung berührt indessen auch die tatsächlichen Schwierigkeiten bei der redaktionellen Herstellung des „Vorwärts". Es schreibt sich ja leicht hin, das Blatt habe:

„auf dem Boden sozialdemokratischer Programmatik engagiert den Brückenschlag zwischen Politik und Gesellschaft mit den Mitteln einer interessanten und interessierenden Publizistik an Angriff zu nehmen."

Tatsächlich muß beim „Vorwärts" ein großer Teil der Redaktionsenergie darauf verwendet werden, die Zeitung stets nur bis an die Deadlines der Kritik an der eigenen Partei, ihrer Politik und ihren Personen zu führen und nach Möglichkeit nie darüber hinaus. Wozu der „Vorwärts" sich trauen darf, das eben ist hochgradig von Großwetterlagen abhängig und auch von Zwischenhochs und -tiefs. Im hysterischen deutschen Herbst 1977 konnte ein „Vorwärts", der zur Besonnenheit riet, seiner staatmachenden Partei, wie gesagt, beschwerlich werden. Oder: Wie kommentieren und berichten in jenen in der SPD selbst umstrittenen Fragen: Kernenergie, Radikale im öffentlichen Dienst, Stamokap-Debatte? Wie umgehen mit Benneter hier, Egon Franke dort? Was *überhaupt* behandeln und was *noch* nicht? Und sind der Vorsitzende, sein Stellvertreter, der Bundeskanzler, sakrosankt? Sie sind es so eindeutig nicht. „Vorwärts"-Redakteure sind erweislich ihrer Artikel keine Marionetten. Aber: Sie müssen Balance halten, Sensibilität ausbilden für das, was geht und was nicht geht. Der Chefredakteur:

„Man weiß halt immer, wo die Tretminen lauern, man erfährt das Risiko seiner Arbeit täglich."

Der Aufenthalt zwischen Baum und Borke ist eben wenig komfortabel. Und von solch unsicherem Platz aus wird nicht zu laut gesprochen.

Bestimmende Großwetterlagen – das heißt aber auch wieder: Der „Vorwärts" kann nur so beweglich, kritisch, unnachgiebig auch mit der eigenen Partei sein, wie sich diese Partei, die SPD momentan versteht. Der „Vorwärts" *heute* mit seinem Chefredakteur Merz, der als Vertrauter Willy Brandts gilt, erscheint wie ein Relikt aus einer Phase offenerer sozialdemokratischer Politik. Jetzt, in einer Zeit eines neuen, diesmal sozialdemokratisch dominierten Quietismus, für den der erfolgreiche Kanzler Helmut Schmidt steht, könnte der „Vorwärts" ein auch regierungskritischer „Vorwärts", wieder Wind von vorn bekommen. Und davor kann den – man muß es wiederholen – *defizitären* „Vorwärts" weder seine journalistische Qualität bewahren noch seine fortschrittliche Mitbestimmungsregelung, die die Innere Pressefreiheit im „Vorwärts"-Verlag auf beispielhafte Weise *tarifvertraglich* festschreibt.

Die systematische Neuorientierung des „Vorwärts", wie sie seit 1976 im Gange und bis heute nicht abgeschlossen ist, geht darauf hinaus, eine politische Zeitschrift zu konstituieren – sie muß übrigens nicht unbedingt wöchentlich erscheinen –, deren journalistisches Angebot – Berichterstattung und Kommentierung – und deren politische Sichtweise – nennen wir sie die des demokratischen Sozialismus – bei einer auskömmlichen Zahl von Käufern und Abonnenten begehrt werden. Oder doch, Minimalziel, eine Zeitschrift zu etablieren, deren öffentliche Dreinrede – wiederum informatorisch und im politischen Urteil – *wichtig* ist. Wichtig für die Partei, die sich diese Zeitschrift leistet, und wichtig für ein interessiertes Publikum. Und zwar für beide so wichtig, daß die Frage ihrer Rentabilität gegenüber dem politischen Gewicht der Zeitschrift zweitrangig wird.

Eben davon aber ist der „Vorwärts", wie er heute dasteht, noch weit entfernt. Die Redaktion möchte ihn in diese Richtung „vorwärts" treiben, aber sie hat dabei die beschriebenen Klötze an Händen und Füßen. Sechzehn Redakteure fertigen ein 32 Seiten starkes Blatt, dessen finanzielle Mittel eher gering sind. Da müssen Qualitätseinbußen in Kauf genommen werden, die dann das ohnehin nicht glänzende Image der Wochenschrift weiter trüben. Der „Vorwärts" kann eben immer nur gemacht werden, *so gut es geht.* Eine *bemühte* Zeitschrift darin den Blättern desselben Typs – mit Ausnahme der üppig ausgestatteten „Zeit" – nur zu ähnlich. Freilich, noch diese Zeitungsproduktion, die immer etwas von Behelf und Kompromiß hat, bringt es auf publizistische Beiträge, die so nicht überall zu haben sind.

Mitunter registrieren „Vorwärts"-Redakteure Wirkungen eines Artikels nach einer „Inkubationszeit" von sechs bis acht Wochen. Und dies nicht nur, wenn der Verfasser kraft seines Amtes auf Gehör rechnen kann. Jörg Mettke hat so – nur ein Beispiel – einmal mit einer Betrachtung im „Vorwärts" die Deutschlandpolitik kräftig angeschubst. Und vor allem systematische Feldbestellung – Beispiele etwa: Entwicklungspolitik, Energiefrage, Eurokommunismus – findet Beachtung. Im günstigsten Fall wird mit „Vorwärts"-Aufsätzen argumentiert und gearbeitet. Der „Vorwärts" hat über seinen Korrespondenten Walter Leo eher als andere Zeitungen eine vorzügliche DDR-Berichterstattung geboten. Er vermittelt Informationen aus der französischen Innenpolitik – aus einer linken politischen Szene! – von einer Genauigkeit, wie sie nur aus Kennerschaft resultiert. Außenpolitische, speziell ostpolitische „Vorwärts"-Analysen, etwa von Dettmar Cramer, sind fast immer von hohem Reiz, gespickt mit Hintergrundinformationen und besonders interessant für Leser, die auch noch zwischen die Zeilen gucken.

Denn, da haben wir es wieder, natürlich nimmt im „Vorwärts", für den das Lavieren konstitutiv ist, manche Deutung, manche Bewertung, manche Kritik die Gestalt des mehrfach Vermittelten an. Um es an einem älteren Beispiel zu erhellen: Wenn ein Chefredakteur längst weiß, daß ein verdienter Fraktionsgeschäftsführer gehen muß, wie schreibt er das auf, ohne der Partei zu heftig vor's Schienbein zu treten? Er schreibt etwa: „Es ist Zeit für ein klärendes Wort". Er gibt zu verstehen und formuliert mit gebotener Delikatesse. Und bisweilen wird die auch honoriert – *vor* Drucklegung gar, wenn sich – wie geschehen ein Parteioberer die Druckfahnen besorgt hat . . .

Solcher Eiertanz mag oft peinlich erscheinen, doch wird der Vorwurf – „Eiertanz" – häufig just von jenen erhoben, die bei diesem Gesellschaftsspiel selbst eifrig den Löffel halten.

So wären wir am Ende wieder bei dem angekommen, was man das „Vorwärts"-Syndrom nennen könnte. Jene spezifische Mischung aus engagierter Kritik, politischer Verve und sozialdemokratischer *Parteinahme* in des Wortes schillerndster Bedeutung. Der „Vorwärts" repräsentiert nicht die Sozialdemokratische Partei Deutschlands, er steht auch nicht für einen ihrer Flügel – ehestens für den rechten Teil ihres linken Flügels, um es hinlänglich kompliziert auszudrücken. Denn die Verhältnisse sind kompliziert. Wohl aber läßt der „Vorwärts" – sein Fortbestehen, seine Fort*entwicklung* – auf den geistigen, politischen, moralischen Standard der Partei schließen, die ihn herausgibt. Und wenn das so ist, dann besteht Hoffnung für beide. Ein wenig jedenfalls und *noch*.

Hermann Meyn

„Liberaler Kaufmannsgeist"
„DIE ZEIT"

„Eine große Wochenzeitung für Politik, Wirtschaft, Handel und Kultur muß Gegensätze in sich selbst austragen, wenn sie eine liberale Wochenzeitung sein will. Und wenn sie sich an denkende Leser wendet, läßt sie auch konträre und kontroverse Stimmen zu Wort kommen."

Die beiden Sätze stammen aus einer Selbstanzeige des Hamburger Wochenblattes „Die Zeit". Sie liefern die Stichworte „liberal", „denkende Leser" und „kontroverse Stimmen", Stichworte, die − ins Politische übersetzt − eigentlich nur für eine Partei in der Bundesrepublik zutreffen: Für die Freie Demokratische Partei. Schlußfolgerung: „Die Zeit", ein Sprachrohr der FDP?

Ganz so einfach liegen die Dinge freilich nicht. Das Vokabular, mit der die Wochenzeitung um Leser und die Freien Demokraten um Wähler werben, ähnelt sich zwar, und in vielen Punkten sind zwischen beiden auch in den politischen Aussagen kaum Unterschiede auszumachen; dennoch würde sich die „Zeit"-Redaktion und das nicht ganz zu unrecht − mit Entschiedenheit dagegen verwahren, mit *einer* Parteimeinung gleichgesetzt zu werden. Dies ist übrigens eine der ganz wenigen unverrückbaren Maximen in der Geschichte des Blattes. Schon in der ersten Ausgabe vom 21. Februar 1946 hieß es unter der Überschrift „Unsere Aufgabe":

„Wir sprechen zu einem deutschen Leserkreis, der in dieser Zeitung seine Sorgen, Wünsche und Hoffnungen wiedererkennen und sie geklärt sehen soll. Wir werden niemandem nach dem Munde reden, und daß es nicht allen recht zu machen ist, ist eine alte Weisheit."

Niemandem nach dem Munde reden − das klingt in der Tat engagiert und couragiert. Und wer sich einmal die Mühe macht und in den ersten Jahrgängen der Zeitung blättert, wird um die Feststellung nicht herumkommen: So hat das Blatt angefangen, das der Rechtsanwalt Gerd Bucerius, der Kaufmann Ernst Friedländer, der Architekt Richard Tüngel, die ostpreußische Gutsverwalterin Marion Gräfin Dönhoff und die beiden Journalisten Ernst Samhaber und Josef Müller-Marein vor mehr als 33 Jahren unter der Zulassung Nr. 6 der britischen Militärregierung der Öffentlichkeit präsentierten.

Mut gehörte damals vor allem dazu, sich mit den Besatzungsmächten anzulegen, und das tat die „Zeit" als erste und lange auch als einzige Zeitung der vier Zonen. Sie kritisierte die Siegermächte wegen ihres Demontage-Programms, das aus Deutschland einen Kartoffelacker machen sollte, und sie attackierte sie wegen der Nürnberger Prozesse, die sie im Ansatz für verfehlt hielt. Die juristische Bewältigung ihrer Vergangenheit, so meinte das Blatt, hätten die Deutschen selbst zu erledigen.

Am 13. April 1950 rechnete Ernst Friedländer in einem Leitartikel unter der Überschrift „Deutschland — England — letzter Akt" beispielsweise so mit den Briten ab:

„Für das kommende Europa ist die Freundschaft seiner Völker unentbehrlich, und diese Freundschaft verträgt in keinem einzelnen Falle eine allzu schwere Vorbelastung. So wäre es denn nicht ganz fernliegend, wenn man sich auf britischer Seite fragte: Ist es möglich, die deutsche Stimmung gegen England anders, wesentlich anders zu gestalten, noch ehe der letzte Akt zu Ende geht? Die Antwort auf diese nicht unwichtige Frage der britischen Besatzungspolitik wäre sehr leicht zu finden. England müßte nämlich einen äußerst geringen Preis für Deutschlands Sympathien bezahlen. Es müßte sehr wenig wirklich tun und im wesentlichen nur längst unzeitgemäß gewordene Handlungen unterlassen, von denen niemand einen Vorteil, aber Deutschland den Schaden hat."

Im einzelnen setzte sich Friedländer mit der Äußerung des britischen Außenministers Ernest Bevin auseinander, der erklärt hatte, der Nationalsozialismus habe den deutschen Charakter nicht etwa verändert, sondern nur besonders deutlich zum Ausdruck gebracht — eine These, die Friedländer als „Kollektivbeleidigung" zurückwies. Und nach einer harten Abrechnung mit der britischen Demontagepolitik und der Dauerbombardierung der Insel Helgoland kam Friedländer zu dem Schluß:

„Dies soll kein Sündenregister sein, vielmehr ein Hinweis auf das ewige „Zu spät" der britischen Politik, auf dies Hinterherhinken hinter der Geschichte."

Derlei Vorhaltungen wollten die Engländer nicht auf sich sitzen lassen. Der frühere britische Kriegminister und damalige Unterhausabgeordnete Bellenger griff höchstpersönlich zur Feder und konterte in der „Zeit":

„Es gibt in England eine Unzahl guter Demokraten — Gewerkschaftler, Unternehmer, Angehörige aller Schichten —, die, wie ich, es niemals begreifen werden, wie ein schwerarbeitendes, kulturell hochstehendes und im Grunde rechtlich denkendes Volk wie das deutsche das teuflische System Hitlers tolerieren und ihm sogar zu großen Teilen für eine lange Zeit zujubeln konnte."

Abschließend riet der britische Politiker der Hamburger Wochenzeitung:

„Da ich ein Optimist bin, und da ich trotz allem daran glaube, daß das Gute dem menschlichen Leben die stärksten Impulse gibt, möchte ich an die Redaktion der „Zeit" wie an ihre Leser appellieren, ihre Zeit und Energie nicht damit zu verschwenden, über die angeblichen Fehler und Untaten der britischen Politik nachzubrüten. Die Welt, und nicht nur England, hat in der Vergangenheit allzu oft unter der legende vom ‚perfiden Albion' leiden müssen."

Ernst Friedländer beendete schließlich die Kontroverse mit der Feststellung:

„Es scheint, daß wir weitgehend aneinander vorbeireden, daß wir uns wechselseitig eher reizen als überzeugen. Zu sehr besteht immer noch die Neigung, richtig auszupacken und alles zu sagen, was man überhaupt gegen den anderen auf dem Herzen hat."

Das war 1950. Inzwischen sind aus den Sieger-, Besatzungs- und Schutzmächten befreundete Nationen, Alliierte geworden, die ein gemeinsames Parlament

wählen. Und dennoch ist manches von dem, was vor fast 30 Jahren in der „Zeit"
zu lesen war, bis heute für die Zeitung typisch geblieben.

Typisch ist beispielsweise, daß sich die „Zeit" immer als ein Blatt verstanden
hat, in dem für unterschiedliche Meinungen Raum ist. Zu allen Zeiten konnten
dort Politiker und Publizisten, Wirtschaftler und Wissenschaftler der verschiedensten Richtungen – mal gemessen und sachlich, mal polemisch und aggressiv –
ihre Standpunkte artikulieren.

Freilich hat die Zeitung ihre Forums-Funktion nie so interpretiert, daß *jede*
innen- und außenpolitische Strömung eine Chance hatte, sich in der „Zeit" wie-
derzufinden. Die Liberalität endete, von Ausnahmen abgesehen, im großen und
ganzen an den Eckpunkten des heute im Bundestag repräsentierten Parteienspek-
trums – was links und rechts davon liegt, ist Objekt der Kritik, kommt aber nicht
selbst im Blatt zu Wort.

Liberal ist eben, wie das Beispiel der Partei lehrt, die für diese Bezeichnung so
gerne einen Monopolanspruch reklamieren möchte, ausdeutungsfähig und ausdeu-
tungsbedürftig, bedeutet einmal dies und einmal das. Uns so haben denn auch die
fünf Chefredakteure, die bislang das Blatt prägen durften, durchaus Unterschiede
in ihrem Liberalitätsverständnis erkennen lassen.

Die Chefredakteure

Der erste, der nur wenige Monate an der Spitze der neu zugelassenen Wochenzeitung stand, war Ernst Samhaber – ein erfahrener Journalist, der zuvor bei so
renomierten Blättern wie dem „Berliner Tageblatt', der „Deutschen Zukunft"
und der „Deutschen Rundschau" gearbeitet hatte, ein Journalist zudem, der
während des nationalsozialistischen Regimes auch die Kunst der Camouflage,
die Kunst der verdeckten Kritik, beherrschte.

Noch 1941, als die nationalsozialistischen Presselenker ihr System längst per-
fektioniert hatten, wagte es Samhaber in einem Beitrag in der „Deutschen Rundschau", den paraguayischen Diktator Lopez zu portraitieren und ihm ein übles
Ende vorherzusagen, und zwar so, daß jeder Leser ahnen konnte, daß nicht Lopez,
sondern Hitler gemeint war.

Samhaber sagte nicht nur während der NS-Zeit seine Meinung; er hielt damit
auch nicht hinter dem Berg zurück, als die Besatzungsmächte Deutschland regierten. In einem Rückblick – 20 Jahre danach – stellte „Zeit"-Verleger Gerd Bucerius,
über den später noch mehr zu sagen sein wird, fest:

„Kein Journalist in Deutschland und kein Politiker hat so viel riskiert wie
Samhaber."

Damit spielte Bucerius auf die ersten 24 Leitartikel seiner Wochenzeitung an,
die alle aus Samhabers Feder stammten und von denen sich die meisten mit den
Besatzungsmächten anlegten.

Die Attacken machten die Engländer nervös. Ihnen konnte schließlich nichts
Besseres passieren, als daß ein Entnazifizierungsausschuß einen – wie er meinte –
dunklen Punkt in Samhabers Vergangenheit fand und ihm im August 1946 jede

Arbeit als Journalist verbot – ein Urteil, das die Berufungsinstanz dann abmilderte in den Spruch, Samhaber dürfte zwar wieder Journalist sein, aber nicht Chefredakteur und nicht bei der „Zeit". Ein weiterer Entnazifizierungsprozeß stufte den auf diese Weise Diskreditierten 1948 schließlich als „nicht betroffen" ein.

„Zeit"-Mitbegründer Gerd Bucerius hatte inzwischen einen neuen Chefredakteur ausfindig gemacht: Richard Tüngel, neben Bucerius, Lovis H. Lorenz und Ewald Schmidt di Simoni einer der vier Lizenzträger der Zeitung, über den Josef Müller-Marein, der noch heute für die „Zeit" schreibt und sie viele Jahre redaktionell geleitet hat, einmal urteilte:

„Tüngel – die leibhaftige Unruhe. Zierlich. Rührend großäugig, wenn er die starken Gläser der Kurzsichtigen ablegte. Hilfsbereit und unbequem. Genialisch und der personifizierte Widerspruch. Künstlernatur. Profunde Kennerschaft zumal der bildenden Künste. Ginge es nach den Schlagworten, so hätte er, der Schutzpatron der Modernen, ein Linker sein müssen. Er war jedoch unter uns Liberalen eher der Konservative. Er war derjenige, der ebenso höflich wie rücksichtslos bei Beratungen das Wort an sich riß, in denen es um die Haltung der zukünftigen ,Zeit', um deren Niveau, ging."

Gerade wegen dieser Haltung geriet Tüngel über Kreuz mit einer Journalistin, die von Anfang an bei der „Zeit" dabei war und später an ihre Spitze rückte – mit Marion Gräfin Dönhoff. Als Tüngel 1955 meinte, die Nazi-Zeit sei überwunden und müsse vergessen werden und Erzkonservativen wie Winfried Martini, Paul Schmidt, dem früheren Pressechef des Ribbentroppschen Auswärtigen Amtes, und dem Staatsrechtler Carl Schmitt die Spalten öffnete, zürnte die Gräfin und schrieb ihrem Chef:

„Wenn ein Mann wie Carl Schmitt, der von 1932 an mit der ganzen Schärfe seines Intellektes gegen die bürgerlich parlamentarische Demokratie und den bürgerlichen Rechtsstaat zu Felde gezogen ist, heute von der „Zeit" als Berater in verfassungsrechtlichen Fragen herangezogen und bei uns abgedruckt wird, dann hat's geklingelt."

Ähnlich wie der Gräfin paßte die konservativere Richtung auch dem liberalen Rheinländer Josef Müller-Marein nicht. Auch er legte sich mit Tüngel an, bis schließlich 1956 Bucerius die Spitze neu formierte. Tüngel, mit dem sich der „Zeit"-Verleger noch zwei Jahre vor Gerichten herumstritt, mußte gehen, Müller-Marein kam.

Mit ihm, dem lebensfrohen Jupp, kam 1956 ein Mann an die Spitze des Wochenblattes, der gemeinsam mit seiner Ressort-Leiterin für Politik und späteren Stellvertreterin Marion Dönhoff für ein Dutzend Jahre einen konsequent liberalen Kurs verfolgte.

Die beiden ergänzten sich gut. Denn während der eine, der frühere Reporter und Feuilletonist bei Scherl und Ullstein, eigentlich stets mehr der Feuilletonist blieb, lag der anderen von Anfang an mehr an der nüchternen Analyse.

Zur Liberalität, wie sie Müller-Marein verstand, gehörte es denn auch, daß die Hamburger Wochenzeitung 1958 den damaligen Bundeswirtschaftsminister Ludwig Erhard als Autor engagierte. Stolz verkündete der Chefredakteur seinen Lesern:

„Wir haben Ludwig Erhards Wort, daß er fortan mit größerer Regelmäßigkeit bei uns zu Vorgängen Stellung nehmen wird, die unser bundesdeutsches Schicksal bestimmen, wobei sich seine Themen nicht allein auf das wirtschaftliche Gebiet beschränken werden. Ludwig Erhard, den wir zu unseren Freunden zählen dürfen, ist ja nicht nur als der ‚Vater des Wirtschaftswunders‘ über die deutschen Grenzen hinaus viel gerühmt, sondern ein sprachgewaltiger Mann von klarem, aufrechtem und temperamentvollem Geist."

Dies hört sich in der Tat wie eine Laudatio aus dem Munde eines CDU-Fans an. Das ist Müller-Marein nun ganz gewiß nie gewesen, denn in den zwölf Jahren, in denen er die „Zeit" mit einem neuen, einem liberalen Profil versah, stießen andere Autoren zum Blatt, denen man auch noch heute eher als Ludwig Erhard, dem bestenfalls Altliberalen, analytische Fähigkeiten zusprechen würde – Autoren wie der Schweizer Journalist Fritz René Allemann, der Tübinger Politikwissenschaftler Theodor Eschenburg und der Zukunftsforscher Robert Jungk.

Zwei wichtige politische Weichenstellungen fallen in die – wenn man das große Wort einmal gelten lassen will – „Ära" Müller-Marein bei der „Zeit": die Abkehr von Adenauer und die Wendung gen Osten.

Recht energisch rüttelte die Zeitung am Denkmal Konrad Adenauers, beispielsweise 1961, als das Fernsehurteil erging und das Bundesverfassungsgericht den Kanzler in seine Schranken wies. Damals befand die „Zeit":

„Der Bundeskanzler, der sich im Wahljahr eine so spektakuläre Niederlage zugezogen hat, mag sich fragen, wer ihn so schlecht beraten hat. Härter als er sind die Wesire getroffen, die im Schatten eines patriachalischen Kalifats ein unreifes und unweises Verhältnis zur Macht begründet haben, die nicht ihnen anvertraut worden ist und von der sie wohl fürchten mögen, daß sie ihnen nach Adenauer nicht anvertraut bleiben wird."

Früher als andere Publizisten, Zeitungen und Zeitschriften, wesentlich früher auch als die meisten Politiker machte sich das Hamburger Wochenblatt unter der Regie Müller-Mareins für eine Verständigung mit den osteuropäischen Staaten stark. Rückblickend stellte der spätere „Zeit"-Chefredakteur Theodor Sommer 1973 in einem Vortrag vor dem Art Directors Club in Düsseldorf fest:

„Wenn einmal die Geschichte der Ostpolitik geschrieben wird, so wird da sicherlich nachzulesen sein, welche aktiv mithelfende Rolle die „Zeit" nach 1961 gespielt hat, um das Meinungsklima in unserem Lande allmählich für das empfänglich zu machen, was in den zurückliegenden vier Jahren schließlich vollzogen wurde – Lange, ehe es fesch und fashionable war, derlei Meinungen zu artikulieren."

Ein Schuß Selbstlob ist schon dabei – welcher Chefredakteur ist schon frei davon, wenn er über das eigene Blatt referiert. Aber einmal abgesehen davon: Ähnlich wie Henri Nannens „Stern" hat auch die „Zeit" in der Tat die außenpolitischen Zeichen der Zeitläufe hellsichtiger und früher als andere erkannt. So war es denn auch nicht verwunderlich, daß ausgerechnet drei Redakteure dieses Blattes im März 1964 für zwei Wochen durch den kommunistisch regierten Teil Deutschlands reisten. Theo Sommers Fazit lautete:

„Die DDR existiert, mit oder ohne Gänsefüßchen, und sie wird auch weiter existieren. Zwar kann das System wohl nie so gut funktionieren, daß die Bevölkerung wirklich glücklich wird, doch wird es wohl auch nie mehr so schlecht funktionieren, daß sich die Menschen in purer Verzweiflung dagegen auflehnen. Nicht, daß ich die DDR für die Zukunft Deutschlands hielte, wie Ulbrichts Propagandisten es auf ihren Plakaten verkünden. Aber ich habe doch das Gefühl, die beiden permanenten Provisorien — Bundesrepublik hüben, Deutsche Demokratische Republik drüben — werden auf einige Zeit Deutschlands Gegenwart bleiben."

Im Gegensatz zu den damals noch weit verbreiteten Träumereien vieler Politiker und Verbandsfunktionäre von der Wiedervereinigung versicherte Sommer schon damals:

„Bis zur Wiedervereinigung werden wir uns noch lange gedulden müssen. Sie kann weder militärisch erkämpft noch diplomatisch erkauft werden. Wir dürfen sie nicht mehr als Ergebnis eines internationalen Aktes oder einer internationalen Akte erwarten, sondern allenfalls als Endprodukt eines langwierigen politischen und gesellschaftlichen Entwicklungsprozesses."

Sätze, die heute jeder vernünftig Denkende in der Bundesrepublik unterschreiben würde, Sätze, die vor fünfzehn Jahren durchaus das Prädikat „nonkonformistisch" verdienten.

Damals beschränkte sich die Hamburger Wochenzeitung übrigens nicht aufs Reisen und auf Berichte über die DDR — sie machte auf ihre Weise auch selbst Politik durch das Angebot an das SED-Zentralorgan „Neues Deutschland", Artikel auszutauschen. Das Projekt, hoffnungsvoll gestartet, blieb aus Gründen, deren Erörterung hier zu weit führen würde, zwar in den Anfängen stecken, signalisierte aber sehr deutlich die Bereitschaft der Zeitung, sich aktiv in den Entspannungsprozeß einzuschalten.

Zu den Teilnehmern an der „Reise in ein fernes Land", wie die „Zeit"-Journalisten ihre DDR-Exkursion bezeichneten, gehörte auch Marion Gräfin Dönhoff. Als Verantwortliche für das Politik-Ressort hatte sie seit 1956 entscheidenden Anteil am politischen Profil des Wochenblattes. Die herbe evangelische Ostpreußin von Uradel und studierte Volkswirtin avancierte 1968 zur Chefredakteurin der „Zeit". Fünf Jahre blieb sie auf diesem Posten, fünf Jahre in denen sich das innenpolitische Klima der Bundesrepublik grundlegend veränderte.

Stichworte mögen genügen, um die Bedeutung dieser Zeitspanne in Erinnerung zu bringen: 1968 — Höhepunkt der Aktivitäten der Außerparlamentarischen Opposition; 1969 — Bildung der ersten sozialliberalen Regierung in Bonn; Anfang der siebziger Jahre — die große Zeit der Diskussionen über gesellschaftspolitische Reformen.

An diesen Diskussionen hat sich — wie könnte es anders sein — die Hamburger Wochenzeitung lebhaft beteiligt; nicht gerade euphorisch, aber doch mit einer guten Portion Sympathie betrachtete sie die Ziele der Reformer, wobei es nicht ausbleiben konnte, daß die liberale Zeitung zuweilen zwischen alle Stühle geriet. Genau diese Position verteidigte die Chefredakteurin des Blattes in einem Beitrag anläßlich des 25jährigen Bestehens der „Zeit" 1971 noch einmal ausdrücklich. Sie schrieb:

„Heute ist es Mode geworden, den Liberalen als einen Wischi-Waschi-Bürger abzuwerten, als einen, der seinen Sowohl-als-auch-Standpunkt in klugen Reden zu verteidigen weiß, der aber eben nur redet und nie handelt. Diese von den Radikalen rechter und linker Prägung gebastelte liberale Vogelscheuche dient der Heroisierung unreflektierter Taten, jener Taten, die um des grandiosen Zieles willen ohne Bedacht, ohne Zögern, ohne Rücksicht auf irgendwen und irgendwas getan werden."

Im Anschluß an diese Distanzierung von allem Radikalen verdeutlichte die Gräfin dann noch einmal ihr Liberalismus-Verständnis mit den Sätzen: „Wer den Menschen von der Herrschaft des Menschen befreien will, wer jahrtausendealte Probleme in einem Arbeitsgang zu bewältigen gedenkt, der wünscht natürlich, von der Welt mit eigenem Maß gemessen zu werden: verglichen mit ihm sind die Liberalen, die sich nur vorgenommen haben, Herrschaft erträglich zu machen, sie politisch zu kontrollieren, armselige Wichte, die an der Wirklichkeit nur herumdoktern, anstatt sie von Grund auf zu verändern. Der beglückende Endzustand, den sie, die Radikalen, jene Propheten der Tat, zu schaffen verheißen, rechtfertigt nach ihrer Meinung manche Grausamkeit und Ungerechtigkeit, die begangen wird, wenn es darum geht, Hindernisse auf dem Wege zum Paradies zu beseitigen. Aber politische Romantiker, die nach den Sternen greifen, haben noch stets diese Welt unbewohnbar gemacht – eben darum sind die Liberalen als Gegengewicht auch heute unentbehrlich."

Später, als sie schon nicht mehr Chefredakteurin war und zur Ermordung von Jürgen Ponto im August 1977 einen Leitartikel über den Terrorismus und seine Wurzeln schrieb, stellte sich Marion Dönhoff erneut die Frage: „Was ist heute noch liberal?". Ihre Antwort:

„Es ist besser, Schritt für Schritt den notwendigen Wandel zu vollziehen, als zuzulassen, daß veraltete Bewußtseinshaltungen und überständige Privilegien bewahrt und verteidigt werden, bis dann eine Situation entsteht, die man vorrevolutionär nennt und in der die Revoluzzer gedeihen wie die Pilze nach dem Regen."

Und in ihrer Funktion als Herausgeberin der „Zeit", zu der sie Gerd Bucerius 1973 gemacht hatte, versicherte Gräfin Dönhoff ihren Lesern:

„Wir werden versuchen, das, was den Inhalt der Liberalität ausmacht, auch weiterhin zu praktizieren: Toleranz auch gegen Andersdenkende, sofern sie nicht zur Gewalt greifen, geistige Freiheit und Minderheitenschutz, sofern die Minderheit nicht den Versuch macht, die Mehrheit zu terrorisieren. Wir werden weiterhin ein Forum für die verschiedensten Meinungen sein, aber selber immer wieder schreiben und predigen, daß es nicht auf das Ziel ankommt – alle Ziele werden ja als Heilsverheißung dargestellt –, sondern auf die Mittel, mit denen diese Ziele erreicht werden sollen."

Dem Grundsatz der Toleranz blieb die Zeitung auch unter Gräfin Dönhoffs Nachfolger Theo Sommer treu. Er war, genau wie seine Vorgängerin, nicht neu im Geschäft, sondern kannte das Blatt, bevor er die Leitung 1973 übernahm, bereits anderthalb Jahrzehnte von innen – als Redakteur, Ressortleiter Politik und stellvertretender Chefredakteur. Der gelernte Historiker und Politikwissenschaftler Sommer besuchte 1960 an der Harvard-Universität das Internationale

Seminar von Henry Kissinger. Er ist Präsidiumsmitglied des Londoner Internationalen Instituts für strategische Studien und gilt als Vertrauter Helmut Schmidts, der ihn 1969 für sechs Monate als Leiter des neu geschaffenen Planungsstabes ins Bundesministerium für Verteidigung holte.

Allein stand der Duz-Freund des Kanzlers nur fünf Jahre an der Spitze des Blattes. Im Spätherbst des Jahres 1978 erhielt die Zeitung ein neues Führungsmodell. Theo Sommer blieb zwar oben, aber nicht allein, denn nunmehr leiten neben ihm Marion Gräfin Dönhoff und der Verleger Diether Stolze als Herausgeber die „Zeit". Und ein Blick in das Impressum belegt es: Deutschlands beste Wochenzeitung hat zur Zeit keinen Chefredakteur, sondern drei Herausgeber.

In der Redaktion selbst stieß die Neuordnung auf Widerstand. In einer Resolution betonte die Versammlung der Redakteure:

„Die Redaktion der „Zeit" akzeptiert die vorgeschlagene Personallösung, hält ihre prinzipiellen Einwände gegen eine Vermischung redaktioneller und verlegerischer Funktionen aber aufrecht."

Der Stein des Anstoßes ist Diether Stolze, seit 1963 Chef der Wirtschaftsredaktion, seit 1. Juli 1977 als Nachfolger von Gerd Bucerius Verleger der Zeitung.

Kenner befürchten — und dazu zählen selbstverständlich auch „Zeit"-Journalisten —, daß Stolze im neuen Führungstriumvirat schon in Kürze die stärkste Position einnehmen wird. Und Stolze ist nicht nur Verleger und Mitherausgeber, sondern gilt darüber hinaus auch als Konservativer. Darum ist es nicht weiter erstaunlich, wenn in den letzten Monaten wiederholt die Frage gestellt wurde: Steht ein Kurswechsel bevor?

Sicherlich ist es riskant, Prognosen auf längere Sicht abzugeben, aber daß sich die „Zeit" in nächster Zeit in ihrer Grundtendenz ändert, ist mehr als unwahrscheinlich. Denn so atypisch, wie flüchtige Beobachter meinen könnten, ist der konservative Stolze gar nicht für die liberale „Zeit".

Drei Zeitungen in der „Zeit"

Beim Durchblättern mag es noch nicht so auffallen, bei der gründlicheren Lektüre aber ist es nicht zu übersehen: Die Hamburger Wochenzeitung verfolgt in ihrem redaktionellen Konzept nicht konsequent eine bestimmte politische Linie, sondern gibt sich — je nach Ressort und Autor — mal liberal und mal konservativ, mal ausgesprochen progressiv, dem Neuen aufgeschlossen, und dann wieder mal ganz dem Herkömmlichen verpflichtet.

Darf man, so ist gelegentlich von Kritikern gefragt worden, das liberale Prinzip so auf die Spitze treiben? Muß dies nicht alles auf die Leser irritierend wirken? Die Kölner „Zeit"-Leserin Gabriele Wächter brachte ihren Unmut in einem Brief an die Redaktion so zum Ausdruck:

„Das liberal-pluralistische Prinzip der ZEIT führt zur Schizophrenie. Die Feuilleton-Redaktion darf die Linke zur Wort kommen lassen, auch einmal, natürlich sehr vorsichtig, den Mißbrauch der Terroristenjagd zeigen; die politische Redaktion korrigiert das in ‚Realpolitik', und was wirklich in der Gesellschaft geschieht, schreibt und beschreibt der Wirtschaftsteil. Fazit: Die ZEIT tendiert nach rechts. Fest steht, daß die ZEIT sich eindeutig von einer Linken distanziert, die das Rad, welches das Getriebe zu Gang hält, analysiert, statt im hilflosen moralischen Entsetzen zu verbleiben. Inwieweit die Schmidt-Hurra-Stimmung des Chefredakteurs dafür verantwortlich ist, kann ich nicht beurteilen."

Was Gebriele Wächter als schizophren bezeichnet und aus ihrer politischen Position auch durchaus so erscheinen muß, werten viele Leser offenbar als Vorteil: die Chance, verschiedene Meinungen in *einem* Blatt zu finden. Daß dieses Meinungspektrum innerhalb der Redaktion besteht und sich auch in der Zeitung widerspiegelt, räumt auch „Zeit"-Mitherausgeber Theo Sommer freimütig ein, und er hat auch eine Begründung dafür:

„Spötter meinten früher, eigentlich bestehe die ZEIT ja aus drei verschiedenen Zeitungen, die sich der Einfachheit halber auf eine gemeinsame Typographie und einen gemeinsamen Erscheinungstermin geeinigt hätten. Die Politik sei gedämpfte Mitte, die Kultur radikal links, die Wirtschaft aber konservativ. Das ist gar nicht so unrichtig, und ja auch gar nicht so unlogisch. Man kann eine gute Politik nun einmal nur aus der Mitte machen, ein gutes Feuilleton nur von eher links, eine gute Wirtschaft nur von eher rechts."

So vieldeutig Vokabeln wie „Politik aus der Mitte", „eher links" und „eher rechts", „liberal" und „konservativ" auch sind — in der Analyse, nicht in der Bewertung, sind sich „Zeit"-Leser und „Zeit"-Kritiker, „Zeit"-Redakteure und „Zeit"-Herausgeber offenbar einig: Die drei großen Themenblöcke des Blattes — die Politik, die Wirtschaft und die Kultur — stehen nicht nur typographisch unverbunden nebeneinander und lassen relativ stark voneinander abweichende politische Positionen erkennen. Aber um noch einmal Theo Sommer zu zitieren: „Die Ressorts sind bei uns recht unabhängige Fürstentümer, der Chefredakteur ist kein allmächtiger Zar, auch der Verleger nicht."

Freilich, ganz so liberal, wie Sommer tut, ganz so ohne Druck von oben, wie das Zitat glauben machen will, geht es auch bei der „Zeit" nicht zu. Dafür ein Beispiel:

Ende August 1976 brachte die Zeitung ein Interview, das ihr bildungspolitischer Experte Hayo Matthiesen mit dem Berliner Hochschulpolitiker Professor Werner Stein führte. Das Gespräch, das nicht nur Freundlichkeiten über die Ordinarien enthielt, rief den Protest des konservativen Hochschulverbandes hervor. Dessen Präside Professor Pöls ließ seine Verbandsmitglieder per Rundschreiben wissen:

„In der Anlage finden Sie den Nachdruck eines Beitrags der ZEIT, den ich Ihnen zur kritischen Lektüre empfehle... Ich selber habe mich an den Verleger, Herrn Dr. Gerd Bucerius, gewendet... Inzwischen sind Briefe und Anrufe von Kollegen hier eingegangen, die empört fordern, die ZEIT zu boykottieren, den Kauf am Kiosk bis auf weiteres einzustellen oder das Abonnement zu kündigen. Ich habe auch hiervon Herrn Bucerius in Kenntnis gesetzt... Freuen würde ich mich über eine kurze, namentliche Stellungnahme von Ihnen, die zu einer umfangreichen Sammlung von Stimmen der Hochschullehrer gegen dieses Pamphlet der ZEIT beitragen wird."

Die präsidiale Ermunterung machte die Professoren mobil. Vier Wochen nach seiner ersten Information an die Verbandsmitglieder teilte Professor Pöls in seinen „Mitteilungen des Hochschulverbandes" mit:

„Nicht nur der Hochschulverband, sondern auch die Redaktion der ZEIT hat eine große Zahl von Zuschriften erhalten und – wie ich ausdrücklich hinzufügen möchte – auf einer ganzen Druckseite auch ungeschminkt veröffentlicht. Aber es ist noch mehr geschehen: Ich hatte zugleich mit meinem Rundschreiben an den Verleger der ZEIT, Herrn Dr. Bucerius, ein Schreiben gerichtet und ihn auf die Unhaltbarkeit und Unvertretbarkeit solcher Artikel hingewiesen. Daraufhin habe ich eine ausführliche Antwort des Chefredakteurs der ZEIT erhalten, in der er zwar über die Form meines Rundschreibens sich nicht glücklich zeigte, nicht aber dessen Berechtigung bezweifelt und in dem er sich ausdrücklich von dem kritisierten Beitrag distanziert. Dr. Sommer hat mich außerdem um ein Gespräch gebeten, das wir bereits für den 2. Dezember in Hannover fest vereinbart haben und in dem wir hochschulpolitische Probleme und wohl auch Möglichkeiten einer zukünftigen Zusammenarbeit in Form gegenseitiger Unterrichtung erörtern werden... Die ZEIT hat in honoriger Art reagiert."

Professor Pöls konnte in der Tat mit der Reaktion der „Zeit" mehr als zufrieden sein. Die Zeitung öffnete ihre Leserbrief-Spalten weit für die gekränkten Ordinarien. Weniger liberal verfuhr das Blatt allerdings mit dem für den Beitrag verantwortlichen Redakteur. Ihn schickte sie in die Wüste.

Daß sich Chefredakteure von ihren Mitarbeitern trennen, ist natürlich nichts Ungewöhnliches. Nicht alltäglich ist hingegen das Verfahren, das die „Zeit" praktizierte: Erst wird ein Gespräch veröffentlicht, das Verbandsmitglieder kränkt, deren Präsident entfacht eine Leserbrief-Kampagne und schreibt Briefe an den Verleger, worauf der Chefredakteur nichts Besseres zu tun weiß, als sich zunächst schriftlich von seinem Redakteur Dritten gegenüber zu distanzieren und sich schließlich von ihm zu trennen. Die feine liberale Art ist das wohl kaum.

Und fein möchte die „Zeit" ja durchaus sein, beispielsweise in jenem redaktionellen Teil, der die Rubrik „Modernes Leben, Wissenschaft, Reise" umfaßt. Gewiß, hier wurden Themen wie Lebensqualität und Minderheitssorgen schon angepackt, als sie anderen – vor allem auch Politikern – noch als utopisch, versponnen und abseitig galten. Hier kamen aber auch Feinschmecker und Hotelprüfer einer besonderen Qualität zu Wort – nicht immer zur Zufriedenheit der Leser, von denen einige ihr Unbehagen in Briefen zum Ausdruck brachten. Der rheinlandpfälzische Landtagsabgeordnete Jörg Heidelberger schrieb:

„Ich fürchte, die ZEIT ist auf dem besten Wege dazu, eine Hauspostille für gutverdienende Snobisten zu werden, die sich liberal nennen, weil sie letztlich nicht bereit sind, sich irgendwo in unserer Gesellschaft praktisch zu engagieren."

Und die Frankfurter „Zeit"-Leserin Margaret Carroux bemerkte:

„Mein Unbehagen an der ZEIT begann mit den Stoßseufzern des Porsche-Fahrers Leonhardt während der Ölkrise, erhielt erheblichen Auftrieb durch die Tatsache, daß besagter Leonhardt vor lauter Vier-Sterne-Kneipen keine Tannen im Schwarzwald mehr sieht und erreichte einen unerfreulichen Höhepunkt durch die Freßorgasmen des Herrn Siebeck."

Keine Frage allerdings: Etwas Besseres als der Bevölkerungsdurchschnitt sind sie schon, die Leser der ZEIT. Von ihnen haben beispielsweise 51 Prozent Abitur, ungewöhnlich viel, denn von der Gesamtbevölkerung der Bundesrepublik haben nur neun Prozent die Oberschule erfolgreich absolviert. Selbst die „Frankfurter Allgemeine Zeitung", hinter der sich ja stets ein kluger Kopf befinden soll, kann da nicht mithalten. Deren Leser haben nur zu 41 Prozent das Reifezeugnis.

„Zeit"-Leser sind nicht nur besonders gebildet, sie verdienen auch besser. Während von der Gesamtbevölkerung der Bundesrepublik nur 18 Prozent über ein Netto-Haushaltseinkommen von mehr als 3 000 Mark im Monat verfügen, sind es bei der „Zeit"-Leserschaft fast doppelt so viel, nämlich 37 Prozent.

Aus der Sicht der Werbung eine Zahl, die sich sehen lassen kann. Sie signalisiert den Anzeigenkunden, daß sie in einem Objekt inserieren, deren Leser sich durch überdurchschnittliche Kaufkraft auszeichnen.

So gesehen müßte es der „Zeit" finanziell eigentlich immer gut gegangen sein – doch das Gegenteil ist der Fall. Über viele Jahre machte das Blatt nur rote Zahlen. Die Gründe sind schnell genannt: Auf der einen Seite hohe Kosten für die Redaktion, und auf der anderen Seite relativ bescheidene Einnahmen durch Anzeigen – die Kaufkraft der Leser stimmte, aber nicht die Auflage. Heute liegt sie bei 370 000, und heute ist die „Zeit" nicht nur wegen ihrer Auflage, sondern auch noch aus anderen Gründen über dem Berg.

Damit sind wir beim geschäftlichen Teil der „Zeit", bei einem Kapitel, das nicht abgehandelt werden kann, ohne sogleich jenen Mann vorzustellen, der für diese Seite der Hamburger Wochenzeitung verantwortlich zeichnet: Gerd Bucerius.

Gerd Bucerius

Unter den Verlegern von Zeitungen und Zeitschriften, die nach 1945 in der deutschen Presse eine Rolle gespielt haben, ist Gerd Bucerius sicherlich eine Ausnahmeerscheinung: Kein Missionar wie Axel Springer, kein Manager-Typ wie der Stuttgarter Eugen Kurz, sondern ein Verleger der alten Schule, der seine Redaktion am langen Zügel arbeiten ließ und sich 1946 der Idee verschrieben hatte, ein großes liberales Blatt zu machen. Das war, wie Bucerius bald merken sollte, leichter gesagt als getan. Der Anfang ließ sich gut an. Gemeinsam mit Richard Tüngel, Lovis H. Lorenz und Ewald Schmidt di Simoni bewarb sich Bucerius bei den Briten erfolgreich um eine Lizenz, also um die Genehmigung, eine Wochenzeitung herauszugeben. Warum er das tat, hat Bucerius später in seinem Buch „Der angeklagte Verleger" so begründet:

„Um die Lizenz hatte ich mich beworben, weil ich meinte, mit einer Zeitung Politik machen zu können. Vor 1933 hatten wir Politik und Zeitungen anderen überlassen – das war schiefgegangen. Diesmal meinten wir, selber Hand anlegen zu müssen. Daß man mit Zeitungen Geld verdienen – und verlieren – konnte, das ist uns wohl allen damals nicht in den Sinn gekommen."

Mit dem Geldverdienen war es zunächst nichts. Denn mit einem vorübergehenden Hoch, das die „Zeit" 1950 mit einer Auflage von gut 80 000 Exemplaren erreichte, folgte ein längeres Tief: 1952 sackte die Auflage auf 44 000. Zwar erholte sich das Blatt von diesem Beinahe-Bankrott in den nächsten Jahren wieder, aber das Unternehmen blieb weiterhin ein Zuschußgeschäft. Über 20 Millionen Mark steckte Bucerius nach eigenen Angaben bis 1973 in die Zeitung; Gewinne wirft sie kontinuierlich erst seit vier Jahren ab.

Die Dauer-Durststrecke war nur durchzuhalten, weil der ZEIT-Verlag nicht allein dastand. Glücklicherweise hatte nämlich die Bucerius im Mai 1949 zunächst 50, zwei Jahre später 87,5 Prozent der Anteile am „Stern" erworben. Henri Nannens Illustrierte machte Gewinne, und davon zehrte die „Zeit".

Der wendige Verleger der „Zeit" war seit Beginn der fünfziger Jahre also zugleich Verleger des „Stern" – kommerziell gesehen eine glückliche Kombination, die 1962 jedoch zu Komplikationen führte. Damals brachte die Illustrierte eine Titelgeschichte „Brennt in der Hölle wirklich ein Feuer?"

Der Beitrag enthielt kritische Stellungnahmen zum bevorstehenden Vatikanischen Konzil und zum Verhältnis der christlichen Konfessionen in der Bundesrepublik. Die CDU/CSU sah darin ein öffentliches Ärgernis und mißbilligte den Artikel „als eine Verletzung christlicher Empfindungen". Der Landesverband Hamburg der CDU und die Bundestagsfraktion der CDU/CSU, der Bucerius seit 1949 angehörte, wurden gebeten, „beschleunigt zu einer Entscheidung darüber zu kommen, ob die Veröffentlichung mit der Mitgliedschaft des Verlegers in der CDU und in der CDU/CSU-Bundestagsfraktion vereinbar sind."

Am 8. Februar 1962 antwortete Bucerius mit folgender Erklärung:

„Ich habe der CDU 15 Jahre harter und treuer Arbeit gewidmet, weil ich ihre Politik für richtig halte. Der Beschluß des CDU-Bundesvorstandes vom 7. Februar ist ein mir unbegreiflicher und in der CDU nicht üblicher Fall von Intoleranz. Er zwingt mich, die CDU und den Bundestag zu verlassen. Das ist heute geschehen. An meiner politischen Überzeugung wird sich nichts ändern."

CDU-fromm war Bucerius freilich auch vor diesem Bruch mit der Union nie gewesen. Mit ihr war er schön häufiger öffentlich aneinander geraten. beispielsweise durch seine Forderung nach dem Rücktritt des NS-belasteten Bundesministers Oberländer und sein Votum gegen eine Wiederwahl Adenauers zum Bundeskanzler im Jahre 1961.

Um seine Zeitung wirtschaftlich zu sichern, hat Bucerius in den folgenden Jahren wiederholt nach weiteren Geschäftspartnern Ausschau gehalten. 1965 fand er sie. Mit John Jahr, der damals die drei Frauenblätter „Constanze", „Brigitte" und „Petra" sowie die Zeitschriften „Schöner wohnen" und „Capital" herausbrachte, und dem Druckereiunternehmen Richard Gruner schloß sich Buci – wie ihn die Branche nennt – zum Verlagskonzern Gruner und Jahr zusammen.

In dem über 100 Schreibmaschinenseiten langen Vertragstext, der den Dreier-Bund besiegelte, machte jeder so seine eigenen Vorbehalte geltend. Bucerius handelte für die „Zeit" eine privilegierte Position heraus, die er so umschrieb:

„Die ZEIT spielt bei der Fusion eine besondere Rolle. Der Zusammenschluß hat ihr eine solide Basis gegeben, die auch in Krisenzeiten standhalten wird. Für ihre politische Linie und die Besetzung der Redaktion bleibt der bisherige Verleger allein zuständig, er hat sich auch vorbehalten, die ZEIT aus dem gemeinsamen Unternehmen wieder herauszunehmen."

Das geschah zu Beginn der siebziger Jahre, als nach mehreren kapitalistischen Springprozessionen der Gütersloher Mediengigant Bertelsmann in verstärktem Maße bei Gruner + Jahr einstieg. Damals kaufte Bucerius als Privatmann aus dem ihm gehörenden „Zeit"-Verlag die Titelrechte der „Zeit" und schenkte sie der 1971 gegründeten „Zeit"-Stiftung, die wiederum mit dem „Zeit"-Verlag und dessen Alleininhaber Gerd Bucerius einen Vertrag schloß, der es im Verlag erlaubt, die ZEIT als geschäftliches Unternehmen zu betreiben – mit dem Anspruch auf Gewinn und dem Risiko von Verlusten.

Eine komplizierte Konstruktion, aber durchaus keine ganz ungewöhnliche. Ihr Sinn: Man will Steuern sparen, und das kann man, wenn man mit Stiftungen operiert.

Die „Zeit"-Stiftung, die von einem Kuratorium regiert wird, darf selbst nicht geschäftlich tätig werden, also keine Zeitungen herausgeben, aber sie hat die Entscheidung darüber, wer der Chefredakteur und der Verleger der „Zeit" sind. Beide dürfen nur mit Zustimmung des Kuratoriums berufen werden.

Die Redaktion ist mit zwei Mitgliedern im neunköpfigen Kuratorium vertreten. Ihr Einfluß reicht aber weiter, denn ein Redaktionsstatut sichert ihr zu: „Berufung und Entlassung des Chefredakteurs sind Sache des Verlegers. Sie dürfen jedoch nicht gegen den erklärten Willen der absoluten Mehrheit jener Redakteure erfolgen, die mehr als zwei Jahre in der Redaktion tätig waren."

Beide Gremien, das Kuratorium und die Redaktion, wurden beispielsweise gefragt, als sich Gerd Bucerius als Verleger zurückzog und dieses Amt in die Hände des bisherigen Wirtschaftsressortchefs Diether Stolze legte.

Das war 1977. Damals war die ZEIT – wirtschaftlich gesehen – über dem Berg. Die Jahre, in denen die Auflage des Blattes unter der 100 000-Grenze lag, waren längst vergessen. Vom Boom der sechziger Jahre profitierte auch die „Zeit", deren verkaufte Auflage von 120 000 Exemplaren im Jahr 1961 bis heute verdreifacht wurde.

Das „Zeitmagazin"

Zwischendurch gab es Sorgen – nicht nur mit der Auflage, auch mit den Anzeigen. In der „Zeit" fehlten, wie Bucerius bei einem Vergleich mit anderen Blättern 1953 feststellte, sogenannte Finanzanzeigen, also Jahresbilanzen, Dividenden-Bekanntmachungen und Ausschreibungen von Kapitalerhöhungen. An über hundert große Aktiengesellschaften gingen Briefe heraus. Das Echo war gut, doch bei der Gelegenheit landete auch ein Schreiben bei Bucerius, das er mit veränderten Namen, später in seinem schon erwähnten Buch „Der angeklagte Verleger" veröffentlicht hat. Der Brief lautete:

„Sehr geehrter Herr Dr. Bucerius! Herr Generaldirektor Werner übergab uns Ihren Brief vom 14. Mai des Jahres, mit dem Sie darum bitten, daß unser Haus seine Finanzanzeigen auch in der ZEIT veröffentlicht. Nun hat die ZEIT in ihrer vorletzten Ausgabe unseren neuen Lebensversicherungsplan 34 c sehr schlecht besprochen. Ich nehme an, daß Sie unter diesen Umständen auch an Anzeigen unseres Hauses nicht interessiert sind. Mit vorzüglicher Hochachtung! Albert – Generalsekretariat."

Bucerius, der zu jener Zeit weiß Gott keinen Grund hattè, auf dem hohen Roß zu sitzen, denn die „Zeit"-Geschäfte liefen schlecht, konterte trotzdem: „Sehr geehrter Herr Albert, freundlichen Dank für Ihren Brief vom 20. Mai. In Ihrem Hause ist es nicht ganz klar, daß Redaktion und Anzeigenabteilung einer Zeitung scharf getrennt sind. Damit sich solche Mißverständnisse nicht wieder ereignen, habe ich die Anzeigenabteilung der ZEIT angewiesen, Anzeigen Ihres Hauses nicht mehr entgegenzunehmen."

Die Antwort saß. Nach einem halben Jahr waren die Anzeigen wieder da. In einem anderen Fall waren die Verluste noch bitterer. Der Redakteur Willy Bongard hatte 1962 in der „Zeit" die nach seiner Meinung „handgestrickte Werbung" des Volkswagenwerks kritisiert. Die Folge: Der für die VW-Werbung Verantwortliche Frank Novotny befahl, die „Zeit" aus allen Werbeplänen zu streichen. Bucerius berichtet im einzelnen:

„Auch mit vielen Tricks gelang es nicht, Novotny oder VW zu einer offiziellen Begründung zu provozieren. Man wolle die Werbung umstellen, hieß es: In das neue Konzept passe die ZEIT nicht hinein, das Geld sei bereits verplant. Man werde sehen, und sicher werde bald . . . Bongards Bonmot kostete uns etwa eine Viertel Million Umsatz – für die hart kämpfende ZEIT viel Geld."

Der Kampf gegen den Konkurs zwang den Verleger Ende der sechziger Jahre, als die „Zeit"-Auflage bei 260 000 stagnierte, sich etwas Neues einfallen zu lassen. Bucerius hatte beobachtet, wie die beiden englischen Sonntagsblätter „Sunday Times" und „Observer" mit einem farbigen Magazin ihre Auflage um fünfzig Prozent steigerten. Die Idee lag deshalb nahe, auch die „Zeit" durch ein Magazin zu ergänzen, das die begehrten, weil teuren Vier-Farb-Anzeigen holen sollte.

Den Auftrag, das neue Farb-Supplement zu planen, bekam Hans Gresmann, der seit 14 Jahren im Politik-Ressort der „Zeit" arbeitete. Doch als der geschätzte Kommentator sein erstes Produkt am 2. Oktober 1970 vorlegte, fand es weder den Beifall des Verlegers noch die Anerkennung durch die Branche. In Springers „Welt" mokierte sich Valentin Polcuch:

„Da haben sie denn also monatelang vorgearbeitet, haben geplant und strukturiert und aufgerissen, und nicht einmal eine Maus kam aus dem kreissenden Papierberg, nur ein blasses Familienmagazin, 56 Seiten stark, in Kupfertiefdruck produziert, mit Themen aus dem Multimax, alles nett zueinander, hausbacken, säuberlich, und ich bin sicher, daß die Dentisten das gern ins Wartezimmer legen zu den Kundenblättern der AOK."

Bündig urteilte Verleger Bucerius:

„So können wir keine Anzeigen kriegen."

Der viel gelästerte Hans Gresmann verteidigte sich hingegen:

„Auch der Ungeduldigste durfte nicht erhoffen, daß es auf Anhieb gelingen könnte, den Großglockner zu besteigen – und dies in Turnschuhen."

Bucerius hatte keine Geduld. Er ließ seinen glücklosen neuen Magazin-Macher gehen, stellte ihm aber immerhin frei, in die politische Redaktion zurückzukehren oder sich endgültig von der „Zeit" zu trennen, die dann noch zwei Jahre lang das Gehalt weiterzahlen würde.

Als Nachfolger holte sich Bucerius seinen ehemaligen Chefredakteur Josef Müller-Marein. Der kam zwar aus Frankreich herbei, hatte aber von Anfang an nicht vor, länger zu bleiben. Die Redaktion übernahm schließlich ein Mann, der schon beim „Stern" gelernt hatte, mit Fotos und Farben umzugehen: Jochen Steinmayr.

Er ist noch heute für den Inhalt des Magazins verantwortlich, das sich zunächst als glatter Fehlstart erwies – nicht nur publizistisch, sondern auch wirtschaftlich, denn statt der einkalkulierten kostendeckenden 600 Anzeigen-Seiten kamen 1971 nur 232 und 1972 nicht mehr als 363 herein. Das bedeutete Millionen-Verluste, doch das Blatt wendete sich bald. Rückblickend stellte Bucerius 1974 fest: „Immer noch bin ich sicher, daß die ZEIT ohne das Magazin ihrem sicheren Ende entgegen gehen würde. Das mit der stagnierenden Auflage langsam abbröckelnde Anzeigengeschäft hätte tödlich gewirkt."

Frei von Todesängsten, liefert heute das mit vielen schönen Farbanzeigen gespickte, großzügig illustrierte und mit Reportagen über Atlantikflüge und Autorennen, Carters Bruder und Hitlers Sohn zur Unterhaltung einladende Magazin den ökonomischen Unterbau für die Wochenzeitung.

Die ZEIT ist auf dem Markt nicht ohne Konkurrenz, aber sie ist konkurrenzlos in der Fülle der Informationen und der Breite der politischen Positionen.

Die Mitbewerber – in der Auflage ohnehin um mehrere hunderttausend Exemplare abgeschlagen – sind da sehr viel enger festgelegt. Beispielsweise der „Bayernkurier", der nur das zum Besten geben darf, was Franz-Josef für richtig hält. Oder der „Vorwärts", der sogleich einen Rüffel riskiert, wenn er Helmut Schmidt nicht mehr hofiert.

Verglichen mit der „Zeit" decken auch Wochenblätter wie der „Rheinische Merkur" und die „Deutsche Zeitung" ein eng begrenztes politisches Feld ab – ein dezidiert konservatives, wie man weiß. An Liberalität, wenn auch aus protestantischem Geist, könnte es höchstens das gleichfalls in Hamburg erscheinende „Deutsche Allgemeine Sonntagsblatt" mit der „Zeit" aufnehmen.

Sie alle, ob links oder rechts von der „Zeit" agierend, sind fast alle defizitär – auf Zuschüsse angewiesen, die aus privaten, parteilichen oder kirchlichen Quellen fließen.

Ein Geschäft ist seit einigen Jahren offensichtlich nur dort zu machen, wo sich die ZEIT breit gemacht hat: in der Mitte.

Die Frage liegt natürlich nahe: Kann ein solches Blatt eigentlich noch entschieden genug auftreten? Erlauben es die liberale Konzeption und die ökonomische Position, Farbe zu bekennen? Oder verleitet die Angst vor dem Verlust der Mitte zur Leisetreterei und Sowohl-Als-Auch-Analyse?

Theo Sommers Antwort ist eindeutig:

„Die ZEIT steht keiner Partei nahe, scheut sich aber nicht, allen zu nahe zu treten."

Vielleicht der einen Partei mehr als der anderen, vielleicht im einen Ressort auch kräftiger als im anderen, insgesamt aber hat Sommer recht, wie ein Stichprobe beweist.

So gibt zum Beispiel in der Ausgabe vom 4. Mai des Jahres 1979 Filbingers neuer Fall, sein Rücktritt vom Vorsitz der baden-württembergischen CDU, der Zeitung Gelegenheit, daran zu erinnern, daß sie es war, die den Stein gegen den Ministerpräsidenten dadurch ins Rollen brachte, daß sie eine Leseprobe aus einer Erzählung von Rolf Hochhuth veröffentlichte, die Vorwürfe gegen Hitlers Marinerichter Filbinger enthielt. Erklärend fügt die „Zeit" hinzu, sie habe Filbinger nicht zermalmen wollen, und fährt fort:

„Das hat er selbst besorgt – mit einem allzu guten Gewissen und einem unverzeihlich schlechten Gedächtnis."

Andere innenpolitische Beiträge der Ausgabe vom 4. Mai untersuchen die Situation in Schleswig-Holstein nach der Wahl und in Berlin nach der Senatsbildung – Analysen ohne Stellungnahmen, ganz so, wie die Mehrheit aller Artikel.

Ausgewogen und abgewogen, mit großen Dossiers und umfangreichen Interviews, manchmal ein wenig zu breit und behäbig, aber stets informativ und lesenswert – so präsentieren sich die Ressorts Politik und Wirtschaft dieser ersten Mai-Nummer – mit einer Ausnahme, mit TELE-BISS, einen anonymen, auch über Funk-Interna bestens unterrichteten scharfzüngigen Beobachter, der es wagt, das etablierte Parteien-Spektrum zu verlassen.

In der Ausgabe vom 4. Mai bricht er eine Lanze für die römische ARD-Mitarbeiterin Franca Magnani, die ihr Studio-Leiter Wolf Feller so gerne ganz links liegen lassen möchte. TELE-BISS rät dem Kommunistengegner Feller, sich weiterhin der Dienste der Italienerin zu bedienen, auch wenn sie mit einem Kommunisten verheiratet ist. Begründung:

„Denn Wolf Feller kann kein Interview auf italienisch führen, seine Sprachkenntnisse reichen allenfalls, sich im Restaurant Spaghetti zu bestellen."

Und nonkonformistisch, spritzig und munter geh's an diesem 4. Mai auch im Feuilleton-Teil des Blattes zu, wo Fritz Raddatz beispielsweise den Vorschlag von Günter Grass unterstützt, Siegfried Lenz zum Bundespräsidenten zu wählen.

Originell – so meinen manche Kritiker der „Zeit" – sei eigentlich nur noch ihre Kultur; alles andere sei unter der Woche zum größten Teil schon der Tagespresse zu entnehmen.

Tatsächlich zeigen die Mitteilungen des ZEIT-Verlages, das sich das Blatt vornehmlich als Konkurrenz zu den großen überregionalen Zeitungen, zur „Welt", zur „Frankfurter Allgemeinen" und zu „Süddeutschen Zeitung" versteht. Von ihnen könnte Gefahr drohen, wenn sie beispielsweise dazu übergingen, einmal pro Woche in größeren Analysen die Tagesereignisse zusammenfassend zu kommentieren. Aber davon kann gegenwärtig kaum die Rede sein.

Und auch die andere Gefahr – oft beschworen, seit der konservativere Diether Stolze eine führende Rolle bei der „Zeit" spielt – ist nicht aktuell, die Gefahr, daß das Blatt aus der liberalen Mitte ausbricht und nach rechts abdriftet.

Fritz Raddatz, Chef des links von der Mitte einzuordnenden Feuilleton-Teils der „Zeit", bestätigt:

„Ich habe nicht den Eindruck, daß sich durch Stolze etwas an der Richtung und der Arbeit geändert hat."

Und Raddatz verspricht für die Zukunft:

„Solange ich für den Kulturteil verantwortlich bin, wird sich daran auch nichts ändern."

Das klingt überzeugend und leuchtet auch ein. Denn rechts von der „Zeit" herrscht großes Gedränge, bei den Wochenzeitungen wie bei den überregionalen Blättern. Warum sollte sich eine Zeitung, die auch als liberale bei den Anzeigenkunden ankommt, ohne Not in den Clinch mit der Konkurrenz begeben? Ganz abgesehen davon, daß noch gar nicht ausgemacht ist, ob die Leser und die Redaktion einen solchen Schwenk mitmachen würden.

Die Chancen stehen gut, daß die „Zeit" so bleibt wie sie ist – ein großes liberales Blatt, ein erfolgreiches Blatt, ein Blatt, das neue Maßstäbe für die westdeutsche Publizistik gesetzt hat.

Literaturliste

Alberts, Jürgen: Massenpresse als Ideologiefabrik am Beispiel „Bild". Frankfurt 1972.

Arntzen, Helmut, Nolting, Winfried: Der Spiegel 28 (1972). München 1977.

Aufermann, Jörg: Pressekonzentration, eine kritische Materialsichtung und – Systematisierung. München-Pullach 1970.

Baacke, Dieter: Mediendidaktische Modelle: Zeitung und Zeitschrift. München 1973.

Bericht der Bundesregierung über die Erfahrung mit der Fusionskontrolle bei Presseunternehmen. Bundestagsdrucksache 8/2265 vom 9.11.1978. Bonn 1978.

Berliner Autorenkollektiv Presse: Wie links können Journalisten sein? Hamburg 1972.

Broder, Henryk M. u.a.: Mit Politik und Porno. Pressefreiheit als Geschäft belegt am Heinrich Bauer Verlag. Köln 1973.

Bucerius, Gerd: Der angeklagte Verleger. München 1974.

Diederichs, Helmuth H.: Konzentration in den Massenmedien. München 1973.

Dittrich, Norbert: Pressekonzentration und Grundgesetz. München 1971.

Doehring, Karl u.a.: Pressefreiheit und innere Struktur von Presseunternehmen in westlichen Demokratien. Berlin 1974.

Dovifat, Emil: Zeitungslehre. Berlin 1967 (Sammlung Göschen).

Fischer, Heinz-Dietrich: Deutsche Zeitungen des 17. bis 20. Jahrhunderts. München-Pullach 1972.

Fischer, Heinz-Dietrich, Baerns, Barbara: Wettbewerbswidrige Praktiken auf dem Pressemarkt. Baden-Baden 1979.

Flögel, Ute: Pressekonzentration im Stuttgarter Raum. München-Pullach 1971.

Guratzsch, Dankward: Macht durch Organisation. Die Grundlegung des Hugenbergschen Presseimperiums. Düsseldorf 1974.

Hagemann, Walter: Grundzüge der Publizistik. Münster 1966.

Hamburger Medientage. Die Zukunft der Zeitung. Hamburg 1977.

Haseloff, Otto Walter: Stern. Strategie und Krise einer Publikumszeitschrift. Mainz 1977.

Hömberg, Walter: Journalistenausbildung. Modelle, Erfahrungen, Analysen. München 1978.

Honsowitz, Herbert: Fernsehen und Programmzeitschriften. Berlin 1975.

Hurwitz, Harold: Die Stunde Null der deutschen Presse. Köln 1972.

IG Druck und Papier/Nordrhein-Westfalen: Pressekonzentration in Nordrhein-Westfalen. Köln 1977.

Jarass, Hans D.: Die Freiheit der Massenmedien. Baden-Baden 1978.

Jensen, Jürgen: Presse und politische Polizei. Hamburgs Zeitungen unter dem Sozialistengesetz 1878 – 1890. Hannover 1966.

Kaupp, Peter: Presse, Hörfunk, Fernsehen. Funktion, Wirkung. Ein medienkundliches Handbuch. Frankfurt 1979.

Kieslich, Günter: Der journalistische Nachwuchs in der Bundesrepublik Deutschland. Köln 1974.

Klönne, Arno: Imperium Springer – Macht und Manipulation. Köln 1968.

Knoche, Manfred: Einführung in die Pressekonzentrationsforschung. Berlin 1978.

Kopper, Gert G.: Zeitungsideologie und Zeitungsgewerbe in der Region. Eine Fallstudie zu den politischen Voraussetzungen und Strukturbedingungen der Konzentration in Schleswig-Holstein 1945–1970. Düsseldorf 1972.

Koschwitz, Hans-Jürgen: Publizistik und politisches System. München 1974.

Koszyk, Kurt: Deutsche Presse im 19. Jahrhundert. Geschichte der deutschen Presse Teil II. Berlin 1966.

Koszyk, Kurt: Deutsche Presse 1914–1945. Geschichte der deutschen Presse Teil III. Berlin 1972.

Koszyk, Kurt: Vorläufer der Massenpresse. Ökonomie und Publizistik zwischen Reformation und französischer Revolution. München 1972.

Kübler, Friedrich: Pflicht der Presse zur Veröffentlichung politischer Anzeigen? Baden-Baden 1976.

Küchenhoff, Erich u.a.: Bildverfälschungen Teil I und Teil II. Frankfurt 1972.

Kühne, Rolf Michael: Die Konzentrationsproblematik in der regionalen Tagespresse. Köln 1972 (Wirtsch. wiss. Dis.).

Kunert, Wolfgang: Pressekonzentration und Verfassungsrecht. Berlin 1971.

Langenbucher, Wolfgang R. (Hrsg.): Zur Theorie der politischen Kummunikation. München 1974.

Langenbucher, Wolfgang R. u.a.: Pressekonzentration und Journalistenfreiheit. Berlin 1976.

Lerche, Peter: Verfassungsrechtliche Fragen der Pressekonzentration. Berlin 1971.

Lindemann, Margot: Deutsche Presse bis 1815. Geschichte der deutschen Presse Teil I. Berlin 1969.

Löffler, Martin, Reinhard Ricker: Handbuch des Presserechts. München 1978.

Märkische Viertelzeitung, Autorengruppe: Stadtteilzeitung – Dokumente und Analysen zur Stadtteilarbeit. Reinbek 1974.

Magnus, Uwe: Massenmedien in der Prognose. Berlin 1974.

Merscheim, Horst: Medizin in Illustrierten. Berichterstattungsanalyse von Bunte, Neue Revue, Quick und Stern. Bochum 1978.

Mestmäcker, Ernst Joachim: Medienkonzentration und Medienvielfalt. Baden-Baden 1978.

Meyn, Hermann: Massenmedien in der Bundesrepublik Deutschland / 2. Aufl. Berlin 1974.

Mittelberg, Ekkehard: Wortschatz und Syntax der „Bild"-Zeitung. Marburg 1967.

Montag, Helga: Privater oder öffentlich-rechtlicher Rundfunk (hier insbesondere: Bemühungen der Zeitungsverleger um privaten Rundfunk). Berlin 1978.

Müller, Hans-Dieter: Der Springer-Konzern. München 1968.

Müller-Doohm, Stefan: Medienindustrie und Demokratie. Frankfurt 1972.

Noelle-Neumann, Elisabeth u.a.: Streitpunkt lokales Pressemonopol. Düsseldorf 1976.

Noll, Jochen: Die deutsche Tagespresse. Ihre wirtschaftliche und redaktionelle Struktur. Frankfurt 1977.

Nußberger, Ulrich: Die Mechanik der Pressekonzentration. Berlin 1971.

Nutz, Walter: Die Regenbogenpresse. Opladen 1971.

Oschilewski, Walter G.: Zeitungen in Berlin. Berlin 1975.

Ossorio-Capella, Charles: Der Zeitungsmarkt in der Bundesrepublik Deutschland. Frankfurt 1972.

Paetzold, Ulrich, Schmidt, Hendrik: Solidarität gegen Abhängigkeit – Mediengewerkschaft. Darmstadt 1973.

Perger, Werner A. (Hrsg.): Die Verdächtigung oder wie aus Nachdenken Verrat und aus Personen Spione gemacht werden. Eine Dokumentation. Reinbek 1978.

Prokop, Dieter: Massenkommunikationsforschung, Band I bis III. Frankfurt 1972–1977.

Pross, Harry: Publizistik. Neuwied 1970.

Richter, Rolf: Kommunikationsfreiheit = Verlegerfreiheit. Zur Kommunikationspolitik der Zeitungsverleger in der Bundesrepublik Deutschland 1945–1969. München-Pullach 1973.

Ronneberger, Franz: Kommunikationspolitik. Mainz 1978.

Rühl, Manfred: Die Zeitungsredaktion als organisiertes soziales System. Bielefeld 1969.

Schütz, Walter J.: Publizistische Konzentration in der deutschen Tagespresse in: Media-Perspektiven 5/1976 S. 189 f.

Schütz, Walter J.: Die Zeitungsstruktur in der Bundesrepublik Deutschland 1976 in: Media-Perspektiven 4/1978.

Stoiber, Heinz Werner: Kommunikationsräume der lokalinformierenden Tagespresse. Nürnberg 1975.

Walraff, Günther: Der Aufmacher – der Mann, der bei Bild Hans Esser war. Köln 1977 (versch. Fass.).

Wetzel, Hans Wolfgang: Presseinnenpolitik im Bismarck-Reich (1874–1890). Das Problem der Repression oppositioneller Zeitungen. Frankfurt 1975.

Wiesand, Andreas J.: Journalistenbericht. Berlin 1977.

Wilkens, Claus: Presse und Fernsehen. Düsseldorf 1972.
Zeuner, Bodo: Veto gegen Augstein. Hamburg 1972.

Die Literaturliste erhebt keinen Anspruch auf Vollständigkeit. Sie ist nur als Anregung für eine weitergehende Beschäftigung mit den in diesem Buch angesprochenen Themen gedacht.